完訳 第8の習慣

「効果性」から「偉大さ」へ

From Effectiveness to Greatness

キングベアー出版

FREE PRESS
A Division of Simon & Schuster, Inc.
1230 Avenue of the Americas
New York, NY 10020

『第8の習慣』を推薦します

働き手として社会に貢献し、充実した人生を全うするために大切なことはいろいろある。それを知っていることと実践することは別であり、実践するうえでもっとも重要なことはそれらを習慣化することだ。私自身が習慣化して、効果を体感している習慣の一つは「自らを客観的に観察する自分を持つ」ことである。辛いとき、苦しいとき、ムカッとしたときなど、感情に振り回されずに平常心を保って冷静に対応するために「自らを客観的に観察する自分を出動させる」のだ。コヴィー博士の『第8の習慣』の「自分の内面の声（ボイス）を聴くこと」に相通じることだと心を強くした。

株式会社イノベーション研究所代表取締役、西岡塾塾長、インテル株式会社元社長
西岡郁夫

この本は、肯定に満ちていると感じた。起業家という立場で、さまざまな企業・事業を興してきたが、世の中何をするにも、リスクを挙げれば切りがない。「できない」理由はいくらでも出てくる。しかしそのすぐ裏にある機会と、それを手に入れる自分の力を信じられたときに、革新への道が拓けるのだろう。この国で日々の生活、中でも仕事について悩む一人ひとりがこの本を手に取り、実践し、自分の内なる力を肯定して前を向けば、より活力のあふれた社会となるに違いないと信じてやまない。

テラモーターズ株式会社代表取締役社長
徳重 徹

リーダーシップ論の泰斗《たいと》であり、この『第8の習慣』でも引用されているウォーレン・ベニスはかつて、「内なる声を聴き、内なる声を信じること」がリーダーシップの要諦だと喝破した。本書を貫く中心思想は、この「内なる声」をいかに見いだすかということである。その意味では、前著『7つの習慣』で言う第1や第2の習慣、すなわち、主体性や目的構築などの「私的な自立」面をより深化させた著作にも思えるが、実は真の「内なる声」がいかに「公的な世界観」と不可分であるかが絶妙に描かれていて、読後感が良い、学びの多い書である。前著のエッセンスが随所に散りばめられていて、とても良い復習になると同時に、前著よりも一層、テクニックから遠く離れての「リーダーシップの深層」に迫ることのできる好著である。

青山社中株式会社筆頭代表CEO、ビジネス・ブレークスルー大学大学院客員教授
朝比奈一郎

サントリーの創業者・鳥井信治郎の「やってみなはれ！」の精神とは、まさに『第8の習慣』でコヴィー博士が説いておられる「自分のボイスを発見し、ほかの人たちも自分のボイスを発見できるように奮起させる」に他なりません。ビジネスも人生も、あらゆる課題に対して常に「本質を極める」べく、掘り下げて考え、想像を膨らませつつ実行できるかにかかっています。読者各位のご健闘をお祈りします！

サントリーホールディングス代表取締役副会長
鳥井信吾

混迷の度を増す国際情勢、相次ぐ企業の不祥事、遅々として進まないデフレ脱却、具体的なイメージのない成長戦略、等々。混沌《こんとん》と閉塞感漂う日本社会において、我々はどうあるべきか？ どう進むべきなのか？『7つの習慣』に続く、コヴィー氏の著書『第8の習慣』は、まさに我々に光明を見いださせてくれるものである。この変化の時代において、自分のボイスを発見し、既成概念にとらわれることなく、あらゆる可能性を追求する姿勢こそが、さまざまな局面におけるベストソリューションへの近道となるであろう。

森ビル株式会社取締役副社長執行役員
森 浩生

人生の中で、数少ない絶好のチャンスが巡ってくるとき、そのための準備が常にできている人だけが、チャンスを手にすることができるのだと思います。チャンスとは、努力を積み重ねて来た人が、自らの力でつかみ取るもののような気がします。

当社の社名であるフェイス（faith）は、信頼、信用、理性・理屈を超えた信念、確信を意味しますが、自己の心の中から聴こえる詩（うた＝ボイス）に誠実に耳を傾け、たゆまず行動し続ければ、必ずや自分自身に対するフェイス、周囲の方々からのフェイスを獲得できるに違いありません。

本書は、自らの人生の歌曲を奏で、生涯にわたり演奏旅行をともにするオーケストラの仲間とのハーモニーを創造する五線譜です。ほら、あなたのオーパス・ワン（OPUS ONE＝作品番号1番）の調べが聴こえてきたでしょう♪

フェイス・グループ代表、日本コロムビア取締役会長
平澤 創

生きている意味、生かされている意味を確信できたとき、人は本当の意味で幸せを感じられるのに違いない。天職のことを英語で「Calling」というが、人生とは自分自身が「呼ばれている」と感じられる使命を探し出す旅だ。『第8の習慣』を紐《ひも》解き、心を澄まして、あなたをCallする内なるボイスに耳を傾けよう！　そして、周囲の人がボイスを発見する道先案内人となろう！

マーケティングコンサルタント
西川りゅうじん

スティーブン・R・コヴィーは、新著『第8の習慣』でまたも私たちの目を開かせてくれた。世界でもっとも尊敬されているリーダーシップ論の権威は、ベストセラー『7つの習慣』をベースとして、新たな生き方を示している。それは情熱をもって変化を起こし、偉大さというレガシーを後世まで残すことのできる人生である。

米国ブロードキャスター
ラリー・キング

この瞠目《どうもく》すべき新著『第8の習慣』には、誰もが持っている偉大さ――生まれながらに授かった才能――を解き放つ鍵がある。スティーブン・R・コヴィーが名著『7つの習慣』で教えてくれたのと同じ原則が、本書でも十分に生かされている。

UCLAバスケットボール名誉コーチ、『My Personal Best』の著者
ジョン・R・ウッデン

スティーブン・R・コヴィーは私たちを驚かせ続けてくれる。本書を読むことによって、誰の内面にもある偉大さに気づく新たな一歩を大きく踏み出すことができるだろう。『第8の習慣』は、まさに時代を超えたリーダーシップの原則である。個人を尊重するというこの原則は、人間を単なる生産手段とみなす風潮が強まる世界で見失われてしまった本質的な真理である。まるで無限とも思えるネットワークでつながったグローバル市場では、誰もが日々の生活で大勢の人たちと触れ合う。その一人ひとりの偉大さを解き放ち、たたえられるようになるにはどうしたらよいかを教えてくれる。世界一五〇ヵ国に勤務する一二万人の有能な社員たちのリーダーだった私は本書を強く奨めたい。スティーブン・R・コヴィーが惜しみなく教えてくれるリーダーシップのフレームワークは素晴らしいものである。

デロイト・トウシュ・トーマツ元CEO
ウィリアム・G・パレット

スティーブン・R・コヴィーは、『第8の習慣』によって、リーダーシップを新たなレベルへ引き上げた。これからのリーダーシップは人を鼓舞すること。リーダーを目指すすべての人が読むべき一冊だ。

Ｍ・Ｋ・ガンディー非暴力研究所所長
アルン・ガンディー

偉大なリーダーは、人の価値を理解し、尊重する。彼らは他者の意見に耳を傾けるだけでなく、自分から意見を求めようとする。チームのメンバー一人ひとりに、有意義で長く残る貢献をする機会を与える。彼らはまた、リーダーとしてのもっとも重要な責任は部下の能力を伸ばし、成長する余地を与え、潜在能力を最大限に発揮できるよう鼓舞することだと自覚している。これはまさにマリオット社が長年にわたり掲げてきた企業理念そのものだ。同僚に敬意をもって接すれば、お客様にも敬意をもって接することができるという理念である。スティーブン・R・コヴィーが教えているのも、これと同じ考え方だ。『第8の習慣』は、より強く、より有能で、本当の意味で人を鼓舞するリーダーになるための最高のガイドになる。

マリオット・インターナショナル会長兼ＣＥＯ
Ｊ・Ｗ・マリオット・ジュニア

スティーブン・R・コヴィーは、何が人の心に火をつけ、そして何がビジネスを成功させるのかについて、いつものように見事に焦点を絞って論じている。心の安定と強い集中力を持ちたいなら、『第8の習慣』を読むべきだ。

『ビジネスの極意はインドの露天商に学べ』の著者、『経営は実行』の共著者
ラム・チャラン

『7つの習慣』から十年余、スティーブン・R・コヴィーの次のフェーズを心待ちにしていました。『7つの習慣』を読んでから、私の人生観は劇的に変化しました。そして今、バランスのとれた生き方を考える新たな視点を必要としていたのです。『第8の習慣』で再びインスパイアされています！

バズフィード社社長
グレッグ・コールマン

『第8の習慣』は、効果性を超えてさらに進化していくためのパワフルで実用的なロードマップである。幸福と充足感を得たい人にとっては必読の一冊。

ハーバード・ビジネス・スクール経営学教授
クレイトン・M・クリステンセン、ロバート&ジェーン・シジク

リーダーシップの大家がまたもやすごい本を！　スティーブン・R・コヴィーの『第8の習慣』は、あなたの真のビジョンを探求するとき、たしかなボイスを発見できる究極のツールになる。

フィラデルフィア・セブンティーシクサーズ（NBA）元社長
ベストセラー『I Feel Great and You Will Too!』『Lead or Get Off the Pot』の著者
パット・クローチェ

職場でも家庭でも自分の効果性を大きく高め、さらに上を目指そうとするビジネスリーダーたちにぜひ読んでほしい。コヴィー博士は、この二一世紀に生きる私たちのために、仕事と私生活を成功に導く素晴らしい青写真を描いてくれた。

キャンベルスープ社元社長兼CEO
ダグラス・R・コナント

『第8の習慣』は、時代を超えて不変の原則に満ちている。個人としての、そして組織としての卓越性を追求する助けになるだろう。スティーブンの最新の洞察は、興味をかき立て、説得力がある。二一世紀のリーダーたちに行動を呼びかけている。

チック・フィレイ社社長兼最高業務責任者
ティム・タソプーロス

あらゆる個人、あらゆる組織が偉大な存在となれる潜在能力を持っていると、私は信じている。スティーブン・R・コヴィーの新作は、私のこの考え方と強く共鳴するものだ。偉大であるためには情熱が必要であること、そして情熱は、協力、成長、コミットメントを育み、報いる行動によって導かれなくてはならないことを、コヴィー博士は理解している。

ヒューレット・パッカード社上級副社長
アン・リバモア

リーダーシップとは役職ではなく
選びとるものであることを
身をもって教えてくれる
謙虚で、勇敢で、
そして偉大な人々に捧げる

謝辞

これまでの人生で学んだもっとも重要なことの一つは、「新しい貢献をしたいなら、まったく新しい準備をしなければならない」ということである。本の執筆に着手するたびに、この原則に対する確信は深まるのだが、書き終えるとあっさり忘れてしまう。本書に取り掛かったのは五年ほど前のことだが、リーダーシップの分野でそれまで積み重ねてきた研究、教育、コンサルティングの経験を生かせば、数ヵ月で書き上げられると高をくくっていた。本書の内容をセミナーなどで教えながら執筆を進めて一年、第一稿が完成したときは、ようやくここまでこぎつけたと、高揚感に満たされた。頂上はもうすぐだと安堵したのもつかの間、そこは最初の一区切りの地点であって、頂上はまだまだ先であることに気づいた。とはいえ、汗水たらして登ってきた地点は見晴らしが開けていて、登り始めたときには見えていなかったことがいろいろと視野に入ってきた。そこまで頑張ってきたからこそ得られた洞察だった。私とチームのメンバーたちは気を取り直して、本当の頂上を目指し、再び登り始めた。

その後も同じようなことを何度も経験した。ここが「頂上」だと思い、今度こそ完成したと確信するたびに、実は重要な山場を一つ越えただけで、もうひと山もふた山もあることに気づかされるのだった。

登山の歴史において、私たちの心を揺さぶるような登頂の多くは個人によるものではない。才能に恵まれた人たちがチームを組んで入念な準備をし、お互いを尊重して、最後まで共通のビジョンにコミットし続けたからだ。これまでも多くの登山隊がエベレスト登頂を目指してきたが、成功したのはほんの一握りにすぎない。ほとんどの個人や登山隊は、何らかの理由で極限状態に追い込まれ、頂上を目指すか断念するかの選択を迫られ、あるいは有無を言わさず下山を余儀なくされている。本書が完成するまでの五年間も、まさに頂上を目指す登山だった。このプロジェクトで私に協力してくれた素晴らしいチーム、彼らの強い決意、揺るぎないコミットメント、忍耐、励まし、シナジーを生む貢献がなかったら、本書がこのようなかたちで完成することはなかっただろう。それどころか日の目を見ることすらなかったと思う。

この登山で一緒に頂上を目指してくれた多くの人たちに、心から感謝したい。

- 今現在抱えている問題、痛み、希望を話してくれ、率直なフィードバックをしてくださった世界中の何千人もの人々。彼らのおかげで、「山また山」の長い登山を全うすることができた。ひと山越えるたびに貴重な洞察を得て、絶えず考えを新たにして、チームの忍耐力の限界を押し広げることができた。
- 五年間にわたり献身してくれたボイド・クレイグ。本書の開発と編集に非凡な才能と情熱を注ぎ、この大規模なチームプロジェクトを全面的に管理してくれた。出版社やエージェントとの交渉、社内の調整でも、リーダーシップを発揮してシナジーを生み出してくれた。そして何より、彼の精神力、判断力、柔軟性、忍耐力、専門知識に深く感謝したい。夫人であるミッシェル・デインズ・クレイグにも感謝したい。

るの素晴らしくポジティブな姿勢、心強いサポートと自己犠牲のおかげで、この「マラソン」を完走することができた。

- 私の直属のスタッフ、それからサポートチームのメンバー全員――パット・パラット、ジュリー・ジャッド・ギルマン、ダーラ・サリン、ジュリー・マカリスター、ナンシー・オルドリッジ、カラ・フォルター・ホームズ、ルシ・エインズワース、ダイアン・トンプソン、クリスティ・ブレジンスキ。素晴らしい献身と誠実さ、限界を押し広げる努力を惜しまず、物事を実現するワールドクラスのプロ意識に感謝する。
- フランクリン・コヴィー社の献身的な同僚たち。とりわけ、ボブ・ホイットマンと私の息子ショーンには最終稿を子細に読んでもらい、示唆に富む意見を出してもらった。彼らのフィードバックはとても貴重で、ありがたかった。
- リーダーシップに関する文献調査で陣頭指揮をとってくれたエドワード・H・ポウリー。根気強く調査のアシスタントを務めてくれたリチャード・ガルシアとマイク・ロビンス。
- 草稿の編集を手助けしてくれたテッサ・メイヤー・サンチャゴ。
- 本書の図表の制作に何年も携わってくれたシェリー・ホール・エベレット。
- ブラッド・アンダーソン、ブルース・ナイバウアー、ミカ・メリルをはじめ、大勢の才能ある同僚たち。長年にわたって、本書の付録ＤＶＤに収録されている受賞作を含む映像作品の制作を支えてくれた。
- 先見性のあるマーケティング、私たちのミッションにずっと変わらず献身してくれているグレッグ・リンク。

●私の息子スティーブン。彼自身の経験から、また理論的・実践的な基盤を深く探求することによって、信頼について多くのことを教えてくれた。
●実に有能な出版エージェントのヤン・ミラーと彼女のパートナーであるシャノン・マイザー＝マーヴェン。長年にわたる熱心な活動と支援に感謝したい。
●長年信頼を寄せている編集者のボブ・アサヒナ。自分の頭の枠から出て、読者の立場になって執筆するという初心を今回も思い出させてくれた。
●大切な出版パートナーであるサイモン＆シュスター社。特にキャロライン・レイディ、マーサ・レヴィン、スザンヌ・ドナヒュー、ドミニク・アンフーソは、長い時間を要した「生みの苦しみ」に寄り添ってくれ、頂上に到達するまでのプロセスで何度かあった「勘違いの登頂」のときも、私たちの早とちりをいさめてくれた。
●愛する妻サンドラ、子どもたち、孫たち。いつ終わるともしれないプロジェクトにしびれを切らしながらも、私の首を絞めるのではなく笑顔で励ましてくれた。敬愛する祖父スティーブン・リチャーズ・コヴィー、高潔な両親スティーブン・G・コヴィーとルイーズ・リチャーズ・コヴィー、愛するきょうだいのアイリーン、ヘレン・ジーン、マリリン、ジョン。彼らは、私の子ども時代から今に至るまで計り知れない影響を与えてくれた。

父なる神に感謝する。子である私たちすべての幸せを思いたもうその御心に。

目次

付録

第一章　苦痛

苦痛に満ちた声に、耳を傾けてほしい。


「すべてがマンネリ。惰性で生きているだけ」

「生きがいも何もない。もう疲れた。燃え尽きたよ」

「誰も私を評価してくれない。仕事ぶりを認めてくれない。上司は私の能力を少しもわかってないんだよ」

「誰も私を必要としていないと感じる。職場の同僚も、ティーンエージャーの子どもも、独り立ちした子どもも、近所の人たちも。妻が私の給料を必要としているくらいだ」

「ストレスはたまり、やる気はそがれる」

「食べていくのがやっとなんだもの、余裕のある暮らしなんて夢のまた夢」

「たぶん私には才能がないのだろう」

「変わろうとしてはいるのだが……」

「ただただ空しい。人生に意味を見いだせない。何かが足りない」

「職場では腹が立つことばかりだが、先行きが不安だから職を失いたくはない」

「私は孤独だ」

「何もかも『緊急』の仕事。ストレスで倒れそう」

「細かいところまでいちいち管理されて、息が詰まるよ」

「陰口やおべっかばかりの職場にはもううんざりだ」

「職場では時間を潰すだけ。仕事にやりがいを持てない」

「毎日ノルマに追われている。達成する時間も手段も足りないというのに、結果を出せというプレッシャーがすさまじい」

「夫は私を理解しようとしないし、子どもたちは言うことを聞かない。これじゃあ家に帰っても安らげない」

「私には状況を変えられない」


これらは職場や家庭で多くの人たちが発している言葉だ。親、労働者、専門職、マネージャー、経営者など、新しい時代の現実の中で生きていくために闘っている人々、世界中のまさに何百万人もの人々の声である。それは彼らが内面の奥深くで感じている苦痛に他ならない。それぞれの**個人的**な痛みであっても、ここに挙げた多くの言葉から伝わってくる痛みは、あなたも感じたことがあるだろう。心理学者のカール・ロジャースの言葉を借りれば「もっとも個人的なことこそ普遍性を持つ[1]」のである。

もちろん、仕事にやりがいを感じ、全身全霊で取り組んでいる人もいるだろう。しかしそれはほんの一握りの人たちだ。私はよく講演会でこのように問いかける。「皆さんの会社や組織のほとんどの従業員は今の仕事で必要とされる以上の才能や知識、創造力を持っている、あるいは彼らは持てる能力を十分に発揮させてもらえずにいる、そう思う人は手を挙げてください」するとほぼ全員が手を挙げる。世界中どこでも同じである。そして同じように圧倒的多数の人が、より少ないリソースでより多くの成果を上げるという途方もないプレッシャーを感じていると答える。しかし考えてもみてほしい。おそろしく複雑な現代社会において、効率化という新しい期待は強まる一方であるのに、個人の才能や知性の大部分が使うことが許されず、埋もれているのである。

この苦痛は今、**組織**の中で具体的なものとなって人々に襲いかかっている。その最大の原因は、最優先事項に**フォーカス**し、**実行**することができない組織の現状にある。「ハリス世論調査」で有名なハリス・インタラクティブ社が、xQ（実行指数：Execution Quotient）[i]という指標を用い、米国内主要産業[ii]の主要職務[iii]で正規社員として勤務する二万三〇〇〇人を調査したところ、驚くべき結果が出た。あなたはどう思うだろうか。

- 自分の会社が掲げる目的とその理由をはっきり理解している：三七％
- 自分のチームや会社の目標にやりがいを感じている：五人に一人
- チームや会社の目標に自分の仕事がどう関係するのかわかっている：五人に一人
- 週末に一週間を振り返り自分の働きぶりに満足できる：半数
- 自分の会社は従業員の能力を最大限に発揮させ、目標を達成できる環境ができていると思う：一五％
- 自分の会社は多様な意見を尊重し、より良いアイデアを生むオープンなコミュニケーションを奨励してい

ると思う：一七％

- 社員一人ひとりが仕事の結果に責任を持っていると思う：一〇％
- 自分の会社を信頼している：二〇％
- チームや部署の垣根を越え、強い信頼関係と協力関係が築かれていると思う：一三％

この結果をサッカーチームに例えて言うなら、どっちのゴールにシュートを決めればよいかわかっているのは一一人のうちわずかに四人ということになる。勝負を気にしているのはたった二人、自分のポジションと役割をわかっているのも二人しかいない。そのうえ一一人のうち九人までもが、相手チームよりも自分のチームメイトに多かれ少なかれライバル心を燃やしているのだ。

このデータは誇張でもなんでもなく、紛れもない事実である。私がこれまで世界中のさまざまな企業や組織で見聞きしてきたこととも一致する。テクノロジーの進歩、製品のイノベーション、グローバル化など、企業はいろいろな面で発展しているにもかかわらず、そこで働く人間は少しも繁栄を享受できていない。充足感もなければ、将来への希望も持てずにいる。たまるのはストレスのみ。組織が何を目指しどこへ向かっているのか、最優先事項は何なのかわからないまま働いている。上から抑えつけられ、仕事に身が入らない。それより何より、こうした現状を自分で変えられるとは思えないのだ。従業員の情熱、才能、知性を最大限に生かせないことが、個人にしても組織にしても、どれほどの損失になるか想像できるだろうか？　税金、利息、人件費を合計した金額をはるかにしのぐのだ。

なぜ「第8の習慣」が必要なのか

米国で一九八九年に『7つの習慣』が出版されてから、世界は大きく変化した。私生活や人間関係において、家庭や職場で、誰もがこれまでとは比べものにならないほど複雑な状況、難しい問題に直面している。振り返れば、ベルリンの壁が崩壊した一九八九年は情報時代の幕開けと位置づけることができるだろう。新しい現実が誕生し、このときを境に劇的な変化が進んでいく。まさに新しい時代が始まったのである。

この新しい現実にも「7つの習慣」は通用するのだろうかと疑問を持つ人は少なくないだろう。その疑問に対する私の答えはいつも同じである。「変化が大きいほど、直面する問題が難しいほど、『7つの習慣』は有効な指針になります。『7つの習慣』を実践するのは、個人の効果性を高めるためです。個人の能力と人格を育てる**普遍的**で**不変**の原則を網羅した枠組みなのです」

この新しい時代においては、個人であれ組織であれ、**効果的**であることは必須の条件である。競技場に入るための入場料のようなもので、選択の余地はない。新しい現実の中で生き残り、成長し、イノベーションを起こし、ほかを凌駕《りょうが》し、時代をリードしていくためには、効果性は必須条件であり、それだけでは足りない。効果性はあくまでも土台であって、その上を目指さなくてはならない。この時代に私たちに求められているのは、**偉大さ**である。もっと具体的にいえば、**情熱を持って実行**すること、**有意義な貢献**を成し遂げること、**充足感**を得ることである。「有意義」と「成功」の違いは程度の差ではなく質にあるのと同じように、偉大さと効果性は本質的に異なり、別の次元にある。それは自分自身のボイス（内面の声）を呼び覚まし、より高い次

「7つの習慣」から新しい現実へ ―「第8の習慣」

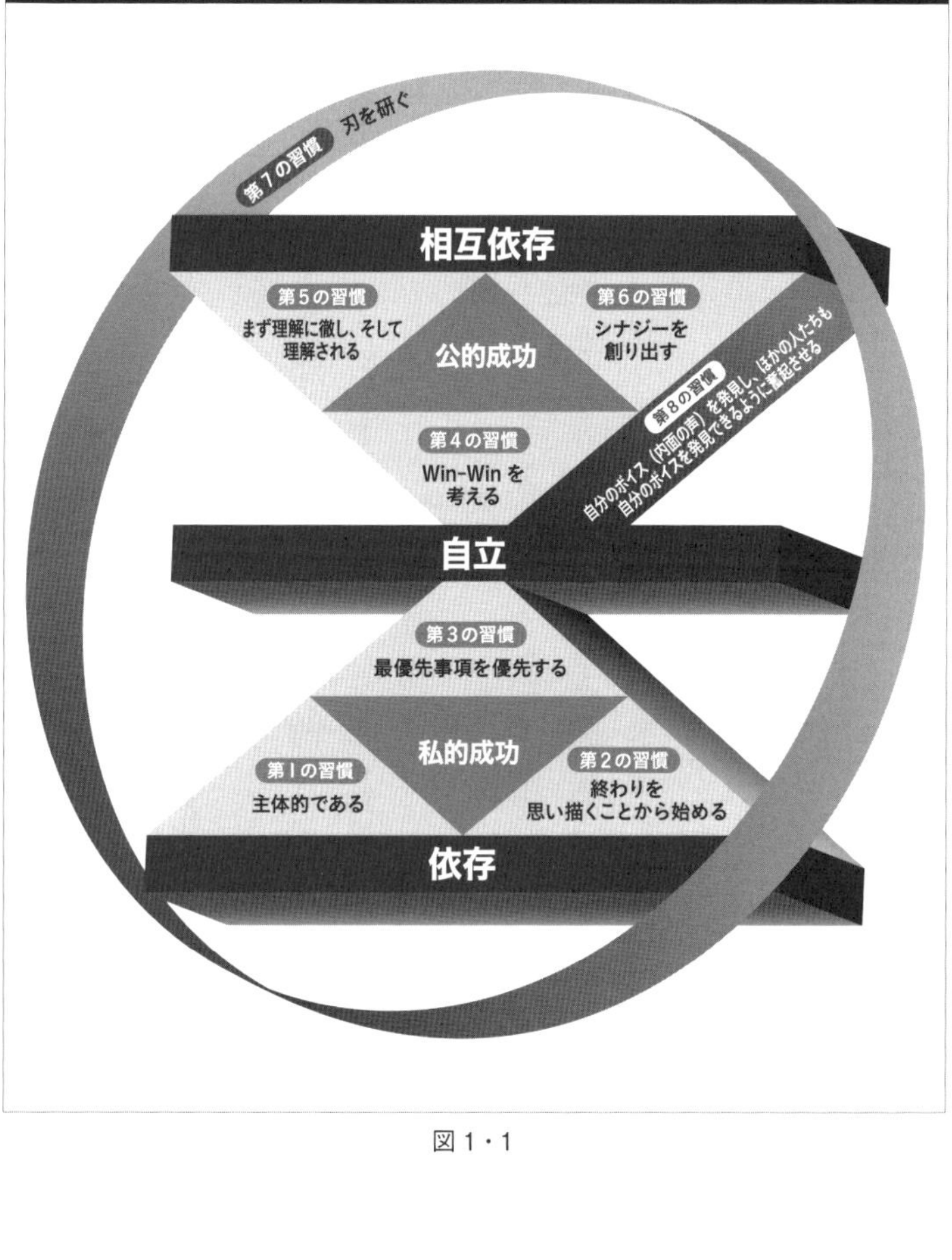

図1・1

元の才能とモチベーションに到達することである。そのためには、新しいマインドセット、新しいスキル、新しいツールが必要になる。要するに、新しい習慣を身につけなくてはならないのだ。

私はなにも、拙著『7つの習慣』（キングベアー出版）にうっかり書き忘れた八番目の習慣をつけ足そうとしているわけではない。第三の次元の力が「7つの習慣」に与える影響の大きさに気づき、生かしたいと思ったのである。「第8の習慣」とは、「自分のボイス（内面の声）を発見し、ほかの人たちも自分のボイスを発見できるように奮起させる」習慣であり、この習慣を身につければ、新しい知識労働者時代の中心にある課題を解決し、成長していくことができる。

今の時代、私たちが直面している現実はたしかに厳しい。しかしその現実の反対側には驚くほど豊かな可能性が広がっている。「第8の習慣」は、そこに至る通路なのである。最初に挙げた人々の言葉からにじみ出る苦痛や不満とは正反対の生き方であり、そもそもその生き方こそが不変の現実なのである。「第8の習慣」は人の精神のボイスである。希望と知性に満ち、不屈であり、社会に奉仕する無限の可能性を引き出す。そしてこのボイスには、組織が生き残り、繁栄し、世界の将来に大きく貢献するための力も宿っているのである。

ボイス（内面の声）は、**かけがえのない個人の存在意義**である。私たちがもっとも困難な局面に立たされたとき、自分自身の存在意義が現れ、困難に立ち向かう力を与えてくれるのだ。

図1・2を見てほしい。ボイスが中心にあり、その周りに**才能**（生まれながらの天賦の才、強み）、**情熱**（あなたを

奮起させ、意欲やモチベーションを自然に引き出すもの）、**ニーズ**（社会が必要とし、金銭に換算できるあなたの能力）、**良心**（正しい行動をあなたに教え、そのとおりに実行するよう促す内面の静かで小さな声）がある。あなたの才能を生かすことができ、あなたの情熱に火をつけるような仕事であれば、しかもその仕事が世界にある大きなニーズから生まれていて、その仕事を果たすことが良心に導かれていると確信できるなら、そこにこそあなたのボイス（内面の声）、あなたの使命、あなたの魂の規範が宿っているのである。

私たち人間は皆、この世に生を受けたときからずっと、人生において自分のボイスを見いだしたいと強く願っている。心の奥底で、言葉にならないほど切実に願っているのだ。この真理を物語る最近の現象の一つは、インターネットの爆発的な普及だろう。インターネットはおそらく、情報・知識労働者経済という新しい時代の象徴であり、これまでの人間の歴史で起こった数々の劇的変化が帰結したかたちである。『これまでのビジネスのやり方は終わりだ――あなたの会社を絶滅恐竜にしない95の法則』の中で、著者のロック・レバイン、サールズ、ワインバーガーは次のよう

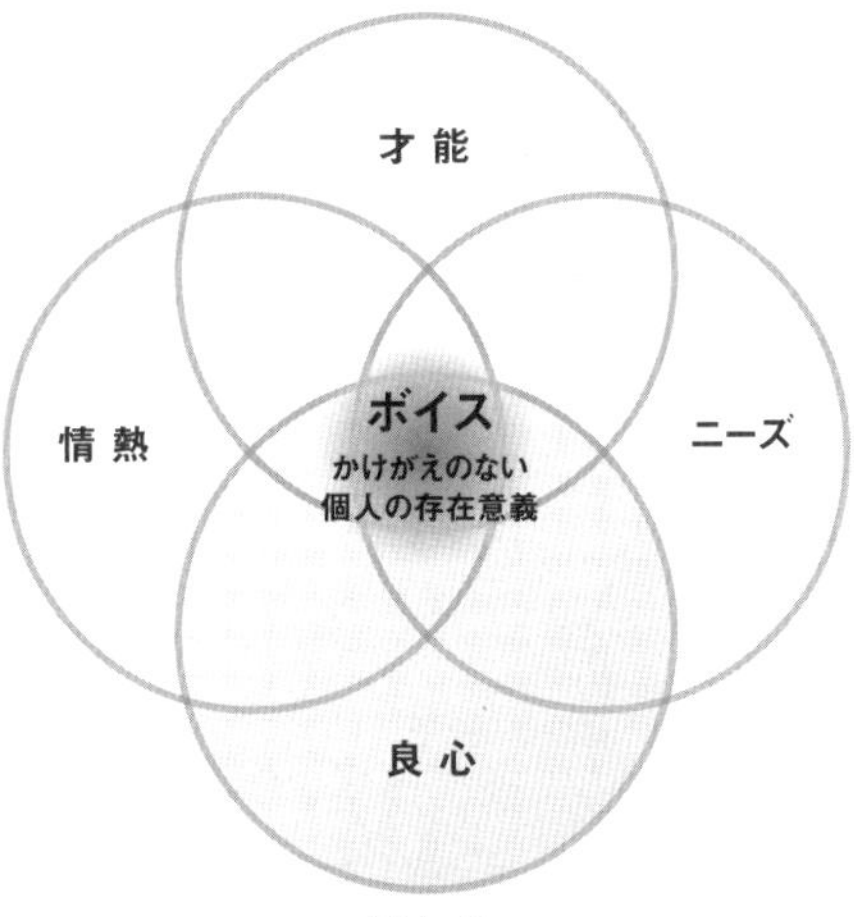

図１・２

に書いている。

——しかしもっと重要なことは、我々が再び自分の肉声を取り戻しつつある、ということだ。お互いにいかにして会話を交わすかを学びつつある、ということだ——（中略）——いまや企業の内側でも外側でも、五年前にはありえなかった会話が交わされている。産業革命以降、決してありえなかった会話が進行している。そしてその会話は、インターネットとワールド・ワイド・ウェブによって地球全体に広がっている。この会話は、あまりに多くの人を巻き込み、あまりに多面的なゆえに、全体像を把握しようにもとても把握しきれるものではない。それらの会話は、何十億年もの間、（ゲノムの）二重螺旋《らせん》構造にプログラムされ、閉じ込められてきた。我々の希望と恐怖と夢についてであり、摩訶不思議で当惑させられる生物種である我々人間のフラッシュバック的なデジャブの集合だ。古代的で、基本的で、神聖であり、あまりに面白すぎて、二一世紀のネットワークの中で自由にはじけそうな何かだ。

これらの会話は、何百万ものスレッドでつながっている。しかしどのスレッドも、最初と最後にいるのは人間だ——（中略）

ウェブに対する熱い思いは、スピリチュアルなものとしてしか理解できないほどになっている。それは、我々の生活に何かが欠けているからだ。我々の生活に欠けているもの、それは人間的な肉声である。

ウェブにスピリチュアルな魅力があるのは、人間的な肉声の回帰を約束しているからだ。[2]

ボイスの説明はこのくらいにして、ここである人物の実話を紹介しよう。彼の体験談から、ボイスというものを具体的に理解できると思う。バングラデシュのグラミン銀行は、同国の最貧困層へのマイクロ融資を唯一の目的として創設された金融機関である。創設者のムハマド・ユヌスに会ったとき、何がきっかけでグラミン銀行のビジョンを思い描いたのかと尋ねた。「最初はビジョンなどありませんでしたよ」と彼は答えた。目の前の貧しい人々のために奔走しているうちに、ビジョンができていったのだという。貧困のない社会を実現したいというユヌスのビジョンは、バングラデシュの路上で体験した出来事を境に動き出す。リーダーシップに関するコラムを執筆するためにインタビューしたとき、彼は次のような話をしてくれた。

すべての始まりは二五年前です。私はバングラデシュの大学で経済学を教えていました。その年、バングラデシュは飢饉《ききん》に見舞われ、私は無力感にさいなまれていました。米国で取得したばかりの博士号を引っさげ、経済学などというものを教室で優雅に教えていたのですからね。教室の外に一歩出れば、骸骨さながらにやせ細り、死を待つばかりの人たちが路上にあふれていたのです。

自分がそれまで学んできたことも、大学で教えていることも、人々の暮らしには何の関係もない絵空事なのだと思い知らされました。そこで私は、大学のそばにある村の生活を自分の目で確かめることにしたのです。人々の命を少しでも長らえさせるために、たった一人でもいいから餓死から救うために、自分にもできることがあるはずだと思ったのです。鳥のように上空から全体を眺めるのはやめにしました。地を這《は》うミミズの視点から、目の前で起きていることを見つめ、そのにおいを嗅ぎ、手触りを実感して、自分に何ができるか考えたのです。

ある出来事がきっかけで、新しい方向性が見えてきました。竹細工の腰掛けをつくっている女性と話をする機会があったのですが、驚いたことに一日に二セントしか稼げないというのです。あんなに長時間働いて、あれほど美しい竹細工の椅子をつくる人が、スズメの涙ほどの収入しかないなんて信じられませんでした。彼女の話によれば、椅子の材料の竹を買うお金がないから、仲買人から借金しているということでした。しかも、できあがった製品はその仲買人の言い値で卸すことが条件でした。

それで彼女のもうけは一日二セントしかなかったわけです。奴隷労働も同然ですよ。竹の仕入れ値を尋ねたところ、「二〇セントあれば。質の良い竹だと二五セントくらいです」という答えでした。たった二〇セントを工面できずに苦しんでいて、その苦境から逃れるすべがないという現実に衝撃を覚えました。その場で彼女に二〇セントあげようかとも思いました。しかしふと、ある考えが浮かんだのです。彼女のように少額の資金を必要としている人たちのリストをつくったらどうだろう、と。私は学生を連れて何日か村人たちを訪ね歩き、四二人をリストアップしました。彼らが必要としている資金を合計したときのショックといったらなかったですよ。たったの二七ドルだったのですから。働き者で、熟練した技術まで持っている四〇人に、わずか二七ドルすら融資できない社会なのですよ。その社会の一員である自分が恥ずかしくてたまりませんでした。

私は、いたたまれなくなり、ポケットマネーから二七ドル出し、学生に渡して言いました。「このお金をリストにある四二人に配ってきてほしい。これは貸付だけれども、返せるときに返してくれればよいと伝えて。返済は急がなくともよいから、製品をできるだけ高い値段で買ってくれる仲買人を探すようにと」

善人が何もしなければ、それだけで悪は勝利する[3]。
エドマンド・バーク

　そのお金を受け取って、村人たちはとても喜んでいました。やる気にあふれた彼らの様子を見ながら、次はどうしようかと考えました。そのとき、大学の近くにある銀行の支店のことが思い浮かんだのです。私はさっそく支店長に会いに行き、貧しい村人に融資してはどうかと持ちかけました。「あなたは、どうかしてますよ。貧乏人に金を貸す？　無理に決まっているじゃないですか。信用もないのに貸せますか」と支店長はまったく取り合おうとしません。それでも私は食い下がり、「せめて一度試してみるだけでもどうでしょうか。それから判断すればいいではないですか。わずかな金額なのだし」と説得を試みました。しかし支店長は頑として譲りません。「だめですね。規則がありますから。できないものはできないんです。彼らには担保がないでしょう。そもそもそんな少額の融資はうちにはメリットがありませんから」と言うのです。それでも彼は、バングラデシュの銀行業界の幹部を訪ねてみてはどうかと勧めました。

　私は支店長の助言に従い、銀行業界の重鎮とされる人たちに会いに行きました。しかし返ってくる答えは同じです。こうして何日か駆けずり回ってから、自分が保証人になることにしました。「保証人が必要だというのなら、銀行が出してくる書類に端から署名すればいい。私が保証人になって資金を借りて、村人たちに貸し出そう」と決心したのです。

　それが始まりでした。銀行からは「貧乏人は借りた金は返しませんよ」と何度も言われましたが、「まあやってみますよ」と受け流していましたね。そして驚くべきことが起こりました。全員が耳を揃えて返済してくれたのです よ。私は興奮して支店長に会いに行き、「ほらごらんなさい。みんな返してくれましたよ。問題ないじゃないですか」と言ってやりました。しかし彼は「いやいや、あなたは騙《だま》されているんですよ。すぐにもっと貸せと言ってくるでしょうね。そうしたらもう返しやしませんよ」と言い張るのです。それから私は額を増やして村人たちに融資しましたが、彼らはそれもきちんと返済しました。そのことを支店長に伝えましたが、かたくなな態度を崩さず、「一つの村だからできたんじゃないですかね。二つの村でやってみたらどうです? うまくいくわけないですよ」と言う。私はすぐに二つ目の村にも同じように融資しました。そしてこれもまたうまくいきました。

私と支店長の闘いは、銀行の上層部も巻き込んでいきました。もっと村を増やせ、五つならどうだ、と彼らは言ってきましてね。私はそのとおりにやり、同じように全員が返済することを証明してみせました。それでも銀行側は諦めません。一〇の村、五〇の村、一〇〇の村でやってみろと言ってくるわけです。こうなると私と銀行の根比べですよ。当然、結果は同じです。しかし銀行が否定しようのない結果を見せても、認めようとしませんでした。貧しい人間は信用できないという考えを刷り込まれていたからです。幸い、私はそういう考えに染まっていませんでしたから、自分の目で見たままの現実を受け入れ、信じることができました。しかし銀行員の目は、教え込まれた知識で曇っていたのです。

ここまできてようやく、私は自問しました。なぜ銀行を説得する必要があるのか、と。貧しい人たちでもお金を借りればきちんと返すことは、それまでの経験で確信していました。それならば自分で銀行を開けばよいではないかという結論に達したのです。私はこのアイデアに興奮し、すぐに必要な書類を揃えて政府に提出しました。銀行設立の許可が下りるのに二年かかりました。

一九八三年一〇月二日、グラミン銀行が誕生しました。れっきとした金融機関です。仲間たちと心から喜びました。自分たちの銀行ができて、誰にも遠慮することなく融資を拡大できるのだと思うと、本当に興奮しました。そして、そのとおりになったのです。

偉大な目的、並外れた計画に突き動かされているとき、人の思考はあらゆる束縛を断ち切る。知力は限界を超え、意識は四方八方に広がっていく。そして自分が大いなる新しい世界に立っていることに気づくのである。

『パタンジャリのヨーガ・スートラ』より

グラミン銀行は現在、一二六七の支店と一万二〇〇〇人の行員を数え、バングラデシュの四万六〇〇〇余の村で事業を展開している。貸付総額は四五億ドルに上り、一口一二〜一五ドル、平均で一件二〇〇ドル以下、年間の貸付額は五億ドルである。（二〇一五年の貸付金額は一九億ドル）物乞いにも金を貸し、小売業で自立できるよう手助けしている。三〇〇ドルの住宅ローンもある。私たちのような実業家から見れば取るに足らない金額だが、融資を受けた一人ひとりへの影響の大きさを考えてみてほしい。貸付額が年間わずか五億ドルだが、借りているのはおよそ三七〇万人にもなる。その九六％は女性であり、自分の人生、家族の生活を変えるためにできることをすると決意したのである。三七〇万人もの人々が、自分には変化を起こせるのだと信じ、実行に移したのである。三七〇万人もの人々が、一睡もできないまま朝を迎え、不安に震えながらも気持ちを奮い立たせて、グラミン銀行の扉をたたいたのである。このエンパワーメントの中心にいたのは女性たちだった。女性たちのネットワークがシナジーを生み、自立心と起業精神を育て、やがて自宅や村の作業場で商品を生産するようになり、独立した事業者として経済的な成功を果たした。彼女たち一人ひとりが、自分の**ボイス（内面の声）を発見した**のである。

私はこれまで大勢の世界的なリーダーにインタビューし、研究してきたが、彼らに共通しているのは、ビジョンやボイスを自覚するまでにある程度の時間がかかるということだ。もちろん例外はある。あるとき突然ビジョンがひらめく人もいるだろう。しかし総じて、人々のニーズを感じとり、自分の良心の声に従ってそのニーズを何とかしようと動き出したときから、次第にビジョンが見えてくるようだ。目の前のニーズを満たすと、別のニーズが見え、それを満たすとまた別のニーズが見えてくる。このようにして少しずつ進んでいくうちに、ニーズを感じとる能力が身につき、ニーズを満たす活動を集約し、長く続くシステムとして構築し始めるようになる。

ムハマド・ユヌスは、まさにそのとおりの人物である。人々の**ニーズ**を感じとり、**良心**の声に従い、ニーズに応えることに自らの**才能**と**情熱**を注いだ。最初は一人で実行した。そこから信頼を築き、創造的な解決策を模索し、ついにはグラミン銀行という組織を築き、社会のニーズに応えられる制度を確立した。彼は、ほかの人たちが自分のボイスを発見できるように奮起させることに自分自身のボイスを発見したのである。今、マイクロ融資のムーブメントは世界中に広がりつつある。

偉大なことを成し遂げられる人は一握りしかいない。しかし誰しも、大いなる愛を持って小さなことを成し遂げられる。

マザー・テレサ

苦痛─問題─解決策

この章の初めに紹介したのは、人々が職場で感じている苦痛である。組織の中では、立場を問わず誰もが苦痛を感じている。そしてその苦痛は今、家庭、コミュニティ、社会全体に行きわたっている。

本書の目的は、この新しい時代の中で、苦痛と不満の状態を脱し、仕事を通してだけでなく生涯にわたって社会に関わり、貢献し、自らの存在意義を確認して、真の充足感を得るまでのロードマップを示すことである。一言で言えば、**あなたが自分のボイス**（**内面の声**）**を発見できるように導く**ことが本書の目的である。あなたが自分から主体的に選択すれば、組織での立場にかかわらず、自分自身の影響力を広げていくこともできる。あなたが気にかけている人々、あなたのチームや組織にも働きかけることで、それぞれがボイスを発見し、自らの効果性を高めて成長していく。こうしてあなたの影響力は何倍にもなっていくのである。やがてあなたは、自分の影響力とリーダーシップは、立場や職位ではなく、自分から**選びとる**ものだということに気づくはずだ。

苦痛を断ち切り、長く続く**解決策**を見つけるには、まずは苦痛の根本にある**問題**を理解することが最善の道であり、多くの場合はこの道しかない。本書で取り上げる根本的な問題のほとんどは、人間の本質に対する不完全な、あるいはひどく偏った見方（パラダイム）から生まれる行動にある。このような誤ったパラダイムは私たちの自尊心を損ない、才能や可能性を抑えつけてしまう。

問題の解決策は、人間の歴史における重要なブレークスルーと同じように、古い思考スタイルと**決別**することから始まる。問題を突き止める努力を我慢強く続け、本書で提示する解決策の土台となっている普遍的な原則に従って生きる決意をするならば、あなたの影響力はインサイド・アウトに（内から外へ）着実に増していくはずである。この劇的に変化した社会の中で、あなたは必ず自分のボイス（内面の声）を発見し、自分のチームや組織もそれぞれのボイスを発見できるように奮起させるだろう。

第一章では、苦痛に満ちた現実を手短に取り上げた。

第二章では、苦痛をもたらしている根本的な問題を突き止める。深く根を張った問題を理解できれば、人生の大半を過ごす家庭や職場で多くの人たちが直面している問題を解決する道筋が見えてくるだろう。そこに至るにはまず第二章を読み通す必要があるけれども、この一世紀の間に組織が経験してきた変化の人間的な側面を掘り下げ、理解しておくことで、それ以降の章を読むための重要なパラダイムが得られる。そして、あなたにとってもっとも意義のある**個人的な課題**、**人間関係の課題**、さまざまな機会に取り組むための知恵、指針、力を身につける糸口をつかむことができる。だから、焦らずじっくりと読んでほしい。そうするだけの価値はあると約束する。

第三章では「第8の習慣」という解決策を概観し、第四章から詳しく取り上げていく。第三章には、本書を最大限に活用するためのアドバイスもまとめてある。

映像作品『レガシー』

第二章に進む前に三分間の短い映像作品『レガシー』を観てほしい。これは全米の映画館で上映された作品である。あなたのボイスの核となる要素、ボイスに対応する人間の普遍的なニーズ（生きること、愛すること、学ぶこと、貢献すること）について、しばし考えることができるだろう。次の章で論じる本書の基本的なパラダイム「全人格」のイメージもつかめると思う。

本書のほとんどの章に、それぞれの章のエッセンスを伝える同じような映像作品がある。これらの作品の多くは、国内外の権威ある映像賞を獲得している。実話もフィクションもあるが、どれも中身が濃く、観る者に強く訴えかけてくる。映像作品を通して、本書の内容を**見て**、**感じて**、**理解する**ことができると思う。楽しめるだけでなく、得るところも大きいはずだ。映像作品に関心がなければ、映像を観ずに読み進めていってかまわない。

映像は「第8の習慣」のWebサイトでご覧いただける。メニューから『レガシー』を選んで鑑賞しよう。

Webサイトへのアクセス

URLを直接入力
https://fce-publishing.co.jp/8h/

QRコード読み取り

i 二万三〇〇〇人の労働者、マネージャー、役員を対象にハリス・インタラクティブ社が行った調査の詳細は、本書の付録6「xQサーベイの結果」を参照のこと。

ii 調査対象の主要産業：ホテル・飲食、自動車、銀行・金融、コミュニケーション、教育、ヘルスケア、軍事、行政・政府機関、小売、テクノロジーサービス、電気通信

iii 調査対象の主要職務：会計、総務・秘書、広告・マーケティング、コンピューター専門職、教育、財務、行政専門職、医療専門職、販売員・営業員

第二章　問題

インフラが移動すると、すべてが揺れ動く[1]。　スタンレー・デイビス

私たちは今、人類の歴史に刻まれるほどの大変革を目の当たりにしている。現代を代表する経営学者のピーター・ドラッカーは、このように述べている。

「数百年後、歴史家が今の時代を叙述するとしたら、彼らが着目するもっとも重要な出来事は、テクノロジーでもインターネットでもなく、Ｅコマースでもなく、人間を取り巻く環境の歴史上前例のない大激変であろう。選択の自由を手にする人間が急激に増えている。これは文字どおり歴史上初めてのことである。そして歴史上初めて、人間は自分自身をマネジメントしなければならなくなる。しかしこの社会は、それに対する備えがまだできていないのである[2]」

私たちが感じている苦痛の原因となっている問題を理解することは、ドラッカーのこの「予言」の意図するところを読みとることでもある。そのためにはまず、歴史を「文明のボイスの五つの時代」に分割し、その流

れをつかむ必要がある。第一段階は狩猟採集の時代、第二段階は農耕の時代、第三段階は産業の時代、第四段階は情報・知識労働者の時代、最後の第五段階は知恵の時代である。

ここで歴史をさかのぼり、狩猟採集時代に生きている自分を想像してみてほしい。毎日毎日、弓矢や石、棒切れを持って、家族のために食糧を採りに行く。ほかに生きるための方法は見たことも聞いたこともない。もちろん試したこともない。そこに知らない人がやってきて、「農民」というものにならないかとあなたを誘ったとしよう。あなたはどう応じるだろうか?

その農民の様子を見ていると、地面をひっかき、小さな種を蒔《ま》いているが、すぐには何も起こらない。水をやり、雑草を抜く。まだ何も起こらない。しかしやがて作物が実り、豊かな収穫を得る。あなたは狩猟採集の腕がよいと周りから一目置かれているが、そんなあなたの収穫も「農民」である彼の収穫の足元にも及ばない。彼の収穫量はあなたの五〇倍にもなる。さて、どうする? あなたはおそらく心の中でこうつぶやくだろう。「同じようにやりたいが、まず無理だな。技術も道具もないのだから」何を

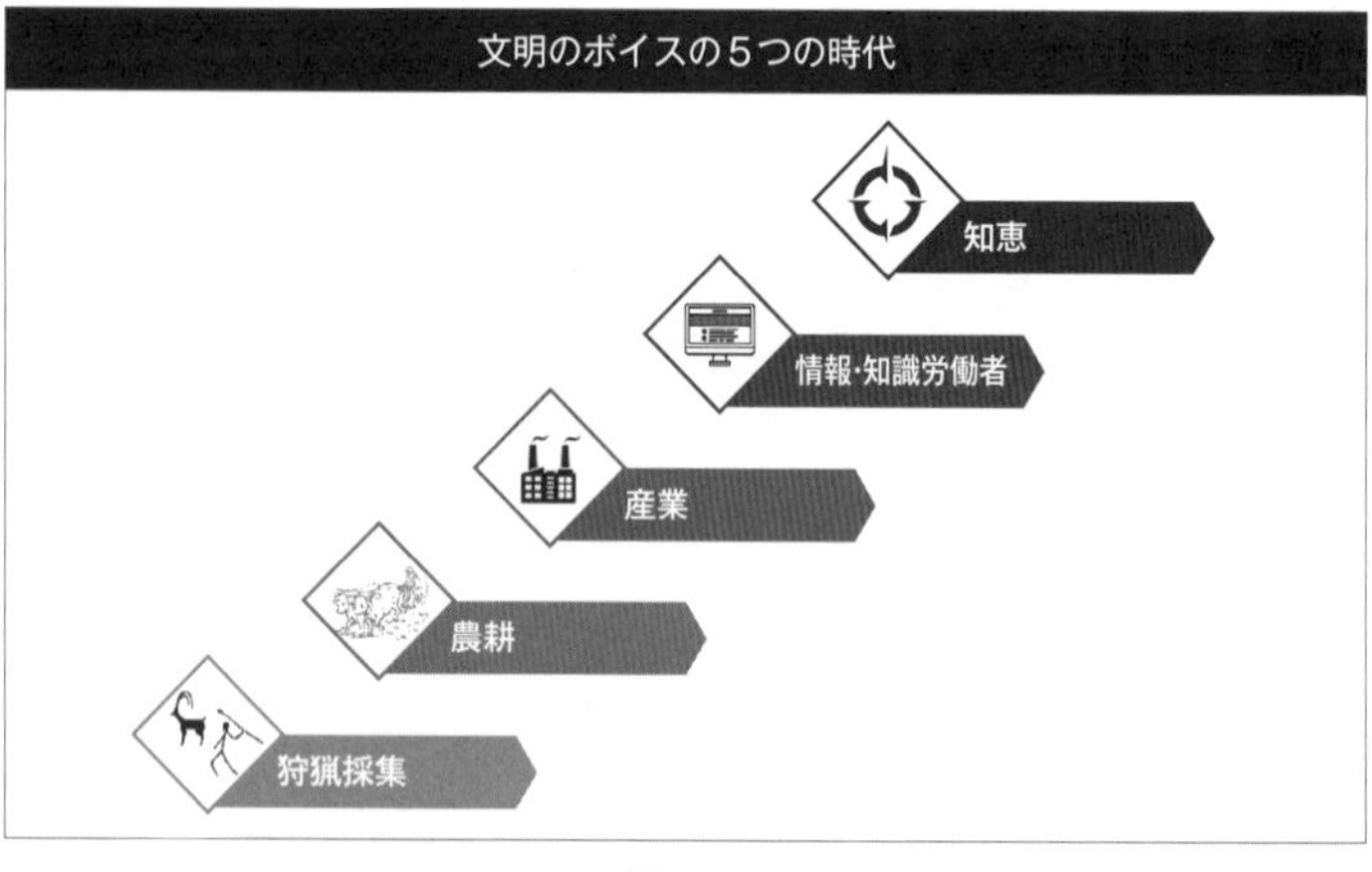

図２・１

どうすればよいのか、あなたにはまるで見当がつかないのだ。

農民の生産力はすこぶる高く、経済的な余裕があるから、子どもたちの将来を考えて学校に通わせている。それに引き換え、あなたのほうは食べていくのがやっとだ。あなたは次第に、農民になるために本気で学ぼうと思い始める。そしてあなたの子どもたちも、孫たちも農民になる。人類の歴史の黎明《れいめい》期には、まさにこのとおりのことが起きていた。狩猟採集民は九〇％以上減少した。彼らは職を失ったのである。

それから何世代かが過ぎ、産業の時代がやってくる。人々は工場を建て、職務の専門化や仕事の分担、事業の拡張などを学ぶ。効率化を進め、ラインに乗せて原材料を組み立てる方法も開発する。産業時代の生産性は農耕時代の五〇倍以上だ。あなたはこのとき、狩猟採集民の五〇倍も生産する農民だとしよう。しかしある日突然、農場のすぐそばに工場が建ち、五〇倍もの生産力を見せつけられたら？　嫉妬し、脅威すら感じるだろう。そうはいっても、産業時代の仲間入りをするには、まったく新しいスキルとツールが要る。それより何より、まずは新しいマインドセットが必要だ。考え方をがらりと変えなくてはならないのだ。産業時代の工場の生産力は農民の五〇倍以上にもなり、その結果、農民は九〇％減少した。これは事実である。農業で生き残った人たちは、産業時代のコンセプトを取り入れ、農業の機械化、産業化を進めた。現在、米国の農業従事者は人口の三％足らず。このわずか三％の農民が米国内と世界の多くの地域の食料を生産しているのである。

そして、今まさに進展しつつある情報・知識労働者時代の生産力は、産業時代の五〇倍以上になるだろうか？　私はそうなると確信している。今はまだその端緒に就いたばかりだが、二倍、三倍、一〇倍程度にとどまらず、いずれ五〇倍に達するだろう。マイクロソフト社の元ＣＥＯ、ネイサン・ミアボルドは次のように語っている。「トップクラスのソフトウェア開発者の生産力は平均的な開発者の一〇倍、一〇〇倍どころじゃない。一〇〇〇倍でも利かないね。一万倍のレベルだよ」

そう、質の高い知識労働の価値は桁外れなのである。この可能性を解き放てば、組織は価値創出の計り知れない機会を手にすることができるのだ。そうだとすれば、たとえばあなたの子どもたちの潜在能力を最大限に引き出すことができたら、どんなことが起きるか考えてみてほしい。知識労働は、組織あるいは家族がこれまで行ってきた投資のすべてを活用し、さらに価値を高めるのである。知識労働者は、組織のあらゆる投資を結びつける存在なのだ。投資を有効に活用して組織の目標を達成し、上回るように、焦点を絞り、創造力を発揮する。彼らはてこの役割を果たすのである。

知識労働者の時代に産業時代の労働者が九〇%も減少すると、あなたは思うだろうか？　私はそうなると思う。昨今のアウトソーシングの流れや失業率の上昇傾向は氷山の一角にすぎない。たしかに、このような傾向は重要な政治課題として注目を集めている。しかし、産業時代に失われた雇用のほとんどは政府の政策や自由貿易協定とはほとんど関係がなく、むしろ経済が知識労働者の時代へと劇的にシフトしているからなのだ。となると、知識労働者時代の新しいマインドセット、新しいスキル、新しいツールを学ぶ必要があるわけだが、それは今の労働者にとってどれほどの脅威となるだろうか？　考えてみてほしい。この新しい知識労働者時代のプレーヤーとして活躍するために、**あなた**には何が必要だろう？　あなたの**組織**に求められることは何だろう？

ピーター・ドラッカーは、産業・肉体労働者の時代と今の知識労働者の時代を比較して次のように述べている。

二〇世紀におけるマネジメントのもっとも重要な貢献つまり、実際には唯一の貢献は、製造業に従事する**肉体労働者**の生産性を五〇倍に引き上げたことである。

経営者が二一世紀になすべきもっとも重要な貢献は、**知識労働と知識労働者**の生産性を同じように引き上げることである。

二〇世紀の企業のもっとも価値ある資産は**生産設備**だった。二一世紀においては、営利企業のみならず、その他どんな組織であれ、**知識労働者と彼らの生産性**がもっとも価値ある資産になる。[3]

偉大な歴史家アーノルド・トインビーは、社会と組織の歴史は、「成功は失敗を呼ぶ」という一行に凝縮できると言っていた。つまり、困難にぶつかったときに適切に対応すれば、それは「成功」と呼ばれる。しかし次に新たな困難にぶつかり、前に成功した方法で対応しても、その方法はもはや通用せず「失敗」するのである。私たちは知識労働者の時代に生きているというのに、人間の潜在能力を抑えつけ、ボイス（内面の声）にはまるで耳を貸さない産業時代のマネジメント・モデルで支配している産業時代のマインドセットが、新しい知識労働者時代と新しい経済に通用するわけがない。しかもそのコントロール志向のマインドセットが家庭にも及んでいるのだ。パートナーとの関係やコミュニケーションも、子育ても、いまだに古いマインドセットに支配されているのである。

産業時代の「モノ型マインドセット」

産業時代には、機械と資本が最大の資産であり、経済的繁栄を牽引《けんいん》していた。すなわち「モノ」が主役だったのである。もちろん人間も必要だったが、人は取り換え可能だった。肉体労働者をマネジメントし、好きに入れ替えて使っても、それほど問題は起きなかった。労働市場では供給が需要を上回っていたからだ。いくら厳しい条件でも、それに適応できる「身体」はいくらでも調達できたのだ。人はモノ扱いされていたのであり、モノに対しては効率性を優先してマネジメントできるのである。組織が求めていたのは人の身体であって、人の知性、心、精神はほとんど必要とされていなかった（これらは機械化時代のスムーズな流れ作業を邪魔するものでしかないから）。こうして人をモノにおとしめていたのである。

現代のマネジメント手法のほとんどは産業時代から続いている。私たちは、人をマネジメントし、効率的に使わなくてはならないという考え方を刷り込まれている。私たちは、物事を会計の観点から考えている。人は人件費という経費であり、機械は資産なのだ。その証拠に、従業員は損益計算書に経費として計上されるのに対して、設備はバランスシートに資産として計上されるのである。

飴《あめ》と鞭《むち》でモチベーションを引き出す考え方も産業時代の産物だ。ニンジン（報酬）を目の前にぶら下げてその気にさせ、鞭《むち》（恐怖と懲罰）で尻をたたいて働かせる。人をロバ同然に扱うテクニックである。

予算の集中管理もそうである。現在のトレンドをそのまま将来に当てはめ、「予算を取ってくる」ためだけの組織階層が構築されている。これはもはや時代遅れのプロセスに他ならない。予算を確保するためにこびへつらい、果ては次年度の予算を削られないように今年度の予算を無理して使い切る。これでは自分の部署の存続しか考えない文化が蔓延《まんえん》するのも無理はない。

産業時代から受け継いでいる行動スタイルは、これらのほかにいくらでも挙げることができる。いずれも肉体労働者をモノとして使うやり方だ。

問題は、現代の経営者・マネージャーが産業時代のマネジメント・モデルを知識労働者に対して使っていることである。権限を持つ立場の者は、部下の本当の価値や可能性に気づいていないし、そもそも人間の本質をよく理解していないから、人をモノのように扱いマネジメントしているのである。そのせいで、従業員のモチベーション、才能、素質を引き出せず、活用できていないのだ。人をモノ扱いする今の状況は、どんな結果をもたらしているだろうか？　個人の尊厳を傷つけ、疎外し、仕事から人間味を奪っている。信頼関係が薄く、労働争議の絶えない組織文化を生んでいる。家庭でティーンエージャーの子どもをモノ扱いしたら、どうなるだろう？　これも同じだ。子どもの心は傷つき、親と距離を置くようになる。不信感が芽生えて大切な家族の絆が壊れ、言い争いと反抗の日々になる。

共依存関係の負のスパイラル

従業員をモノのようにマネジメントすると、どうなるか？　リーダーシップとは自分自身が主体的に選択して発揮するものだということを、誰も信じなくなる。ほとんどの従業員は、リーダーシップは特定の地位にある人が発揮するものであって、自分には関係ないと考えている。個人のリーダーシップ（影響力）を発揮するかどうかを選ぶのは、ピアノを弾く自由と似ている。それは自分で獲得しなければならない自由なのだ。リーダーシップも同じで、発揮するのもしないのも個人の選択次第なのであり、誰にでも選択の自由があるのだ。

これまで多くの人は、権限を持つ者だけが物事を決めるものだと思い込んできた。だから自分がモノのように扱われることにも、おそらくは無意識に同意してしまっている。やるべきことを見つけても、自分から動こうとはしない。正式な肩書を持つ上司から指示されるまで待っている。そして、物事がうまくいかないとリーダーを責める。うまくいったら手柄はリーダーのものになり、部下はせいぜい「協力と支援」を感謝されるだけである。

主体的に率先して動こうとしない態度が蔓延《まんえん》すると、上司のコントロール志向はますます強くなり、細かいことまでいちいち指示し、命令するようになる。部下を動かすにはそうするしかないと思い込んでしまうのだ。このサイクルはたちまち共依存の関係にエスカレートする。お互いの弱みがお互いの態度をますます強固にし、ついには正当化することになる。上司が部下をコントロールすればするほど、部下は指示された行動しかとらなくなり、そして上司はますますマネジメントの度を強める。こうした共依存の文化が組織に根づいてしまうと、誰も責任をとらなくなる。上司は指示する役割、部下はそれに従う役割という暗黙の了解ができるのだ。相手が変わらない限り自分の境遇は良くならないと思い込んでいるために、それぞれが自分で自分の力を奪う結果になる。この悪循環は親子の関係でもよく見られる。

実際、こうした暗黙の了解は至るところで見られるが、勇気を持って自分もそうだと認められる人はそう多くない。このような話を耳にすると、本能的にそれは自分以外の誰かのことだと思うのだ。私は講演会でよくこのテーマを取り上げるが、二時間ほど話してから、「この講演はとてもためになるけれども、本当に聴くべき人はここにはいないと思う人は、手を挙げてください」と言ってみる。たいていは大爆笑になるのだが、ほとんどの人が手を挙げるのである。

ひょっとしたらあなたも、「この本は自分よりもあの人に読ませたい」というようなことを思っているのではないだろうか。もしそうなら、それこそが共依存関係なのである。誰かの欠点を思い浮かべながら読んでいるとしたら、あなたは自分で自分の力を奪い、逆にその人の欠点に力を与え、相手の態度をますます強固にし、あなたの人生から率先力や活力、胸躍る興奮を吸い上げるのを許してしまうのである。

映像作品『マックス＆マックス』

もっと深く掘り下げていく前に、『マックス＆マックス』という素晴らしい映像作品を観てほしい。ここまでに論じた問題の本質を具体的に理解できると思う。これは猟犬マックスと新入りのカスタマーサービス担当者マックスを主人公にしたフィクションである。マックスの上司のハロルドという人物も登場する。彼は部下全員を猟犬マックスと同じように扱い、マネジメントしている。

この短編作品の舞台は職場だが、注意してほしいのは、誰にでも職場があるということだ。学生と教師にとっては学校が職場である。多くの人にとっては、会社、自治体の役所や官公庁が職場だろう。家族にとっては家庭が職場だ。コミュニティの集まり、教会や寺院が職場の人もいるだろう。つまり、この映像作品の内容は企業の職場だけを取り上げたわけではなく、共通の目的の下に集まった人々の結束、人間関係が大きなテーマである。あなたの人生において、職場以外にも他者と過ごすさまざまな場面を思い描きながら観てほしい。

あなたが所属する組織の観点からも、私生活の観点からも、この映像作品に共感できるところは大いにあると思う。ではさっそく、『第8の習慣』のＷｅｂサイトにアクセスして、『マックス&マックス』を観よう。

Webサイトへのアクセス

URLを直接入力
https://fce-publishing.co.jp/8h/

QRコード読み取り

映像作品を観終わったところで、考えてみてほしい。新しい仕事に就いたばかりのときは誰でもそうだが、この映像作品の主人公マックスも熱意にあふれ、やる気満々である。ところが、マックスが主体的に動いて顧客を獲得し、つなぎ留めておこうとすると、上司のハロルドは彼のやる気をそぐようなことをする。細かいところにまで口を出し、何から何まで言いなりにさせようとするので、ついにマックスの心は折れてしまう。臆病になり、それまで描いていたビジョン、自分の可能性を見失い、自分には選択の自由があるのだということも忘れてしまう。ボイス（内面の声）が聞こえなくなってしまうのだ。彼は、もう二度と自分から行動したりしないぞ、と決意する。人間のマックスはハロルドとの共依存関係に陥り、次第に猟犬のマックスのようになっていく。ハロルドからの指示を待つだけになるのだ。あなたはハロルドのせいだと思うかもしれないが、そのハロルドも上司から同じように扱われているのである。事細かくマネジメントする屈辱的なやり方が会社全体にはびこっているのだ。要するに、組織文化そのものが共依存なのである。リーダーシップ（率先力と影響力）を発揮上の立場の者が示すものだと思い込んでいるのだから、誰一人としてリーダーシップを発揮しようとはしない。

現実の組織のほとんどは、マックスとハロルドの会社とまったく同じではないものの、多かれ少なかれ似通っている。私がこれまで四〇年間に仕事で関わった中でも特に優れた組織でさえ、実にさまざまな問題を抱えている。今まさに世界中で起きている変化のせいで、これらの問題や困難がもたらす苦痛は強くなる一方だ。『マックス＆マックス』からも読みとれるように、このような問題は一般的に三つに分類することができる。**組織の問題**、**人間関係の問題**、**個人の問題**である。

組織のレベルでは、コントロール志向の経営の下でパフォーマンスやコミュニケーション、報酬、トレーニング、情報、そのほかの主要なシステムが優先され、従業員の才能やボイスは二の次、三の次にされる。このコントロール志向は産業時代に根づいたもので、あらゆる産業や職業で権限を持つ立場の者たちの考え方を支配している。くどいようだが、これは**産業時代の「モノ型マインドセット」**なのだ。

人間関係のレベルでも、ほとんどの組織が**共依存の関係**にどっぷりつかっている。まずもって信頼関係が築かれておらず、意見や立場の違いを本当の意味で創造的な方法で解決するスキルやマインドセットを欠いている人が多い。もちろん、組織のシステムやコントロール志向の経営が共依存関係を助長している面は大きい。

しかし、あまりに多くの人が家では他者と比較されて育ち、学校でも、スポーツでも、職場でも他者との競争を強いられていることが、この問題をいっそう根深く複雑なものにしている。比較や競争の体験は人に強い影響を与え、他人の成功を心から喜べない欠乏マインドを植えつけてしまう。

個人のレベルで見れば、どんな組織にも、聡明《そうめい》で才能に恵まれ、クリエイティブな人は大勢いる。しかしそんな人たちも、自分が束縛され、過少評価されていると感じ、意欲がそがれているのが現実である。フラストレーションがたまるだけで、自分がその状況を変えられるとは到底思えないのだ。

パラダイムの力

米国の作家のジョン・ガードナーはかつてこう指摘した。「多くの病める組織は、自分の欠点だけが見えない盲目になっている。苦しんでいるのは問題を解決できないからでなく、問題が見えないからなのだ」

また、相対性理論で知られる物理学者アインシュタインは、「我々の直面する重要な問題は、その問題をつくったときと同じ思考のレベルで解決することはできない」と語っている。

ガードナーの言葉もアインシュタインの言葉も、私がこれまでの人生で学んだ奥深い見識の一つを強調していると思う。つまり、小さな変化や改善を積み重ねていきたいのであれば、行動や態度を正せばよいけれども、大きな飛躍的な変化を望むのであれば、**パラダイム**を変えなくてはならない、ということだ。パラダイム(paradigm)の語源は、ギリシャ語の paradeigma である。もともとは科学用語だったが、昨今はモデルや理論、認識、既成概念、枠組みを意味する言葉として広く用いられている。平たく言えば、世界を見るレンズである。どこかの土地や都市の地図のようなものともいえる。地図が不正確だったら、いくら努力しても、どれほど前向きに考えても、道に迷い目的地には到達できない。しかし地図が正確なら、目的地に到達できるかどうかは本人の努力と態度次第である。パラダイムは正確でなければ、役に立たないのだ。

たとえば、中世の人々はどのようにして病を治療したのだろうか？　一つの方法は、血液を抜く瀉血《しゃけつ》である。このような方法をとったのは、「血の中に悪いものが混じっている。だから血を抜こう」というパラダイムがあったからである。仮にあなたがこのパラダイムを疑わないとしたら、どうするだろう？　おそらく、より多くの血をより速く、できるだけ痛みのないように抜こうとするだろう。瀉血《しゃけつ》に関する総合的品質管理やシックス・シグマに取り組むかもしれない。統計による品質管理や分散分析を行うかもしれない。戦略的な実現可能性調査を実施し、見事なマーケティング計画を策定して、「当社はワールドクラスの瀉血《しゃけつ》機器を備えています！」というような広告を打つかもしれない。はたまた、従業員を山に連れていき、崖の上から飛び下りさせ同僚たちが受け止める、などということをやるかもしれない。従業員は信頼関係と団結力を強め、よりいっそう熱意を持って瀉血《しゃけつ》治療に取り組むことだろう。あるいは、オープンなコミュニケーションを育むために、従業員が温泉にでも入りながら腹を割って話す機会をつくるかもしれない。ポジティブなエネルギーを最大限に高めれば瀉血《しゃけつ》治療の効果も上がるだろうと考え、患者にもポジティブ思考を教えるかもしれない。

ハンガリーの産科医センメルヴェイスやフランスのパスツールなどの科学者たちによって、細菌が病気の主原因であることが判明すると、瀉血《しゃけつ》のパラダイムは完全に覆された。妊婦が出産のときに助産婦を呼んでいたのも、しかるべき理由があったからなのだ。助産婦は清潔を第一にして出産の介添えをしていたからである。戦場では銃弾よりも感染症で命を落とす兵士が多かった理由もはっきりした。前線には細菌感染による疾病が蔓延《まんえん》していたのである。この細菌論はまったく新しい研究分野を開き、現代の医療にもつながっている。

このように正確なパラダイムの力は計り知れない。正確なパラダイムは物事を**説明**し、行動の**指針**となる。しかし問題は、パラダイムが伝統や因習のように根強く残るということである。正しいパラダイムが見つかっても、間違ったパラダイムは何世紀も生き残る。たとえば、ジョージ・ワシントンの死因は喉の感染症というのが歴史書の通説だが、実際には瀉血《しゃけつ》が原因で亡くなったものとみられている。喉の感染症は何かの症状だったのである。当時のパラダイムは、血液に悪いものが混じっているから血液を抜けばよい、というものだった。だから医師たちはワシントンの身体から二四時間に数リットルもの血液を抜いたのである。現在は一般的に、健康なときでも献血は二ヵ月に一度、〇・五リットルまでとされている。

知識労働者の時代は、新しいパラダイムが土台になる。産業時代の**モノ型パラダイム**とはまったく異なるパラダイムだ。これを**全人格型パラダイム**と名づけることにしよう。

全人格型パラダイム

なぜこれほど多くの人が仕事に不満なのか？　なぜこれほど多くの組織が、従業員の才能、組織、創造力を引き出せず、長続きする偉大な組織になれないのか？　この問題の核心には、きわめて単純で、全体を包括する理由がある。**人間の本質、つまり我々は何者なのかという問いに対する根本的な見方、パラダイムが不完全であること**だ。

まず、人間はモノではないという厳然たる事実を押さえておかなければならない。飴《あめ》を与え、マネジメントしていれば動くというのは間違ったパラダイムなのである。そして人間には四つの側面（肉体、知性、情緒、精神）がある。

洋の東西を問わず、有史以来のあらゆる哲学や宗教を調べてみると、基本的にはほとんど同じ四つの側面が取り上げられていることに気づく。肉体的・経済的側面、知的側面、社会的・情緒的側面、精神的側面である。使われている言葉はいろいろでも、人間の持つ普遍的な側面を表現していることに変わりはない。これら四つの側面はまた、**すべての人間の四つの基本的なニーズとモチベーション**に対応する。第一章の映像作品にも描かれていたが、生きること（生存）、愛すること（人間関係）、学ぶこと（成長と発展）、貢献すること（存在意義）である。図2・3を参照してほしい。

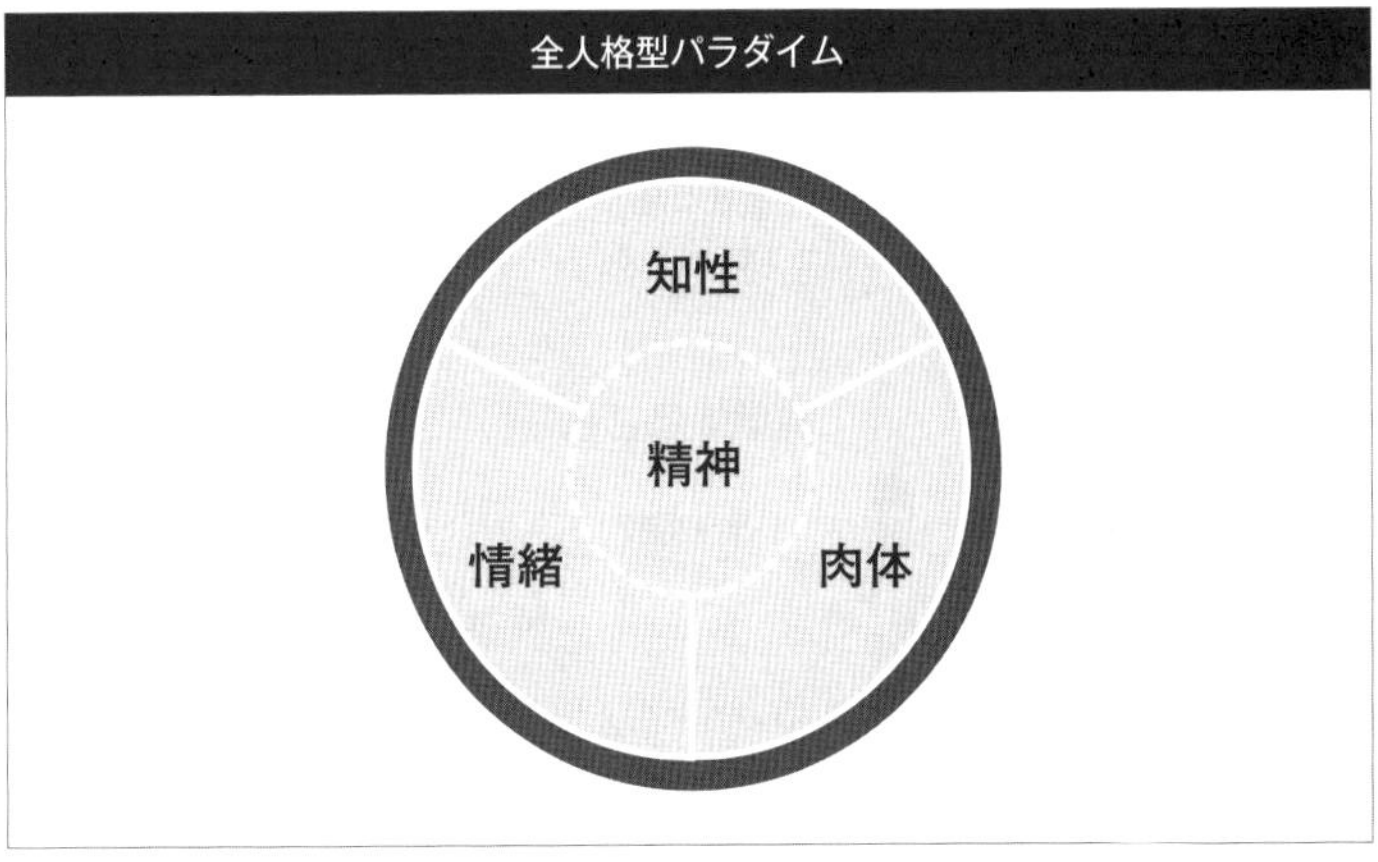

図2・2

行動の選択肢

今の組織とその経営者・マネージャーは、従業員は持てる力を最大限に発揮できるように、彼らを奮起させることができずにいる。この現実は、依然として職場を支配しているモノ（部分的人格）型パラダイムとどのように関係しているのだろうか？ 答えはいたって簡単である。人には選択の自由があるということだ。意識的にしろ無意識にしろ、私たちは仕事にどのくらい自分を捧げるか決めている。職場で自分がどう扱われているか、人間の四つの側面（肉体、知性、情緒、精神）を生かす機会があるかどうかが選択の基準になる。行動の選択肢は、反抗または拒否するからクリエイティブに躍動するまで幅広い。

ここで、以下に挙げる五つのシナリオにおいて、図2・4に示される六つの選択肢（反抗または拒否する、不本意だが従う、自発的に行動する、喜んで協力する、心からコミットする、クリエイティブに躍動する）のうち、あなたならどれをとるか考えてみてほしい。

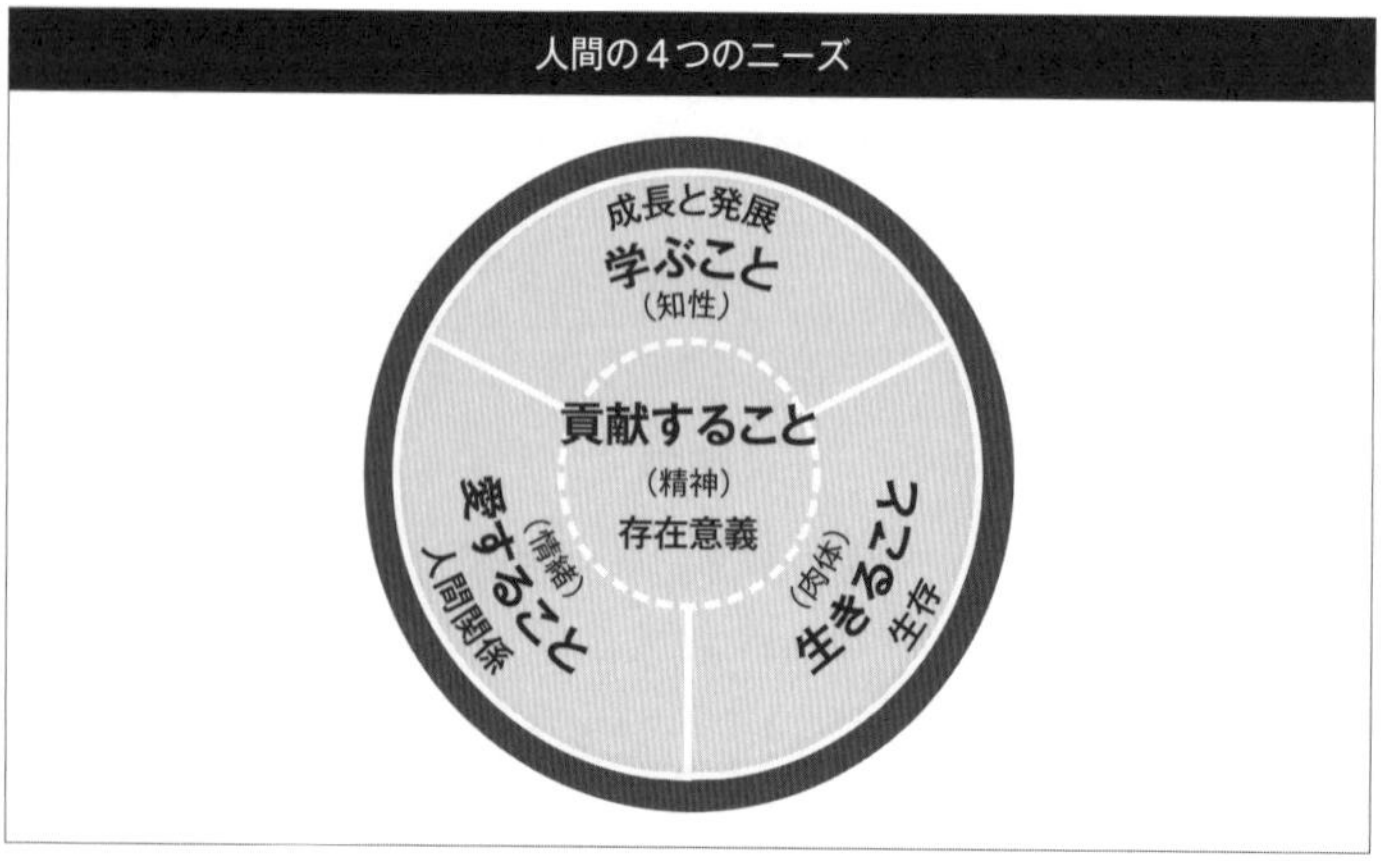

図2・3

シナリオ一：あなたはまったく公平に扱われていない。組織内には政治的な駆け引きが横行している。えこひいきもある。給与体系も公平とはいえず、貢献に見合う給与が支払われているとはとても思えない。この場合、あなたはどの行動を選ぶだろうか？

シナリオ二：給与面は公平だとしよう。しかし人に対する配慮に欠けた職場である。あなたは尊重されておらず、あなたに対する扱いにも一貫性がない。気まぐれや独断的な扱いが多く、たいていは上司の気分次第だ。あなたはどの行動を選ぶだろうか？

シナリオ三：給与は公平で、あなたに対する扱いも適切だとしよう。ところが、本当ならあなたの意見が求められるはずの場面で上司の意見を押しつけられる。要するに、あなたの肉体的側面と情緒的側面は大切にされていても、知的側面は必要とされていないのである。この場合、あなたはどの行動を選ぶだろうか？

シナリオ四：給与は公平（肉体的側面）、扱いもよい（情緒的側面）、仕事には創造的に取り組める（知的側面）としよう。しかしその仕事というのは、誰も見ないし使いもしない報告書を書くようなものばかりで、穴を掘っては埋め戻すだけのような仕事だ。

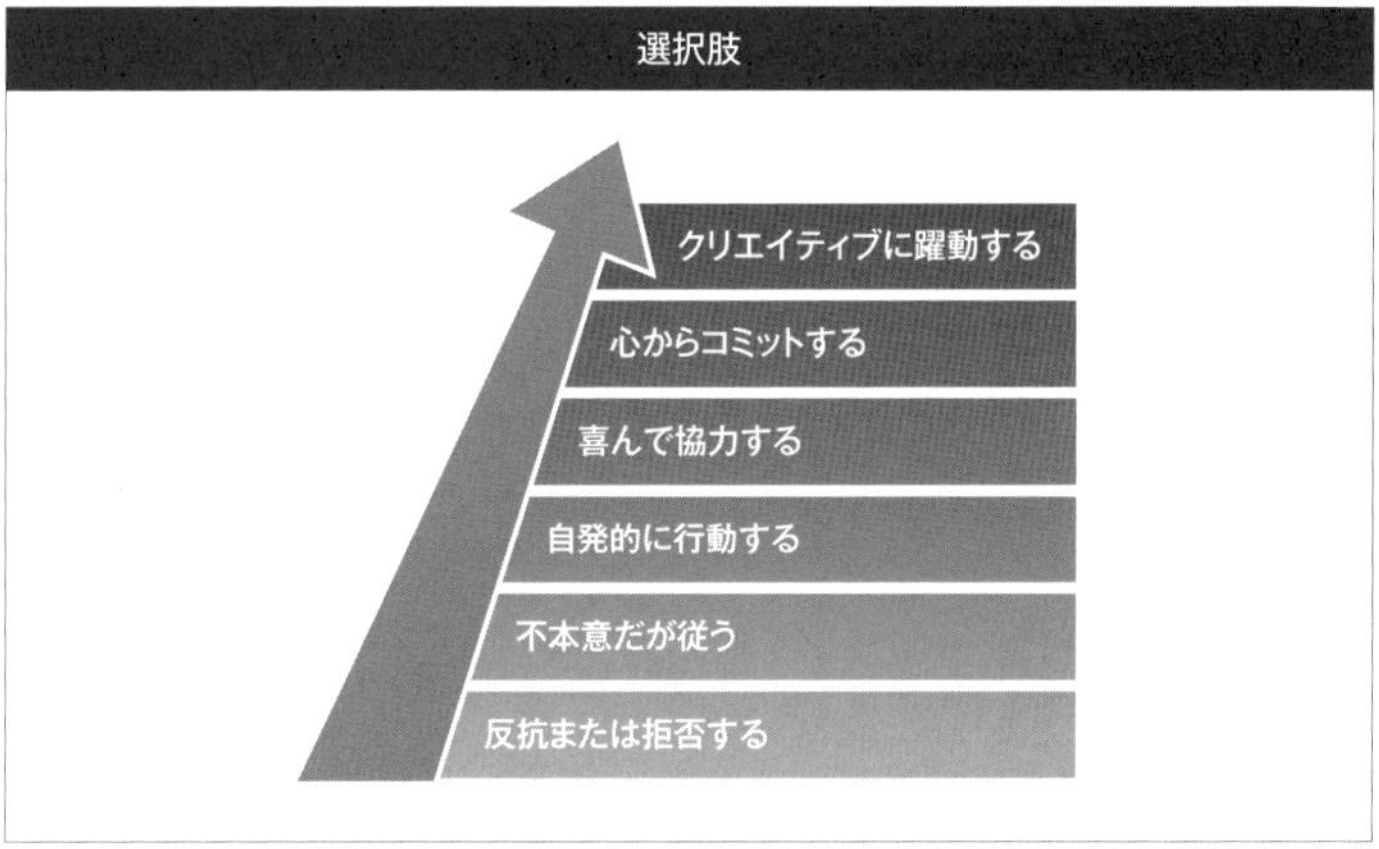

図2・4

つまり仕事に何の意義も感じられない（精神的側面）。この場合、あなたはどの行動を選ぶだろうか？

シナリオ五：給与は公平で、扱いは正当で、仕事は有意義で創造的に取り組めているとしよう。ところが、顧客や仕入先との取引でも、同僚との関係でも、嘘《うそ》やごまかしが平然と行われている（精神的側面）。この場合、あなたはどの行動を選ぶだろうか？

シナリオでは全人格型パラダイムの四つの側面を全部取り上げていることがわかると思う。肉体、知性、情緒、精神の四つだが、精神的側面については、仕事自体が無意味である場合と仕事の仕方が無原則である場合の二つがある。ここで押さえておいてほしいポイントは、四つの側面のどれか一つでもおろそかにしたら、人をモノにしてしまうということだ。モノはどう扱われるだろうか？　細かくマネジメントされ、飴《あめ》と鞭《むち》でうまく操られて働かされるのである。

私はこれまで、世界中でさまざまな機会をとらえて、この五つのシナリオを大勢の人に問いかけてきた。答えはほぼ全部、図2・4の下半分の行動に分類できる。つまりほとんどの人は、反抗または拒否する、不本意だが従う（言われたとおりにやるにはやるが、失敗すればよいと思っている）、よくて自発的に行動することを選択する。今の情報・知識労働者の時代には、仕事のあらゆる面において全人格として尊重されている人しか、上半分の行動（喜んで協力する、心からコミットする、クリエイティブに躍動する）は選択しないのだ。**公平な報酬をもらい、正当な扱いを受け、クリエイティブな仕事を任せられ、原則に基づいた方法で人間の基本のニーズを満たす機会を与えられ**てはじめて、喜んで協力し、心からコミットし、クリエイティブに躍動することを選択するのである。

アイデンティティは宿命である。

今の職場の根本的な問題とその解決策が、人間の本質に関するパラダイムにあることがわかってきただろうか？ 家庭やコミュニティにおける問題の解決策もまた、同じパラダイムで考えることができる。産業時代のモノ型パラダイムと、そのパラダイムから生まれる行動は、さしずめ瀉血《しゃけつ》の現代版といえるだろう。人間の四つ側面をおろそかにすることによって生じる四つの**慢性的な問題**、その解決策としての**リーダーシップの四つの役割**については、第六章以降で詳しく取り上げる。その前の第三章から第五章までは、苦痛とその原因になっている問題に対する個人の反応、解決策を考えてみよう。

図２・５

第二章　解決策

時宜にかなったアイデアほど強いものはない。
ビクトル・ユーゴー

米国の作家・思想家のヘンリー・デイビッド・ソローは、「悪の葉っぱに斧《おの》を向ける人は千人いても、根っこに向けるのは一人しかいない[1]」と書いている。本書の目的は、私たちが直面する重大な問題の根っこに刃を向けることにある。

第一章では現代の**苦痛**とは何かを考えた。第二章では、苦痛の原因となっている**問題**を探った。その問題は個人の内面に根を張り、また職場に深く浸透しているパラダイムや因習に関わっている。この第三章では、解決策を考える道筋を設定し、第四章から取り上げる具体的な**解決策**の概要を示したい。

私はこれまで四〇年以上にわたり、世界中の組織でコンサルティングの仕事をしてきた。組織研究に関する偉大な先人たちの知見からも多くのことを学んだ。この経験から気づいたのは、卓越した組織の多くは、組織文化の大変革を成し遂げることによって長期にわたる成長と繁栄を享受し、世界に大きな貢献をしているが、その変革のほとんどは一人の行動から始まっているということである。その個人が組織の正式なトップ（CEOや社長）のこともあるけれども、専門職やラインマネージャー、アシスタントなど、トップ以外の誰かの主体的な行動が原点となっているケースがほとんどだ。組織内での立場にかかわらず、彼らはまず自分自身を変革した。そして、彼らの人格、能力、率先力、ポジティブなエネルギーが周りの人たちを奮起させた。彼らの道徳的権威が周囲に影響を与えたのである。これこそが**インサイド・アウト**（内から外へ）である。彼らはまず、揺るぎないアイデンティティを確立し、自分の強みと才能を自覚し、それらを生かしてニーズを満たし、結果を出した。周りの人たちもそれに気づき、彼らはより責任ある仕事を与えられる。新たな仕事でも限界を押し広げ、ここでも結果を出す。さらに多くの人たちの注目を集める。やがて上層部がなぜあれほど多くのことを達成できるのか、彼らの考えを知りたがる。かくして、最初に行動を起こした個人のビジョンが、組織の文化を形成していくのである。

このような人たちは、個人の尊厳を傷つけ、やる気をそぐような組織内のネガティブな力にのみ込まれはしないし、押し潰されたままではいない。興味深いのは、彼らの組織がほかの組織と比べて特段変わっているわけではないことだ。程度の差こそあれ、すべての組織がいろいろな問題を抱えている。しかし行動を起こすことを選ぶ人たちは、上司や組織が状況を変えてくれるまで待ってはいられないことに気づくのだ。こうして彼らは、凡庸の海に浮かぶ卓越の島となる。その卓越性が次第に周囲に影響を及ぼし、凡庸の海を変えていくのである。

最初に行動を起こす人は、いわば流れに逆らって泳ぐ人だ。組織文化に根づいたネガティブなあらゆる抵抗を押しのけ、自己中心的な利益は二の次にして、卓越したビジョンを描き、決意を持続させる。いったい、彼らはどこでこのような内面の強さを獲得するのだろうか？

彼らはまず、自分の本当の素質と才能を自覚する。そしてその素質と才能を働かせて、成し遂げたい偉大なことのビジョンを描く。良識に従って率先力を発揮し、自分の周りにあるニーズや機会を深く理解する。自分自身の才能を生かすことができ、モチベーションをかき立て、変化につながるようなニーズに取り組み、解決する。一言で言えば、彼らは**自分のボイス（内面の声）を発見し**、ボイスに従って行動するのだ。他者に奉仕し、他者を奮起させる。個々人の、ひいては組織の成長と成功を支配する原則を実践する。原則を実践することによって、肉体、知性、情緒、精神、これら四つの側面が統合された「全人格」から、最高にして最善のものを引き出すことができるのだ。そして彼らはさらに、ほかの人たちにも働きかけ、原則を通して**自分のボイスを発見できるように奮起させる**。

自分のボイスを発見し、そしてほかの人たちも自分のボイスを発見できるように奮起させるという二つができてはじめて解決策が得られる。それは正確なロードマップと同じだ。組織のすべての個人は、このロードマップに従うことで自分の影響力を最大限に波及させ、大きな充足感を得られる。モノのように取り換え可能ではなく、自分にしかできない貢献をする。そして自分のチーム、組織全体にも同じ行動を促していくのである。本書の構成も、解決策を得るための二つの要素から成っている。

第一部　ボイス（内面の声）を発見する

第二部　ほかの人たちも自分のボイス（内面の声）を発見できるように奮起させる

この章でそれぞれの概要を述べておこう。

ボイス（内面の声）を発見する

森の中で道が二つに分かれていた
そして私は……
人があまり通っていない道を選んだ
そのおかげで今の私がある[2]

ロバート・フロスト

図3・1は、人生の分かれ道を描いている。それはとりも直さず、「第8の習慣」――自分のボイス（内面の声）を発見し、ほかの人たちも自分のボイス（内面の声）を発見できるように奮起させる――のロードマップである。この「分かれ道」の図は、第四章から第一四章まで各章に登場する。章を追うごとに道を進んでいき、それぞれの章で重点的に取り上げる部分をハイライト表示する。この図で現在地を確認しながら、読み進めていってほしい。

誰しも、人生で二つの道のどちらかを**選んでいる**。老人も若者も、裕福な人も貧しい人も、男も女も、誰もが選択しているのである。一方の道は幅が広く、多くの人が選ぶ道であり、凡庸につながる道だ。もう一方の道は、偉大で有意義な人生につながる道である。才能や素質が人それぞれ千差万別であるのと同じように、二つの道の行き先（凡庸と偉大）のそれぞれに待っている可能性も多様である。しかし比べてみれば、夜と昼ほどの違いがあることがわかるだろう。

凡庸に至る道は、人間の可能性を抑えつける。それに対して偉大に至る道は、人間の可能性を解き放ち、発揮させる。凡庸に至る道は、その場しのぎの応急処置で安易な近道をとる生き方だ。偉大に至る道は、インサイド・アウトで連続的に成長していくプロセスである。凡庸に至る道を歩く旅人は、自分勝手、無節操、欠乏マインド、比較、競争、被害者意識という**組織に染みついた文化**に従う生き方しかできない。しかし偉大に至る道を歩く旅人は、社会のネガティブな影響力をはねのけ、自分自身の人生を構築する創造的な力になることを自分から**選択する**のである。偉大に至る道を端的に表せる言葉がある。それは「ボイス（内面の声）の道」である。この道を選ぶ人は、自分のボイスを発見し、ほかの人たちも自分のボイスを発見できるように奮起させることができる。これはもう一方の道を選ぶ人には絶対にできないことなのだ。

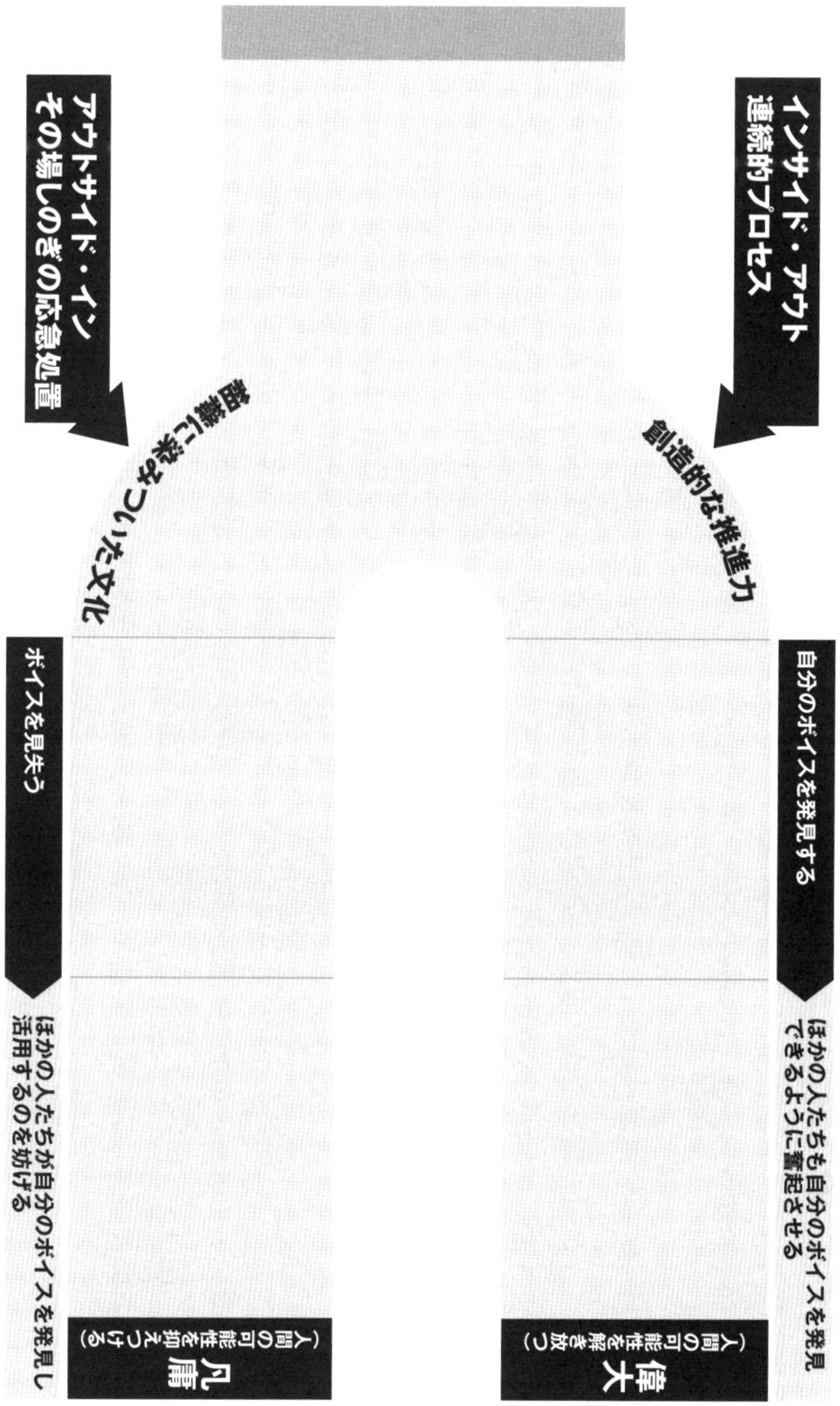
インサイド・アウト
連続的プロセス
創造的な推進力
自分のボイスを発見する
ほかの人たちも自分のボイスを発見できるように奮起させる
偉大
（人間の可能性を解き放つ）
アウトサイド・イン
その場しのぎの応急処置
組織に染みついた文化
ボイスを見失う
ほかの人たちが自分のボイスを発見し活用するのを妨げる
凡庸
（人間の可能性を抑えつける）

図3・1

意味を求めて

誰しも心の奥底では、有意義な貢献をして素晴らしい人生を送りたいと切望している。本当に意味のあることをして、自分にしかできない変化を起こしたいと強く願っている。自分は本当にそんなことを思っているのか、思っていたとしてもそんなことが自分にできるのかと、あなたは疑心暗鬼になっているかもしれない。しかし私は、あなたはそういう生き方ができると確信している。あなたの内面には、そのための能力がすでにある。すべての人間がそうだ。それは私たち人間のもっとも輝かしい能力なのである。

以前、ある軍事基地の司令官を訪ねたことがある。そのときの彼は、組織の文化を大きく変革する決意に燃えていた。軍隊に入って三〇年、大佐の地位に上り詰め、その年に退役する資格も得ていた。何ヵ月も部下の教育・訓練にあたった末に、退役せず、組織文化の大改革という一大事業に取り組む決意を固めたという。因習、無気力、無関心、信頼関係の薄さという途方もない力に挑まなくてはならない。まるで上流に向かって泳ぐようなものだ。私は、なぜそんな決断をしたのかと彼に聞いてみた。「引退して肩の荷を下ろし、気楽な生活を送ることだってできるでしょう。退役祝いのパーティも開かれて、愛する家族や仲間たちが、あなたの功績をたたえてくれるでしょうに。いったいどうして？」

彼は真顔になり、しばらく何も言わずにいた。そして意を決したかのように、個人的な体験を話してくれた。それは聖なる体験といってもよいものだった。彼はそのころ父親を亡くしたばかりだった。父親は死の直前、別れを告げようと妻と息子（大佐）を枕元に呼んだ。もはやほとんど話すこともできない状態だった。大佐の母親はずっと泣いていた。大佐は父親の口元に耳を近づけた。すると父親はささやくように言った。「私のような生き方はするな。私はおまえにも、おまえの母親にも正しく接してこなかった。人生で意味のあることは何もできなかった。約束してほしい、私のような生き方はしないと」

それが最期の言葉になったそうだ。大佐にとって、この言葉は父親からもらった最高の贈り物であり、遺産になった。そして彼は決意した。これからの人生、本当に意味のある貢献をして生きよう、と。

後で打ち明けてくれたのだが、父親が亡くなるまでは、引退して気楽に生きようと思っていたそうだ。そればかりか、後任の者がたいした成果を上げられず、自分のほうが有能であることが誰の目にも明らかになってほしいとひそかに思っていたという。しかし父親の最期の言葉が啓示となった。自らが変化の触媒となり、リーダーシップの原則を部隊に築くことを決意したのである。それだけでなく、後継者には自分を超える成果を上げてほしいと心から願った。そのためにも、リーダーシップの原則を組織の構造やシステム、プロセスに取り入れ、根づかせなければならない。そうすれば、彼の貢献は次のリーダーへ、またその次のリーダーへと代々受け継がれていくのである。

大佐はさらに、父親の言葉で目が覚めるまでは安易な道を歩んできたとも打ち明けてくれた。それではいけないと思いながらも、組織の習わしに従い、マネージャーの役割をこなしていただけだった。彼は凡庸な人生を選んでいたのだ。しかし父親の死の間際、彼は生まれて初めて、偉大な人生を生きることを決意したのだった。本当の貢献を成し遂げ、確かな変化を起こし、有意義な人生を生きることを自ら選択したのである。

誰でも凡庸な人生と決別し、偉大な人生を生きると決意することができる。家庭でも、職場でも、コミュニティにおいても、今どんな境遇にあろうとも、偉大な人生を意識的に選びとることができる。不治の病に堂々と向き合おうと決意するのも、偉大なことである。子どもに自尊心を持たせ可能性に気づかせて、子どもの人生をより良いものにしようと決意することも、組織の中で変化の触媒になることも、社会正義のための運動を始めることも、どれも偉大だ。誰もが**偉大な人生**に歩み出す力を持っている。少なくとも、良い一日ではなく**偉大な一日**にしようと決意することはできるはずだ。凡庸に至る道をどれだけ長く歩いてきた人でも、これではいけないと気づいたとき、偉大に至る道に方向転換することはできる。いつだってできる。遅すぎることなどない。私たちはいつでも自分のボイスを発見できるのである。

「人踏まぬ道」を行くことを選んだならば、それは自分のボイス（内面の声）を発見する道を進むことだ。その道であなたは次の二つのことを行うことになる。

一．ボイスを発見する――まず本当の自分を理解する。**三つの素晴らしい天賦の才**（第四章）は何か？ 次に人間の四つの側面（肉体、知性、情緒、精神）と結びついた四つの**インテリジェンス**を開発し、総合的に活用する。

二．ボイスを表現する――四つのインテリジェンスがもっとも崇高なかたちで表れたもの――**ビジョン、自制、情熱、良心**――を育てていく（第五章）。

映像作品『自らを見いだす』

この力強い映像作品を通して、ボイスを発見するプロセスをたどってほしい。フランクリン・コヴィー社は以前、この実話を地元の公共放送局と共同でドラマ化し、イギリスで撮影した。一八世紀のイギリス、主人公は浮浪児という過酷な境遇を乗り越えて作家となり、それなりの成功を収めた。愛する家族もでき、立派な家も構えた。物語は、彼が作家としての壁にぶつかったところから始まる。創造の泉は枯れてしまったかのようで、借金は膨らむ一方だ。出版社からは締め切りを守れと責め立てられる。彼は追い詰められ、目に見えて落ち込んでいる。子どもたちがそこらにいる浮浪児のようになりはしないかと心配だった。それより何より、父親が借金のせいで牢屋に入れられ、路頭に迷った昔の自分の姿をわが子に重ね、不安に襲われるのだった。

まったくやる気が出ず、夜も眠れない。彼は夜な夜なロンドンの街を歩き回るようになった。そこで彼は貧困を目の当たりにする。劣悪な環境の工場で夜通し働く子どもたち、家族が食いつなぐために必死の親たち。目の前で起きている厳然たる現実が、次第に彼の心を動かす。身勝手や強欲、他人を卑劣な手段で利用しようとする人々。現実は悲惨以外のなにものでもなかった。そして、一つの考えが浮かび、それは確信になっていく。世の中を変えるために自分にもできることがあるのだと、彼は気づいたのだった。

彼は再び筆をとる。かつてない気力と情熱を注ぎ、ひたすら書いた。自分自身が社会に貢献するのだという思いが彼を駆り立てていた。もはや自分を疑うことは少しもなかった。自信を取り戻し、借金のことも気にならなくなった。一日も早く書き上げ、できるだけ安い価格で出版し、できるだけ多くの人に読んでもらいたかった。彼の人生はすっかり変わった。彼は自分のボイス（内面の声）を発見したのである。

『第8の習慣』のWebサイトの映像メニューから『自らを見いだす』を選択して、この驚くべき実話をドラマ化した映像作品を観てもらいたい。きっと大きな感動を味わえるだろう。

Webサイトへのアクセス

URLを直接入力
https://fce-publishing.co.jp/8h/
QRコード読み取り

ほかの人たちも自分のボイスを発見できるように奮起させる

自分のボイスを発見したら、次は自分の影響力を周囲に広げ、さらに貢献を積み重ね、偉大に至る道を進んでいく。そのためには、**ほかの人たちも**自分のボイスを発見できるように奮起させることを**選択**しなければならない。**inspire**（奮起させる）の語源はラテン語の**inspirare**で、人に命を吹き込むという意味である。他者を尊重し、理解する努力をすれば、その人が自分のボイスを発見する道が開ける。人間の四つの側面（肉体、知性、情緒、精神）の全部でボイスを表現できれば、眠っている素質や創造性、情熱、才能、モチベーションが解き放たれる。組織の大多数の従業員とチームがそれぞれのボイスを自由に表現できるようになれば、飛躍的に生産性を伸ばし、イノベーションを実現し、市場や社会でリーダーシップをとり、次のレベルへ成長していく。

第六章以降の第二部のテーマは、「ほかの人たちも自分のボイスを発見できるように奮起させる」である。世の中のほとんどの仕事は組織で行われている。だから、あらゆる組織（企業、教育機関、行政機関、軍隊、コミュニティ、家庭）において他者にポジティブな影響を与えるための原則を重点的に考える。

あなたはおそらく、読んでいて多くの箇所で「たしかにそう思う。でも……」と疑問を抱くことだろう。そんな疑問を解消するために、各章の最後に「Q&A（よくある質問）」のセクションを設けているので、私の回答を読んでほしい。参考になれば幸いだが、関心がなければ飛ばしてもかまわない。最終章の後には、より一般的で包括的なQ&Aをまとめてある。

本書を最大限有効に活用するために：人に教え、実践することによって学ぶ

本書を最大限に生かし、自分の人生と組織に根本的な変化と力強い成長を遂げる道を開きたいなら、二つの簡単なアドバイスに従うことを勧めたい。劇的な結果が得られることを約束する。一つ目は、学んだことを人に教える。二つ目は、学んだことを体系的に実践する。実行に移そう！

人に教え、共有して理解を深める

学んだことを人に教えるのは効果的な学習方法であり、そして実際に応用することで身につくという事実に、ほとんど人は同意するだろう。

私は何年も前に大学で教えていたころ、カリフォルニア州サンノゼから客員教授で来ていたウォルター・ゴング博士と面識を得た。博士は「教授法の上達」という講義を一学期間受け持っていた。博士の授業の核心は、「人に学ばせる一番の方法は教師にさせることである」という原則にあった。要するに、学んだことを人に教えれば、確実に身につくということである。

私もさっそく、職場や家庭でこの原則を実践した。大学で教鞭《きょうべん》をとり始めたころ、私の講義をとっていた学生は一五～二〇人ほどだった。しかしゴング博士が提唱する原則を試したみたところ、学生がどれだけ増えても効果的に教えられることがわかった。実際、講義室が一〇〇〇人もの学生でぎっしり埋まる授業もあったが、学生たちの習得水準は目に見えて向上し、それは試験の成績でも明らかだった。なぜだろうか？ 教えることで理解が深まるからである。すべての学生が教師になり、教師が学生になるのだ。

一般的には、教師一人に対する学生の人数が教育の質を決めると信じられている。学生の人数が少ないほうが教育効果は上がるというパラダイムだ。しかし学生が教師になったら、教師と学生の人数比率は逆転するではないか！

さらに、学んでいることを人に教え、知識を共有するとき、それを実践するつもりだという意志を暗に公言しているのである。教えているうちに、実行に移そうという気持ちは自然と強くなってくるものである。学んだことを教え、共有するのは、理解を深め、実行を決意し、モチベーションを高めるための土台になる。その土台ができれば、いざ組織の中で変化を起こそうというときに正当性が疑われず、チームの支持が得られ、確実に動き出すのだ。加えて、他者との結びつきも強くなる。その効果は親子関係において特に顕著に表れる。

試しに、あなたの子どもに学校で勉強していることを家で定期的に教えさせてみるとよい。私と妻のサンドラは、このいたって簡単なことをするだけで、勉強しなさいと口うるさく言う必要はなくなることに気づいた。学んだことを人に教えているときは、誰でも飛び抜けて優秀な生徒になるのである。

学んだことを人生に取り入れる

知っていても実行しないのは、知らないのと同じことである。学ぶだけで実行しないなら、学んだことにはならない。さらに言えば、何かを理解しても、それを応用せずにいたら、本当に理解したことにはならないのである。知識や理解を身につけるためには、実行し、応用してみなければならない。たとえば、本を読んだりレクチャーを受けたりしてテニスとはどういうスポーツなのかを学んだとしよう。しかし実際にプレーしてみなければ、本当に知ることはできないのだ。知っていても実行せずにいるうちは、知っていることにはならないのである。

> 本当の自己認識は黙考ではなく行動によってこそ得られる。懸命に自らの責務を果たすよう努めよ。やがて自分がどれほどのものか気づくであろう。
> ヨハン・ウォルフガング・フォン・ゲーテ

本書で学ぶことを実行に移すときには、少なくとも四つのアプローチがある。

一．最初から最後まで一読し、どの部分を私生活や仕事で試してみたいか決める。これはほとんどの人が読書に対してとるアプローチである。読みながら本の内容に引かれ、やってみたいと思ったことがあれば、その気持ちに従えばよい。

二．一読し、全体を理解してモチベーションが湧いてきたら、もう一度読む。二度目は実行することを念頭に置いて読もう。これは多くの人に有効なアプローチになる。

三．自己の成長と能力開発の年間プログラムとして本書を活用する。私はこのアプローチはもっとも生産的だと確信している。第四章以降の一二の章にそれぞれ一ヵ月かける。まず第四章を読んだら、内容を誰かに教え、実行しよう。各章で学んだことを一ヵ月ずつ実践する努力をすれば、そのあとの章を読むときに深い洞察が得られるはずだ。

四．三番目のアプローチを自分のスケジュールに合わせて行う。各章に一ヵ月かけず、もっと速いペースで進めたい読者もいれば、逆にもっと時間をかけたい読者もいるだろう。一週間あるいは二週間で一章でもよいし、二ヵ月で一章のペースでもよい。自分に合ったペースを選んでかまわない。三番目のアプローチの効果を維持しながら、自分の希望や状況に合わせてフレキシブルに進めていくことができる。

「第一部：ボイス（内面の声）を発見する」に進む前に、エイブラハム・リンカーンが残した「平穏な過去の定説は嵐のごとき現在には役立たない」という言葉について考えてみてほしい。私たちは考え方を新たにする必要がある。新しいマインドセットを開拓するだけでなく、それに応じた新しいスキル、新しいツールも開発しなければならない。そう簡単にできることではない。誰もが例外なく、居心地のよい今の安心領域から放り出されるからだ。しかし、私たちの目の前には新しい現実がある。新しい経済が生まれ、私たちは新しいチャレンジに挑もうとしているのである。新しい現実の中で生き延びるだけでなく、繁栄するためには、これまでとは違う新しい対応が求められる。新しい習慣を身につけなければならないのだ。『７つの習慣』で解説したが、習慣とは知識と意欲とスキルの三つが交わる部分である。「第８の習慣」においても、この三つを高めていくことで、あなたの無限の可能性が解き放たれ、新しいチャレンジに立ち向かえるようになるだろう。

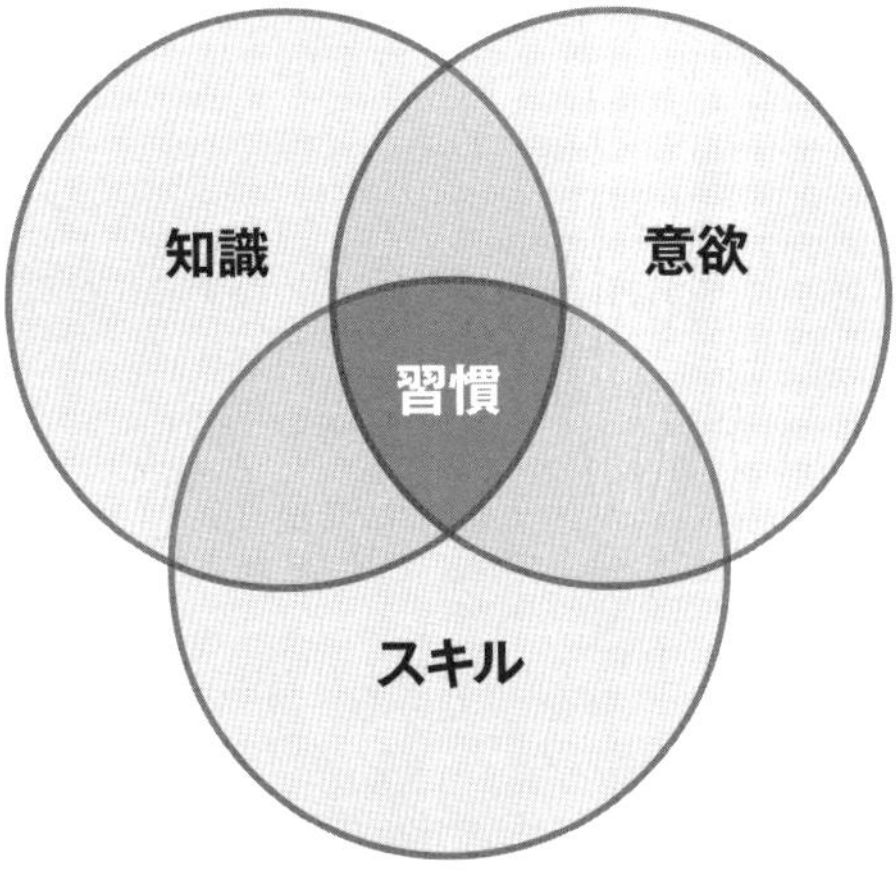

図３・２

第一部

ボイス（内面の声）を発見する

第四章　ボイス（内面の声）を発見する
——天賦の才を目覚めさせる

この世に生を受けたその日から
開かれないままの贈り物がなんと多いことか
神の御手になる恵みの数々が
あなたに下されているというのに
愛する人は何度でも言うだろう
「私のすべてはあなたのもの」と
愛しい人よ、天からの贈り物のなんと多いことか
この世に生を受けたその日から開かれないままで——

ハーフェズ

この世に生を受けるとき、誰もがさまざまな可能性を授かる。自分のボイス（内面の声）を発見する能力もその一つだ。生まれ落ちたそのときに、偉大さの種子が私たちの内面に植えつけられる。才能、素質、権利、インテリジェンス、機会など、誰もが素晴らしい「誕生祝い」をもらっている。ところがせっかくの贈り物も、私たち自身の決意と努力なしには、いつまでも封を解かれないままなのである。個々人の内面に眠ってい

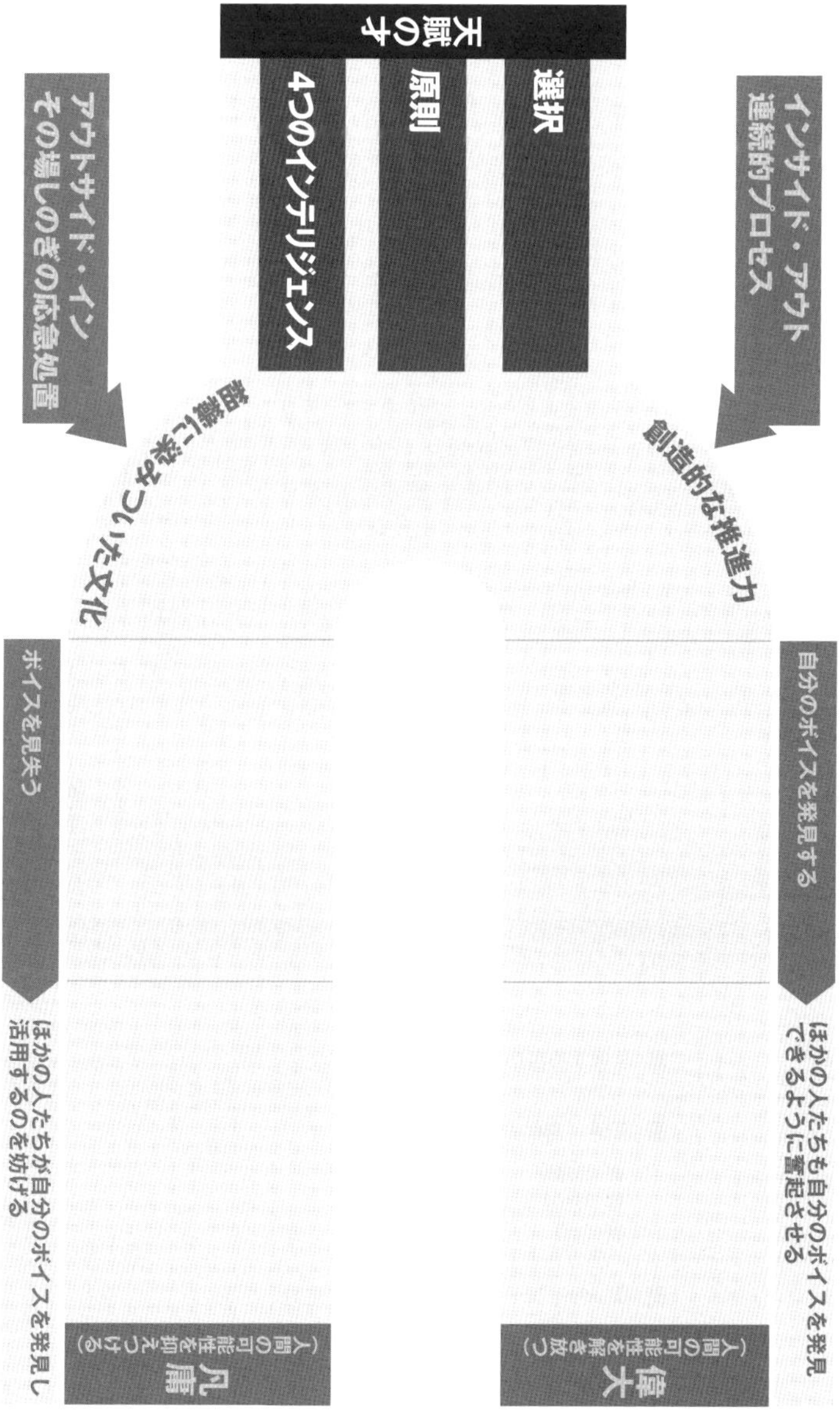
天賦の才
選択
原則
4つのインテリジェンス
インサイド・アウト
連続的プロセス
アウトサイド・イン
その場しのぎの応急処置
創造的な推進力
萎縮に結びついた文化
自分のボイスを発見する
ほかの人たちも自分のボイスを発見できるように奮起させる
ボイスを見失う
ほかの人たちが自分のボイスを発見し活用するのを妨げる
偉大
（人間の可能性を解き放つ）
凡庸
（人間の可能性を抑えつける）

図４・1

る能力は計り知れない。無限といってもよいだろう。人がどれほどの能力を持っているのか、誰にもわからない。赤ん坊はこの世の中でもっとも頼りなく、弱い存在かもしれない。それでも数年のうちには力強い能力を発揮し始める。私たちは皆、持てる才能を発揮すればするほど、その才能はさらに大きくなり、将来の可能性も広がっていくのである。

すべての子どもは生まれたときは天才である。しかし一万人のうちの九九九九人は、大人たちによってうっかり凡人にされてしまう。
バックミンスター・フラー

では、生まれたときに授かるたくさんの贈り物（ギフト）の中でも特に重要な三つを詳しく見ていくことにしよう（図4・2参照）。

一．選択する自由と能力
二．普遍的にして不変の原則（自然の法則）

天賦の才
ほとんど未開封
■ 選択する自由と能力
■ 原則（自然の法則） ■ 普遍的 ■ 時代を超えて不変 ■ 自明
■ 4つのインテリジェンス / 潜在能力 IQ 知的　EQ 社会・情緒的 PQ 肉体的・経済的　SQ 精神的

図4・2

三．四つのインテリジェンス――肉体的・経済的、社会・情緒的、知的、精神的なインテリジェンス。これら四つのインテリジェンスは、人間の四つの側面（肉体、知性、情緒、精神）に対応している。

私たちは、自分が授かった才能にたじろぎ、恐れすら感じることがある。その才能を使うことに重い責任が課せられると思うからだろう。作家のマリアン・ウイリアムソンは、私たちのそんな気持ちを見事に代弁してくれている。

私たちがもっとも恐れるのは、自分が無力なのだと思い知らされることではない。自分の中に計り知れない力があることに恐れるのである。自分の暗闇におびえるのではない。自分の光におびえるのである。私たちはいつも「才能豊かで光り輝く素晴らしい人間になれるだろうか？」と自らに問いかけている。しかし本当は「そうなれない理由はあるだろうか？」と問わなくてはならない。あなたは神の子なのだ。無難で満足していたら、この世に奉仕していることにはならない。周りの人たちが不安に感じないように自分を出さずに縮こまっているのは、決して賢明なことではない。私たちは皆、子どものように光り輝かなくてはならない。私たちは自分の内面にある神の栄光を体現するために生まれてきた。それは特別な誰かだけではない。すべての人がそうなのだ。あなたが自分の光を放てば、ほかの人にも光り輝く自由を与えることになる。自分の恐れから解放されれば、私たちの存在そのものがほかの人たちを解き放つだろう。[2]

第一の天賦の才──選択する自由

私はかれこれ半世紀の間、本書の内容を世界各地でさまざまな角度から取り上げてきた。この長い経験の中で、人々にもっとも強いインパクトを与え、人々の心にもっとも深く浸透するテーマ、キーポイントは何かと尋ねられたら、いささかの躊躇《ちゅうちょ》もなく「選択をする自由」と答える。置かれている状況にかかわらず、すべての人にとってもっとも実用的で、現実に即した概念はこれ以外にないと、私は心の底から確信している。選択をする能力は、命の次に大きな恵みなのである。選択する自由と能力という原則は、今の社会に蔓延《まんえん》する被害者意識や責任逃れのマインドセットとは対極にあるものなのだ。

そもそも、私たち人間は選択することによって自分を形成していく。遺伝子（自然）や育ち（環境）が決めるのではない。もちろん、遺伝子や文化が強い影響を与えることは否定できないが、それは決定的な要因にはならない。

自由な人間の歴史が偶然に書かれることはない。彼ら自身の選択によって書かれるのである。[3]

第三四代米国大統領ドワイト・アイゼンハワー

自分の人生は自分で決める。これが人間の本質である。人間は行動するが、動物や人型ロボットは反応するだけである。人間は価値観に従って選択することができる。人生において進むべき方角を選択する能力があるからこそ、いつでも自分自身を見つめ直し、自分の将来を変え、ほかの人々に強い影響を与えることができるのである。この能力を働かせれば、生まれたときに授かったほかの天賦の才も解き放たれ、人生をより高いレベルへと引き上げていくことができるのだ。

このテーマに関しては数えきれないほど講演をしてきたが、参加者から「選択する自由と能力のことをもっと教えてください。私の存在価値、可能性のこと、自分を他人と比べる必要はないということを、もっと知りたいんです」とか「講演は面白かったけれども、誰もが選択する自由を持っているというくだりには特にハッとさせられた」といった感想をもらうことがよくある。講演を聴いた人たちにとって、それは気持ちが高揚する発見であり、まさに天啓のように感じるから、どれほど長く考えても、どれほど深く探求しても足りないと思うのだろう。

選択する能力を持っているのだから、私たち人間は**遺伝子や過去の産物ではない**と言い切ることができる。周りの人たちからどのような扱いを受けても、それによって自分が決まるのではない。たしかに遺伝子や育った境遇は大きな影響を与えるが、それが私たちの生き方を決めているわけではない。誰もが自分自身の選択によって自分の生き方を決めているのである。もしあなたが今の自分を過去のせいにしているとしたら、未来の自分も現在のせいにすることになる。それでよいのだろうか？

私は、サバティカル休暇でハワイに滞在していたとき、人生が一八〇度変わるような体験をした。『７つの習慣』を執筆したのも、この体験がきっかけだった。ある日のこと、私は図書館の奥に山積みになっていた書籍の間を歩いていた。その中の一冊に何となく興味を引かれ、手に取った。読んでいるうちに、ある一節に目が止まった。

刺激と反応の間にはスペースがある。
そのスペースには、私たちが自分の反応を選択する自由と力がある。
そしてその反応こそ、私たちの成長と幸福の鍵を握っている。

選択の自由については、それまでにもいろいろな資料から学んでいて、頭ではわかっていたつもりだった。しかしハワイでのあの日、落ち着いた環境の中で内省的な気分も高まっていたのか、自分の身に起こることとそれに対する反応の間にはスペースがあるという考え方に強い衝撃を受けたのだった。そのとき私は、刺激と反応の間にあるスペースの広さは遺伝子や生物学的要因、そして育った境遇や現在置かれている状況に左右されるのだと理解した。その理解は今も変わらない。

温かな家庭で無条件の愛を注がれて育った人は、刺激と反応のスペースが広いはずだ。逆に遺伝子や境遇の影響でスペースが狭い人もいるだろう。しかし重要なのは、広くとも狭くともスペースはあるということだ。そしてそのスペースを使えば、広げていくことができるのである。せっかく広いスペースを持っていても、壁にぶつかったとき、壁を突き破るのではなく逃げる反応を選択したら、スペースは縮んでしまう

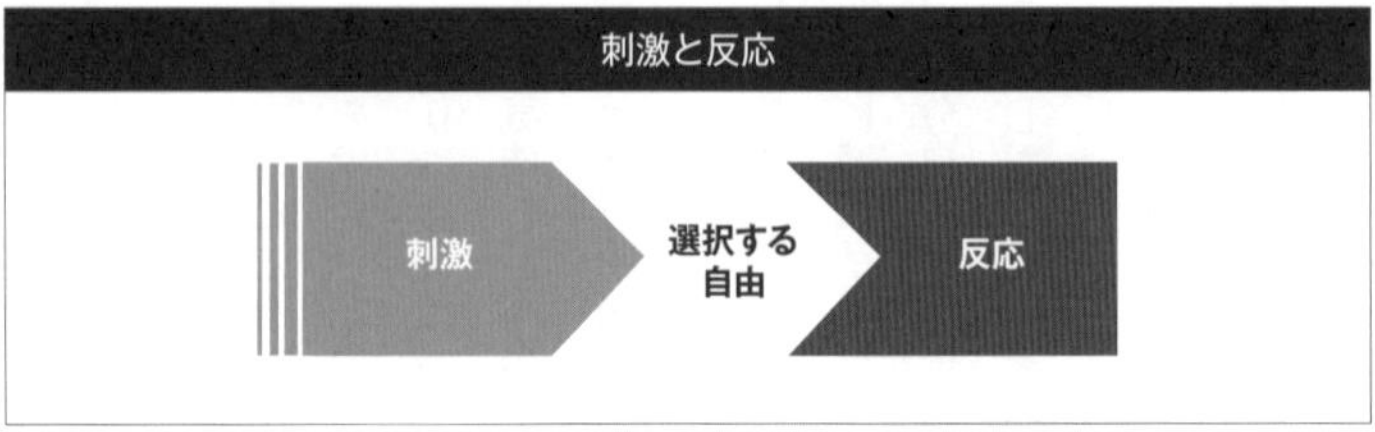

図4・3

のだ。それとは逆にスペースが狭い人でも、強い遺伝的な要素や社会的・文化的な風潮にあらがい、スペースの中で反応を主体的に選択していれば、選択する自由の幅が広がっていき、大きく成長し深い幸福感を味わえるのである。広いスペースを持っていても、それを使わない人は、生まれたときに授かった天賦の才という贈り物を開けずに生きることになる。自分の決断ではなく状況に左右される生き方しかできなくなってしまう。狭いスペースでも意識的に使っている人は、たとえ想像を絶するような努力を長く続けることになろうとも、選択する自由というかけがえのない贈り物の封を解き、ほかのすべての天賦の才を解き放つ力を得るのである。

刺激と反応の間のスペースに気づかずにいると、人間は変化する能力を失ってしまう。そのスペースを自覚できるのは人間だけなのだ。イギリスの精神科医ロナルド・デイビッド・レインは、このことを次のような言葉で表現している。一読したら、しばし考え、もう一度読んでみてほしい。

> 私たちの思考と行動の限界は、私たちが気づいていないことによって決まる。そもそも気づいていないという事実に気づいていなければ、自分を変えることはほとんどできない。気づかずにいることが自分の思考と行動を形成しているということに気づかない限り、変化は望めないのである。

選択する自由と能力に気づくことは、自分を肯定することでもある。なぜなら、その自覚があれば、自分自身の可能性や潜在能力に対する感性も敏感になるからである。それと同時に、その自覚は私たちを恐れさせ、脅威にすらなる。気づいたそのときから、責任を負うことになるからだ。責任は英語でレスポンシビリティ

(responsibility) という。レスポンス (response＝反応) とアビリティ (ability＝能力) という二つの言葉でできていることがわかるだろう。私たちは自分の反応を選ぶ自由があるだけでなく、選んだ反応に責任を負うのだ。自分が直面している状況や問題を過去の出来事や境遇のせいにして長年生きてきた人にとっては、自分の選択に責任を負うというのは恐怖以外のなにものでもないだろう。突如として言い訳が通用しなくなるのだから。

過去に何があったとしても、今現在がどうであろうとも、将来何が起ころうとも、自分の身に起こることと、それらに対する反応の間には必ずスペースがある。たとえ何分の一秒かであっても、刺激と反応の間のスペースは、どんな状況でも自分の反応は自分で選べる能力そのものなのである。

もちろん、自分では選択できないこともある。遺伝子構造もその一例である。私たちは遺伝子を選ぶことはできない。しかし、自分の遺伝的形質にどう反応するかを選ぶことはできるのだ。仮にあなたが特定の疾患にかかる遺伝的素因を持っていたとしても、必ず発症するとは限らない。そういう素因を持っているのだと自覚し、適切な運動と食事を心がけ、最先端の医学的知見に従うならば、あなたの祖先たちの死因となった病気にかからずにすむ可能性は高い。

選択する自由と能力を自分の内面で育む人は、**流れを変える人**にもなれる。先祖代々受け継がれてきた悪い習慣を断ち切り、良い習慣を次の世代 (わが子や孫) に受け渡すのである。

私は二〇〇三年に、全米ファーザーフッド・イニシアチブ (NFI：子育てにおける父親の役割を支援・促進する団体) から父親業賞をいただいた。授賞式のとき、一緒に受賞した方のスピーチに深く感動した。彼は開口一番、これまでもらったどの賞よりもうれしく、誇らしいと語ったのだった。ほかのさまざまな賞はキャリアでの成功の証しだが、父親業での授賞はそれよりもはるかに大きな「成功」の証しなのだと話していた。「私は自分の父親のことをほとんど知らない。父も自分の父親のことは何もわかっていなかっただろう。しかし私の息子は父親のことをよく知っている」という彼の言葉は、人生におけるもっとも大きな、もっとも価値ある成功とは何かを教えてくれる。「偉大」と「成功」の本当の意味がわかるだけでなく、それよりも重要なこととして、この男性は流れを変える人となり、代々希薄だった父と子の関係を立て直し、強い絆をつくって、次の世代に計り知れない影響を与えたのである。

あなたも流れを変える人になれる。たとえば職場にどうしようもなくひどい上司がいるとしよう。毎日嫌な思いをするだけならまだしも、不公平がまかり通っている職場だ。しかし、選択する自由を賢明に使えば、その状況を変え、上司の行動に良い影響を与えられるだろう。少なくとも上司や同僚の欠点に距離を置き、いちいち不愉快にならずに済むはずだ。誰かの欠点に気分を害していると、自分で自分の力を奪い、かえって相手の欠点を増長させ、あなたの人生はますます乱されてしまうことになる。これもまた、過去が未来を決めるのを許しているのと同じことなのである。

ここで、選択する能力を具体的に教えてくれる実話を紹介しよう。一人の勇気ある男性の体験談である。彼の影響力は「ひどい」上司を感化させ、最後には良い方向へと導いた。

人事担当として入社したとき、ボスについて恐ろしい噂《うわさ》をいろいろと耳にしました。ある日、ボスのオフィスに行くと、彼はほかの社員に向かって怒鳴《どな》り散らしていましてね。そのとき私は、ボスの機嫌を絶対に損ねないようにしようと心に決め、そのとおりにしました。廊下で会えば愛想よく挨拶し、報告書は必ず期限までに仕上げ、彼の秘書に渡しました。昼休みの時間になると、ぐずぐず残っていてボスから昼食に誘われたら困るので、すぐにオフィスを出ていました。できるだけゴルフにもついていかないようにしていました。だってうっかり勝ってしまったらまずいでしょう？

しかしそのうち、自分がどうしようもなく卑屈な態度をとっていることが嫌になってきました。自分ではどうにもならないことを気に病んでいたからです。まだ起こってもいない問題をどうするか、そんなことばかり考えて貴重な創造的エネルギーを無駄にしていたのです。問題が起こるんじゃないかとびくびくして、本来の仕事に全力を注げず、会社で何の変化も起こせずにいたのです。それどころか転職することを考えて心の安定を保っていたありさまです。実際、他社の採用面接を予定に入れたのですよ。

しかしそんな自分が恥ずかしくなりました。私はまず面接の予定をキャンセルし、とりあえず三ヵ月間、自分が影響を及ぼせることに集中して取り組んでみようと決めました。まずはボスと健全な関係を築くことが先決でした。なにも親友同士になる必要はありません。しかし同僚として話せるくらいにはならなければいけないと思ったのです。

ある日、ボスが私のオフィスにやってきました。しばらく話してから、私は言おうと思っていたことを何度か頭の中で練習し、思い切って口にしました。「あの、あなたの仕事の効果を上げるために私にできることはありますか？」

ボスは戸惑い、「どういうことだね？」と聞いてきました。

私は自分を奮い立たせて先を続けました。「あなたの仕事のプレッシャーを少しでも軽くするために、私にできることはないでしょうか？　あなたが仕事しやすくする環境を整えることが私の役目だからです」私は〈変なやつだと思わないでください〉と訴えるような引きつった笑みを浮かべていたと思います。そのときのボスの表情は今でもありありと覚えています。あのときを境にして、私たちの関係は動き出しました。

最初は簡単な仕事ばかり指示されました。「このメモをタイプしておいてくれ」とか「私の代わりに電話してくれ」とか、絶対に失敗しないような仕事ばかりです。そんな感じで六週間が経ったころ、こう言われました。「君の経歴からすると、労災補償のことは詳しいだろうね。保険の見直しを頼めないだろうか。うちの保険料は高いからね。どうにかできないかやってみてほしいのだが」会社にとって重要な仕事を頼まれたのは、それが初めてでした。私は保険会社と交渉し、年間二五万ドルの保険料を一九万八〇〇〇ドルに引き下げることに成功しました。それに保険会社の手続きミスを指摘し、契約の中途解約を無料で認めさせました。これでさらに一万三〇〇〇ドル節約できました。

ボスと意見が対立したときも、そのことは一切口外しませんでした。だからボスもマーケティング部から何か言われることもありませんでした。徐々に私の三ヵ月の努力が実を結び始めました。職場環境の改善に重点的に取り組んだ結果、私とボスの関係はとても良くなったし、私の影響力も増しました。今、ボスとの信頼関係は盤石です。この会社で貢献できていると思っています。

ある船は東へ向かい、別の船は西へ向かう
吹きゆく風は同じ風
向かうべき針路を教えるのは
風向きではなく

帆のかけ方だ
海風のごとく運命の風は吹く
人生という航海を進むとき
目指す行き先を決めるのは
凪《なぎ》でも嵐でもない
それは魂のあり方[4]

エラ・ウィーラー・ウィルコックス

一番目の天賦の才（刺激と反応の間にあるスペース）について、ここで深く考えてみてほしい。そのスペースを賢明に活用することによって、選択する自由の幅が広がり、常に学び貢献して、成長し続けられる。選択する能力を使っているうちに、反応の幅が広がっていき、やがてあなたの反応の質そのものが刺激を形成し始める。自分を取り巻く世界を自分の力で創造していくことができるのだ。アメリカの偉大な哲学者・心理学者のウィリアム・ジェームスは一貫して、考え方を変えれば人生を変えられる、と説いていた。

第二の天賦の才—原則（自然の法則）

ここまでは刺激と反応の間のスペース（選択する自由）を賢明に使うことを述べた。しかし「賢明に使う」とはどういう意味だろう？　賢明であるというのは、どういうことだろうか？　それは**応急処置的なその場しのぎ**

の風潮に流されず、**原則、つまり自然の法則**に従って生きることである。

アインシュタインは四歳のときにコンパスの針を見て、「物事の裏には何かが隠されている」ことを見破ったという。これは物理学だけでなく人生のあらゆる面に当てはまる。原則というのは普遍であり、文化的な違いも地理的な違いも超越したものである。そして不変でもある。公正、親切、正直、誠実、奉仕、貢献、他者への敬意などの原則は時代を経ても変わらない。これらの原則の表れ方は文化圏によって異なるだろうし、自由を謳歌《おうか》するあまり原則が見えづらい時代もあるだろう。それでも原則は厳然と存在している。万有引力の法則のように、原則はいついかなるときも作用しているのである。

原則についてもう一つ発見したことがある。原則は自明であり、**議論の余地がない**ということだ。たとえば、信頼性のない人は誰からも信頼されるわけがない。考えればわかることだ。だから原則は自然の法則なのである。

私は以前、三〇人ほどのグループのサバイバル・キャンプでアシスタント・インストラクターをしたことがある。ほぼ二四時間、一睡もせず飲まず食わずで歩いてきて、流れの速い川を渡ることになった。その川を渡れば、朝食にありつけることがわかっていた。両岸の木にロープが張ってある。そして向こう岸には朝食があるのだ。リーダーたる私はトップバッターを名乗り出た。自分には体力があると思い込んでいたので、向こう岸まで一気に全力で渡ろうとせず、真ん中あたりでロープを揺らし、おどけてみせた。ところがそこで力が尽きそうになり、慌てて向こう岸を目指そうとしたが、どうしても進めない。精神力で乗り切れと自分を叱咤《しった》したり、川を渡って朝食を食べている自分をイメージしたりと、やる気を出すテクニックを総動員したものの、無駄だった。ついにロープから両手が離れ、激しい流れの中に落ちてしまった。二五メートルほど下流まで流され、岸辺でぐったり横になっている私を見て、生徒たちは歓声を上げ、爆笑した。私は「おごれる者は久しからず」という諺《ことわざ》を身をもって示したのである。身体は自然のシステムであり、自然の法則に支配されている。どれほど気持ちを奮い立たせても、筋力の限界を克服することはできないのだ。

普遍的な原則などないと言う人たちのことを、C・S・ルイスは次のように書いている。私のお気に入りの一節だ。

物事に正しいも正しくないもないと言う人に限って、すぐに正反対のことを言い出すものである。自分は約束を破っていながら、人が約束をたがえるとすぐに「不公平だ」と文句を言う。あるいは、条約は無意味だと言っていた国が、「これは不公平な条約だった」などと本末転倒な口実で条約違反を犯す。本当に条約が無意味で、「正しい」も「正しくない」もないのなら、つまり「自然の法則」が存在しないとしたら、公平な条約と不公平な条約の区別はなく、どちらでもかまわないはずだ。彼らが何と言おうと、実は彼ら自身も「自然の法則」を知っていることが言動に表れているのである。

そう考えると、人間誰しも「正・不正」の存在を信じていると言わざるを得ないようである。人はときに正・不正を間違うけれども、それは計算を間違えるようなものだ。掛け算の答えは一つしかないように、正・不正も好みや意見で変わるものではない。(中略) そこで二つの点をはっきりさせておきたい。第一に、地上のすべての人間が「このように振る舞うべきだ」という強い考えを持っていて、その考えを否定できないこと。そして第二に、実際には誰一人として、そのとおりには行動していないということだ。誰もが自然の法則を知っていながら、その法則を破っている。この二つの事実は、私たち自身、そして私たちが生きるこの宇宙に関するすべての明確な考え方の基礎なのである。[5]

自然的権威と道徳的権威

自然的権威は自然の法則に基づいた行動によって生まれる。誰も自然の法則を無視することはできない。私たちは自然の法則に従うしかないのだ。好むと好まざるとにかかわらず、あらゆる行為は結果を伴う。棒の端を持ち上げれば、反対側の端も持ち上がる。一〇階建てのビルから飛び下りて、五階あたりで思い直すことなどできない。引力が働いているからだ。これは自然の特質なのである。人には選択する自由と能力があるというのもまた、自然が与える特質だ。だから人は自然的権威（人間以外のあらゆる被造物に対する優越性）を持っているのである。絶滅の危機に瀕《ひん》している種は、私たち人間の力添えがなければ存続できない。選択する自由も能力もない。自覚ができないから、自分を見つめ直し変わることもできない。人間に頼るしか方法はないのだ。しかし人間ならば自覚ができ、選択する自由と能力を持ち、自分を客観的に見つめて変わることができる。これが自然的権威なのである。

では、**道徳的権威**とは何だろう？　選択する自由と能力を原則に基づいて使うことである。言い換えれば、人間関係において原則に従って行動すれば、自然の恩恵に浴することができるのだ。自然の法則（重力など）と原則（正直、親切、誠実、奉仕、公平、他者への敬意など）が、私たちの選択の結果を左右するからである。環境を破壊し続けていれば空気も水も汚れるように、人に対して不親切で、誠意を欠いていたら、信頼（人と人を結びつける接着剤の働きをする）は損なわれる。選択する自由と能力を原則に従って謙虚に使える人は、他者、文化、組織、社会全体との関わりの中で道徳的権威を獲得できるのである。

価値観は社会的な規範である。個人的なものであり、感情や主観に左右され、議論の余地がある。誰もが価値観を持っている。犯罪者にすら価値観がある。だから私たちは**「自分の価値観は原則に基づいているだろうか？」**と自問しなければならない。突き詰めれば、原則は自然の法則である。個人の価値観とは無関係であり、事実に基づいていて、客観的で、自明である。私たちは自分の価値観に従って行動するけれども、その行動の結果は原則に従っている。だから、価値観ではなく原則を優先しなければならないのである。

原則から逸脱した価値観を持っている人は少なくないが、スターに憧れる人（有名願望の人）もその典型だろう。自分がどういう人間かわかっていない。社会の価値観をうのみにした生き方をしているから、どの原則に従えばよいかわからない。一方には社会的意識と自意識、他方には自然の法則と原則があって、その板挟みになり、引き裂かれている。「真北」の方角がわからないから、進むべき道が見えない。飛行機のパイロットが経験する「めまい」と同じだ。地上（原則）がどっちかわからなくなり、完全に方向感覚を失ってしまう。今、多くの人がめまいの状態で生きている。それは倫理観を見失った生き方だ。そういう人は有名人にも少なくないし、あなたの身近にもいるだろう。彼らは不変の原則に深く根ざした価値観を持つ努力をしたことのない人たちなのだ。

私たちがすべきは、「真北」を見定め、その方角にすべての行動を向けることである。真北という原則がわからずにやみくもに生きていたら、必ず悪い結果に結びつく。なぜなら、自分の価値観は正しいと思って行動していても、行動の結果を決めるのは自分ではなく原則だからである。道徳的権威を獲得するためには、目先の個人的な利益は捨てる勇気、社会的価値観よりも原則を優先させる勇気を持たなくてはならない。そしてその原則は、私たちの良心の中に豊かに蓄えられているのである。

映像作品『農場の法則』

ここで『第8の習慣』のWebサイトで『農場の法則』という映像作品を観てほしい。母なる自然を描いたこの作品には、収穫を得るためには自然の法則に従わなくてはならないことが簡潔でありながら力強く描かれている。行為の結果は原則によって決まり、しかもその結果はインサイド・アウトで次々と連続的に生まれ、大きくなっていく。人間の本質も同じであることを意識しながら観ていただきたい。人間の人格、偉大さ、そしてあらゆる人間関係にも「農場の法則」が作用している。その場しのぎ、被害者意識、責任転嫁が蔓延《まんえん》する現代社会の文化とは対照的であることがわかるだろう。

Webサイトへのアクセス

URLを直接入力

https://fce-publishing.co.jp/8h/

QRコード読み取り

第三の天賦の才──四つのインテリジェンス

すでに述べているように、私たち人間の本質は四つの側面（肉体、知性、情緒、精神）から成り立っている。この四つの側面それぞれにインテリジェンスが備わっている。肉体的インテリジェンス（PQ）、知的インテリジェンス（IQ）、情緒的インテリジェンス（EQ）、精神的インテリジェンス（SQ）である。これら四つのインテリジェンスが三つ目の天賦の才である。

知的インテリジェンス（IQ）

インテリジェンスという言葉からは、一般的には知力を思い浮かべる。物事を分析し、論理的あるいは抽象的に考え、言語を使い、想像力を働かせ、理解する能力である。しかしこれでは、インテリジェンスの解釈の幅があまりにも狭いと言わざるをえない。

肉体的インテリジェンス（PQ）

肉体的インテリジェンス（PQ）がどういうものか、言葉では細

人間の４つのインテリジェンス・潜在能力

図４・４

かく説明できなくとも、誰でもだいたいはわかっていると思う。ところが、多くの人がＰＱを軽視しがちだ。あなたが意識すらしないうちに自分の肉体がどれだけのことをしているか、少し考えるだけでも驚くほどだ。呼吸器、循環器、神経、その他さまざまな生命系を動かし、肉体の環境を常時精査して異常な細胞を破壊し、生存のために闘っているのである。

> 人間の肉体は驚異のシステムである。車の運転どころか、本のページをめくったり、咳をしたりするだけのことに、ざっと七兆個もの細胞が気の遠くなるほどの物理的・生物化学的な連携をとっている。しかも私たちはそのことをほとんど意識していない。驚異的という言葉ではとても足りない。心臓が脈拍を打ったり、肺が収縮したり、消化器がタイミングよく適切な化学物質を分泌するのを、あなたはいちいち命じているだろうか？　私たちが生きている間ずっと、体の中ではほかにも無数のプロセスが途切れることなく行われている。インテリジェンスがシステム全体をマネジメントしていて、私たちはそのほとんどを意識することはないのである。[6]
>
> ドウ・チルダー、ブルース・クライアー

肉体そのものに治癒力があることは、医師が真っ先に認める科学的事実である。薬は肉体の治癒力を促進する働きをするにすぎない。薬が障害を取り除くこともあるが、肉体的インテリジェンスに反して作用したら、逆に障害を生み出してしまう。

知力を持つ脳の機能、情緒的インテリジェンスを象徴する精神の機能も含めて、肉体はどのようにしてバラ

ンスと調和を図っているのだろうか？ 私たちの肉体は、最先端のコンピューターをもはるかにしのぐ高性能マシンなのだ。人間は思考や感情に従って行動し、考えたことを実現させることができる。その能力に匹敵するものを持つ生物は、地球上のどこを探しても人間しかいない。

さまざまな二重盲検試験（先入観を防ぐために、患者をグループ分けし、使用する薬や治療条件などを患者・医師の双方に知らせずに行う検査や試験）によって、肉体（身体的機能）、知性（思考）、情緒（感情）が緊密に関係していることを示す証拠が積み重ねられている。

「我こそが体の中で一番賢い臓器である」と脳が言った。
「誰がそんなことを言ったんだ？」と心臓が返した。
ノースカロライナ州の村にある商店に掲げられた額より[7]

情緒的インテリジェンス（EQ）

情緒的インテリジェンス（EQ）は、自己認識、自覚、社会性、共感、コミュニケーション力などのことである。時と場所をわきまえて行動する能力であり、自分の欠点を認め、自分の個性を表現し、他者の違いを尊重する勇気を持つことでもある。一九九〇年代に「こころの知能指数」が世に知られるようになるまでは、EQは右脳の機能とされていた。左脳は分析的で直線的な思考をつかさどり、言語、合理性、論理性が優先的に機能する。それに対して右脳は、創造性、直感やひらめき、感受性、全体把握をつかさどる。重要なのは、右脳と左脳のどちらかに偏るのではなく、それぞれの能力を開発し、活用できるような行動を選択することだ。思考と感情のバランスがとれていれば、判断力が鍛えられ、良識を身につけられるのである。

直感は次なる探求の方向性を思考する知性に指し示す。　ポリオワクチン開発者、ジョナス・ソーク

これまでの多くの研究によると、コミュニケーションや人間関係、リーダーシップの効果を左右するのは、長い目で見れば知的インテリジェンスよりも情緒的インテリジェンスであるようだ。「こころの知能指数」の提唱者である作家のダニエル・ゴールマンは著書『ビジネスＥＱ　感情コンピテンスを仕事に生かす』の中で次のように述べている。

> すべての分野のすべての職務における卓越した業績には、純粋な認知能力と比較して、感情コンピテンスが二倍の重要性を備えていると結論し得る。リーダーシップの職位にある経営上層部の成功に関しては、感情コンピテンスがほとんどすべての面で優位性を生み出していることが確認された。（中略）感情コンピテンスがこのような卓越した業績を生む要因の三分の二以上を占めるというデータからしても、このような能力を備えた人材を採用し、あるいは既存の人材をこのように育てれば、企業の収益に大きく貢献をすることになる。ではどれくらいの貢献になるのだろ

うか。たとえば機械作業員や事務員など単純な仕事では、感情コンピテンスのトップ一％の人材はボトム層の人材に比べて価値換算で三倍の生産性を示している。営業や機械整備士など中程度の複雑さの職務群では、その差は一二倍にもなる。[8]

いわゆる知力を成功戦略の中心に据えてきた人たちは、この情緒的インテリジェンス理論の登場に動揺しているることだろう。たとえば、ＩＱが一〇点満点でも、ＥＱが二点の人は、他者とうまくコミュニケーションがとれない可能性が高い。そういう人は、自分の知力に過度に頼り、地位をかさに着て、ＥＱの低さを埋め合わせようとするかもしれない。しかしそうすることで逆に自分の欠点をさらし、他者の欠点を助長する結果になる。すると次は必ず、自分の行動を理屈で正当化するようになる。

強さを外から借りてくると弱さを生む。自分自身の中に、他者の中に、お互いの関係に。

現代において情緒的インテリジェンスを開発することは、子を持つ親、組織のすべてのリーダーが挑むべきもっとも大きなチャレンジなのである。

精神的インテリジェンス（SQ）

四つ目は精神的インテリジェンス（ＳＱ）である。ＥＱに続いてＳＱも、科学的調査、物理学や心理学の議論におけるメインストリームになりつつある。精神的インテリジェンスはほかの三つのインテリジェンスを導く源であるから、四つのインテリジェンスの要であり、土台をなしているといえる。精神的インテリジェンスは、存在意義、無限なるものとの結びつきに対する私たち人間の希求を表すものである。

リチャード・ウォルマンは著書『Thinking with Your Soul（魂の思考）』の中で、「精神的」という言葉について述べている。

「精神的である」というのは、自我よりも大きく、信頼できる何かとのつながりを求めることである。それは太古の昔から綿々と続いている人間の希求だ。人は皆、自分自身の魂、他者、歴史や自然とのつながりを求める。精神という分かちがたい風、生命の神秘との結びつきを求めてやまないのである。[9]

精神的インテリジェンスは、真の原則を判別する能力も与えてくれる。原則は私たち人間の良心の中にあり、コンパスに例えることができる。原則のメタファーとして、常に真北を指し示すコンパスに勝るものはない。原則という「真北」を見定め、それに従って行動すれば、高い道徳的権威を持ち続けることができるのだ。

人の魂は主のともしびである[10]。
旧約聖書『箴言』第二〇章二七

ダナー・ゾーハーとイアン・マーシャルは、著書『SQ――魂の知能指数』の中で次のようなことを述べている。

IQはコンピューターにもあるし、EQも高等な哺乳類ならば持っている。しかしSQは人間にしかない。三つのQの中でもっとも基礎的なものであり、人間が意味――人の思考の中心にあるもの――を希求するのはSQを持っているからなのである。(中略)SQを働かせることによって、意味、ビジョン、価値への希求が強まり、それらを獲得する力を開発することができる。夢を描き、努力することができる。SQは私たちが信じていることの土台をなし、その信念や価値観を現実の行動に反映できるのもSQのおかげなのだ。要するに、私たちを人間たらしめているものがSQと言えるのである。[11]

精神的インテリジェンスの意味を巡って

インテリジェンスに関しては、これまで実に多くの調査、観察、研究がなされてきたが、とりわけこの二〇年間の成果には目を見張るものがある。多くの書籍が出版され、一つの分野として確立した感があるが、こうして多様な文献が生まれる中で、同じ概念を言い表すのにいろいろな用語が使われるようになっている。私の言う「精神的インテリジェンス」の一部分を「情緒的インテリジェンス」と呼ぶ人もいるだろうし、その逆もあるだろう。このような定義上の問題があることは私も十分に承知している。しかし読者の皆さんには、言葉の定義に振り回されずに、それぞれの用語の根本的な意味を考え理解してほしいと思う。

ハワード・ガードナーは著書『Frames of Mind（知性のフレームワーク）』の中で、いくつものインテリジェンスが複合的に存在しているという理論を展開し、それぞれが個別の概念でありながら、どのようにオーバーラップしているかをわかりやすく解説している。私はまた、「こころの知能指数（ＥＱ）」に関するロバート・クーパーとダニエル・ゴールマンの研究からも多くを学んでいる。両氏の講演を聴く機会も多々あったが、研究に基づいた彼らのアプローチは包括的であり、私がここで精神的インテリジェンスとして述べている内容も含まれている。

言語的、分析的、芸術的、論理的、創造的、経済的、その他さまざまなインテリジェンスの中から、特に視覚的インテリジェンスを取り上げている文献もある。これらの研究成果には敬意を表するが、私が本書で述べているように、人間に備わったインテリジェンスは、四つの側面（肉体、知性、情緒、精神）に対応する四つのインテリジェンスに分類できると信じている。

ハワイに滞在していたとき、若手企業経営者の団体「ヤング・プレジデンツ・オーガニゼーション」のイベントに参加した。その席での一幕を今もありありと覚えている。経営学やリーダーシップ分野の著名な作家を囲む朝食会だったが、招かれた作家はいずれもベストセラーの著者で、その名前は広く知られていた。朝食会では、誰かの著作を引き合いに出すというのではなく、お互いを尊重した話し合いが行われていた。若い経営者の一人が、彼らの話をひとしきり聴いて、おずおずと質問した。「皆さんがおっしゃっているのは、基本的には同じことですよね？」参加していた作家全員が、彼の問いかけに同意した。彼らはそれぞれ自分の用語や定義を持っていて、誰もが初めて聴くような鋭い洞察を随所で語っていたのも事実である。しかし根本的なところは同じだったのだ。つまり、現実の行動よりも、その根底にある原則の観点から話していたのである。

> 力強い美しさに感動し心が揺さぶれるとき、どれほど分厚い冷笑の面の皮も緩み、解けてしまう。エンドルフィンが分泌され、緊張がほぐれる。内面にエネルギーが満ち、それが外へと放出されていく。その体験は心の平穏をもたらすだけでなく、自然と宇宙のパワー、創造性と結びつくこともできる。このような瞬間を意識的に創り出そうとする努力こそが、精神力と精神的インテリジェンスを鍛えるのだ。では、精神的とはどういう意味だろう？　それはいたって単純だ。真の現実の広がりをいうのである。真の現実は日常の物質主義的な人間存在よりも大きく、創造的で、愛情深く、力強く、将来を展望させ、賢明で、謎めいている。
> どんな神学も宗教体系も、この精神性の意味を語ってはいない。[12]
> ウィリアム・ブルーム

私としても用語の問題はできるだけ避けたかったので、潜在的な意味を探り出すことを心がけているつもりだ。しかしそれでも、深く掘り下げて論じられていない別のインテリジェンスがどこかにあるかもしれないとは思っている。それと同時に、ほかのあらゆるインテリジェンスを導き、方向づけることが精神的インテリジェンスの役割であるとも信じている。その意味でも、精神的インテリジェンスはほかのインテリジェンスよりも高い次元にあるといえるだろう。

私はある体験を通して、精神的インテリジェンスが私たち人間の潜在能力の中で最高位にあることを実感した。ここでその体験を語りたい。

故アンワル・サダトはエジプト大統領だったとき、当時の米国大統領ジミー・カーター、イスラエル首相メナヘム・ベギンと、イスラエルとエジプトの和平実現を目指してキャンプデービッドで会談した。そしてついに和平合意に至ったのである。

数年前、米国大統領と一緒にゴルフカートに乗り、キャンプデービッドの敷地内を案内してもらった。まさに和平合意が結ばれた歴史的な場所であり、深い感動を覚えた。私はそこで、サダトは刺激と反応の間にスペースがあることをわかっていたのだと確信した。サダトは若いころ、カイロ中央刑務所の独房五四号に収監されていた時期に、このスペースを大きく広げていたのだった。彼自身の次の言葉からも、刺激と反応の間のスペースについての深い洞察が感じとれるだろう。

> 自分の思考の構造そのものを変えることのできない人間は、決して現実を変えることはできない。したがって少しも進歩できないのである。[13]

個人、家族、コミュニティ、組織、社会の歴史、ひいては世界の歴史が書かれるとき、中心に据えられるテーマは、人々が社会的な良心ではなく、自分自身の内なる神聖な良心にどこまで忠実に生きたかであろう。それは世界中の主要な宗教や不朽の思想において語られる原則、自然の法則に内在する直感的な知恵、誰もが生まれながらに持っている特質である。地政学、経済学、政府、戦争、社会的風潮、芸術、教育、宗教のどれをとっても中心的なテーマにはなりえない。道徳的、精神的次元こそが歴史の根底にあり、歴史を支配し、動かしている。個人にしろ組織にしろ、歴史を振り返るときは、善悪を明確にする普遍的にして不変の原則にどれだけ忠実であったかが問われるのである。

イスラエルに対する見方が一八〇度変わる前、サダトはアラブの大義に深く献身し、国民から絶大な支持を受けていた。国中を遊説してまわり、「イスラエルがアラブの土地を少しでも占領している限り、イスラエル人と握手はしない。絶対にしない！」と叫んだ。そして国民も「絶対！　絶対！　絶対にしない！」と呼応したのだった。

後年、私も参加したある国際シンポジウムにサダト夫人が基調講演者として招かれていた。私は夫人と昼食の席をともにする機会に恵まれ、アンワル・サダトとの暮らしはどのようなものだったか尋ねた。特にエルサレムのクネセット（イスラエルの国会）を訪れ、キャンプデービッド和平合意へとつながる勇気ある一歩を踏み出したときのことを知りたかった。

夫人は、サダトの心境の変化をどう理解してよいものか苦しんだという。それまでのサダトの言動からしても、にわかには信じられなかったそうだ。夫人の話を要約して以下に書き起こそう。

大統領宮殿の私室で夫人は面と向かってサダトに問いかけた。

「イスラエル訪問を考えているらしいけれど、本当なの？」

「そうだ」

「なぜです？　これまでの言動と矛盾しませんか？」

「私は間違っていた。今やろうとしていることが正しいのだよ」

「アラブ世界のリーダーの地位も国民の支持も失うのでは？」

「それももちろん否定できないが、どうだろう、私はそうはならないと思うが」

「大統領を辞めることになるかもしれませんよ」

「それもありうる」

「命まで失うかもしれないわ」

周知のとおり、後にサダトは暗殺者の凶弾に倒れるのだが、このとき彼はこう答えた。

「私の寿命は定められている。定められた寿命より一分たりとも長くも短くもならないのだよ」

夫人はサダトを抱きしめ、あなたほど偉大な人はいない、と告げたという。

それから私は、イスラエルから帰国したときのサダトの様子を尋ねた。空港から大統領宮殿までは普通なら車で三〇分ほどだが、その日は三時間以上かかった。高速道路も一般道路も数えきれないほどの人々で埋め尽くされていたからだ。ほんの一週間前には、イスラエルに強硬な姿勢をとるサダトを支持していた人々が、歓声を上げてサダトを出迎え、彼の英断をたたえたのである。サダトは正しいことをした。国民にもそれがわかったのだ。精神的インテリジェンスは情緒的インテリジェンスよりも高い次元にあることが、このことからもわかるだろう。エジプト国民は、**相互依存**の世界においては一国だけで考え、存続していくことはできないのだと気づいたのである。

サダトは自分のエゴとEQ（社会的な感受性、共感、社交術）よりもSQ（良心）を優先させ、世界中から称賛される結果に到達できた。彼の精神的インテリジェンスがほかの三つのインテリジェンスを高みに引き上げ、彼自身を道徳的権威の象徴的存在にしたのである。

道徳的権威に通じる道、個人の影響力を強め、充足感を得られることのできる道を歩むのは、なにも偉大な世界的リーダーだけの特権ではない。もっと簡単で、穏やかで、しかし偉大な道徳的権威は、私たち一人ひとりの内面に潜在しているのである。

四つのインテリジェンスを開発する

人間の四つの側面（肉体、知性、情緒、精神）がそれぞれに交わりながら連携していることは言うまでもない。どれか一つの側面だけを取り上げて、ほかの三つに直接的にも間接的にも触れずに開発することは不可能である。それぞれの側面のインテリジェンスをバランスよく伸ばし、活用していくと、あなたの内面に静かな自信ができていく。心の強さと安心感が増し、勇気と思いやりを持って行動する能力、つまり道徳的権威が育っていく。四つのインテリジェンスを創造的に開発する努力をしているうちに、他者に与える影響力も強まっていき、ほかの人たちも自分のボイス（内面の声）を発見できるように奮起させることができるのだ。

生まれ持ったインテリジェンスをさらに開発し、伸ばしていけるように、巻末の「付録１：四つのインテリジェンスを開発する――アクションガイド」を参考にしてほしい。それぞれのインテリジェンスについて、確かな効果が期待できる実用的な方法をまとめてある。「ただの常識じゃないか」と言いたくなるようなものもあるかもしれないが、常識だからといって実行できているとは限らない。これらの行動に意識的に取り組めば、心の平穏を実感し、力強く生きていけるはずだ。

> あらゆる崇高な人生の裏には、その生き方をかたちづくった原則がある[14]。
> ジョージ・H・ロリマー

もう一つ強調しておきたいのは、四つの側面それぞれに簡単な仮定を置くだけで、バランスがとれ充実した生活が送れるようになるということだ。それぞれ一つの仮定でよい。全部で四つの仮定を頭に入れて行動することを心がけていれば、いざというときに使える強さ、総合的な力が、あなたの中に育つことを約束する。

一・肉体――心臓発作で九死に一生を得たと仮定して、どのように生活すればよいか。

二．知性――今の職業が二年後になくなると仮定して、どのような準備をすればよいか。
三．情緒――誰かについて話していることが本人に全部聞こえていると仮定して、どのような配慮をして話すべきか。
四．精神――三ヵ月に一回は神と一対一の面談を持つと仮定して、日々どのように生きるべきか。

基礎生物学と脳の発達に関係する神経科学の研究により得られた知見からも、人間の子どもが「生まれた瞬間から他者と関係を築く」ことは明らかである。我々人間は生まれたときから、他人との結びつき、道徳的・精神的な意味との結びつきを求め、そして超越的なものとの結びつきを受け入れるようにできている。心身ともに健康に育ち、伸びやかに生きていくためには、この基本的な欲求を満たすことが不可欠である。[15]

危機に瀕《ひん》する子どもたちに関する委員会の報告書
米国YMCA、ダートマス・メディカル・スクール、米国価値研究所

Q&A

Q　私たち人間は自然（遺伝子）の産物なのですか、それとも養育（育ち、環境）の産物なのでしょうか？

A　この質問はそもそも前提が間違っています。間違ったパラダイムからきている質問です。人間の本質に関する「地図」が間違っていて、決定論に基づいています。人間は自然の産物でもなければ、養育の産物でもありません。選択の結果なのです。刺激と反応の間には必ずスペースがあり、そこに選択する自由があります。原則に従い、選択する能力を正しく使えば、刺激と反応の間のスペースは広がっていきます。小さな子どもや知的障害のある人たちの場合、このスペースはとても狭いかもしれませんが、しかしほとんどの成人はそれなりの広さのスペースを持っているのです。決定論は現代の文化に深く根づいてしまっています。しかも現代人は、「自分で選択したら、今の自分の状況に責任を持たなければならない」という幼稚な考えを持っているために、決定論がますますはびこるのです。「今の私は自分が選びとったのだ」と率直に言えるようにならなければ、重要な局面で「私はこの道を選ぼう」と自信を持って言うことはできません。

Q　リーダーになる人はそういう素質を持っているのでしょうか、それとも環境や訓練によってリーダーになるのでしょうか？

A　これもまた質問の前提が間違っています。間違った決定論、間違ったパラダイムに基づいた質問になっています。刺激と反応の間にはスペースがあるのですから、誰でもそのスペースで自分の反応を選択できるのです。したがって、リーダーは生まれついた素質でもなければ、環境や訓練によってなれるものでもありません。自分が主体的に選んだ反応によって、自分からリーダーになっていくのです。ウォレン・G・ベニスとロバート・J・トーマスは著書『こうしてリーダーはつくられる』[16]の中で、リーダーは生まれつきリーダーなのではなく「つくられる」のだと書いています。つまり、自分自身を変えなければならないような強烈な体験を通して、人はリーダーになる選択をするのです。リーダーシップ論で知られるノエル・ティッチー博士も、リーダーシップは生まれ持った素質ではなく、人は教育によってリーダーになるのだと言っています。ここでも、キーポイントは選択する自由と能力です。リーダーのあるべき姿を主体的に学び、それを実行することを選択するわけです。ここに挙げた研究者たちが言わんとしているのは、リーダーは生まれついたものでも、外的な要因でつくられるものでもなく、自分から選択してリーダーになるのだ、ということです。

Q　四つのインテリジェンスの全部を伸ばさなくてはいけませんか？

A　はい。どれか一つだけに取り組んでも、十分に持続可能なレベルまで伸ばすことはできないので、四つ全部に取り組まなければなりません。全体が大切なのであり、人生の**全体**が原則を中心にまとまっているのです。何かを生み出し、喜びを感じられるどうかは、突き詰めれば、全人格の問題です。肉体の筋力、情緒の筋力、知性の筋力、精神の筋力を鍛えて、全人格を整えなくてはいけません。そのためには、慣れ親しんだ安心領域を出て、これらの筋力が切れるほど、つまり痛みを伴うほどのエクササイズをする必要があります。エクササイズの後で適度な休息とリラクゼーションの時間をとると、筋力は修復され、前よりも強くなります。ジム・レーヤーとトニー・シュワルツの『成功と幸せのための4つのエネルギー管理術――メンタル・タフネス』[17]を参照してください。

Q　仕事を引退した後はどうすればよいでしょうか？

A　仕事は引退しても、有意義な活動から引退してはいけません。長生きしたいのであれば、ユーストレス（適度で快適なストレス）が必要です。たとえば次世代の家族のためになるような活動や価値ある社会的活動に貢献し、自分の存在意義を深く実感するということです。逆に早死にしたいなら、ゴルフや釣りにうつつを抜かすか、処方薬を飲むことを日課にし、たまに孫の相手をしていればよいでしょう。そんな証拠はないだろうと疑っているなら、生理学者ハンス・セリエの著書『愛のストレス―利己的生き方のすすめ』（深尾凱子訳。実業之日本社）を読んでみてください。

第五章　ボイス（内面の声）を表現する
――ビジョン、自制、情熱、良心

自分自身を支配している者こそ最強の支配者である。

ルキウス・アンナエウス・セネカ

多くの人たちに大きな影響を与えた人物、社会に有意義な貢献をした人物、あるいは何か有意義な変化を起こした人物といった偉人たちの生き方を調べてみると、共通するパターンがあることに気づく。粘り強く努力し、心の葛藤を乗り越えて、四つのインテリジェンスを大きく伸ばしていることである。四つのインテリジェンスのそれぞれがもっとも高いレベルに到達すると、どのようなかたちになって表れるのだろうか？　知的インテリジェンスは**ビジョン**、肉体的インテリジェンスは**自制**、情緒的インテリジェンスは**情熱**、精神的インテリジェンスは**良心**である。そしてこれらの四つは、私たちの**ボイス（内面の声）をもっとも高いレベルで表現する手段**でもある。

ビジョンは、人やプロジェクトの可能性、あるいは社会的正義や起業などでできることを知性の目で見るこ

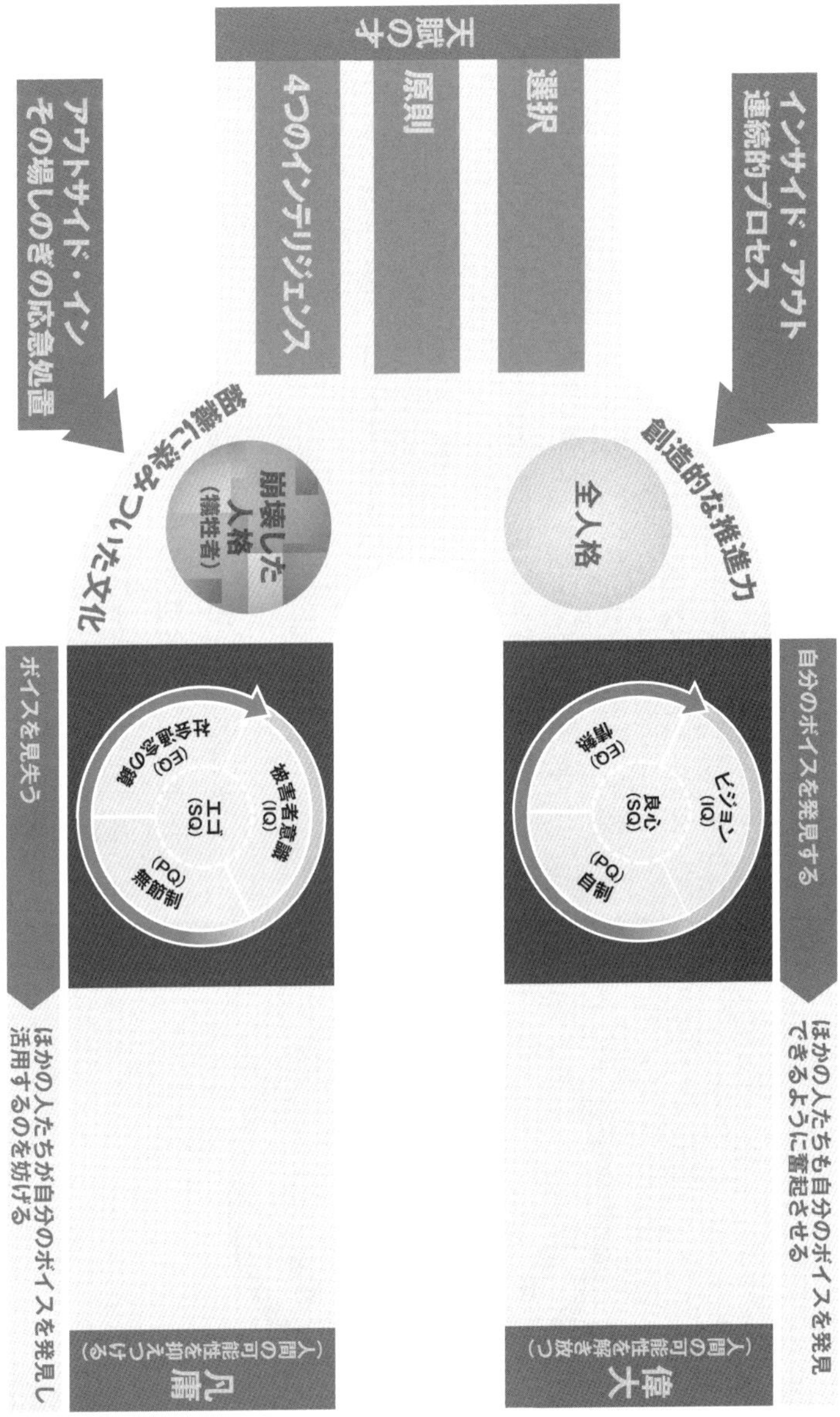
天賦の才
選択
原則
4つのインテリジェンス
インサイド・アウト
連続的プロセス
アウトサイド・イン
その場しのぎの応急処置
創造的な推進力
全人格
崩壊した人格
（犠牲者）
ビジョン
（IQ）
良心
（SQ）
自制
（PQ）
（EQ）
被害者意識
（IQ）
エゴ
（SQ）
無節制
（PQ）
自分のボイスを発見する
ほかの人たちも自分のボイスを発見できるように奮起させる
ボイスを見失う
ほかの人たちが自分のボイスを発見し活用するのを妨げる
偉大
（人間の可能性を解き放つ）
凡庸
（人間の可能性を抑えつける）

図５・1

とである。知性がその可能性をニーズに結びつけると、ビジョンが生まれる。ウィリアム・ブレイク（一八世紀イギリスの詩人・画家）は「今のあらゆる現実は、かつては想像にすぎなかった」と言っている。ビジョンを描かず、創造という知的能力の開発を怠っていると、人は被害者意識を持ち始める（図5・1の凡庸に至る道を参照）。

> 他人を支配せんと思う者は先ず己を支配せよ[1]。
>
> フィリップ・マッシンジャー

自制とは、ビジョンを実現するために犠牲を払うことである。現実に向き合い、目の前に突きつけられる厳しい事実から逃げずに、物事を成し遂げるためにすべきことをする。ビジョンが決意に結びつくと自制できるようになる。どんな犠牲もいとわないという決意、自制の対極にあるのは、無節制である。いっときの快楽やスリルのために、人生で一番大切なことを犠牲にしてしまうのである。

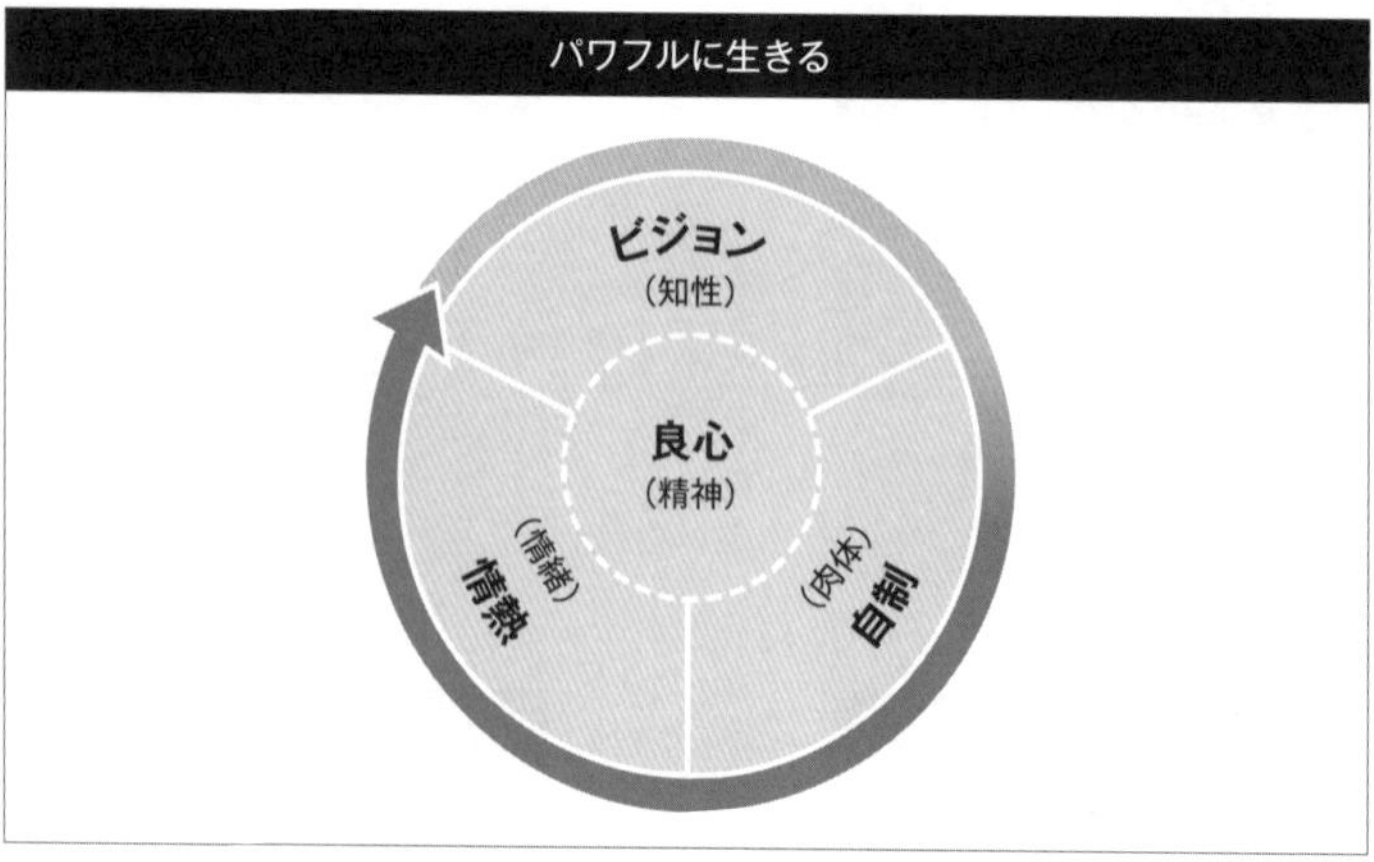

図5・2

情熱とは、内面で赤々と燃える炎であり、確信に基づく欲求、力である。そして情熱は、ビジョンを達成するまで自制し続ける原動力にもなる。個人のニーズがその人独自の才能にマッチすると情熱が生まれる。大きな目的のために献身したいというボイスを発見し、そのボイスに従って目的を果たそうとするとき、情熱が湧いてくる。そして他者に対する情熱も、仕事に対する情熱も、真の情熱であれば思いやりが含まれているのである。そのような情熱が持てない人の空虚な内面は、不安感に満たされることになる。不安を紛らわすためにくだらないおしゃべりに時間を潰し、やがて**社会通念の鏡**に映る自分の姿だけを気にするようになる。

良心は善悪を判断する道徳観であり、自分の存在意義、貢献へと後押しする力である。良心に従って生きることで、ビジョン、自制、情熱が生まれる。自分のエゴを通すだけの生き方とはまるで対照的だ。

> あなたの理性を衰えさせ、あなたの良心の優しさを傷つけるもの、神を見失わせ、精神的なものを求める気持ちを捨てさせるもの、知性よりも肉体を優先させようとするもの、これらはすべてあなたにとって罪なのです。それがいかに無邪気なものに見えていても。[2]
>
> スザーナ・ウェスレー（一八世紀のイングランド国教会司祭ジョン・ウェスレーの母親）

有名無名を問わず、大きな影響力を持つ人のことを語るとき、人となりを表現するさまざまな言葉が用いられる。しかしそれらの言葉はたいてい、四つの言葉（ビジョン、自制、情熱、良心）に分類することができる。家庭、コミュニティ、あるいは職場で尊敬する人のことを話すときも、私たちは多様な言葉を使う。しかし

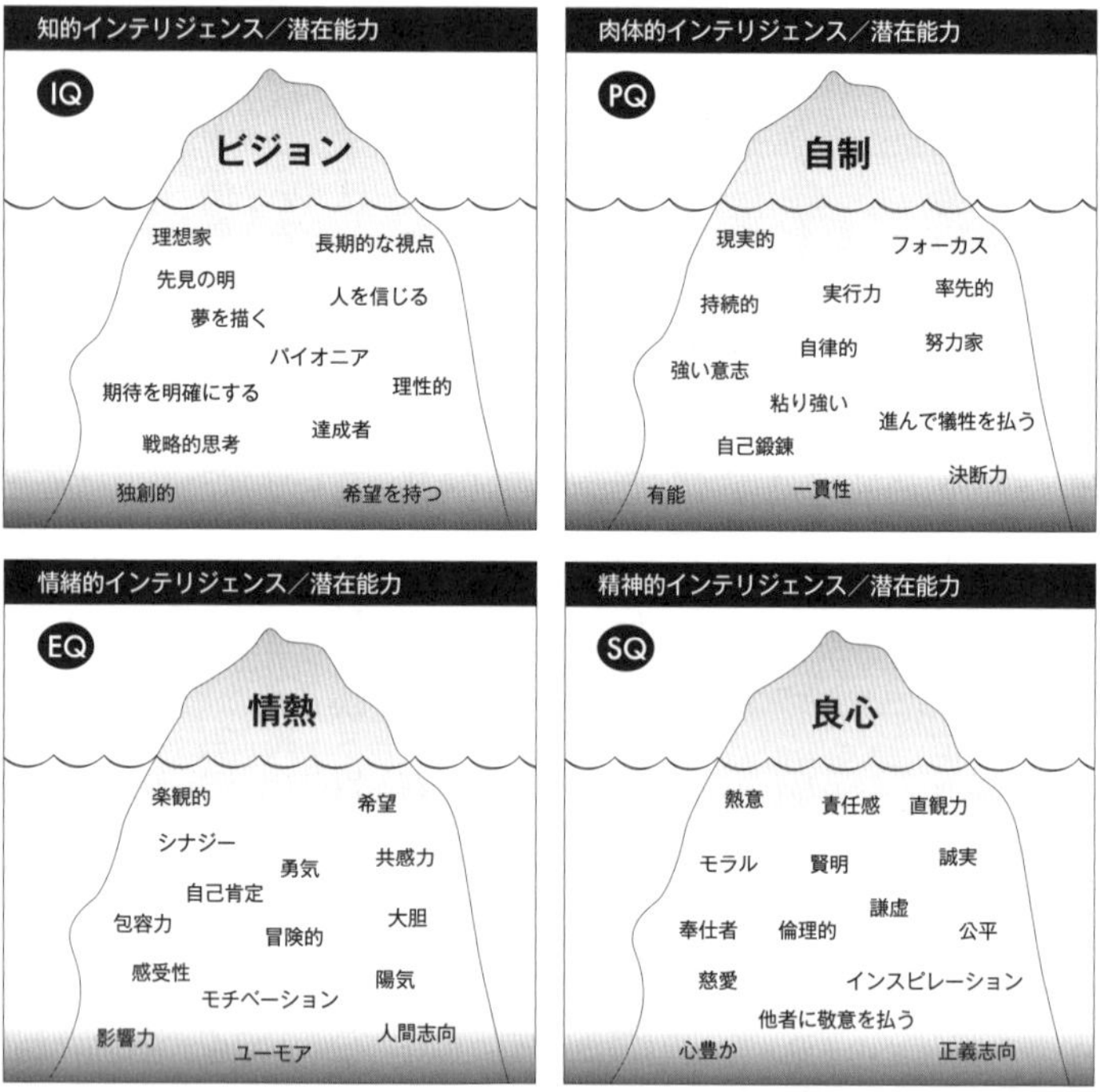
知的インテリジェンス／潜在能力
IQ
ビジョン
理想家
長期的な視点
先見の明
人を信じる
夢を描く
パイオニア
期待を明確にする
理性的
戦略的思考
達成者
独創的
希望を持つ
肉体的インテリジェンス／潜在能力
PQ
自制
現実的
フォーカス
持続的
実行力
率先的
自律的
努力家
強い意志
粘り強い
進んで犠牲を払う
自己鍛錬
有能
一貫性
決断力
情緒的インテリジェンス／潜在能力
EQ
情熱
楽観的
希望
シナジー
勇気
共感力
自己肯定
包容力
冒険的
大胆
感受性
陽気
モチベーション
影響力
ユーモア
人間志向
精神的インテリジェンス／潜在能力
SQ
良心
熱意
責任感
直観力
モラル
賢明
誠実
謙虚
奉仕者
倫理的
公平
慈愛
インスピレーション
他者に敬意を払う
心豊か
正義志向

図5・3

言葉の違いのほとんどは表現上の問題にすぎない。図5・3を見てほしい。人となりを説明する多くの言葉が、ビジョン、自制、情熱、良心の四つの氷山の下に分類されている。

優れたリーダーは、ビジョン、現実、倫理、勇気という四つの次元で行動する。これらは四つのインテリジェンス（認知形態）であり、有意義で持続的な結果を達成するために必要なコミュニケーション言語である。
ビジョンを描くリーダーは、大きく考え、斬新に考え、先を見て考える。何より重要なのは、人間の意識と創造的な潜在能力の根幹に触れていることである。
優れたリーダーになるためには、自分の思考パターンを理解し、コントロールできなくてはならない。自分の世界観を自覚し、自分が信じるべきことは何か、自分には何ができるのかを明確に理解できていなくてはならない。その理解こそが、根本的な変化、強さ、活力をもたらすのであり、勇気の本当の意味を教えてくれるのである。[3]
ピーター・コーステンバウム

世界を支配するもの──ビジョン、自制、情熱

良くも悪くも、他者や組織、社会に大きな影響力を持つ人、何世代も続く影響を子孫に残した親、大きな変化を起こした人、このような人たちには三つの共通する特質がある。ビジョン、自制、情熱である。人間の歴

史が始まってから世界を支配してきたのは、この三つの特質に他ならない。そしてこれらは優れたリーダーの特質でもある。

近代の著名なリーダーを何人か思い起こしてみるだけで、よくわかると思う。

ジョージ・ワシントンは、外国の干渉を排除し、新しい統一国家を建設するというビジョンを描いた。そして彼は自制して、兵士の募集と供給の方法、軍務放棄の防止策をじっくりと考えた。植民地軍将校に対する差別、イギリスの土地政策、合衆国の拡大に対する規制など、ワシントンは宗主国イギリスのやり方に怒り、自由という大義に情熱を燃やしたのである。

フローレンス・ナイチンゲールは、野戦病院における看護の改善に半生を捧げ、近代看護学の礎を築いた。そのビジョンと情熱が、自身の内面にあるためらいをはねのけたのである。

マハトマ・K・ガンディーは、選挙や指名によって公職に就くことはなく、一個人として人々を導き、インド建国の父となった。ガンディーの道徳的権威が、強固な社会的・文化的規範を生み出し、ついには民衆の政治的な意志を形成した。彼は普遍的な良心を信じ、その信念を生涯貫いた。良心は人々の内面だけでなく、国際社会、そしてイギリス自身にも宿っていることを知っていたのである。

マーガレット・サッチャーは、女性として初めて先進国のトップとなった。イギリス首相を三期務め、連続の任期としては二〇世紀最長の記録である。サッチャーに対してはたしかに批判も少なくないが、国民が自己責任によって自制して自立できるよう、情熱を持って国政を預かった。その結果、サッチャーの首相在任中にイギリスは景気低迷から脱することができたのである。

影響力があるかないかは、レディーの資格があるかないかに似ている。自分はレディーよと自分から言わなければわかってもらえないようでは、レディーの資格はない。
マーガレット・サッチャー

元南アフリカ大統領の**ネルソン・マンデラ**は、アパルトヘイト政策に抵抗し、約二七年もの間獄中で過ごした。マンデラを駆り立てたのは記憶ではなく想像力だった。獄中で彼は、国の不公正、部族間の抗争や分裂など、自分の経験や記憶の領域をはるかに超えた世界を思い描くことができたのだ。魂の奥深くで、南アフリカのすべての個人の価値を信じていたのである。

マザー・テレサは、貧しい人々に奉仕することに生涯を捧げた。自らの自由な選択によって誠心誠意、無条件の愛を注いだのである。清貧を誓い、自制する力を発揮して、自ら創設した「神の愛の宣教者会」を導いた。マザー・テレサのこの精神は死後もなお広まり、揺るぎないものとして受け継がれている。

沈黙の果実は祈り。祈りの果実は信仰。信仰の果実は愛。愛の果実は奉仕。奉仕の果実は平和。[4]
マザー・テレサ

この章の冒頭で、何かを成し遂げた人は、ビジョン、自制、情熱という共通点を持っていると述べた文の中に、「良くも悪くも」と書いてあったことを覚えているだろうか。今度は、この三つの特質を全部持っていながら、今挙げた人々とは真逆の結果に至った人物を考えてみよう。

アドルフ・ヒトラーは、第三帝国という千年王国の実現、アーリア人の優越性というビジョンを情熱的に国民に訴えた。彼は歴史上まれにみる軍事・産業機構をつくり上げた。つとに有名な演説は、彼の情緒的インテリジェンスがきわめて高かったことの証明になるだろう。情熱的な演説によって、財政的献身と恐怖心を大衆に吹き込み、大衆感情を憎悪と破壊に向けさせたのである。

しかし、ヒトラーのような単に実効性のあるリーダーシップと後世まで残るリーダーシップとの間には、天と地ほどの差がある。最初に挙げたリーダーたちは、盤石な基礎を築き、後世に受け継がれる貢献をしたのである。

> 私が実権を掌握したら、最初にしてもっとも重要な仕事はユダヤ人を絶滅させることである[5]。
>
> アドルフ・ヒトラー

ビジョン、自制、情熱が良心によって導かれるのであれば、真に優れたリーダーシップが築かれ、良い方向に世界を変えることができる。言い換えれば、**道徳的権威が立場上の形式的権威をうまく機能させる**のである。逆にビジョン、自制、情熱の源泉が良心でないと、リーダーシップは長く続かず、そのリーダーシップによって築かれた組織や制度も長続きしない。要するに、道徳的権威の裏打ちのない形式的権威は挫折するのである。

「良くも悪くも」の「良く」には、上のレベルへ**「高める」**という意味と**「長く続く」**という意味がある。ヒトラーは、ビジョン、自制、情熱を持ってはいたが、エゴに駆り立てられていた。良心を欠いていたために失墜したのである。それに対してガンディーのビジョン、自制、情熱を生み出したのは良心だった。だから大義と民衆のために身を捧げることができたのである。そして形式的権威を持たず道徳的権威だけで、世界第二位の規模の国の基礎を築き、建国の父となったのだ。

ビジョン、自制、情熱が、良心も道徳的権威も欠く形式的権威だけで導き出されていたとしても、世界を変えることはできる。しかしそれは良い方向ではなく悪い方向への変化なのである。高いレベルへと引き上げるのではなく、破壊するのである。むろん永続することなどありえず、やがて消え去る。

次は、四つの特質（ビジョン、自制、情熱、良心）を一つずつ詳しく見ていこう。

ビジョン

ビジョンとは、知性の目で将来の姿を見ること、想像力を働かせることだ。すべてのものは二度つくられる。第一の創造は知的創造、第二の創造は物的創造である。第一の創造がビジョンであり、個人や組織が自己を見つめて創りなおすプロセスの出発点である。望み、夢、希望、目標、計画と言ってもいい。夢であれビジョンであれ、それは単なる幻想ではない。まだ具体的なかたちをとっていない現実に他ならない。家が建つ前の青写真、演奏されるのを待っている楽譜の音符のようなものである。

自分の可能性を思い描くことをせず、気づいてもいない人は少なくない。心理学者のウィリアム・ジェームスの言葉を借りよう。「ほとんどの人は、自分の中にある可能性のほんの限られた部分でしか生きていない。誰しも計り知れないエネルギーと才能を持っているというのに、そのことを夢にさえ見ないのだ」

私たちは、自分の人生を創造し直すための計り知れない可能性を持っている。次に紹介するストーリーは、絶望のふちにあった一人の女性が人生の新しいビジョンを描くまでのプロセスである。

夫のゴードンががんと診断されたとき、私は四六歳でした。夫のそばにいたかったので、会社を早期退職しました。一年半後、夫は亡くなりました。わかっていたこととはいえ、喪失感はとても深く、果たせなかった夢を思っては悲しみに暮れるばかりでした。私はまだ四八歳だったのに、生きる目的を失っていたのです。

神様はなぜ私ではなくゴードンを連れていってしまったのか。悲しみから抜け出せずにいた最大の理由はその疑問でした。私なんかよりもゴードンのほうがはるかに世の中のために貢献できたのに、と思っていたのです。私は身体も頭も心もどうしようもなく疲れ切っていました。そのような状態の中で、人生に新しい意味を見いださなくてはならなかったのです。

そんなとき、すべてのものは二度つくられるという考え方に出会いました。第一の創造は知的創造、第二の創造は物的創造です。私はまず、自分にはどんな才能があるのだろうと、自分を見つめました。それから能力適性試験を受け、自分の一番の強みもわかりました。生活のバランスをとるために、人間の四つの側面に意識を向けました。知的な側面では、人に教えるのが好きなのだと気づきました。精神、社会的な側面では、人種の異なる夫との結婚生活でお互いに努力して人種的な調和を築いたので、それを大切にしていきたいと思いました。情緒の面では、人に愛情を注ぎたいと思いました。母は生前、病院で重病の赤ちゃんをあやす活動をしていました。私も母と同じように人に安らぎを与えるような仕事をして、母からもらった無条件の愛を次の世代に伝えたいと思いました。

失敗するのではないかと不安でしたが、「いろいろな帽子をかぶってみるのと同じ。試すだけ試してみよう」と自分を励ましました。一学期やってみて教師は向いていないと思えば、そこで辞めればいいのですから。カレッジで教える資格をとりたかったので、大学院に入りました。大学院の勉強はただでさえハードなのですから、四八歳の私にはそれはもうきつかったですよ！　仕事をしていたときは書類のタイプは秘書任せでしたから、レポートのタイプに慣れるだけで丸々一学期かかりました。ケーブルテレビを解約するのも、テレビのスイッチを切るのも、自分の意志との闘いでしたね。

そして無事に大学院を修了し、アーカンサスのリトルロックにあるカレッジで教え始めました。昔から黒人学生の多いカレッジです。私は州知事から、異人種間の関係改善に取り組むマーティン・ルーサー・キング委員会の委員にも任命されました。病院では、コカイン中毒やＡＩＤＳの母親から生まれてきた赤ちゃんをあやす活動を始めました。このような赤ちゃんは母親の胎内で悪影響を受け、生まれてすぐに呼吸器につながれます。亡くなってしまう赤ちゃんも少なくありません。そのような子どもたちに少しでも安らぎを与えているのだと思うと、私の心も安らぐのです。

今、私の人生は充実しています。ゴードンもきっとそんな私を見てほほ笑んでいるだろうと思うのです。亡くなる前、ゴードンは私に何度も言っていました。笑いと幸せな思い出と素晴らしい出来事にあふれた人生を送ってほしい、と。だから良心にかけて彼の願いをかなえたい。人生を無駄にするわけにはいかないのです。私にとって大切な人たちのために、ベストを尽くして生きる義務を背負っているのです。今生きている人たちのためにも、神のもとに召された人たちのためにも。

アルバート・アインシュタインは「知識よりも想像力のほうが重要だ」と言った。記憶は過去のものであり、有限である。それに対してビジョンは未来のものであり、無限だ。ビジョンは歴史よりも偉大であり、精神的な重荷や過去の心の傷を乗り越える力を持っているのである。

アインシュタインはあるとき、神に一つだけ質問できるとしたら何を尋ねるかと問われて、こう答えた。「どのようにして宇宙は始まったのか、かな。それ以降のことは数学で説明がつくからね」しかしそれからしばし考えて、彼は気が変わった。「その質問はやめた。なぜ宇宙はつくられたのか、にしよう。この答えがわかれば、生きる意味もわかる」

あらゆるビジョンの中でもっとも重要なのは、自分自身に関するビジョンを描くことだろう。自分の将来、自分にしかできないミッション、人生における自分の役割、生きる目的と意味。どのようなビジョンを描くにしても、まず次のように自問しよう。「そのビジョンは自分のボイス、エネルギー、才能を生かせるだろうか？　使命感を与えてくれるだろうか？　自分自身を捧げる価値のある大義と言えるだろうか？」これらの問いに答え、自分にとって本当に意味のあるビジョンを持つには、自分の内面を深く探らなければならないのである。

ジャーナリスト、映画製作者、そして希代のストーリーテラー、ローレンス・ヴァン・デル・ポスト卿《きょう》の言葉を紹介しよう。「ビジョンがなければ、誰でも情報不足に陥る。人生を近視眼的にしか見られなくなるからだ。つまり自分の眼鏡を通して自分の世界しか見なくなるわけである。しかしビジョンを持っていれば、自分の過去という自叙伝を超越することができる。記憶に縛られずに生きることができるのである。これは人間関係においては特に有効に働く。ビジョンがあれば、他者に対して寛大になれるからである」

ビジョンを描くとき、自分が「世の中で」できることだけを考えてはいけない。ほかの人たちの中に眠っている能力、彼ら自身も気づいていない可能性を見抜くことも重要だ。ビジョンとは、単に何かを実行したり、与えられた仕事を遂行したり、自分で設定した目標を達成したりすることだけではない。ほかの人たちの視点に立って世界を眺め、視野を広げることでもある。それによって彼らを肯定し、信じ、彼ら自身が自分の可能性を発見できるように手助けする。ほかの人たちも自分のボイス（内面の声）を発見できるよう奮起させることができるのだ。

東洋の国々の文化では、胸の前で両手を合わせ、お辞儀して挨拶する習慣がある。それは「あなたの内なる偉大さに敬意を表します」あるいは「あなたの内なる神聖さをたたえます」という意味である。私の知人は、初対面の人に挨拶するとき、「あなたに敬意を表します。お名前は？」と声に出して、あるいは心の中で言うことにしている。誰かの今の行動や欠点ではなく、可能性や長所のレンズを通してその人を見れば、あなたの中にポジティブなエネルギーが湧いてきて、その人に手を差し伸べ、受け入れることができる。このようにして他者を肯定する行動は、壊れた人間関係を立て直すときにも重要であるし、子育てがうまくいくコツでもある。

あなたは私を引き上げ、私はあなたを引き上げる。そして私たちは一緒に上がっていく。
クエーカー教徒の格言

誰かのことを評価するとき、表に出ている行動とは切り離し、その人の内面を見つめる努力をすべきである。そうすることで相手の絶対的な価値を肯定でき、人間関係が格段に良くなる。他者の可能性を見抜き、認めるのは、例えて言うなら、あなたが相手に鏡を向け、その人の内面にある最高のものを映してあげることである。他者を肯定することによって、本人に可能性を気づかせて解き放たせるだけでなく、こちらも相手の不愉快な行動にいちいち反応することから解放されるのだ。潜在能力をまるで出せていない人に対しては、「それはあなたらしくない」というような言葉をかければ、その人は自分が肯定されていると感じるはずだ。

もう何年も前のこと、海外の旅先で一八歳の青年を紹介された。彼はそれまで、ドラッグやアルコールの乱用などいろいろと難しい問題にぶつかってきた。生き方を改めようと努力していたものの、二人だけで会ったときには、人生の目的を見いだせず、自信を持てずに苦しんでいるようだった。しかしそれと同時に私の目には、大きな可能性と確かな潜在能力にあふれ、個性豊かな青年と映った。それは彼の落ち着いた態度からも伝わってきた。別れ際に私は彼の目をじっと見て言った。「君はこれから社会に大きな影響を与えられる人物になるよ。間違いない。類いまれな才能と可能性を秘めているから」

あれから二〇年、有能で将来を嘱望されている知人たちの中でも、彼は際だった力を発揮している。素晴らしい家庭を築き、仕事でも実績を上げている。先日、私の友人が彼を訪ねたとき、会話の流れで二〇年前の話になり、彼はこう語ったそうだ。「コヴィーさんとの一時間の会話に、ぼくは大きな影響を受けました。君は自分でも想像もつかないほどの能力を持っているのだよ、と言ってくれたのです。その言葉が支えになりました。世界がまるで違って見えるようになったのです」

人を肯定する習慣を身につけよう。「あなたを信じている」と本心から、何度も伝えよう。これは思春期にあるティーンエージャーに対しては特に心がけてほしい。相手を肯定する気持ちを伝えるだけで、信じられないほど大きな結果に結びつく。自分に自信が持てずにいるとき、あなたを（あなたの秘められた能力を）信じていると言われたら、誰でも前向きになり、必死に努力するものである。

自制

ビジョンの次は自制である。二番目だからといってビジョンに劣る特質というわけではなく、同じように重要である。自制は第二の創造に関わっている。第一の知的創造で描いたビジョンを現実のものにするための実行力であり、その実現のために払う犠牲でもある。自制は意志の力の表れである。ピーター・ドラッカーは、経営者の第一の義務は現実を明確に示すことだと語った。自制できればこそ、現実を直視し受け入れることができる。自制とは、現実を否定せず、現実に身体ごとぶつかっていくことである。どんなに厳しい現実もありのままに認めることだ。

朝のすがすがしさが昼どきの物憂いさに変わったとき、脚の筋肉が酷使に震え始め、上り坂が永遠に続くかのように思われるとき、突如として何もかもが思いどおりにいかなくなったとき――そんなときこそ、躊躇《ちゅうちょ》してはならない[6]。

ダグ・ハマーショルド

リーダーシップとは、ビジョンを現実に転換する能力である。

ウォレン・ベニス

ビジョンがなく、将来に希望を持てなければ、現実を受け入れるのは憂鬱《ゆううつ》以外のなにものでもないだろう。気がめいり、意欲がそがれるだけだ。幸福は「将来欲しいもののために今欲しいものを諦められる能力」と定義されることもある。より大きな、より長期的な「良いこと」のために、目先の快楽を我慢する。こうして主体的に犠牲を払うことが自制なのである。

ほとんどの人は、自制という言葉を聞くと自由がない状態を連想する。「『……するべき』は自発性を殺す」とか「『……せねばならない』に自由はない」とか「自分のしたいようにすること、それが自由と義務の違いだ」というように。

しかし真実はその逆だ。本当の意味で自由なのは自制できる人であって、自制できない人は、気分や食欲、熱情につき従う奴隷なのである。

あなたはピアノを弾けるだろうか？　私は弾けない。私にはピアノを弾く自由がないのだ。自制が利かずピアノを弾く練習をしなかったからである。両親やピアノの先生からいくら言われても、練習より友人たちと遊ぶほうを優先した。ピアニストになる自分を思い描いたことは一度もなかったし、ピアニストになることが自分にどういう意味があるのか考えたこともなかった。生涯を通して自分だけでなくほかの人たちにも価値のある卓越した芸術を創造する、その自由に気づかなかったのである。

では、人を許す自由、人に許しを求める自由はどうだろうか？　無条件に愛する自由はどうだろう？　裁く人ではなく道を照らす人になる自由、批評家ではなく模範になる自由は？　これらの自由を得るにはどれほどの自制する力が必要か考えてほしい。何かの大義、あるいは手本とする人の「使徒」となるところから、自制は生まれるのである。

一九世紀米国の偉大な教育者ホーレス・マンは次のように語っている。「何かの原則に従うべきとき、衝動を抑えることのできない者が、幸福を語ったところで空しいだけである。将来の善のために現在を犠牲にできない者、全体の利益のために個人の利益を犠牲にできない者が幸福を語るのは、目の見えない者が色を語るのと同じである」

私は大学教授の職にあった五〇歳のとき、事業を立ち上げようとしていた。慣れ親しんだ居心地の良い職場にとどまりたいという気持ちもあり、決心がつかずにずいぶん葛藤した。あのとき、これから自分のやろうとしていることはより大きな善なのだというビジョンがなかったなら、自制して犠牲を払うことはなかっただろう。それまでの人生を捨て、自宅を抵当に入れてまで借金し、起業することはなかったはずだ。会社を起こしてからもしばらくは、「幸福とはプラスのキャッシュフローである」などというふざけたモットーを掲げ、給与を支払うために汗水垂らして必死に働いた。将来のビジョンとそのために歯をくいしばる自制する力がなかったなら、あの苦しい日々を乗り越えることはできなかったと思う。

自制はすべての成功者に共通する特質であると、私は心底信じている。保険会社の役員をしていたアルバート・E・N・グレーは、成功者に共通する要素を探り出すことに生涯をかけ、簡潔ながら意味深い発見をした。彼の研究によれば、努力も幸運も抜け目のない人間関係も重要ではあるが、成功者はおしなべて「成功していない人たちの嫌がることを実行に移す習慣を身につけている[7]」のである。成功者にしてみても、必ずしも好きでそれを行っているわけではないが、嫌だという感情を目的意識の強さに服従させているのである。

自制が利かず、欲望を抑えて犠牲を払えない人は、職場で遊んでいるのと変わらない。ある意味では、職場は仮面舞踏会のようなものである。煙幕を張って仕事をしているふりをしているだけなのである。今取り組んでいる仕事について無駄に長いメールをする。プロジェクトの進捗《しんちょく》状況を報告するだけのことに長電話する。仕事の進め方について延々と話し合う。総じていえば、言い訳ばかりしている人は自制する力が弱く、何に注力すればよいかわかっていない。これでは成功できないのも当然だろう。惨めな結果は自分が選びとっているのだ。物事には必ず理由がある。言い訳は通用しない。

情熱

情熱の源泉は心である。楽観、高揚、情緒的な結びつき、決意となって表れる。情熱は活力に火をつけ、前へ前へと駆り立てる。外からの働きかけでは情熱は生まれない。自分が主体的に選択することが力となり、内面から湧いてくるのだ。何かに情熱を傾けている人は、将来を予測する一番の方法は自分で将来をつくることだと信じている。そう考えると、情熱を持つことは道徳的な義務であるともいえる。無力感から将来に希望を見いだせずにいたら、自分自身が問題の一因になってしまう。しかし情熱があれば、問題の解決に自分から動こうとするはずである。

「あなたの才能と世の求めが交わるところに、あなたの天職がある」とアリストテレスは言っている。「天職」の部分を「そこにあなたの情熱、あなたのボイスがある」と言い換えることもできるだろう。情熱はあなたの人生を活気づかせ、前進する力を与える。ビジョンと自制が交わるところにあって、その二つに燃料を供給するのである。周りの人たちからやめたほうがよいと言われても、情熱があればやり抜くことができる。ある男性が、週に何時間働いているのかと医師から問われ、こう答えた。「さあ、考えたこともありません。先生は週に何時間呼吸しているのですか?」仕事も遊びも、人を愛することも、全部が同じ一つのことに向けられ、日々生きているなら、あなたは情熱を燃やしているのだ。

情熱を持って生きていくための鍵は、あなた独自の才能、この世の中であなたにしかできない役割と目的を見つけることである。自分に向いている仕事を見つけるときには、まず自分自身を知らなくてはならない[i]。

「汝《なんじ》自身を知り、律し、捧げよ」というギリシャ哲学の教えがある。まさにこの順番なのだ。人生における自分の才能、ミッション、役割は、つくり出すのではなく、見いだし、気づくものなのだ。前出の作家ローレンス・ヴァン・デル・ポスト卿《きょう》の一文を紹介しよう。

自分自身を知るためには、自分の内面を見つめなくてはならない。魂という容器に目を凝らし、耳を傾けなくてはならない。あなたの内面で夢を語っているその容器に耳を傾けてはじめて、つまり内面の闇から聞こえてくるノックの音に応じてはじめて、あなたを閉じ込めている時間から解き放たれ、創造という偉大な一幕が繰り広げられる本来の舞台へ引き上げられるのである。

人生で偉大な貢献ができる人は、内面の奥底から聞こえるノックの音に不安を持ちながらも応じる人である。情熱の本質は勇気なのだ。ハロルド・B・リーの言葉を借りれば、勇気とは「個々の美徳が最高度で実行されるときの特質[8]」である。

スキルを才能と同一視するのはよくある誤解だ。もちろん才能を発揮するにはスキルが必要だが、スキルそのものは才能ではない。自分の才能とは無関係な分野でもスキルや知識を身につけることはできる。仮にあなたがスキルは必要だが才能は求められない仕事に就いたとして、その仕事であなたの情熱、つまりボイス（内面の声）を発揮する機会はないだろう。仕事は無難にこなすかもしれないが、上司の監督や動機づけが必要な社員と見られてしまう。

情熱と仕事が重なり合っている人材を採用すれば、彼らをマネジメントしたり、監督したりする必要はない。上司よりも誰よりも、彼ら自身が自分をマネジメントできるからだ。彼らの情熱の炎は自分の内面から燃え立っている。外から燃え立たせる必要はないし、彼らのモチベーションは自分自身の内面から出てくるのであって、押しつけられるものではないのだ。あなた自身、何かのプロジェクトに情熱を傾けることがあるだろう。ほかのことが何も考えられないほど没頭し、夢中になるはずだ。そんなとき、誰かにマネジメントされる必要があるだろうか？　監視の目などなくとも、やるべきことをやるはずだ。いつまでにこうしろ、こんなふうにやれ、と指示されたら、むしろ侮辱と受け止めるだろう。

世の中のニーズと一致し、あなたの才能と情熱を傾けられる仕事が見つかれば、あなたの内面にある能力が解き放たれるのである。

良心

> あの神聖な炎、良心という炎の火花を消さぬよう努めよ[9]。
>
> ジョージ・ワシントン

良心の大切さについては、本書の冒頭から幾度となく書いている。良心、道徳観念、あるいは内なる光が普遍的に存在するものであることを示す証拠は山ほどある。人の道徳的・精神的側面は、宗教や文化、地域、国籍、人種からも独立したものである。とはいえ世界の主要宗教は、特定の基本的な原則や価値観に関しては一致している。

イマヌエル・カントは「いかに感嘆しても感嘆しきれぬものは、天上の星の輝きと我が心の内なる道徳律!」と言っている。良心は内なる道徳律である。道徳律と行動が重なり合うところが良心といってもよいだろう。多くの人は、私も含めて、良心は子である私たちに向けた神の声だと信じている。そのようには考えない人でも、公平や公正の感覚は生まれながらに持っているだろう。善悪の区別、正邪の区別、親切と不親切の区別、価値を高める行為と損なう行為の区別、美化と破壊の区別も、教えられずともつくはずだ。たしかに、同じ道徳観であっても、それを表す行動や言葉は文化によって違ってくる。しかし表れ方が異なっていても、正と不正の区別まで異なることはない。

仕事柄、私は世界中の国や文化圏を訪れるが、良心が普遍的なものであることは何度も実感させられている。**公正**、**美しさ**、**貢献**、**他者への敬意**というような価値観は、文化の違いを超えて存在する。このような価値観は時代を超えて不変であるし、自明でもある。信頼性を欠く人は誰からも信頼されないということと同じで、自明の理なのである。

良心とエゴ

良心は、聞こえるか聞こえないかくらい小さな内面の声である。良心は静かで、平穏である。それに対してエゴは横暴で、尊大で、独裁的だ。

エゴは自分が生き残ることしか考えない。自分の快楽を優先し、自分だけが良ければよいと考える。他人のことは少しも眼中になく、利己的な野心を追求する。年端のいかない子どもが周りの人たちを「良い人」と「悪い人」に単純に分けるように、エゴも人間関係を「脅威になる人」と「脅威にならない人」の二者択一の観点からとらえる。良心はエゴをいわば民主化する。つまり、より大きな集団、全体、コミュニティ、より偉大な善へと導くのである。良心は、奉仕と貢献、他者の安全と充足という観点から人生をとらえるのだ。

もちろん、本当の危機に瀕《ひん》した場面ではエゴが働かなくてはならない。しかし危機や脅威がどれほど重大であるかを見きわめることはエゴにはできない。良心にはその判断力がある。脅威の程度を正しく感じとることができ、それぞれの度合いに適した反応ができる。何を、いつするかを判断できる知恵を持ち、焦って間違った判断をすることもない。良心は人生を一つの連続体ととらえる。その場だけの短絡的な判断はせず、複雑であっても長い目で見て適切な判断ができるのである。

エゴは心配性で眠れない。人を細かいところまでマネジメントし、やる気をそぎ、能力を奪っていく。エゴは人をコントロールすることにたけている。それに対して良心は、人を尊重し、セルフ・マネジメントできる能力を認める。エゴとは正反対に、良心は人に力を与えるのだ。良心はすべての人の尊厳と価値を尊重し、選択する自由と能力を肯定する。だから良心に従えば、上から命じられたり、外から押しつけられたりしなくとも、自分で自分をマネジメントできるのである。

エゴはネガティブなフィードバックを脅威と受け止め、フィードバックした人を恨む。エゴはどんなデータも保身という観点から解釈する。情報を逐一検閲し、現実のほとんどの部分を否定する。それとは対照的に良心は、フィードバックに感謝し、そこに含まれる真実を見きわめようと努力する。情報を恐れず、何が起きているのか正確に把握することができる。情報の検閲など考えもせず、あらゆる方面の現実を受け入れる用意がある。

エゴは近視眼的で、人生全体を自分の眼鏡を通して解釈する。良心は社会のシステムと環境全体を感知することができ、自己よりも社会・生態学的な領域に耳を傾ける。内面を光で満たし、世界を明るく照らし出せば正確に見ることができるのだと、エゴに民主主義を説くのである。

良心をもっと深く探ってみよう

良心とは自己犠牲である。より高い目的、大義、原則のために自己の利益（エゴ）を抑えることができる。繰り返すが、自己犠牲とは「より良い」のために「良い」を諦めることである。しかし自己犠牲を払っている人の頭の中では、それは犠牲でもなんでもないのだ。他人の目に犠牲と映るだけで、本人は自分が犠牲を払っているとは露ほども思っていないのである。

自己犠牲は、人間の四つの側面全部でさまざまに表出される。肉体的側面では、自分から体を動かして努力し、または金銭的な犠牲を払い、知的側面では偏見を持たずオープンに物事を探求し、情緒的側面では他者に対して深い敬意と愛情を示す。精神的側面では、より大きな善を目指す崇高な意志を優先させ、利己的な意志を抑える。

> 新しい哲学、新しい生き方は、ただで与えられるものではない。高い代償を払い、多大な忍耐と努力の末に獲得するものである。
> ドストエフスキー

良心は、目的と手段を分けて考えてはいけないと教えてくれる。目的は手段の中にすでにあるのだ。カントは、目的を達成するための手段は目的そのものと同じように重要だといっている。マキャベリはその真逆を説き、目的は手段を正当化するとした。

ガンディーの教えによれば、私たち人間を滅ぼす七つの大罪というものがある。それらを注意深く考えてみると、どの罪も、無原則で無価値な**手段**によって達成される**目的**であることが見えてくる。

- 労働なき富
- 良心なき快楽
- 人格なき学識

- 道徳なき商業
- 人間性なき科学
- 自己犠牲なき信仰
- 原則なき政治

興味深いことに、ここにある七つの目的のどれもが間違った手段で達成できるのだ。しかし、たとえどんなに素晴らしい目的でも間違った手段で達成したら、その目的はいずれ塵《ちり》になる。

仕事で関わる人たちの中で、正直で必ず約束を守る人と二枚舌で不誠実な人との見分けは誰でもつくと思う。不誠実な人と法的な契約を交わしても、その人が契約を必ず履行すると信じられるだろうか？

人はしばしば不合理で、筋が通らず、自己中心的です
それでも人を許しなさい
人に優しくすると、あなたに下心があると人は非難するかもしれません
それでも人に優しくしなさい
成功すると、真の友も偽の友も得ることになるでしょう
それでも成功しなさい
正直で誠実であれば、人はあなたをだますかもしれません

それでも正直に誠実でいなさい
年月をかけてつくり上げたものが、一晩で壊されてしまうこともあるかもしれません
それでもつくり続けなさい
心を穏やかにして幸福を見つけると、妬《ねた》まれるかもしれません
それでも幸福でいなさい
今日善い行いをしても、明日には忘れられるでしょう
それでも善き行いを続けなさい
あなたの最良のものを世界に与えても、決して十分ではないかもしれません
それでも最良のものを与えなさい
最後に振り返ったとき、あなたにもわかるしょう
すべてはあなたと神との間のことであって
あなたと他の人たちの間のことではなかったことに

マザー・テレサ

良心は必ず目的と手段の価値を教えてくれる。目的と手段が不可分であることも教えてくれる。しかしエゴは、目的は手段を正当化するとささやき、どれほど価値のある目的でも手段が間違っていたら達成できないことをわかっていない。最初はできそうに見えても、思いもよらない結果になってしまうのは、間違った手段が結局は目的をだめにしてしまうことに気づいていないからである。たとえば、部屋を掃除しなさいとわが子を怒鳴《どな》りつけ、子どもは恐れをなして部屋を掃除したとしよう。部屋がきれいになるという目的は達成できた。

とはいえ手段が間違っているのだから、親子関係にひびが入る。それにあなたが出張か何かで家を数日空けたら、部屋が元どおり散らかり放題になるのは目に見えている。

> 知恵とは、最善の目的を最善の手段で追求することである[10]。
> フランシス・ハッチソン

良心は、私たちを人間関係の世界へ導き、ビジョン、自制、情熱に深い影響を与える。その結果、私たちは自立の段階から相互依存の段階へ進む。相互依存の段階に達したら、すべてが変わる。まずはビジョンと価値観をほかの人たちと共有しなければならないことに気づく。ビジョンと価値観を共有できれば、それが規律となって組織に定着する。そしてやがて、組織内で共有するビジョンと価値観に基づいたシステムや構造ができる。組織内でビジョンと価値観が共有されていれば、いちいち指示しなくとも規律と秩序ができていく。良心は、「なぜ」に答え、ビジョンは「何を」達成するのかに答え、自制は「どのように」達成するのかに答える。そして情熱は、「なぜ」「何」「どのように」の三つの問いへの答えを確信させ、実行する気持ちを強くする。

良心は情熱を思いやりへと変える。良心に従えば、他者に対して真摯《しんし》に気を配ることができるのだ。思いやりは同情と共感が一つになった気持ちであり、人の痛みを分かち合い、受け止めることである。相互依存の段階に達した人の情熱には思いやりが含まれているのだ。ここでガイドポスト誌の寄稿者ジョアン・C・ジョーンズの学生時代の体験談を紹介しよう。良心の導きに従って生き、学ぶことを教わったそうである。

看護学校に入って二ヵ月目、抜き打ちテストがありました。私は真面目な学生だったので、すらすらと問題を解いていったのですが、最後の問題でつまずきました。「校内を清掃してくれている女性の名前は？」という問いだったのです。

ただの意地悪問題だろうと思いました。私は清掃員の女性を何度か見かけていました。背が高く黒髪で、おそらく五〇代でしょう。しかし名前は知りようがありません。ですから答えは書かずに提出しました。

授業が終わる間際に、一人の学生が「最後の問題も評価に入るのですか？」と教授に質問しました。すると教授はこう答えたのです。「もちろん。君たちが看護師になったら、大勢の患者と接するのではないかね？ どの患者にも気を配らなくてはいけない。笑顔で挨拶するだけでも」

あのときに得た教訓を忘れたことはありません。清掃員の女性の名前がドロシーということもわかりました。[11]

良心に従って生きようと努めれば、誠実さと心の平穏が得られる。ドイツ生まれのキリスト教長老派教会牧師、作家、自己啓発分野の講師としても知られるウィリアム・J・H・ベトカーは、二〇世紀の初めに次のように語った。「自尊心を守るためには、間違っているとわかっていることを行ってその場で人から好かれるよりも、正しいとわかっていることを行って不興を買うほうがよい」このようにして自尊心と誠実さを守れる人は、思いやりと勇気を持って他者と接することができる。**思いやり**とは、相手の考え方、気持ち、体験、信念を尊重し、敬意を表することである。そして**勇気**とは、恐れることなく自分の信念を表明することだ。お互いに意見を交わしているうちに、両者がそれぞれ最初に出した案よりも良い第3の案が生まれることがある。これが本当のシナジーであり、全体が部分の総和を上回るのだ。

良心に従って生きていない人は、この内面の誠実さと平穏を経験できない。人間関係を思いどおりに動かそうとするエゴが増長するだけである。ときには優しいまねをしてみたり、共感するふりをしたりしても、相手を操ろうとする意図が見え隠れし、やがては親切そうな顔をしながら独断的に振る舞うようになる。

誠実に生きるという私的成功は、ビジョンを共有し、自制と情熱を持って実行するという公的成功の土台となる。リーダーシップは人と人の相互依存によってはじめて効果が出る。自立段階にとどまっていて相互依存できず、エゴだけで動く尊大な支配者と、依存段階から抜け出せない従順なだけの追随者との関係ではないのである。

映像作品『ストーン』

良心は、私たちのビジョン、自制、情熱を正しい方向へと導く力を持っている。この映像作品の主役であるウガンダ人男性の生き方が、まさにその実例だろう。彼の名前はストーン。将来を期待されたサッカー選手だった。ウガンダの子どもたちの夢は、サッカー選手になり、ヨーロッパのクラブチームで活躍することである。ストーンの夢もそうだった。そしてヨーロッパのチームから巨額の契約金をオファーされるところまできた矢先、試合中に相手チームの選手から故意に突き飛ばされ、膝《ひざ》を完全にやられてしまった。選手生命はそこで絶たれた。

ストーンは自分を倒した選手を恨み、復讐《ふくしゅう》心に身を任せることもできただろう。自分を哀れんでもがくこともできただろうし、有名人としてその後の人生を生きていくこともできただろう。しかしそうはならなかった。自分の身に起きたことにどう反応するか、それを主体的に選んだのである。ストーンは、自分の想像力を働かせ（ビジョン）、良心に従い、ウガンダの少年やティーンエージャーの「不良」たちを奮起させる活動に取り組んだのだ。周りに手本となるような大人がおらず、放っておけば社会に役立つスキルを身につける機会もなく、将来に希望を持てないまま生きていくことになる若者たちが大勢いたのである。

『第８の習慣』のＷｅｂサイトでストーンがどのような活動をしたのか映像で観てほしい。彼の精神、心の動き、ビジョンを感じとってほしい。これはストーンの力強い生き方を紹介する短編作品で、賞ももらっている。

生まれながらの天賦の才を発揮して、復讐《ふくしゅう》心という文化的な影響を乗り越えていくプロセス、そして自己犠牲と自制という代償を払ったことに注意してほしい。情熱をしぼませることなく、ストーンはウガンダの若者たちに手を差し伸べた。そして若者たちは自分の良心に従って生きることを学んだ。やがて彼らは、サッカー選手になって経済的に自立し、社会人として、また父親として責任を果たすというビジョンを描けるまでになる。彼らは少しずつストーンから自立していき、克己、訓練、貢献の原則（良

Webサイトへのアクセス

URLを直接入力

https://fce-publishing.co.jp/8h/

QRコード読み取り

心）を主体的に実践していくのである。この若者たちが自分のボイス（内面の声）を発見できるように、ストーンはどのようにして彼らの価値と可能性を伝え、奮起させたのかに着目してほしい。

実はこの映像作品が制作されてから数年後、私の同僚がウガンダに行き、ストーンを訪ねた。彼はそのときのストーンの様子を話してくれた。「肉体、知性、情緒、精神のバランスに感心したよ。少年サッカーチームを一日に六チームも教えているんだ。とても元気で、まるで疲れを知らないんだよ。知性もすごく冴《さ》えていて、若者を新たな地平へ導くというミッションを達成する方法を次々と考えている。彼はキリスト教徒なのだが、ムスリム地区で暮らしている。ストーンの毎日の活動がその地区に平和と調和をもたらしているようだ。子どもとその親、誰にでも気遣いを見せていて、情が深い。彼の人格と誠実さにとても感動したよ。この映像で描かれている彼も立派だが、それをはるかに超えていたね」

第一部：ボイス（内面の声）を発見する──サマリーとチャレンジ

「第一部：ボイス（内面の声）を発見する」を終える前に、要点を振り返り、確認しておこう。

偉大な可能性を持っていることと、実際に有意義な貢献をして偉大な人生を送ることとの間には、天と地ほどの差がある。職場の重大な問題や課題に気づくことと、それらの問題の解決に自ら取り組むために内面の強さを鍛え、道徳的権威になることとはまったく違うのである。

人生に関する簡潔な考え方を再確認しておこう。四つのニーズ（生きること、学ぶこと、愛すること、貢献すること）を持つ全人格（肉体、知性、情緒、精神）としての個人が、四つのインテリジェンス（ＰＱ、ＩＱ、ＥＱ、ＳＱ）を最高度で発揮すると、自制、ビジョン、情熱、良心となって表出される。これらはボイスの四つの側面（ニーズ、才能、情熱、良心）に対応している。

四つのインテリジェンスを大切にし、四つを総合的に開発し、さらに個々のインテリジェンスが最高度で表出される状態のバランスをとることによって、これらのインテリジェンスの間にシナジーが生まれ、私たちの内なる炎を燃え立たせ、ボイス（内面の声）を発見することができる。ちなみに、私が初めて「内なる炎」という考え方と言葉を使ったのは、ロジャー・メリル、レベッカ・メリルとの共著『7つの習慣 最優先事項』でのことである。それから何年か経ったある日のこと、二〇〇二年ソルトレーク冬季オリンピックの組織委員会から、「内なる炎を燃やせ」を公式テーマにしたいので許可が欲しいとの連絡があった。私は「もちろんです。光栄です」と即答した。「内なる炎を燃やせ」というテーマをどのように使って、人間の精神の計り知れない可能性を表現するのだろう？　私は考えるだけでわくわく

全人格	4つのニーズ	4つのインテリジェンス	4つの特質	ボイス
肉体	生きること	肉体的インテリジェンス（PQ）	自制	ニーズ（ニーズを満たすことに「目を向ける」）
知性	学ぶこと	知的インテリジェンス（IQ）	ビジョン	才能（自制して焦点を絞る）
情緒	愛すること	情緒的インテリジェンス（EQ）	情熱	情熱（熱意をもって実行する）
精神	貢献すること	精神的インテリジェンス（SQ）	良心	良心（正しいことを行う）

表１

し、楽しみで仕方がなかった。大会が終了して数週間後、組織委員長のロムニー氏から電話があった。これほどまでにインパクトがあり、アスリート、ボランティア、世界中の視聴者の心に残るテーマをつくり出せたのは、オリンピック史上初めてのことだと言っていた。

第一章では、**才能**（生まれながらの天賦の才、強み）、**情熱**（あなたを奮起させ、意欲やモチベーションを自然と引き出すもの）、**ニーズ**（社会が必要としていて、金銭に換算できるあなたの能力）、**良心**（正しい行動をあなたに教え、そのとおりに実行するよう促す内面の静かで小さな声）が交わる部分にボイス（内面の声）があることを説明した（図5・4参照）。また、あなたの才能を発揮でき、情熱を燃え立たせる仕事（職業、コミュニティでの活動、家庭）に携われば、しかもその仕事が世の中の大きなニーズに応えるものであって、良心に導かれてニーズを満たそうとするなら、そこにあなたのボイス、ミッション、魂の規範がある。

ボイスの四つの側面とリーダーシップの四つの特質（ビジョン、

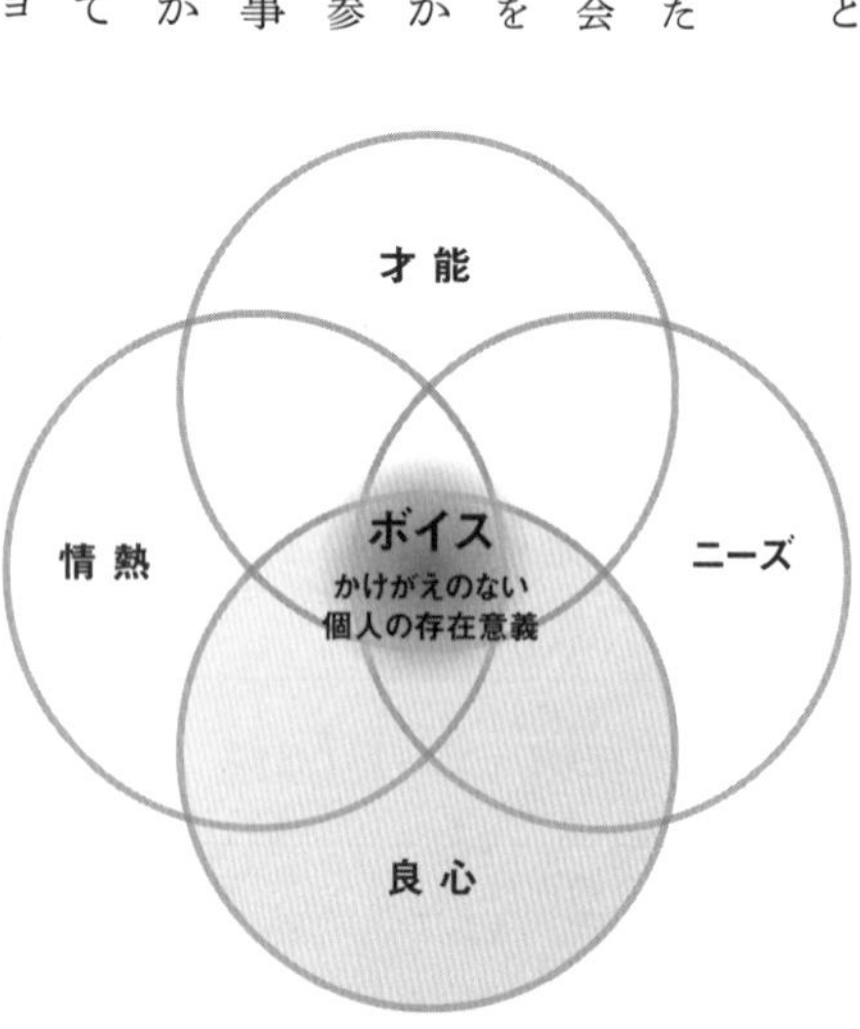

図5・4

自制、情熱、良心）が似ていることに気づいたと思う（図5・5参照）。**情熱**と**良心**は、ボイスとリーダーシップの両方に共通する要素である。ボイスの**才能**と**ニーズ**は、リーダーシップの**ビジョン**と**自制**に対応している。図5・4で「良心」の円（四つの中心であることを強調するために色を濃くしている）を中央に移動させると、図5・5とほぼ同じ図になることがわかるだろう。

ボイスの四つの側面は、ムハマド・ユヌス氏のストーリーでよく理解できたと思う。彼はどのようにしてボイスを発見したのだろうか？　まず**ニーズ**を感じとった。そして**良心**の声が彼を奮起させ、行動を起こさせた。彼はそのニーズを満たせる才能を持っていたから、**自制**を働かせ、犠牲を払って才能を発揮し、解決策を見いだした。問題の解決に取り組むプロセスで才能が解き放たれ、**情熱**を燃え立たせた。**ビジョン**の源泉は**ニーズ**だった。世界中の同じようなニーズを満たすために、人々と組織の能力を何倍にも高め、それぞれのボイスを発見できるように奮起させるというビジョンだったのだ。

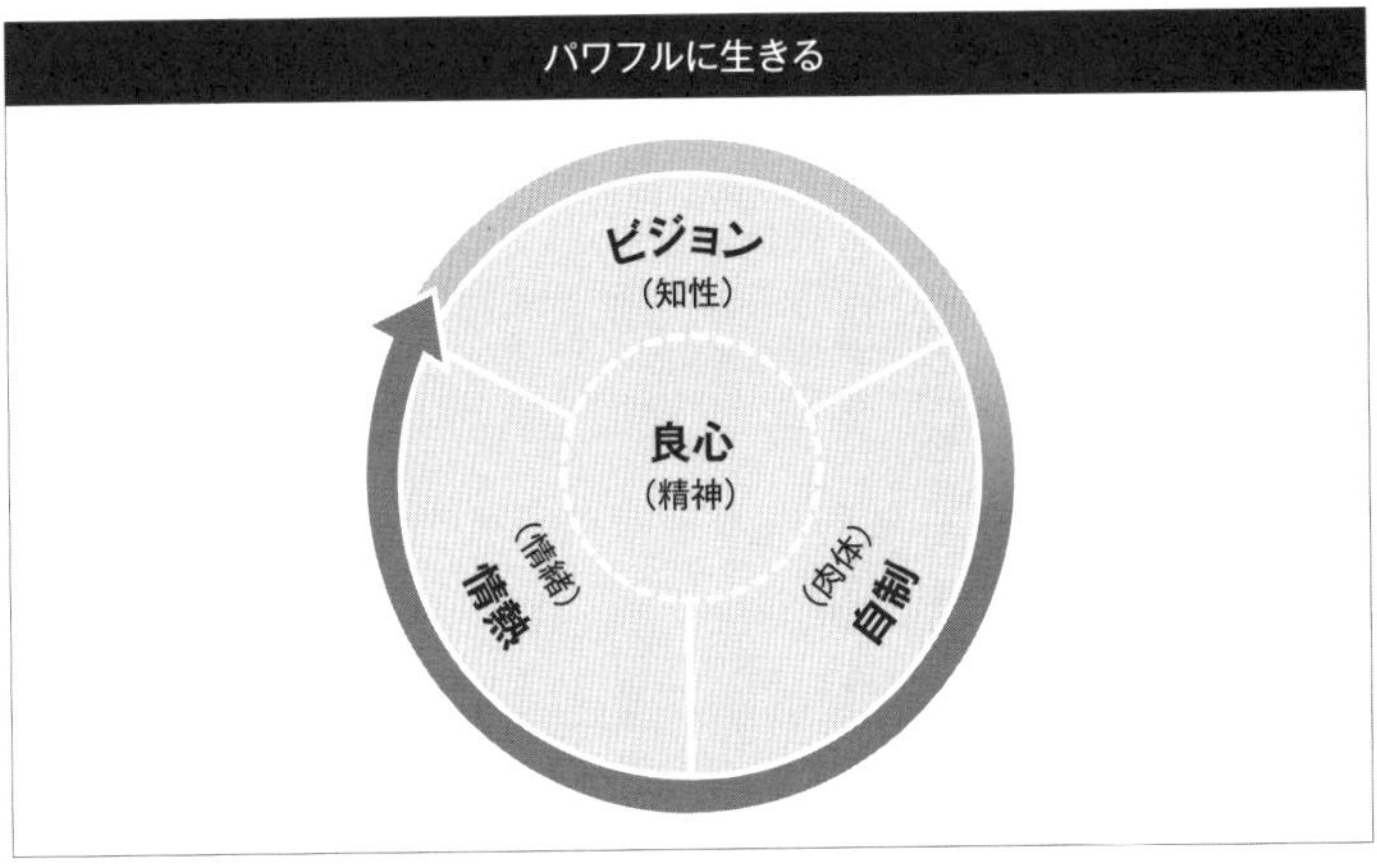

図5・5

「第一部：ボイス（内面の声）を発見する」を終える前に、私からあなたに約束と課題を提示したい。あなたの人生のあらゆる役割でボイスの四つの側面、つまり才能（ビジョン）、ニーズ（自制）、情熱、良心を実践すれば、それぞれの役割で自分のボイスが必ず見つかる。これが約束である。そして課題だが、自分の人生における役割を二つか三つ取り上げ、それぞれの役割について次のことを自問してみよう。

一．どんなニーズを感じとれるか（家庭で、コミュニティで、職場で）？
二．自制して取り組めば、そのニーズを満たせる才能を発揮できるか？
三．そのニーズを満たすことに情熱をかき立てられるか？
四．実行に移し献身することを良心は促しているか？

この四つの問いへの答えが全部「はい」であるなら、行動計画を立て、実行する習慣を身につけよう。そうすれば必ず、あなたの人生における本当のボイスが見つかるはずだ。有意義で、深い満足感に包まれ、偉大な人生を送ることができるだろう。

Q&A

Q　主体的にリーダーシップを発揮すれば、私がずっと抱えている問題を解決できるでしょうか？ 減量して体型を維持したいのですが……

A　あなたがほかのほとんどの人と同じなら、ときどき思い出したように減量に挑戦して、そのつど多少は体重を減らせている、というパターンを繰り返していることでしょう。シェイプアップするというのは、ほとんどの場合、脂肪が筋肉になることなので、逆に体重が増えることもあります、筋肉の重さは脂肪の倍だからです。しかしここで重要なのは減量ではなく、体型を維持し、健康で丈夫な身体にするということでしょう。これがビジョンです。ではどのようなことを自制すればよいのでしょうか？ 一般的には、運動、適切な食事、休息、ストレス軽減の計画を立て、計画を実行することです。情熱は、思いの深さ、決意の強さ、前に進もうとする気持ちです。良心は、健康な身体でいたいのはなぜか、そのことにどういう価値があるのかを教えてくれます。長生きするため、家族を支えるため、孫の成長に協力するためかもしれません。あるいは気分良く生活することかもしれません。しかし、スタイルをよくして人の注目を浴びたいから、季節の変わり目だから、新年の抱負にしよう、というようにモチベーションが外的要因だけだったら、意欲はすぐにしぼんでしまいます。全人格を投じて決意し、努力するのに値するような理由ではないからです。健康に良くない食べ物に手を出してしまいそうなとき、心の中で「これを食べたいと思うのは感情的な衝動だ。ここでぐっと我慢すれば、減量できるし、人格も鍛えられる。それに、一時的な満足よりも、身体がスマートになったときの気分のほうが良いはずだ」と自分に言い聞かせることです。

減量の目標を立て、数日後、へたをすれば数時間後には投げ出す。これを繰り返しているうちに、すっかりやる気をなくすのはよくあるパターンです。多くの人は「私は自制できない。自分をコントロールできない」と愚痴をこぼします。私の経験からいえば、最大の問題は自制する力ではなく、ビジョンに対して自己犠牲を払っていないことです。内面の奥深くにある価値観やモチベーション（良心）を自覚していないことも、長続きしない原因です。自分にとって一番大切なことがわかっていないのです。ここで私の知人の体験談を読んでみてください。


ずっと必死に働いてきました。そのかいあって四五歳までにキャリアではかなり成功したほうです。ところが体重も三〇キロほど増えてしまいまして。ストレスでどうしても食べてしまうんですよ。それに仕事が忙しくて運動する時間がとれませんでした。転機は息子のローガンの五歳の誕生日でした。息子が健康的な生き方の本をくれたんですよ。自分の誕生日なのに私にプレゼントをくれるなんておかしいなと思いながら本を開いたら、母親に手伝ってもらって書いたメッセージカードがありました。「お父さん、今年のお誕生日プレゼントは、健康なお父さんがいいな。長生きしてほしいから」と書いてありました。もう、ガツンと殴られたような感じでした。

息子の「懇願」で、ライフスタイルに対する私の考え方はすっかり変わりました。ストレスに負けて食べたいだけ食べる、仕事にかこつけて運動しないというような生活習慣を個人的な選択だと開き直れなくなったのです。私は子どもたちに不健康な生き方を見せていたわけです。身体は大切にしなくていい、セルフ・コントロールなんかどうでもいい、人生で大切なのは金と名誉のために必死で働くことだけ、そんなメッセージを子どもたちに送っていたんです。子どもたちを物質的、経済的に支え、安心を与えるだけでは親の責任を果たしているとはいえないのだと気づきました。子どもたちも自分の人生でまねできるような、健康的な生き方のロールモデルとなることも大切なのです。私はそれをまったくやっていませんでした。

子どもたちのために健康的に生きよう、そう決意しました。減量するだけではだめで、健康な身体でなくてはなりません。そこが重要です。決意するなら、それは自分にとって本当に価値のあることでなければいけません。それまでもいろいろなダイエットやエクササイズを試しましたが、最初はうまくいっても、仕事でストレスがかかってくると挫折していました。単に減量を目的にするだけでは、強いモチベーションを維持することはできなかったんです。でも子どもたちのためだと思えば、まるで違います。子どもたちのために健康な身体になろうと決意できました。毎日生き生きと暮らし、仕事から帰ってきて子どもたちと元気よく遊びたかったし、会社のソフトボール大会で一塁まで息切れせずに走れるようになりたかったのです。その目標を達成するために、食事と運動の計画を立てました。ここでのポイントは、食事と運動は目的ではないということ。子どもたちのために健康になること、これが目標です。同じように健康を気にしていた知人がいたので、彼に私の目標と計画を話しました。それで運動は彼と一緒にすることにして、今も続けています。目標を達成するために、運動の時間は必ず確保するようにしました。仕事を切り上げるタイミングもわかるようになったし、自分の身体のニーズを感じとれるようにもなりました。

考え方を変えてから二年になります。朝もベッドでぐずぐずせず、ぱっと起きられるようになりました。運動はもうほとんど習慣になりましたね。始めたころは都合のよい口実をつけてさぼったりしていましたが、そんなこともなくなりました。調子が出ない日もあるし、疲れを感じる日もあります。膝《ひざ》の腱《けん》が張ることも、頭痛がすることもあるし、運動するには暑すぎる日もあります。それでもやれるんです。もちろん、どうしても休む日だってありますよ。それでも以前よりはるかに楽に元のペースに戻すことができます。大きな目標があるからです。自分よりも大切な子どもたちのためだからこそ、正しい軌道に戻れるのです。

Q　このアプローチは就職にはどう役立ちますか?

A　健康な身体を維持するのは一人でできる努力です。しかしやりたい仕事に就くのは相互依存レベルの問題ですから、他者に対する効果的な影響力を身につけなくてはなりません。

まず、ビジョン、自制、情熱、良心という個人の影響力（リーダーシップ）の特質の観点から就職活動を考えてみましょう。これら四つが全部大切です。一つでもないがしろにしたら、希望する仕事に就くことはまず無理だと思ってください。たとえ運よく就職できても、意欲を維持することも、あなたに求められる能力を維持することもできなくなる可能性が高いですから。

雇用市場がとても厳しく、多くの企業は新規採用を控えるどころか人員削減を行っているとしましょう。特にあなたが働きたい業界や都市はその傾向が強いとして、あなたならどうやって希望する会社に就職しますか?

まず、そもそもビジョンを持つためには、その仕事がどういうものかよく理解していなくてはなりません。自制を心がけて、仕事の内容を正確につかむ努力をしましょう。勤めたい会社、その職種に求められる要件について理解しなくてはなりません。さらに、その会社の競合他社、顧客のニーズとウォンツ、業界の特徴と傾向など、市場環境をよく理解しておくことも不可欠です。入りたい会社が直面している問題、将来的な課題を理解するために努力する。つまり自己犠牲を払わなくてはならないのです。

次に、自分の情熱をよく見つめることです。たとえば、その仕事はあなたの才能、関心事、潜在能力、スキルと合致するでしょうか？　あなたの良心は、献身する価値のある仕事だとささやいているでしょうか？　その仕事に献身的に取り組んでいる自分を想像できるでしょうか？

これらのことを全部クリアできてはじめて、面接を受ける用意ができたといえるのです。採用担当者は、あなたが新たな問題を引き起こすのではなく、その会社が現在抱えている問題を解決できる人材であることを見きわめたいのです。

その会社の重大な問題について、ほとんどの社員よりもあなたのほうがよく理解していることを採用担当者にアピールしなければなりません。問題に取り組む情熱と決意のほどをわかってもらいましょう。必要であれば、社員やほかの採用候補者よりもあなたが優れていて、問題を解決できる人材であることを納得してもらえるように、試用期間を設けて雇ってくれればよいと、あなたのほうから提案してもよいでしょう。良い結果に結びつけるには、あなたが主体的に動き、率先力を発揮することです。言われるのを待っていてはいけません。人から動かされるのではなく、自分から動く。ただし軽率な行動はいけません。注意力を研ぎ澄まして、何事も敏感に察知すること。他者を尊重し、相手の立場になって共感できることも大切です。

就職活動のプロセスでは、原則に基づいて行動することも忘れないでください。嘘《うそ》やごまかしはだめ。能力を誇張して述べたり、策略を弄したりして採用担当者を操ろうとしてはいけません。他者の批判や中傷もいけません。あくまでも組織のニーズ、関心事、問題点、顧客のニーズとウォンツに焦点を絞って話しましょう。それらをよく理解していることが伝わる話し方を心がけてください。

このような態度で面接に臨めば、採用担当者はほぼ間違いなく、あなたの周到な準備、自制、努力をいとわない自己犠牲に感心するでしょう。

私はこれまで何年も、多くの人たちに同じようなアドバイスをしてきました。そのとおりに実行した人はそう多くはないのですが、実行した人はほぼ全員が希望の仕事に就くことができています。このアドバイスのほかにも、リチャード・ボールズ著『興味を生かす適職えらび――はいりたい会社にはいれる！やりたい仕事ができる！』も推奨しています。よかったら読んでみてください。

Q　生活のバランスを保つことには役立ちますか？

A　多くの人がバランスよく生活することを最大の関心事の一つにしていることは、数々の調査からもうかがえます。仕事や急ぎの用事にばかり追われ、人間関係や本当に大切な活動に割く時間が少なくなり、後回しになる傾向が見られます。そしてやがて、忙しくしていなければいられない緊急中毒になってしまうのです。

ここで、急用の旋風にからめとられてしまった男性の体験談を読んでください。その状況を解決するために、彼はまず自分にとって大切なことを考え（良心、ビジョン、情熱）、それらの優先事項のスケジュールを立て、生活全体の調和を図りました。彼がバランスの良い生活を取り戻したプロセスに注意して読んでほしいと思います。また、彼と奥さんとの間に生まれたシナジーが素晴らしい解決策につながったことも見逃せません。

私と母は親子というよりも親友同士でした。人生のいろいろな試練を二人で力を合わせて乗り越えてきたので、深い友情が育っていたのです。ところがある時期から、私の仕事が忙しくなり、地域の活動も重なってきて、時間のやりくりが難しくなり、妻と過ごす時間を優先せざるをえなくなりました。私は母を深く愛していたし、母を訪ねるのはとても楽しいものです。でもあまりに忙しくて、電話すら数週間に一本かけるのがやっとの状態が続きました。なんとか時間をひねり出して母を訪ねても、会議の予定が入っていたり、仕事の期限が迫っていたりして、ゆっくり話す暇もありませんでした。母のような素晴らしい人と過ごす時間は私にとってとても大切であるのに、擦れ違いが続いていたのです。

母は、もっと顔を見せに来なさいよとうるさく言うようなタイプではなかったのですが、私自身があの状況にストレスを感じていました。母と過ごす時間を定期的にとらなければ、私の人生のバランスが崩れてしまうことは、自分でもよくわかっていたからです。私は解決策を見いだそうと、妻と話し合いました。妻は、「お母さんと私の都合のつく時間を週一回はとるようにしたらどう？」と提案しました。カレンダーを見ると、妻は毎週水曜日の夜にコーラスの練習に行っていました。私はその時間を使って母に会いに行くことにしたわけです。

母は今、毎週決まった曜日の決まった時間に私がやってくることを知っています。腰を下して一〇分かそこら話したらそそくさと帰る、というようなことはなくなりました。そもそも急用が入ることはほとんどありません。母が少し身体を動かしたいと言うときは、一緒に散歩に行きます。私のために夕食の支度をしてくれていることもあります。母が自分で車を運転していくには遠くにあるショッピングモールに出かけることもあります。何をするにせよ、どこに行くにせよ、ゆっくり話ができます。家族のこと、世の中の出来事、昔の思い出など、いろいろな話題に花が咲くのです。

どんなに忙しい毎日を送っていても、毎週水曜日の夜にはオアシスのような静かな時間が待っています。本当に素晴らしい提案をしてくれた妻には感謝しかありません。

この心温まるストーリーが教えてくれるのは、頭と心を使って自分にとって本当に大切なことを見きわめ、それに忠実に生きるということです。私の場合、父が亡くなったとき、母との絆をそれまで以上に強くしようと決心しました。母を少しでも元気づけたかったからです。ハードなスケジュールの出張中でも、どこで何をしていても、母が生きている限り毎日電話することにしたのです。母は八〇キロも離れた場所に住んでいましたが、なんとか時間をつくって最低でも月に二回は訪ねるようにしました。父が亡くなってから一〇年後に母も亡くなりました。母がいてくれたこと、一緒に過ごした大切な時間に、どれほど感謝してもしきれません。

誰かとコミュニケーションをとる時間を意識して持つようにしていると、その人に対する理解が新たなレベルに達し、会話の中で言外のニュアンスも感じとれるようになるものです。毎日のほんの短い電話も、月に二回訪問するのとほとんど同じような価値があったと思います。それまでは実際に会うことが一番だとずっと思っていたので、電話口で話すのも、顔を合わせて話すのも、基本的に違いはないことに気づいて自分でも驚きました。しかしよく考えてみれば、驚くことではありません。母との毎日の電話での会話は、前日の会話の続き、積み重ねなのですから、いちいち近況報告をする必要はありません。短時間の会話であっても、前置きなしに心の奥深くにある気持ちや気づきを話し合えるのです。「親密な（Intimate）」という言葉は、**in-to-me-see**（お互いに相手を自分の内面に迎え入れること）という意味なのです。

先ほど紹介した体験談を語ってくれた男性と同じように、私もまた妻の支えと理解に大いに感謝しています。妻のサンドラは、「豊かさマインド」の持ち主で、人生を大きさの決まったパイとは見ていません。時間はたっぷりあるのだから、私が母に会いに行ったからといって、夫婦で過ごす時間が減るとは考えないのです。むしろ、私が母と過ごす時間を大切にすることは夫婦の絆を強くすると思っていたようです。

母が亡くなったとき、私は妻と相談して、母の墓石にシェイクスピアのソネット第二九番を刻むことにしました。想像力を働かせ、一行一行の豊かな意味を味わいながら、ゆっくりと読んでみてください。

運命の女神にも人々の目にも冷たくそむかれ、
私はひとり見すてられたわが身を嘆き、
むなしい泣き声で聞く耳持たぬ天を悩まし、
わが身を眺めてはこのような身の上を呪う。
そして将来の希望に満ちた人のようになりたい。
あの人のような顔立ち、この人のような友を持ちたい。

この人のような学識、あの人のような才能がほしいと願い、
自分のもっとも恵まれた資質さえもっとも不満になる。
だがこのような思いに自分を卑しめているうちに、
私はふとあなたのことを思う、するとたちまち私は、
(夜明けとともに暗く沈んだ大地から舞いあがるヒバリのように)
天の門口で賛歌を歌い出す。
あなたの美しい愛を思うだけでしあわせになり、
わが身を国王とさえとりかえたくないと思う。[12]

人生のバランスをとる一番の方法は、家族を中心に考えることでしょう。家庭には個人の成長にもっとも必要とされるものが揃っていて、家庭でなされた個人の成長は社会にとってもっとも大きな貢献となるからです。

ある賢明なリーダーが、人生で私たちが成し遂げるもっとも重要なことは家庭の中でなされると話していましたが、私もまったくそのとおりだと思います。デイビッド・O・マッケイは、「どんなに成功していても、家庭での失敗を埋め合わせることはできない[13]」と教えています。私は家族の大切さを深く、強く確信しているので、一九九七年に『7つの習慣 ファミリー』を書きました。

人生でもっとも重要なリーダーシップを発揮すべきは、親としての役割においてです。そして親であること

は、最高の幸福と喜びを与えてくれるのです。親としての真のリーダーシップ（ビジョン、自制、情熱、良心）を発揮しなければ、いずれ大きな失望と落胆を味わうことになるでしょう。

ビジョン、自制、情熱、良心を基準にして人生を微調整するだけで、どれほど大きな結果に結びつくか、私自身いつも驚かされています。何年も過ぎてから「あのときにほんの小さな変化を起こしておけば大きな成果を上げられたのに」と思い知らされ、後悔し、落胆することは誰にでもあるのではないでしょうか。

わが子にビジョンと可能性を気づかせる。良心の導きに従い、ビジョンを実現するために自制する力と自己犠牲を発揮し、壁にぶつかったときに決意と情熱を持って乗り越える手本を示す。これを親として行えるかどうかが、リーダーシップの究極の試金石だと私は思います。もしあなたが、そのような家族の文化を次の世代につないでいくことをビジョンの一部にして、それを成し遂げられれば、たとえほかには何も達成できなかったとしても、人生に大きな喜びと充足感を得られるはずです。逆に親としてその一つのことに失敗してしまったら、ほかにどんな成功をいくら積み重ねていても、埋め合わせることはできません。私はよく、一九世紀の米国の詩人ジョン・グリーンリーフ・ホイッティアの言葉を思い浮かべます。「人は多くの悲しい言葉を口にしたり書いたりしている。その中でもっとも悲しい言葉は、『ああしておけばよかった！』という後悔の言葉である[14]」

しかし別の人は、こう教えてくれています。「なれたかもしれない自分になるのに、いつだって遅すぎることはない」

i 「望みの仕事に就く方法」のコラムをご覧いただくことができる。
https://fce-publishing.co.jp/8h/

第二部

ほかの人たちも自分のボイス（内面の声）を発見できるように奮起させる

第六章　ほかの人たちも自分のボイス（内面の声）を発見できるように奮起させる——リーダーシップのチャレンジ

誰の人生にも、あるとき内なる炎が消えることがある。そしてそれが別の人との出会いによって燃え上がる。私たちは、内なる精神に再び火をつけてくれる人に感謝しなければならない。

アルベルト・シュバイツァー

若いころ、ある一人のリーダーに出会った。その人物を通して経験したことが、私のその後の人生に深い影響を与えた。私は、しばらく学業を中断し、ボランティア活動に専念することにした。イギリスで活動する話があったので、それに応募したのである。現地に着いて四ヵ月半ほど経ったころ、ボランティア組織の会長から「君に新しい仕事がある。国中を回って、各地のリーダーを教育してくれないか」と告げられた。私は驚いてしまった。リーダーなら私よりずっと年長だ。ゆうに二倍か三倍の年齢だろう。なんでまた私のような若造に？　そんな困惑を感じとったのか、会長は私の目をじっと見つめて言った。「私は君を信頼している。君ならできる。リーダー教育に必要な資料は全部揃えるから心配はいらない。模範的な行動を指導する手順やコツが書いてあるから大丈夫」

会長は私を信頼してくれていた。私が自分で気づいている以上の能力を認め、私の内面に眠っていた能力を解き放ち大きく成長させようと、重要な仕事を任せてくれたのである。私はその仕事を引き受け、全身全霊で取り組んだ。人間の四つの側面（肉体、知性、情緒、精神）をフル回転させた。そのおかげで私は成長した。各地で知り合ったリーダーたちも成長した。そして私は、リーダーシップの基本的な原則にはいくつかのパターンがあることに気づいた。帰国するころには、人生を賭けたい仕事を考え始め、漠然とながら見えてきた。それは人間の可能性を解き放つこと。私は自分のボイス（内面の声）を発見したのである。私が自分のボイスを発見できるように奮起させてくれたのは、あの会長だった。彼は私にとって手本とすべきリーダーだったのである。

その後しばらくしてから、会長は私だけでなく多くの若者を同じように奮起させていたことを知った。会長は私たちを肯定し、私たちを活動のビジョンの下に結束させ、動機づけをして励ました。実行に移すために必要なリソースを用意し、私たちをリーダーと認めてアカウンタビリティと管理責任を与え、エンパワーメントしてくれたのである。会長のそうしたやり方が組織全体の規範となり、定着していた。だから私たちも同じようにリーダーシップを発揮し、ほかの人たちのために行動した。その結果には目を見張るべきものがあった。

あのときを境にリーダーシップを意識しながら経験を積んでいき、気づいたことがある。会長のリーダーシップを導いていた原則は、地位や役割にかかわらず、組織の中で優れたリーダーシップを発揮しているすべての個人に共通するものであることだ。私はこれまで、大学、ビジネスの現場、ボランティア組織や教会、そして自分の家庭の中でもリーダーシップについて教え、自らも経験してきた。そのプロセスで学び、実感しているのは、リーダーの影響力は原則に支配されているということである。原則に従って生きれば、影響力も道徳的権威も増していき、たいていは地位という形式的権威も得られる。聖書（マタイによる福音書二五章一四）の「タラントのたとえ」[i]にもあるように、授かった才能を使い伸ばしていくほど、さらに多くの才能を授かるのだ。しかし自分の才能に気づかず、使わずに埋もれたままにしていたら、生まれたときに授かったその贈り物はついに開封されることなく、ほかの人のものになってしまう。自分の才能をみすみす手放すばかりか、影響力やチャンスまで失うのである。

リーダーシップの定義

リーダーシップとは、平たく言えば、**人々にその人自身の人間としての価値と可能性を明確に伝え、自分の目で見えるようにすること**、である。この定義を考えてみてほしい。人に影響を与え、長く続く真のリーダーシップの本質ではないだろうか？ 個人としての価値と可能性を明確に、力強く、繰り返し伝え、本人に気づかせることから、**見る**、**実行する**、**なる**、というプロセスが動き始めるのである。

リーダーシップとは、人々にその人自身の人間としての価値と可能性を明確に伝え、自分の目で見えるようにすること。

このリーダーシップの定義は、祖父母にしか果たせない役割を通して考えるとわかりやすいだろう。おじいちゃん、おばあちゃんのかけがえのない役割は、あらゆる機会をとらえて、わが子、孫、ひ孫の一人ひとりに個人としての価値と可能性をわかりやすく伝え、彼らがそれを自覚し信じて行動できるようにすることである。祖父母のリーダーシップはこうして、次の世代、さらに次の世代へと受け継がれていく。この精神が社会や文化に行きわたれば、私たち人間の文明に及ぶインパクトは計り知れない。想像をはるかに超える影響が永遠に続いていくのである。

人に個人としての価値と可能性を伝えるための一般的で継続的な手段は人間関係である。その次に重要な手段が組織だろう。組織の中で一人ひとりの価値と可能性をどのようにして気づかせればよいか、詳しく見ていくことにしよう。

組織の定義

第二部の冒頭からリーダーシップの話を進めているが、ここで改めて念を押しておきたいのは、本書で論じるリーダーシップは組織内の地位としてのリーダーシップではないということだ。「人々にその人自身の人間としての価値と可能性を明確に伝え、自分の目で見えるようにする」ためにどうするか、その行為を選択するという意味でのリーダーシップである。このようなリーダーシップの組織内でのあり方を考えていくうえで、次の四点を強調しておきたい。

一．もっとも簡単に言えば、組織は、**ある目的**（**組織のボイス**）**の下に集まった人々の人間関係**で成り立っている。そして組織の目的は、個人やステークホルダーのニーズを満たすことだ。目的を共有する人間が二人いれば組織になる。ビジネスのパートナーシップだけでなく、夫婦も組織の最小単位と考えることができる。

二．ほとんどすべての人間は、何らかの組織に所属している。

三．世の中の仕事のほとんどは、組織の中で、または組織を通して行われる。

四．家族を含めてあらゆる組織のもっとも崇高な挑戦は、組織の一人ひとりが自分の生来の価値、偉大なことを成し遂げられる可能性に気づき、原則中心のアプローチによって独自の才能と情熱（ボイス）を発揮して、組織の目的と最優先事項の達成に貢献することである。これを**リーダーシップのチャレンジ**と呼ぶことにしたい。


要するに、組織は共通の目的を持つ複数の個人とそれらの個人の人間関係で成り立っている。そう考えると、組織のリーダーシップは私たち一人ひとりにも当てはまることがわかるだろう。

マネジメントとリーダーシップ

この数年間に、リーダーシップをテーマにした本がそれこそ何百冊も出版され、数えきれないほどの記事が書かれている。今の時代、このトピックがどれほど重要かわかるだろう。リーダーシップとは、**物事を可能にする技術**ということができる。学校の目的は子どもたちを教育することだが、学校という組織のリーダーシップが悪ければ、悪い教育しか与えられないことになる。医療の目的は病気を治すことだが、病院という組織のリーダーシップが悪ければ、悪い治療しかできない。リーダーシップがあらゆる技術の中で最高位にあることを示す実例は、挙げようと思えばいくらでも挙げられる。理由はいたって簡単で、どんな技術も、どんな専門的知識も、リーダーシップという技術があってはじめて適切に機能するからである。

私はこれまで長年にわたってリーダーシップとマネジメントを研究し、教え、執筆してきた。本書を執筆するにあたっても、二〇世紀のリーダーシップ論の文献を調べた。これらの文献については、巻末の「付録２：リーダーシップ論の文献調査」にまとめてある。

リーダーシップ論の文献を調べながら、リーダーシップとマネジメントの違いを説明した言葉を集めた。その一部を表２にまとめているが、全部は「付録３：リーダーシップとマネジメントの代表的な定義」を参照してほしい。

私はこの文献調査を通して、マネジメントとリーダーシップの両方が重要であることを改めて認識させられた。車の両輪と同じで、どちらか一つでは用をなさないのである。しかし私も、リーダーシップばかりを強調し、マネジメントの大切さを軽視するという落とし穴にはまっていた時期があった。なぜやすやすとこの落とし穴にはまったかといえば、家庭も含めてほとんどの組織にマネジメント過剰でリーダーシップ不足の状態が顕著に見えたからである。このギャップをなんとかしたいと思うあまり、リーダーシップの原則を重点的に取り上げていた。しかし今回さまざまな文献に目を通して、マネジメントが果たす役割も不可欠であることを強く再認識したのである。

私は、モノを「導く《リード》」することはできないのだという事実を痛いほど学んだ。それというのも、私の短所を補ってくれる長所を持つ社員のチームと息子のスティーブン・M・R・コヴィーに会社のマネジメントを任せるようになってから、収益が伸び始めたからだ。在庫やキャッシュフロー、コストを「リード」することはできない。それらはマネジメントしなくてはならないのだ。なぜだろうか? モノには選択する自由と能力はないからである。選択する自由と能力を持っているのは人間だけだ。だから人間は「リード」(エンパワー)できる。それに対してモノはマネジメントし、コントロールする対象なのである。マネジメントの必要なモノのリストを図6・1にまとめてある。

本書を執筆するにあたっての文献調査はまた、自分が多くの偉

	リーダーシップ	マネジメント
ウォレン・ベニス	リーダーシップは正しいことを行う	マネジメントは正しく行う
ジョン・コッター	リーダーシップは変化に対応する	マネジメントは複雑さに対応する
クーゼス&ポズナー	リーダーシップは運動感覚のようなものを持っている	マネジメントは物事を「処理」し、秩序を維持し、組織化と管理を担う
エイブラハム・ザレズニク	リーダーは人々にとって何が大事かを気にする	マネージャーは物事がどのように行われるかを気にする
ジョン・マリオッティ	リーダーは建築家である	マネージャーは建設業者である
ジョージ・ウェザーズビー	リーダーはメンバー全員が共有するビジョンを描くことにフォーカスする	マネージャーは作業の進め方を設計し、それを管理する

表2

大な知識人にいかに深い影響を受けてきたかということも思い出させてくれた。彼らには感謝してもしきれない。彼らの知見から、そして私自身のこれまでの経験からも、組織行動を理解する鍵は組織行動そのものを調べることではなく、**人間の本質**を研究し、理解することにあるという結論に達した。人間の本質の基本要素を理解できれば、人と組織の可能性を解き放つ鍵を手にしたことになるのだ。だから、個人だけでなく組織を理解するのにも、肉体、知性、情緒、精神の四つの側面からなる全人格型パラダイムの視点に立たなければならない。厳密な意味において、組織行動なるものは存在しない。**個人の行動**の集合体が組織なのである。

「それで？」とあなたは思わず聞きたくなるかもしれない。「その理論は、私が毎日ぶつかっている問題とどんな関係があるというのだ？　私の問題を理解し、解決するのに、なぜ組織を理解する必要があるのだ？」と。

その答えはいたって簡単である。あなたが日々直面している問題と組織とは緊密に関係しているからである。誰でも、家庭も含

マネジメント（コントロール）を必要とするモノ		

選択する自由を持たないモノ

金	組織構造	物理的リソース
コスト	システム	設備
情報	プロセス	ツール
時間	在庫	

ときには……

多くの専門職や生産者は、自分のリーダーシップを維持しながらマネジメントされることを選ぶことがある。

図６・１

めて何らかの組織の中で生活し、働いている。自分自身を理解するためには、自分がどのような環境に置かれているのか、つまり**文脈**を知る必要があるのだ。

前述したように、どんな組織も、たとえきわめて優良な組織であっても、多くの問題を抱えているものである。私はこれまで数えきれないほどの組織を見てきたが、大いに感心させられた組織にも、それなりに悩みはある。興味深いのは、問題のほとんどは似たり寄ったりであることだ。たしかに、問題を引き起こしている個人や状況はそれぞれ異なるだろう。しかし問題そのもの、核心部分まで掘り下げれば、ほとんどの問題の根っこは同じなのである。ピーター・ドラッカーは次のように述べている。

もちろん、組織によってマネジメントの仕方は異なる。使命が戦略を定め、戦略が組織を定めることは当然である。小売りチェーンのマネジメントとカトリック司教区のマネジメントは、それぞれの当事者が思っている以上に共通点はあるが、かなり異なる。空軍基地、空港、ソフトウェア・ハウスのマネジメントも、互いに異なる。だが、違いのほとんどは、用語程度のことにすぎない。ほとんどは理論ではなく、適用の仕方にすぎない。直面する問題や機会さえ、大きな違いはない。あらゆる組織のエグゼクティブが、人事に同じように時間をとられている。しかし、人事はどの組織でもほとんど同じである。

組織が抱えている問題の九割は一般的なものである。残る一割にしても、企業と非営利組織の違いは、大銀行と玩具メーカーの違い程度である。組織それぞれの使命、文化、歴史、論理の違いによる部分は、マネジメント全体のほぼ一割にすぎない。[1]

「第二部：ほかの人たちも自分のボイス（内面の声）を発見できるように奮起させる」では、あなたが自分自身の問題の解決に努力することによって自分の影響力を高め、ひいてはあなたの組織（チーム、部署、組織全体、あるいは家庭）の影響力を高めていく方法を発見できるよう手助けしたいと思う。

まずは私たちが直面するさまざまな問題の二面性を取り上げるが、その前に、現代の組織を取り巻く複雑な状況をよく理解するためにも、二人の人物の言葉を読んで頭にエネルギーを補給しておこう。一人目は再登場のアルバート・アインシュタインである。

「我々の直面する重要な問題は、その問題をつくったときと同じ思考のレベルで解決することはできない」

大丈夫、あなたの思考レベルはすでに一段上がっている。本書で人間の本質についての新しいパラダイム（肉体、知性、情緒、精神の四つの側面からなる全人格型パラダイム）を学んだ。そしてこのパラダイムは、産業時代のモノ型パラダイムとは真逆のものであることも知った。これからは「全人格」の視点から自分の組織の問題を理解し、解決していくことができる。

次はオリバー・ウェンデル・ホームズの言葉である。

「私は複雑さの手前にある単純さには気を留めない。だが、複雑さの先にある単純さのためなら右腕さえ差し出すだろう」

彼が言わんとしているのは、私たちが直面する重大な課題は、毎月のように立ち上がる応急処置的なプログラムや根性論的スローガンで解決できるものではないということだ。組織の中でぶつかる問題の本質と根本原因を理解しなければならず、それと同時に解決策の土台をなす原則を知り、原則に示される新しいマインドセットとスキルセットを人格に取り込まなくてはならない。これにはそれ相応の努力が要るけれども、逃げ出さずに取り組めば、習慣の三つの要素（知識、意欲、スキル）があなたの内面でしっかりと結びついて大きな力となり、新しい世界の新しいチャレンジに立ち向かえるようになることを約束する。要するに、人間の可能性を解き放つ「第8の習慣」が身につくのである。

グローバルな劇的変化

それではまず、現代の組織が直面する課題を深く掘り下げてみよう。最初に、新しい知識労働者時代における七つの劇的変化を確認しておいてほしい。現代の職場における課題、そしてあなた自身が直面している課題を生んでいる背景が見えてくるだろう。

- **市場とテクノロジーのグローバル化**：新しいテクノロジーは、世界中のほとんどの市場を国境なきグローバル市場へと変えつつある。
- **グローバル・ネットワーク社会**：エバンスとウースターは著書『ネット資本主義の企業戦略』の中で次のように述べている。「これまで人々をつなぎとめていた狭い範囲の固定的なコミュニケーション・チャネルはもはや時代遅れである。同じくこうしたチャネルを生み出し、それによって競争優位を培ってきた事業構造も、やはりすべて時代遅れになってしまう。（中略）このように、包括的な通信接続手段が怒濤《どとう》の勢いで普及していくにつれ、経済的な付加価値活動を互いにつなぎとめていた絆が崩れつつある。それによって、ありえなかったことだが、情報の流れが物理的なモノの流れから切り離され、それぞれが独自の経済原理に従って動くようになっていくと考えられる[2]」

● **情報と期待の大衆化**：インターネットをマネジメントしている人はいない。これはグローバル規模のとてつもない変化である。人類の歴史上初めて、一切の編集が加えられない無数の会話の中で、人間の心の内を吐露する生の声が国境を越えて鳴り響いているのだ。リアルタイムで世界を駆け巡る情報は、人々の期待と社会的な意思を突き動かし、やがてすべての人間を巻き込む政治的意思を形成する。

● **競争の激化**：インターネットと衛星技術によって、ネットを通して誰もが競争相手になる時代になった。企業は、コストダウンや迅速なイノベーション、さらなる効率化、品質向上という競争に勝つために、より良いソリューションを次々と開発しなければならない。自由企業と自由競争の力にせき立てられるようにして、品質を高め、コストを下げ、スピードを上げ、あらゆるニーズに柔軟に対応しなければ、顧客の満足は得られない時代になっている。ライバル会社をベンチマークにしていればよい時代は終わった。いわゆる卓越性すら確かな基準にはならない。「ワールドクラス」をベンチマークにして、グローバル市場で戦わなくてはならないのである。

● **富の創出は金融資本から知的・社会的資本へ**：富の創出の源泉は金から人に移っている。金融資本万能の時代は終わり、知的・社会的資本を含め、あらゆる意味での人的資本の概念へと移行したのである。製品に付加される価値のうち知識労働による部分は、二〇年前は三分の一にすぎなかったが、今では三分の二を占めるようになっている。

- **フリーエージェント制**：私たちは以前とは比べものにならないほど情報を得ているし、多くの選択肢や代替案を知る機会も劇的に増えている。雇用市場はフリーエージェント市場に変化しつつあり、人々は就職口の選択肢を幅広く知ることができ、当然の結果として選ぶ目も厳しくなっている。現代の知識労働者は、一様にレッテルを貼られてマネジメントされることを嫌い、自分自身をブランド化して売り込む傾向が強まっている。
- **恒常的な激流**：私たちを取り巻く環境は日々刻々とダイナミックに変化している。そんな激流の中では、進むべき方向を判断する基準を誰もが自分自身の内面に持っていなければならない。チームや組織の目的、指針を一人ひとりが自分の力で理解しなければならない。誰もが激流の中を自力で進んでいかなくてはならないのであり、そうした人々をマネジメントしようとしても、誰も聞く耳を持たないだろう。日々目まぐるしく変化する状況は、けたたましい咆哮《ほうこう》を上げながら緊急の課題を次々と生み出している。それらに対応するだけで大仕事なのである。

映像作品『激流』

急激に変化し、複雑の度を増す現代社会を描いたこのショートムービーでは、過去と現在の違いがはっきりとわかるだろう。また、章の後半を理解するうえで役立つ三つの普遍性に注意して観てほしい。

『第8の習慣』のＷｅｂサイトにアクセスして、映像メニューから『激流』を選択して視聴しよう。

Webサイトへのアクセス

URLを直接入力

https://fce-publishing.co.jp/8h/

QRコード読み取り

慢性の問題と急性の問題

人間の病気に慢性と急性があるように、組織が抱える問題にも慢性のものと急性のものがある。**慢性**とは、問題の根本的な原因であり、取り除かれず頑固に残っている状態である。**急性**とは痛みを伴う一時的な症状で、体力を消耗させる。人間と同じように組織も、急性の症状として表面化していない慢性的な問題を抱えている。急性の症状が現れて対処しても、根本にある慢性の問題をとりあえず覆い隠すだけのこともある。

私は数年前、まさにこのことを実感する体験をした。循環器疾患を専門にする医師の友人がデトロイトの病院で外科部長をしていたとき、手術の現場を一日見学させてもらったのである。私にとっては衝撃的な体験だった。友人は自分が執刀した手術で三本の血管を取り換えた。手術が終わってから「なぜ血管を取り換えたんだい？　きれいに掃除すればよかったのでは？」と聞いた。

すると友人は素人の私にわかるように平易な言葉で説明してくれた。「もっと早い段階ならそれも可能だが、いずれ血管壁にコレステロールがたまるからね」

「しかしこの三ヵ所を治したわけだから、患者さんは治癒するんだね？」

「スティーブン、彼の場合は慢性なんだ。身体全体の問題なんだよ」と彼は言い、手袋をはめた私の手をとって、取り除いた血管を触らせた。コレステロールの詰まったそれは、とてももろくなっていた。友人は言った。「ただね、この患者はよく運動していて、心臓以外の循環器系はそこそこ発達しているから、筋肉に酸素を送ることはできる。しかし切除した三本の血管を補うものはないんだ。いつまた血の塊ができて心臓発作を起こすかわからない。彼は慢性の心臓疾患を抱えているんだよ」

すべての慢性疾患が必ず急性の症状を引き起こすわけではない。がんなどの病気は、最初の急性症状が現れたときにはすでに広がっていて、もはや手遅れの場合がある。症状が出ていないからといって、根本的な問題がないということにはならないのだ。その冬初めての大雪で雪かきをするなど、身体に突然ストレスがかかると心臓発作を起こすこともある。ストレスが引き金となって急性の症状が出るまで、心臓に疾患があったことに気づかないのである。

同じことが組織にもいえる。急性の症状はまったく出ていなくとも、深刻な慢性的問題を抱えていることがある。生き馬の目を抜くようなグローバル市場ではなく、狭い国内市場や保護された市場でしか競争していなければ、ストレスがかからず、慢性的な問題を抱えながらもやっていける。今のところは財務的にも健全で、大きな成功を収めているかもしれない。しかし成功は相対的なものである。ライバル会社の業績が悪化しているから成功しているように見えているだけかもしれない。見かけの成功のせいで根本的な問題に気づかず、変革の必要性を感じていない場合もあるのだ。

四つの慢性的な問題とその急性症状

正確なパラダイムは、説明し予測する力を持っている。であれば、あなたが正しい全人格型パラダイムを身につければ、自分の人生や組織における最大の問題を説明し、予測し、診断できるようになるはずだ。問題が引き起こす急性の症状を的確に認識できるだけでなく、問題の奥に潜んでいる慢性の「根本原因」も見えてくるだろう。根本原因がわかれば、全人格型パラダイムの視点から問題の解決に乗り出し、影響力を広げていき、高い能力と信頼を土台に組織を築くことができる。常に最優先事項に**フォーカス**し、**実行**できる組織ができるのである。

全人格型パラダイムの考え方がよくわかるように、図６・２をベースにして、四つの側面（肉体、知性、情緒、精神）の使い方に応じた言葉や文を加えた図を随所に掲載している。組織の場合でいえば、組織がそのメンバーの肉体、知性、情緒、精神をないがしろにしたときに生じる慢性と急性の問題の両方を見つけ、対処する能力は、全人格型パラダイムによって開発できることが、これらの図からもわかるだろう。

ここでは企業を前提に話を進めていくが、この考え方は、チーム、家族、コミュニティ、その他いろいろな組織、人間関係にも当てはまる。読み進む前に、それぞれのケースであなたが抱えている問題を特定しておいてほしい。

まずは図の中心、**精神**から見ていこう。精神は、リーダーシップの四つの特質では良心に相応する。個々人の良心を徹底して無視する組織だったら、どのような問題が起きるだろうか？ 考えてみてほしい。社員が自分の良心を傷つけられる扱いを受け、あるいは良心に反する行動をとらされていたら、社内の人間関係はどうなるだろうか？ 信頼関係が損なわれるのは目に見えている。**信頼の低さ**、これが第一の慢性的問題である。では、この慢性的問題はどのような急性症状となって現れるだろうか？ 社員同士の信頼関係ができていない企業が競争の激しい市場で事業を展開していると、陰口や内輪もめ、被害者意識、保身、情報の独占、自己防御的なコミュニケーションといった痛みを伴う急性症状が組織内を満たすようになる[ii]。

次に、**知性**がないがしろにされている組織で生じる慢性的な問題は何だろう？ 知性は、リーダーシップの四つの特質ではビジョンに相応する。知性を軽視する組織では**共通のビジョンも価値観もないシステム**ができてしまう。これが第二の慢性的問題で

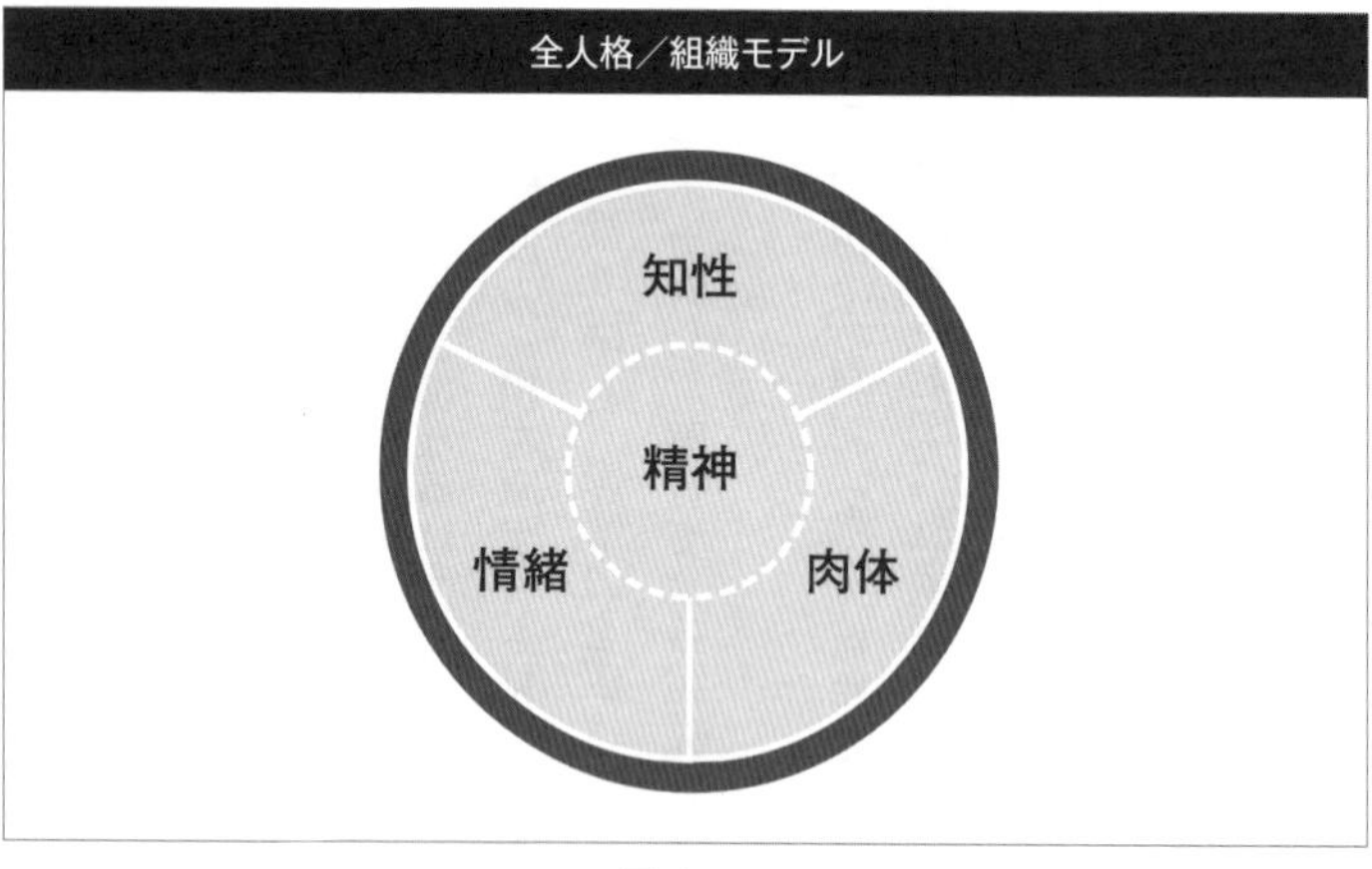

図6・2

ある。その急性症状はどのように表面化するだろうか？　社員は本音を隠し、政治的な駆け引きが横行し、そのときどきで異なる基準で意思決定がなされる。その結果、曖昧《あいまい》で統一性のない無秩序な企業文化ができてしまうのだ。

次は組織の**肉体的側面**である（組織構造、システム、プロセス）。肉体は、リーダーシップの四つの特質では自制に相応し、組織の場合でいえば規律である。組織内に規律を軽視する風潮が蔓延《まんえん》したら、どんな問題が起きるだろうか？　つまり、最優先事項を確実に実行できるようにするためのサポート体制ができていない企業は、どのような状態に陥るだろうか？　構造、システム、プロセス、文化に一貫性がなく、**ばらばらな組織**になるだろう。コミュニケーション、採用プロセス、人員配置、アカウンタビリティ、給与体系、昇進、社員教育・能力開発、情報システムなど、組織は多くのシステムで成り立っているが、経営者が全人格的なパラダイムを持っていないと、社員の可能性を十分に引き出せるシステムを整えることはできない。システムがばらばらでは、個人、チーム、部署、ひいては組織全体が、会社の最重要のミッション、価値観、戦略の下に結束することはできず、市場や顧客のニーズともかい離していくだけである。

どんな組織も、その一体性の度合いによって得られる結果が決まる。
アーサー・Ｗ・ジョーンズ

組織のシステムが整っていないと、実にさまざまな症状が現れ、信頼の低さ、政治的な駆け引き、縄張り意識をいっそう助長することになる。症状が進展すると、マネージャーは自分の手に負えないと感じ、ルールで締めつけようとする。失われた信頼を補うために、煩雑な手順や規則、一方通行の上意下達が幅を利かすようになる。「人材はわが社の一番の財産だ」とか「リーダーの育成」といったスローガンをいくら掲げていても、内実は社員を「コスト」としか見ていない。会社にとって社員は人格を持った人間ではなく、扱いにくいモノでしかないのだ。単なる経費でしかないなら、能力を引き出すための投資などしない。コストのかかるモノに対してはマネジメントの度は増す一方だ。これでは社員のほとんどが「指示待ち」になるのも当然である。すると経営者のほうもエスカレートし、「飴《あめ》と鞭《むち》」でやらなければ物事は進まないと考えるようになる。モチベーションを与えてうまく操り、必要とあらば鉄拳を下す。社員が受け身だからコントロールが必要なのだと正当化するわけである。しかしコントロールするほど受け身の姿勢を助長する結果になる。これはいわば自己達成予言である。しかし社員をモノとしてマネジメントしていたら、どれほど巧みに飴《あめ》と鞭《むち》で操っても、奮起させることはできない。自分のボイス（内面の声）を自分で発見し、情熱が自発的に湧いてきてはじめて、人は全力を尽くし、最高の貢献ができるのである。

最後の四番目は**情緒的側面**である。リーダーシップの四つの特質では情熱に相応する。情熱のない組織はどうなるだろうか？　誰も目標や仕事に気持ちが入らず、内面から自然と湧いてくる熱意も決意もない。社員の**ディスエンパワーメント**（**無力化**）が深刻化するだけである。組織全体が臆病風に吹かれたようになる。では、この問題はどのような急性の症状となって現れるだろうか？　しばし考えてみてほしい。勤務時間に副業に精を出す、ぼんやりする、言われたことはやるにはやるが身が入らない、倦怠《けんたい》、現実逃避、怒り、不安、無関心……。

このパラダイムがいかに的確に状況を説明し、その影響を予測できるかわかっただろうか？ 肉体、知性、情緒、精神をないがしろにする組織は、四つの慢性的な問題を抱えることになる。**人間関係における信頼の低さ、共通のビジョンと価値観がない、組織に一体性がなくばらばら、ディスエンパワーメント、**である。そしてそれぞれに急性の症状がある（図6・3参照）。

四つの慢性的問題とそれぞれの症状が積み重なって、市場での失敗、マイナスのキャッシュフロー、品質の低下、コストの増大、柔軟性の欠如、対応の鈍さ、批判などの急性の痛みを引き起こす。要するに、一人ひとりが責任を持って行動するのではなく、他者に責任を転嫁する

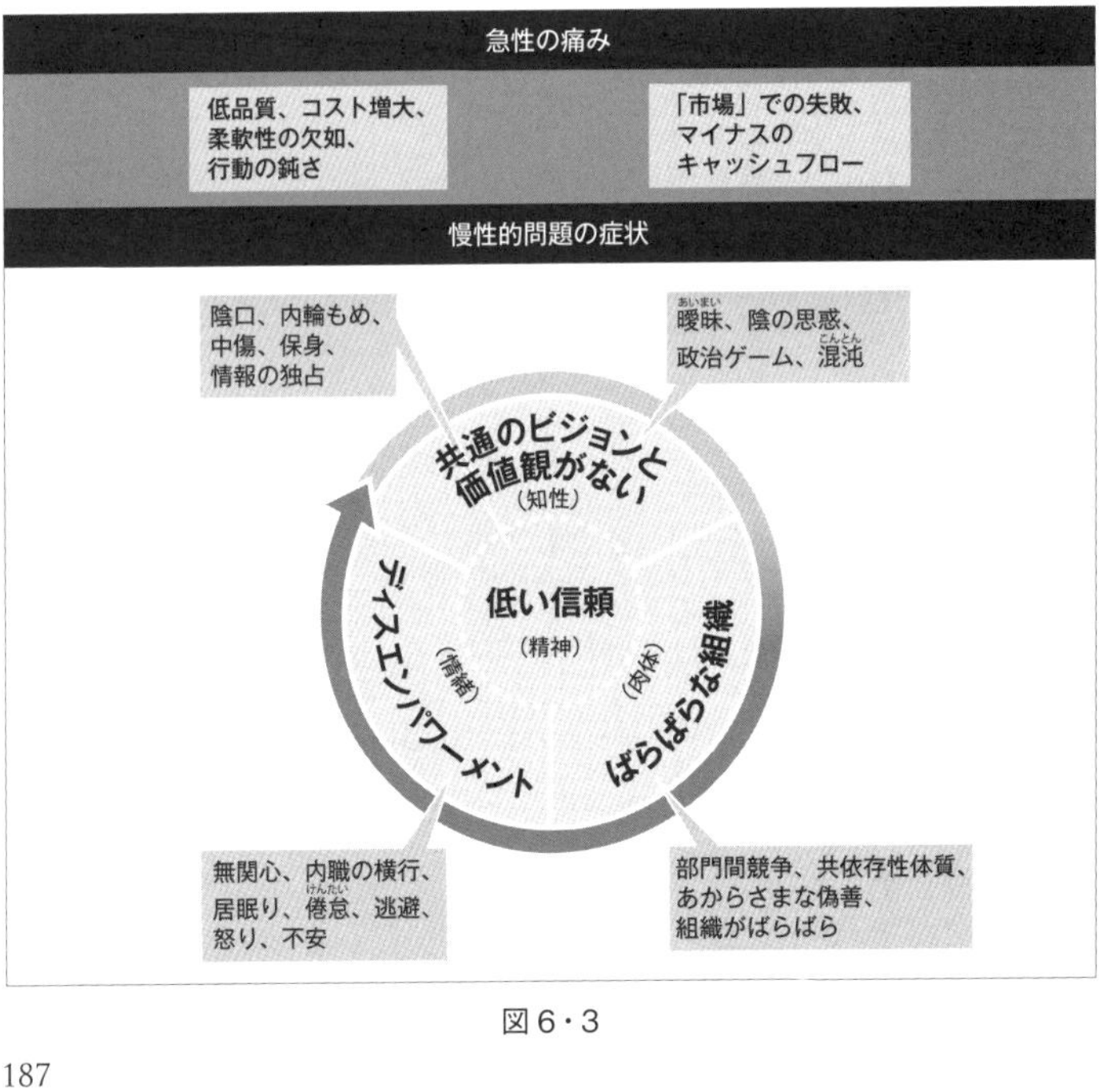

図６・３

組織文化ができてしまうのだ。

映像作品『マックス&マックス』を思い出してほしい。マックスの職場には四つの慢性的な問題の全部が揃っていた。

パラダイムの実践例

これから話す私の体験から、このパラダイムの持つ「説明し、予測する力」がよくわかると思う。

ある大手企業をコンサルティングするために初めて訪問したとき、私はまず経営陣に「ミッション・ステートメントはありますか?」と聞いた。彼らはミッション・ステートメントらしきものを渋々と出してきた。「株主の資産を増やす」と書いてある。「それを壁に掲げて、顧客と従業員に見せているのですか?」と思わず口をついて出た。彼らは一様に苦笑いを浮かべて言った。「いやいや、壁に貼っているのは別のステートメントですよ。しかし我々の本当の目的はこれです。早い話、ビジネスというのは金を稼ぐことですから」

この会社や業界のことは訪問前にざっと調べただけだったが、彼らにこう言った。「私は御社がどのような会社か手にとるようにわかります。あなたがた経営陣と社員は対立していますね。組合があったら、労働争議に明け暮れているでしょうね。社員に仕事をさせノルマを達成させるために、始終目を光らせて監視しチェックしていませんか? 社員同士の対立や部門間の縄張り争い、本音と建前、政治的な駆け引きなどにネガティブなエネルギーが膨大に使われていることでしょう」

彼らは私の予知能力に驚いたようだった。「よくわかりますね。そんなに正確に言い当てられるとは……」

「別に詳しく知らなくてもわかりますよ。人間の本質がわかっていれば十分ですからね。人間には四つの側面がありますが、御社はそのうち肉体的側面のことしか考えていません。肉体的側面は、企業でいえば経済です。経済のことしか眼中にない。ステークホルダーの中で株主のことしか考えていません。ほかの三つの側面、知性、情緒、精神は無視しています。株主以外のステークホルダーのことはまるで考えていないはずです。そんなことをしていて、重大な結果を招かないわけがありませんよ」私はなおも予知能力を発揮した。

「この話し合いが終わったら、あなたがたの半数は残りの半数の人のことをあれこれ言うでしょうね。信頼関係ができていないからです。表と裏があるのは明らかです」彼らは私の観察眼の鋭さにあっけにとられていた。その企業はいわゆる「勝ち組」とみられていた。市場で成功しなければ株主を満足させられないのは確かだが、その前に職場で従業員を満足させなければ市場で成功することはできないのだ。これが真理である。

「では、どうすればいいのでしょうか？」と彼らは聞いてきた。

「四つの側面すべてに真剣に取り組まなくてはなりません。全員の知性を同じ目標に向かわせる。フェアプレー、正直、誠実、真実という普遍的な原則を守る。そうすれば、目標を達成するための信頼という土台を築くことができます。御社のビジョンと価値観には基準があるはずです。必ずそれを指針にして、戦略、組織構造、業務の決定を下してください。本当のエンパワーメントを実現し、社員の潜在能力を引き出すには、まずは社員同士の信頼関係、組織としての信頼性を築かなくてはなりません」と私は言い、まずは経営陣のミッション・ステートメントを作成してはどうかと提案した。

「どのくらい時間がかかるものなのでしょうか?」と彼らは聞いてきた。

「皆さんがどれだけ痛みを感じているかによりますね」

「痛みはそれほど……」

「それならミッション・ステートメントを書き上げることはできないでしょうね。外部からの圧力による痛みにしろ、良心の呵責《かしゃく》による痛みにしろ、あまり痛みを感じていないなら、まず無理ですね。まあ、この件はもう忘れてください」と私は告げた。

　すると彼らは言った。「ええ、でも、先生のコンサルティングを受けた企業は業績が良くなっているという話をいくつも聞いています。それに私たちは市場の変化を感じています。競争は激しくなる一方です。当社の業績は今でこそ好調ですが、そのうち苦境に立たされないとも限らない。だから先生のお力が必要です。当社も変化を起こしたいんです」

「皆さんが本当に真剣で、一丸となって事にあたれるなら、変われるでしょう。でも二、三年かそれ以上はかかるでしょうね」と私は言った。

　すると一人が言った。「先生、わが社について見落としていることが一つありますよ。私たちは仕事が速いんです。すこぶる効率的なんです」彼はそこでミッション・ステートメントを書き直すという私の提案を思い出したらしく、「例のミッション・ステートメントですけどね、今週末に仕上げてみせます」と言った。要するにこの役員は、ビジョンのようなものを考えるワークショップを週末にどこかで行い、もっと社員にアピールする美辞麗句をひねり出して、ミッション・ステートメントに仕立て上げればよいと考えていたのだ。

しかし彼らはそのうち、短期的な思考や応急処置的なテクニックでは自分たちが望む長期的な成功は得られないことに気づき始めた。ゆっくりとではあるが、組織に潜んでいる慢性的な問題を把握して、まず自分自身の内面を見つめ、人間の四つの側面を大切にするようになった。そしてついに、社員一人ひとりが「リーダー」であり、組織が変わるためには一人ひとりがインサイド・アウトのアプローチで変わる必要があることを理解した。

その企業は根っこから強くなった。三、四年かかったが、その後の新たな厳しい競争局面にも耐えうる強さを持ち、市場で成功するパターンを維持できる組織になった。社員のエンパワーメントを進め、確かな信頼関係を築いたからである。彼らの多くは他社のＣＥＯになっているが、この企業の文化はしっかりと根づいており、「選手層の厚さ」のおかげもあって、後任の役員の下で現在も利益ある成長を遂げている。

産業時代の反応

四つの慢性的問題に対して、産業時代はどのような反応をしていたのだろうか？

信頼が低く道徳的権威がないと、**ボス**中心のワンマン組織になる。「リーダーの私がなんでも知っているのだから、決定はすべて私が下す」という考え方だ。平たく言えば、「これが私のやり方だ。嫌なら出ていけ」というわけである。

組織内でビジョンと価値観が共有されていないと、ビジョンやミッションではなく**ルール**が優先されるようになる。「自分の仕事以外のことは考えるな。言われたことだけルールに従ってやっていればいい。考えるのは私の仕事だ」となる。

組織内のシステムが**ばらばら**で一体性がないと、ひたすら効率性を上げようとする。機械、事業方針、人間、何もかも効率の観点から考える。**効率性**がすべての、効率至上主義となる。

エンパワーメントがなされず、社員の無力化が蔓延《まんえん》していると、人をモノとして**コントロール**しようとする。人を信頼せず、社員を動かして生産性を上げるには飴《あめ》と鞭《むち》しかないと考えるのだ。やる気を出させるために飴《あめ》（報酬）をちらつかせる。しかるべき成果を上げられなければ鞭《むち》（罰や解雇）でたたくぞと、過度にならない程度の恐怖心を植えつけ、社員を操るわけである。

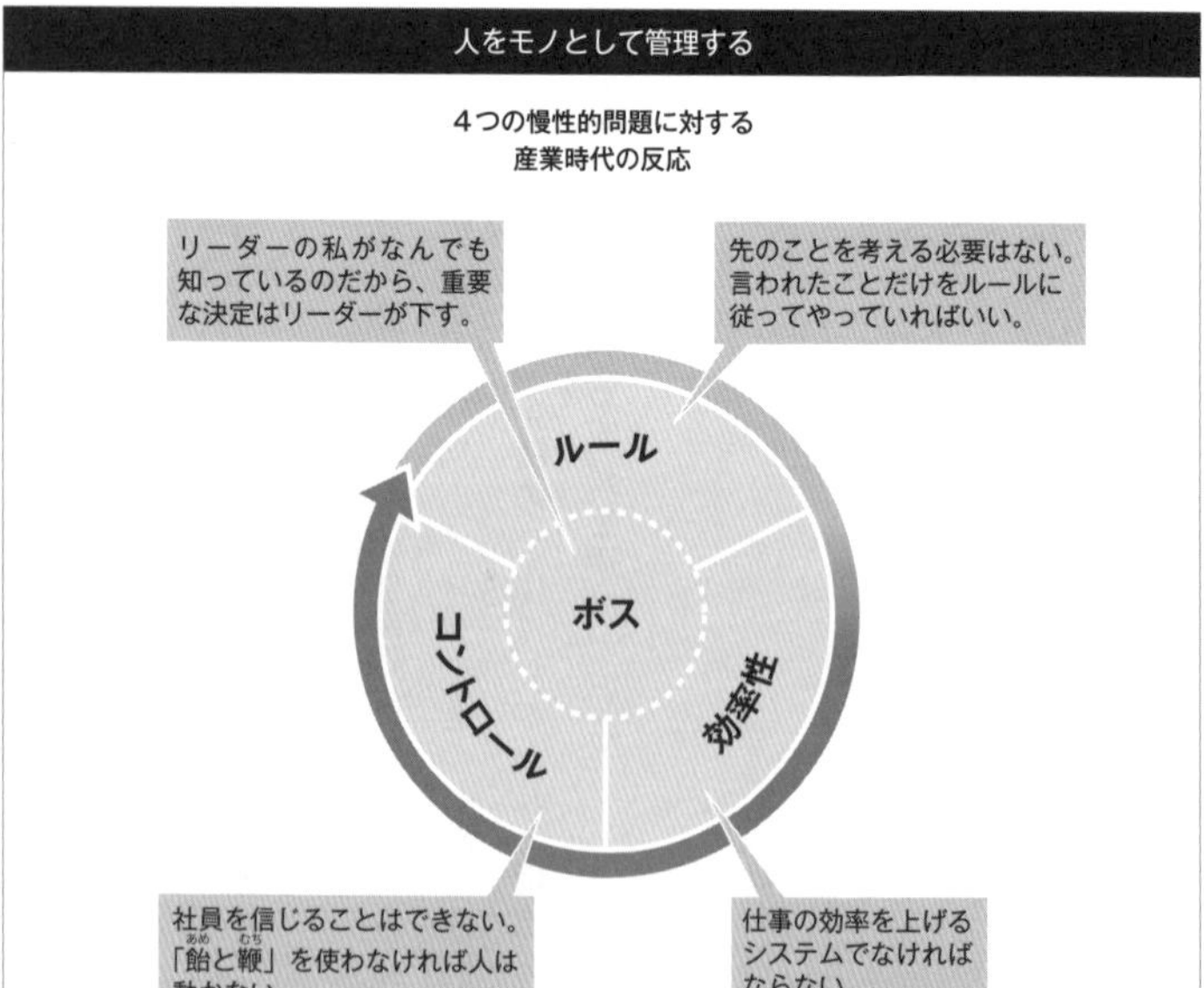

図6・4

リーダーシップによる解決

リーダーのあなたが「部下たちも自分のボイス（内面の声）を発見できるように奮起させよう」と決意しても、産業時代のコントロール・モデルから生まれる四つの慢性的な問題の分厚い壁にぶちあたる可能性が高い。

しかし自分のボイスを発見している人は、産業時代の「ボス、ルール、効率性、コントロール」というあしきソフトウェアを書き換えることができる。このプロセスであなたは、四つの慢性的問題の解毒剤となる四つの役割を果たす（図6・6）。つまり、組織の肉体、知性、情緒、精神がポジティブなかたちで表現される四つの役割が、同じ四つの側面がネガティブなかたちとなって潜んでいる慢性的問題を解消する。マイナスをプラスで相殺するわけである。しかし

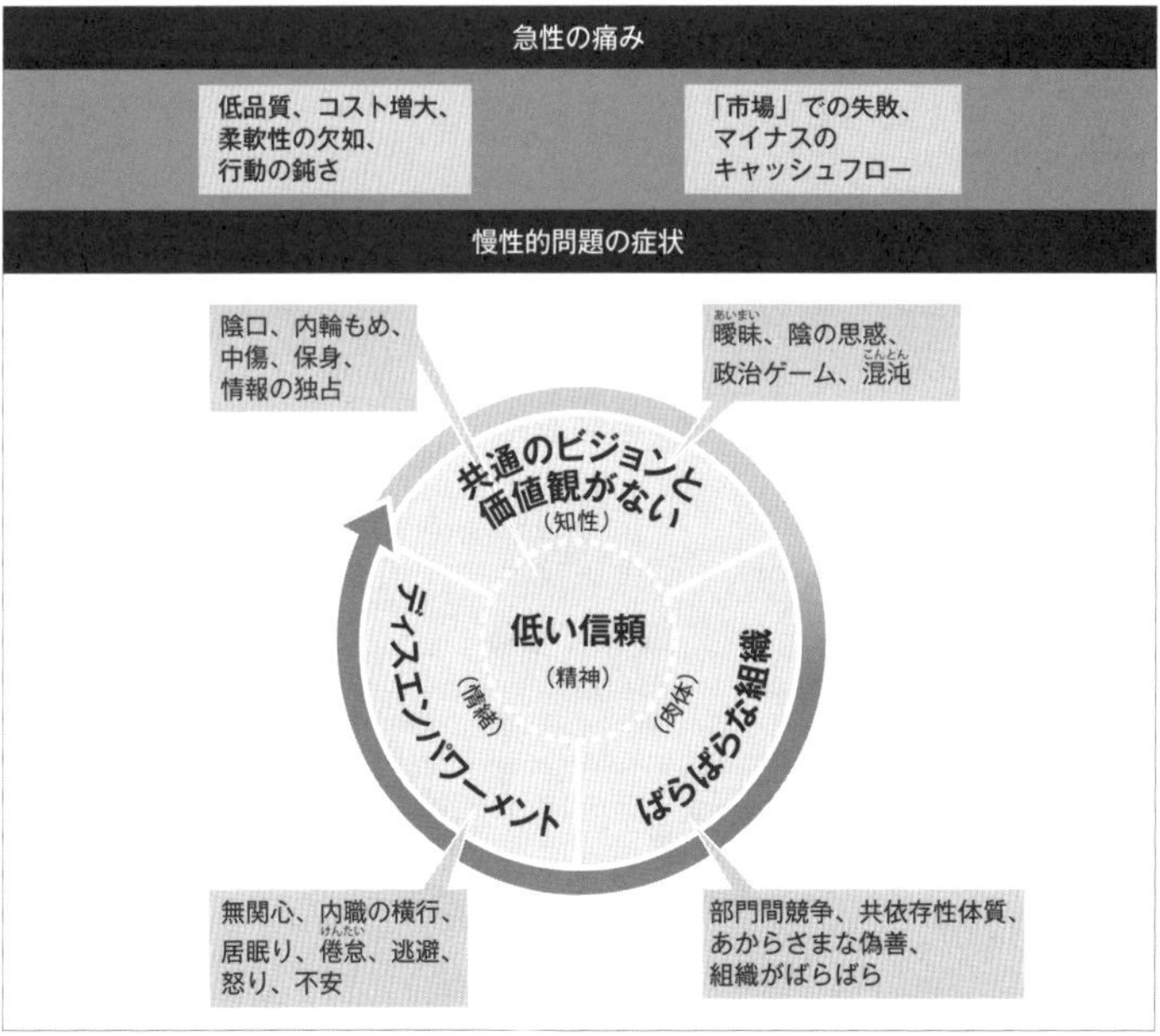

図6・5

現実問題として、四つの慢性的問題はどのように解決すればよいのだろうか？　組織内に信頼関係ができていなければ、あなた自身が信頼性の**模範になる**。共通のビジョンや価値観がなければ、それらを見いだすために**方向性を示す**。組織がばらばらで一体性がなければ、社員の能力を引き出し、ビジョンと価値観を具現化する組織文化が育っていくように、目標、組織構造、システム、プロセスの一貫性を図り、**組織を整える**。社員へのエンパワーメントがなされず、無力化が蔓延《まんえん》しているなら、プロジェクトや個々の作業レベルで個人とチームに**エンパワーメントする**。

これら四つの役割を「リーダーシップの四つの役割」と呼ぶことにしよう。繰り返しになるが、ここでもリーダーシップとは地位ではなく、自分の周りの人たちの価値と可能性を肯定

図６・６

する意志を主体的に持つことである。つまり、組織の影響力を強めて重要な目的の達成に貢献できるように、個々人の能力を認め、それらの個人を相互補完チームとしてまとめ上げることがリーダーシップなのだ。相互補完チームという考え方を知っているだろうか？　メンバーの長所と短所を補い合うチームである。メンバー一人ひとりの長所（ボイス）は生産的なものとなり、短所はほかのメンバーの長所で補われるから、問題ではなくなるのである。

リーダーシップの四つの役割は、個人のリーダーシップの特質（ビジョン、自制、情熱、良心）を組織におけるリーダーシップに当てはめたものである（図6・7参照）。

- **模範になる**（良心）：良い手本となる
- **方向性を示す**（ビジョン）：一緒にコースを決める
- **組織を整える**（自制）：コースを外れないためのシステムを構築し、マネジメントする

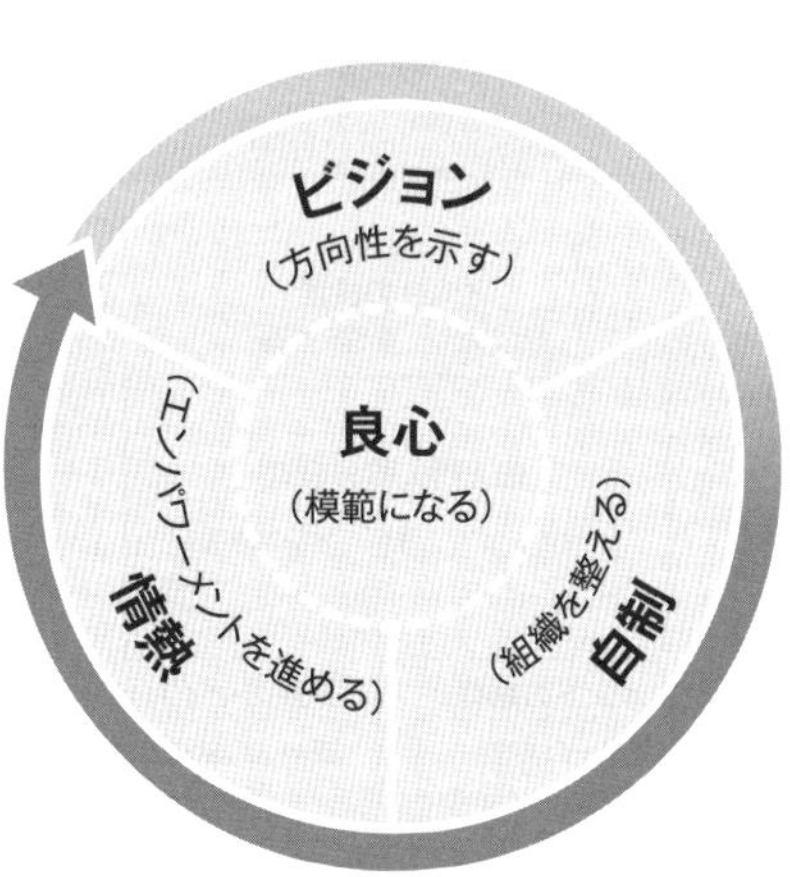

図6・7

- **エンパワーメントを進める**（情熱）**：** 方法ではなく結果にフォーカスし、コースから障害物を取り除き、求められたら力を貸す

組織の中で権限のある正式な立場のリーダーは、これらの役割を難しいとは思いつつも、マネージャーの責任を果たすならば、これくらいのことはして当然だと考えるだろう。しかし、これらは上の人間の役割だと考えていたら、「重要なことを考え、決断するのはボスの仕事」という職場に蔓延《まんえん》する共依存のマインドセットを助長させ、生き長らえさせるだけである。四つの役割は、立場にかかわらず、組織の全員が果たさなくてはならない。これは、あなたの影響力を高め、ひいてはチームと組織の影響力を高めていく道筋なのである。

私はフランクリン・コヴィー社の同僚とともに一九九五年から四つの役割のモデルを教えているが、リーダーシップ分野のほかの専門家たちも、同じ原則に基づいたモデルをそれぞれに提唱している。たとえば洞察に富む『脱コンピテンシーのリーダーシッ

成功するリーダーの行動
（リーダーシップ特性フレームワークの概略）

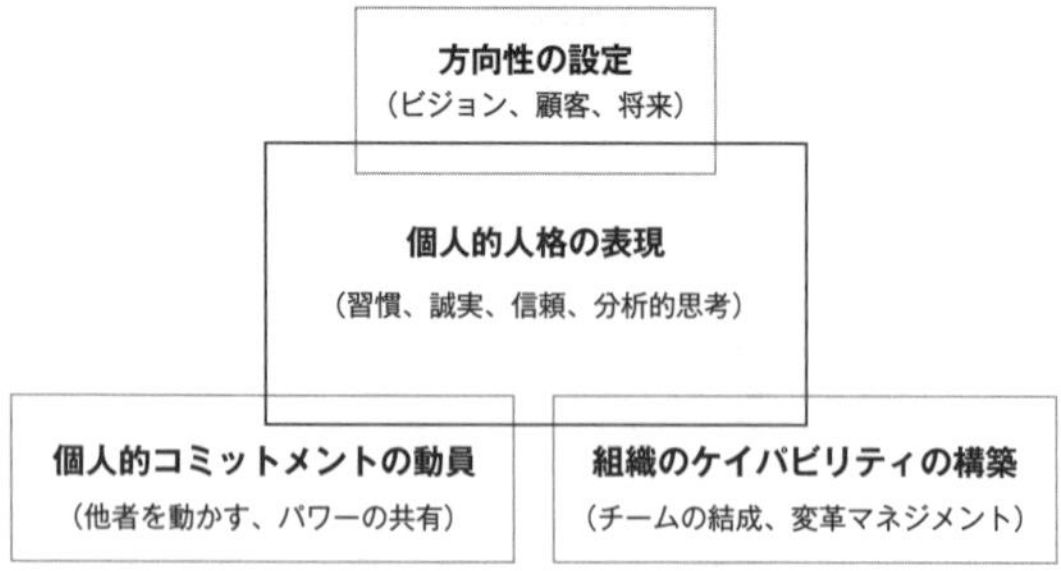

ウルリッチ、ゼンガー、スモールウッド著『脱コンピテンシーのリーダーシップ―成果志向で組織を動かす』

図6・8

プ――成果志向で組織を動かす』の著者デイブ・ウルリッチ（ミシガン大学）、ジャック・ゼンガー、ノーム・スモールウッドは、長年にわたる研究、観察、コンサルティングを経て、四つのボックスからなるリーダーシップ・モデルを開発した[3]。使われている言葉が違うだけで、四つの役割モデルとほとんど同じである。

著書『ビジネスを成功に導く「４＋２」の公式』（渡会圭子訳。ソフトバンククリエイティブ）もまた、リーダーシップの四つの役割モデルが有効であることを証明している。同書の中で著者らは、ニティン・ノーリア、ウィリアム・ジョイス、ブルース・ロバートソンの五年に及ぶ研究の成果をまとめた著書『ビジネスを成功に導く「４＋２」の公式』（渡会圭子訳。ソフトバンククリエイティブ）もまた、リーダーシップの四つの役割モデルが有効であることを証明している。同書の中で著者らは、「エバーグリーン・プロジェクト」と名づけたプロジェクトにおいて、「一六〇社が過去一〇年間に採用した約二〇〇のマネジメント・プラクティスを調査」し、本当の意味で優れた結果を出せるマネジメント・プラクティス、成功要因を特定した。著者らの結論によれば、業界トップに君臨する企業はほぼ例外なく、**四つの基本的マネジメント・プラクティス**にたけている。

- **戦略**――明確で焦点を絞った戦略を策定し、維持する。
- **実行**――完璧な実行計画を策定し、維持する。
- **文化**――業績志向の文化を築き、維持する。
- **構造**――迅速、フレキシブル、フラットな組織構造を築き、維持する。

エバーグリーン・プロジェクトは、さらに四つの補助的プラクティス（タレント、イノベーション、リーダーシップ、合併・買収）を挙げており、成功する企業はそのうち二つに優れていると結論づけている。しかし、最初の四つの基本的マネジメント・プラクティスをもう一度見てほしい。企業が競合他社に大きく水をあけるためのこれらのプラクティスは、リーダーシップの四つの役割と基本的に同じことを言っているのではないだろうか？　この場合も使っている言葉が違っているだけで、基本となる原則は同じなのである。

順序の意味：スポーツに例えると

四つの役割は相互に関係し合っている。ある意味では連続的であり、別の意味では同時的でもあるが、どちらも正しい。信頼性を身につけ、模範になる役割を果たして周りの人たちから信頼されるようになってから、ほかの三つの役割を果たし、ほかの人たちの可能性を解き放つことができる。その意味では連続的に行っていくものである。しかしこのようなリーダーシップに基づいた組織文化ができたら、四つの役割に常に気を配って行動しなけれ

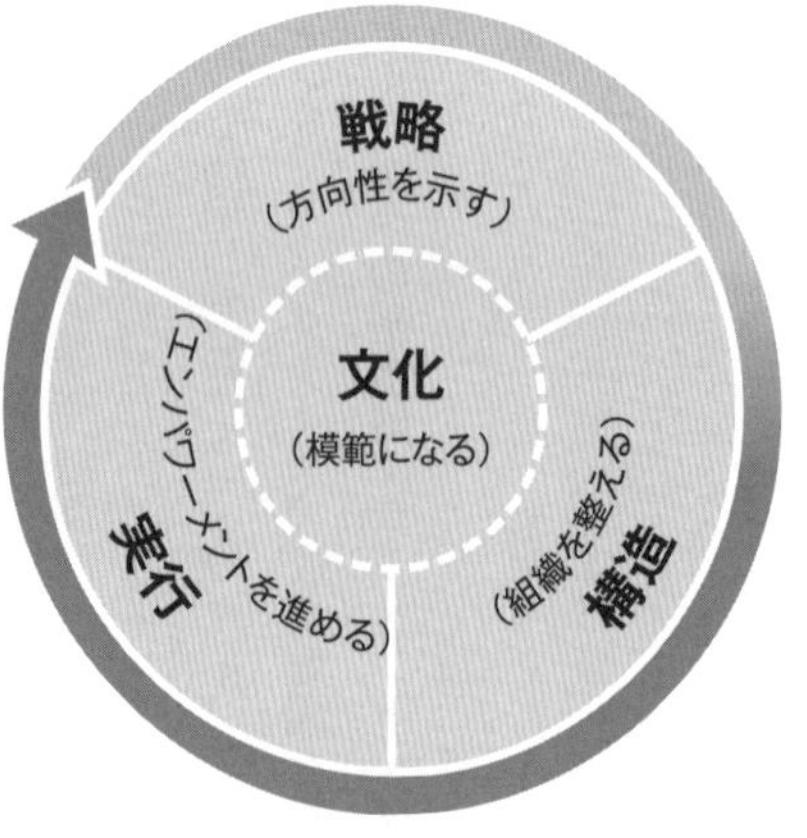

図6・9

ばならない。四つの役割を同時にこなすわけである。

ここではスポーツに例えて、四つの役割の連続性の意味を考えていきたい。ビジネスの世界と同じように、プロスポーツの世界も競争が激しい。プロ選手がぶくぶくの身体でキャンプ入りしたらどうなるだろう？ **筋力**も持久力もシーズン中よりずっと落ちた状態でキャンプに入っても、開幕までに十分なスキルを磨くことはできない。スキルが身につかなければ、**チーム**の一員として十分な働きはできず、チームの勝利に貢献することはまず無理である。

言い換えれば、筋肉が十分に発達してからスキルを身につけることができ、一人ひとりがスキルを身につけたらチームとしての実力がつき、システムができていく。肉体は自然のシステムであり、自然の法則に支配されている。スポーツに例えればとてもわかりやすいし、具体的にイメージできるから、より広い人生の領域で自分のキャパシティを広げ、ボイス（内面の声）を発見することに結びつけて考えられるだろう。個人としての成長があってはじめて、信頼に基づく人間関係を築くことができる。信頼を土台にした人間関係は、チームワークと協力、コミュニティへの貢献を体現する組織の絶対条件なのである。

たとえば、自分との約束すら守れない人がいるとする。そのような人の生き方には一貫性がなく、そのときどきの気分に流されているだけだろう。そんな人が他者と健全な信頼関係を築けるだろうか？ 答えは言うまでもない。信頼に基づいた人間関係ができていないのに、家族であれ、チームや企業であれ、有意義な貢献ができる優れた組織の土台を築けるものだろうか？ これもまた、答えは明白だ。

子どもは歩けるようになってから走れるようになる。歩けるようになるには、まずハイハイができなくてはならない。微積分を理解するには代数がわかっていなければならないし、代数を理解するには算数の基礎が身についていなければならないのだ。物事にはしかるべき順序がある。この順序の重要性がわかっていれば、高い信頼に基づいた人間関係を築き、創造的に問題を解決するスキルを身につけようとする前に、まずは自分のボイスを見つける努力をしなければならない理由もわかるはずだ。たとえ誰かと良好な関係にあるとしても、まずは自分自身を見つめなければ、その人との関係を強固なものにすることはできないのだ。強い信頼関係から生まれるシナジーが、個々人が協力し合うチームや組織の土台となる。全員が同じ目的と価値観を共有し、その実現を目指して一人ひとりが自分の役割を果たすチームができるのである。究極的には、個人、チーム、そして組織は、それぞれの指揮下にある人たちのニーズに応えることによって影響力を広げていく。**自分のことよりも他者への奉仕**を優先することによって、三つの次元（個人、リーダーシップ、組織）に意味が生まれ、人間の文明の第五段階である**知恵の時代**に入っていくことができるのである。

物事の順序がきわめて重要で、計り知れない力を持っていることを説明するために、よく講演会で行っていることがある。聴衆の中から健康的で屈強そうな男性を選び、前に出てきて腕立て伏せを二〇回やってもらうのだ。その男性が普段から身体を鍛えていて、見た目どおりの筋力を持っているなら、二〇回程度の腕立て伏せは朝飯前かもしれない。しかし実際は、楽々できた人はこれまでに数えるほどしかいない。たくましそうに見える人でも五回か六回が関の山なのである。

講演会では、このデモンストレーションをもとに、肉体的な腕立て伏せを精神的な腕立て伏せに見立てて話を進めている。つまり、自分自身の精神的な腕立て伏せを楽に二〇回できなければ、人間関係のさまざまな問題や要求を満たすのに必要な三〇回の腕立て伏せはできない。そして個人のレベルでも人間関係のレベルでも精神的な腕立て伏せが五〇回できなければ、チームをまとめ上げることはできないし、しっかりとした信頼関係を土台にして高い業績を上げられる組織文化は生まれないのである。

順序の大切さを頭に入れて、話をさらに進めよう。最初は人格を磨いて**自分の**ボイス（内面の声）を発見する。次はほかの人たちも自分のボイスを発見できるように奮起させるのだが、そのために必要な**スキルを身につけ、チームをまとめ、システムを整えなければならない。**

フォーカスと実行力：第七章以降のアウトライン

図６・10を見てほしい。リーダーシップの四つの役割を果たすことは、「ほかの人たちも自分のボイスを発見できるように奮起させ」、偉大な組織に至る道筋を歩むことでもあることがわかるだろう。もう一方の道筋は、組織の四つの慢性的問題がボイスの発見を妨げ、人の能力を抑えつける凡庸な組織に通じている。「ほかの人たちも自分のボイスを発見できるように奮起させる」プロセスは、二つの言葉で言い表すことができる。**フォーカス**と**実行力**だ。**フォーカス**は、リーダーシップの四つの役割のうち、模範になる役割と方向性を示す役割に関係し、**実行力**は、組織を整える役割とエンパワーメントを進める役割に関係している。第七章からは、以下に挙げる原則をもとに、意欲、スキル、知識を開発することによって、「ほかの人たちも自分のボイスを発見できるように奮起させる」習慣を身につける方法を述べていく。

フォーカス――模範になる、方向性を示す

一．**影響力のボイス**

自分が模範となるためには、自分のボイス（内面の声）を発見し（第一部）、次に率先力を発揮する**意欲**を選択しなければならない。この選択を私は「トリム・タブになる」と呼んでいる。自分の周りのあらゆる機会をとらえて影響力を広げていく行動を選択し、「流れを変える人」になることである（第七章）。

二．**信頼性のボイス**

人格と能力の両面で**模範になる**ことが、あらゆる人間関係と組織で信頼を高めていく土台を築く。信頼性を欠く人間は誰からも信頼されない。この原則を**知る**こと、そして方向性を示す役割、組織を整える役割、エンパワーメントを進める役割の根底にある原則を知ることが、影響力を広げる入口となる（第八章）。

三．**信頼のボイスとスピード**

模範になるためには、信頼を築くための対人関係のスキルを磨く必要もある（第九章）。さらに、自分と他者の違いを尊重し、あなたが抱える問題に第3の案を生み出すために、個々人の**ボイスを融合する**ことも必要になる（第一〇章）。

四．**一つのボイス**

方向性を示すためには、あなたの最優先事項についてのビジョンをほかの人たちと協力して描き、さらにその最優先事項を実行するための価値観を共有しなければならない（第一一章）。

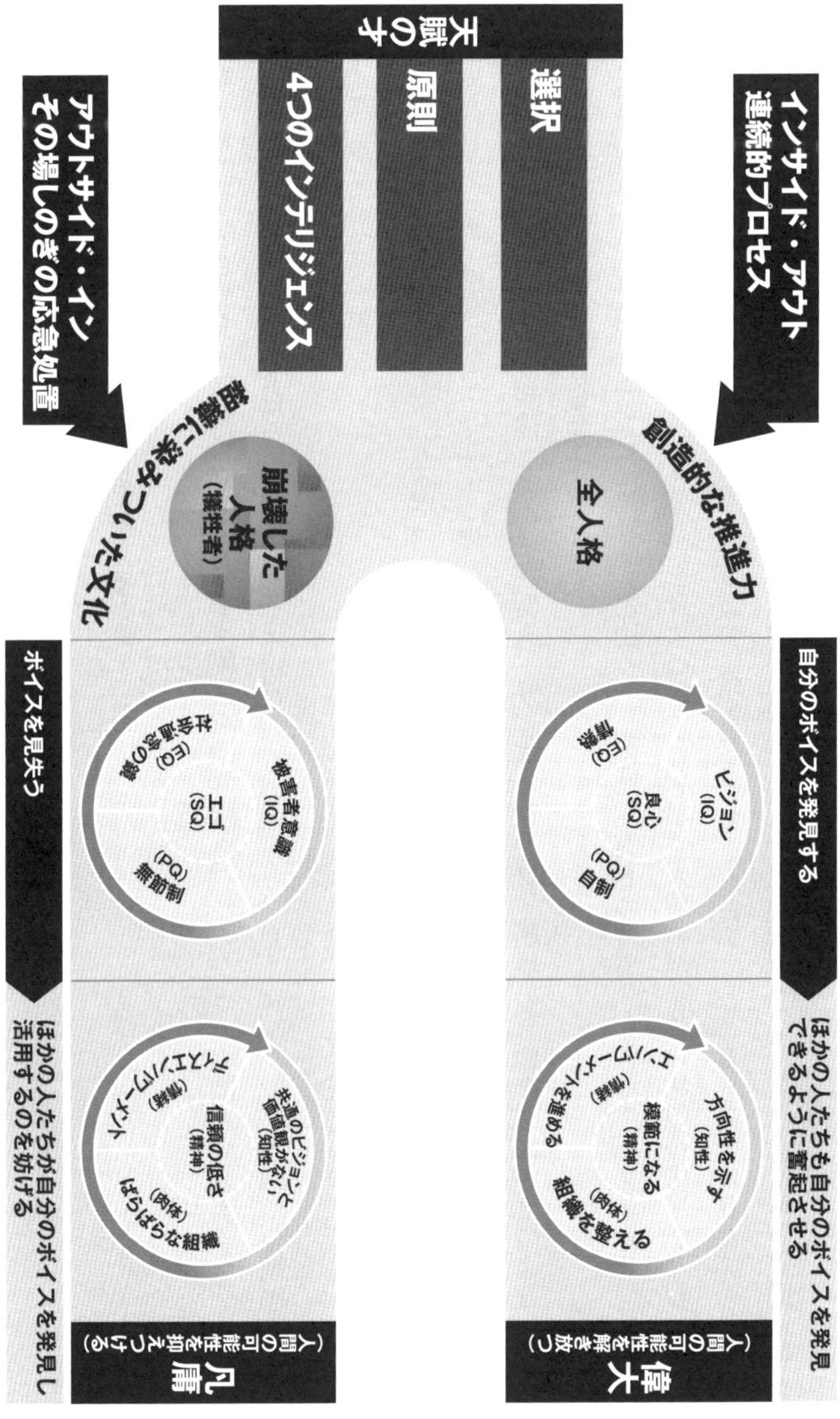
天賦の才
選択
原則
4つのインテリジェンス
インサイド・アウト
連続的プロセス
アウトサイド・イン
その場しのぎの応急処置
創造的な推進力
全人格
蓄積し染みついた文化
崩壊した人格
（犠牲者）
自分のボイスを発見する
ビジョン
（IQ）
良心
（SQ）
自制
（PQ）
情熱
（EQ）
ボイスを見失う
被害者意識
（IQ）
エゴ
（SQ）
無節制
（PQ）
社会通念の鏡
（EQ）
ほかの人たちも自分のボイスを発見できるように奮起させる
方向性を示す
（知性）
模範になる
（精神）
組織を整える
（肉体）
エンパワーメントを進める
（情緒）
ほかの人たちが自分のボイスを発見し活用するのを妨げる
共通のビジョンと価値観がない
（知性）
信頼の低さ
（精神）
ばらばらな組織
（肉体）
ディスエンパワーメント
（情緒）
偉大
（人間の可能性を解き放つ）
凡庸
（人間の可能性を抑えつける）

図６・10

実行——組織を整える、エンパワーメントを進める

五．実行力のボイス

結果を出すために目標とシステムを**整える**（第一二章）。

六．エンパワーメントのボイス

情熱と才能を解き放ち、前途に立ちはだかる障害を取り除き、一人ひとりの前進する力を強くする（第一三章）。**エンパワーメント**はチームにとって不可欠なものであり、リーダーシップの四つの役割から生まれる最高の果実である。

第一四章「第8の習慣とスイートスポット」では、本書で紹介しているアプローチが偉大さの三つの次元（個人、リーダーシップ、組織）をどのように育てるのかを説明する。知識労働者の時代に躍進できる組織の原動力となるのは、「実行の4つの規律」である。個人、リーダーシップ、組織の三つの次元がどのように融合して、この原動力に転換するのかを示す。

第一五章「ボイスを賢明に生かし、他者に奉仕する」では、「第8の習慣」（自分のボイスを発見し、ほかの人たちも自分のボイスを発見できるように奮起させる）を身につけることが、人類のボイスの次の時代、すなわち知恵の時代へと私たちをどのようにして導くのかを述べ、本書のまとめとしたい。この章も最後はQ&Aのセクションになっている。本書で取り上げている多くの問題の中でも、私が長年対応してきたよくある質問に答えたい。

Q＆A

Q　リーダーシップの定義は何ですか？

A　繰り返しになりますが、リーダーシップとは、他者の価値と可能性を本人が自覚できるようにわかりやすく伝えることです。**価値**と**可能性**という言葉に注意してください。生きていくうえでは、誰でも自分は価値ある人間だと思えなければなりません。ほかの人たちとの比較ではなく、自分自身の絶対的な価値に気づく必要があります。そして人は皆、行動や業績とは関係なく無条件の愛を注がれなくてはならないのです。あなたが誰かの可能性を本人に伝え、それを伸ばして発揮する機会を与えたら、その人との間にしっかりとした関係の土台を築くことになります。個々人に内在する価値ではなく**外面的**な価値を伝えても、それによってできる人間関係の土台は脆弱《ぜいじゃく》であり、その人の可能性が解き放たれることはありません。

Q　リーダーシップに関する本が多数出版されていますが、この『第８の習慣』はどのような点で価値があるのでしょうか？

A　ほかの類書にはない独自の価値でしょうか？　私は五つあると思っています。第一に、能力を開発するには、決まったプロセス、**順序**があるという考え方です。信頼に基づく人間関係を築くには、まずは個人の成長と内的安定という絶対的に必要なものにフォーカスしなければならず、その両方ができてはじめて、家庭も含め効果的で持続可能な組織を築けるのだと説いているのは、私の知る限り本書だけだと思います。二つ目は**全**

人格型パラダイムのアプローチです。四つのインテリジェンス全部を取り上げているのは『第8の習慣』だけでしょう。本書では四つのインテリジェンスのうち精神的インテリジェンス（良心）をもっとも重視し、ほかの三つのインテリジェンスを導くものと位置づけています。三つ目は、普遍の**原則**に基づいていることです。原則は普遍的で時代を超えて不変であり、自明です。そこが価値観とは違うところです。価値観は誰でも持っていますし、どんな組織にもあります。しかし価値観が原則に基づいていない場合があります。私たちは自分の価値観に従って行動しますが、その行動の結果は原則が決めるのです。棒の端を持ち上げたら、もう一方の端も持ち上がりますね。行動の結果を支配しているのは原則なのです。四つ目は、リーダーシップは原則中心の成長プロセスをたどるものであり、リーダーとは立場（形式的権威）ではなく、自ら**選択**するもの（道徳的権威）なのだという考え方です。新しい知識労働者の時代には、マネジメントではなく解放の観点から、取引ではなく変化の観点から考えなくてはなりません。言い換えれば、モノはマネジメントする、人は導く《リード》、ということです。最後の五番目ですが、全人格型パラダイムのアプローチは、**リーダーシップの四つの役割**（模範になる、方向性を示す、組織を整える、エンパワーメントを進める）を通して、家庭も含めたあらゆる組織に応用できることです。リーダーシップの四つの役割は驚くほどの洞察力を発揮するパラダイムであり、ほぼすべての問題を診断して根本原因を突き止め、解決につながる効果的なステップを特定することができます。

Q　リーダーシップを誰かから教わることはできますか？

A　いいえ。リーダーシップは教わるものではなく、学ぶものです。重要なのは、刺激（教わる）と反応（学ぶ）との間のスペース、つまり選択の自由を行使することです。刺激に対する反応を自分で選び、リーダーシップに関係する知識やスキル、人格的特質（ビジョン、自制、情熱、良心）を学ぶことができれば、人々が喜んでついていくようなリーダーになれるでしょう。突き詰めれば、リーダー自身も、リーダーについていく人たちも、原則の使徒といえます。どちらも原則に従って行動しているのです。そして、チームが優れたリーダーシップの下に結束できれば、相互補完チームになります。個々人の長所は生産的に生かされ、短所は他者の長所によって補われ、問題ではなくなるのです。

ⅰ　ある人が長旅に出かけるときに、三人の使用人に財産を預けました。それぞれの力に応じて、Aには五タラント、Bには二タラント、Cには一タラントを預けました。主人の留守中、AとBは預かったお金で商売をし、それぞれ倍に増やしましたが、Cだけは一タラントをそのまま地中に隠して保管しておきました。旅から帰った主人はAとBを大いに褒めましたが、Cには「銀行にでも預けておけば利子がついたのに。」とCの怠慢さを叱りつけ、Cに預けた一タラントもAに与えるように言いました。

ⅱ　信頼の低さといった組織内の問題をコストに換算した場合の具体的な数値は「付録４：低い信頼は高くつく」を参照。

フォーカス

模範になり、方向性を示す

第七章　影響力のボイス——トリム・タブになる

私たちは世界で自らが目指す変化そのものにならなければいけない。
マハトマ・ガンディー

模範になること、それはリーダーシップの役割の精神そのものであり、中核をなすものである。模範になる役割を果たすには、まず自分のボイス（内面の声）を発見しなければならない。四つのインテリジェンスを磨き、ビジョン、自制、情熱、良心というかたちでボイスを表現するのである。個人のリーダーシップを構成するこれら四つの特質の模範になることで、ほかの三つの役割（方向性を示す、組織を整える、エンパワーメントを進める）が根本から変わってくる。

模範になる役割は基本的には**ほかの三つの役割を通して**果たされるものだが、まず先に模範になる役割を果たし、リーダーとして信頼を得てから、ほかの三つの役割に取り組むこともできる。しかし真のリーダーシップが確立されるのは、リーダーが良心に従って行動し、方向性を示す役割、組織を整える役割、エンパワーメントを進める役割で模範を示し、リーダーの模範的行動を部下たちが実感してからである。部下たちは、リー

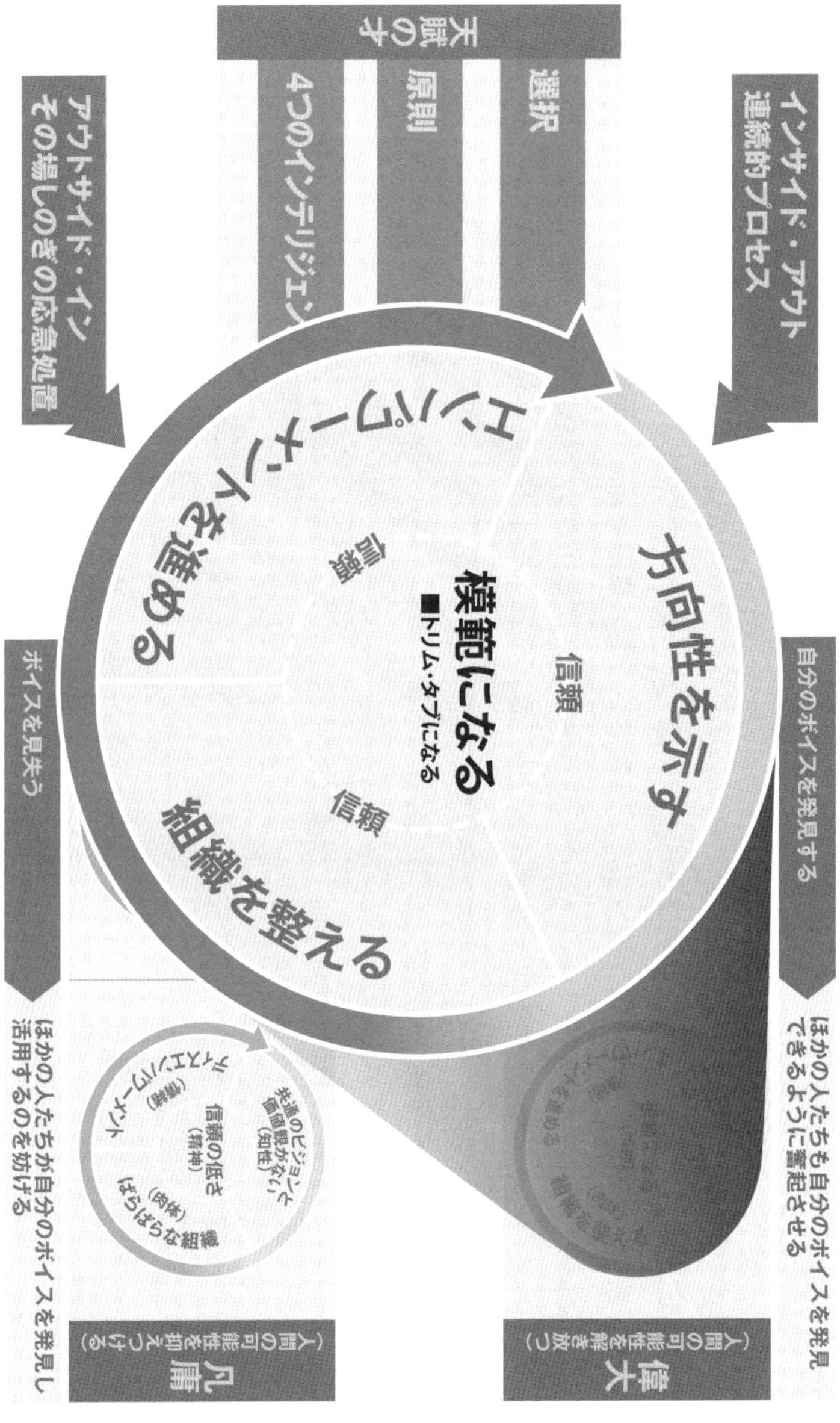
天賦の才
選択
原則
4つのインテリジェン
インサイド・アウト
連続的プロセス
アウトサイド・イン
その場しのぎの応急処置
エンパワーメントを進める
方向性を示す
模範になる
■トリム・タブになる
謙虚
信頼
信頼
組織を整える
自分のボイスを発見する
ボイスを見失う
ほかの人たちも自分のボイスを発見できるように奮起させる
ほかの人たちが自分のボイスを発見し活用するのを妨げる
共通のビジョンと価値観がない
（知性）
信頼の低さ
（精神）
（肉体）
ばらばらな組織
（謙虚）
偉大
（人間の可能性を解き放つ）
凡庸
（人間の可能性を抑えつける）

図7・1

ダーの模範的行動から、自分がいかに重要な存在で、適正に評価されているかがわかるのだ。それはなぜか？意見が求められ、意見や経験が価値あるものとして尊重され、方向性を示すプロセスに彼ら自身が参加するからである。上の人間が作成したミッション・ステートメントや戦略計画をただ手渡されるのではなく、作成そのものに当事者として関わるのである。ミッション・ステートメントや戦略計画がすでにあるなら、それらに共感して自らその組織の一員となることを選んだ場合は別として、模範になるリーダーを信頼できるようになってから、ミッション・ステートメントや戦略計画を自分のものとして取り組めるのである。

方向性を示すプロセスに参加することよりも、リーダーに**共感し、自分を重ね合わせる**ことが大きな力を生む場合がある。ガンディー、マーティン・ルーサー・キング、ネルソン・マンデラといったリーダーに大勢の人々がついていったことからもわかるだろう。優れたビジョンを持つ人物を深く尊敬することは誰にでもある。ビジョンの構築に実際には関わっていなくとも、その人物に強く引かれ、自分もあのようになりたいと思う。このようにして他者に自分を重ね合わせることには、きわめて強い心理的な効果があり、実際に関わるよりもはるかに大きな影響力を持つことがあるのだ。一般的には、その人の価値観よりもビジョンや戦略に強い訴求力がある。そして、優れたビジョンや戦略を持つ人物はたいてい人格的にも優れていて、国や組織の文化そのものを象徴するケースが多い。しかしその場合も、個人としての信頼性が高く、大勢の人から信頼されていることが前提条件となる。そうはいっても突き詰めれば、たとえ間接的にでも、何らかのかたちで**関与**すれば共感の度合いも強くなる。

模範になる役割は、個人が一人で果たすものとは限らない。チームとして模範になることもある。個々人の長所を生かし、短所を補う合うチームをつくることができるリーダーは、組織内に影響力を広められる。したがって模範になる役割を果たすときには、個人としての行動だけでなく、**相互補完チーム**を築くことも念頭に置く必要がある。ほかのメンバーの短所を補いながら、それぞれが自分の役割を果たす。これが相互補完チームの精神である。メンバーの短所を見つけて口うるさく注意したり、本人のいないところで批判したりすることがリーダーの役割ではない。メンバーの短所を補い、自分の短所をメンバーに補ってもらう。長所だけで短所のない人などいない。あらゆる役割で卓越した能力を発揮できる人もまずいない。だからこそ、お互いを尊重し合うことが求められるのである。

影響力のボイス

変化を起こしたい、有意義なことをしたい、自分にとってもっとも大切な人々や社会的な正義のために役立ちたいという内面から湧き出る欲求に応え、実行する習慣を身につける出発点は、マインドセットである。つまり、影響力のボイスを使うことを主体的に選択する意欲である。

私は、本書でも紹介している原則を講演会やセミナーで教えたら、必ず質問を受けつけることにしている。個人的に質問にくる人もいれば、会場で手を挙げて質問する人もいるが、いずれにしても次のような質問をする人が必ずいる。「コヴィーさん、どれもこれも素晴らしい原則です。先生のおっしゃるとおりです。ぜひとも実践したいものです。しかしですね、うちの会社のような組織で働くことがどういうことか、先生はわかっていらっしゃらない。私の上司みたいな人の下で働いてみれば、先生がおっしゃったことは何一つできないことがわかるはずです。どうしたらいいでしょうか?」このような人が考えていることはすぐにわかるだろう。「上司は馬鹿だ、変わりっこない。だから私が辞めるか（だがそうするわけにはいかない）、上司に合わせて我慢するしかない」という二つの選択肢しか見えていないのである。

これらの原則は結婚生活や家族にも応用できるのだと教えると、講演の後に女性たちがやってきて「私の夫がどういう人間かわかります? 先生が言うとおりにやってみても、うまくいくわけがないですよ」と言う。そして男性陣も妻について同じようなことを言う。この場合も、彼ら、彼女らにとって選択肢は決まっている。別れるか、ひたすら耐えるかの二つに一つなのだ。

多くの人はあまりに安易に「私は被害者だ。できることは全部やってみた。私にできることはもうない。八方塞がりだ」と考えてしまう。不満がたまっていて、自分は惨めだと思っている。それなのに別の選択肢を探そうとしないのである。

被害者意識は将来を逃す。

私はいつも「問題が自分の外にあると考えているなら、**その考え方こそが問題**なのです」と答える。すると誰もが少なからずショックを受ける。目をむいて、心外だとでも言いたげな顔をして、「あの、私の問題だとおっしゃりたいのですか？」とつっかかってくる人もいる。

「私が言いたいのは、あなたの気持ちがいちいち他者の短所に振り回されていたら、自分の感情の自由をその人に譲り渡しているということです。その人があなたの人生を台無しにするのを許していることなのですよ」

これが人間関係の問題であることは言うまでもないが、他者との関係をどうこう言う前に、自分のボイス（内面の声）を発見し、個人としての成長、内面の安定、人格の強さを得てはじめて、「馬鹿な上司」に対して原則に基づいた解決策を考え、実行することができるのである。内面の強さはすでに持っていても、まだスキルが身についていなければ、粘り強く努力してスキルを磨く必要があるだろう。

質問にきた人たちと対話を続けながら教えていると、最初は気分を害していてもたいては落ち着いてきて、最後には、自分は被害者ではなく、他者の行動にどう反応するかは自分で選べるのだということに気づく。被害者意識や責任転嫁のマインドセットは、社会が生み出し、助長させているのである。しかしあなたも私も、生まれたときに授かった天賦の才を生かして、自分の人生を自分で創造していくことができる。組織での影響力を強めていくアプローチを自分から選ぶことができるのである。そうすれば、自分の上司に対してリーダーシップを発揮できるのだ。

ギリシャ哲学が説く影響力

ギリシャ哲学は、エトス、パトス、ロゴスという言葉で影響力を説明している。私たちの影響力を強めるプロセスとして、これほど的確なものはほかにないだろう（図7・2）。

エトスは個人の信頼性を意味する。他者があなたという個人の誠実さと能力をどれだけ信頼しているか、つまりあなたが他者に与える信頼であり、他者との関係における信頼残高である。常に原則に従って行動し、約束を守り、自分に期待されていることを果たす人は、エトスを獲得する。これは精神的インテリジェンス（SQ）である。

パトスは共感を意味する。相手の身になってコミュニケーションをとり、相手の気持ち、ニーズ、ものの見方、何を伝えようとしているのかを理解することだ。本心から相手を理解しようと思えば、相手は自分が理解されていると思える。これは情緒的インテリジェンス（EQ）である。

ロゴスは論理を意味し、自分の考えを筋道立てて、説得力を持ってプレゼンテーションする能力のことである。これは知的インテリジェンス（IQ）である。

言うまでもなく、これも順番が重要である。相手を理解しよう

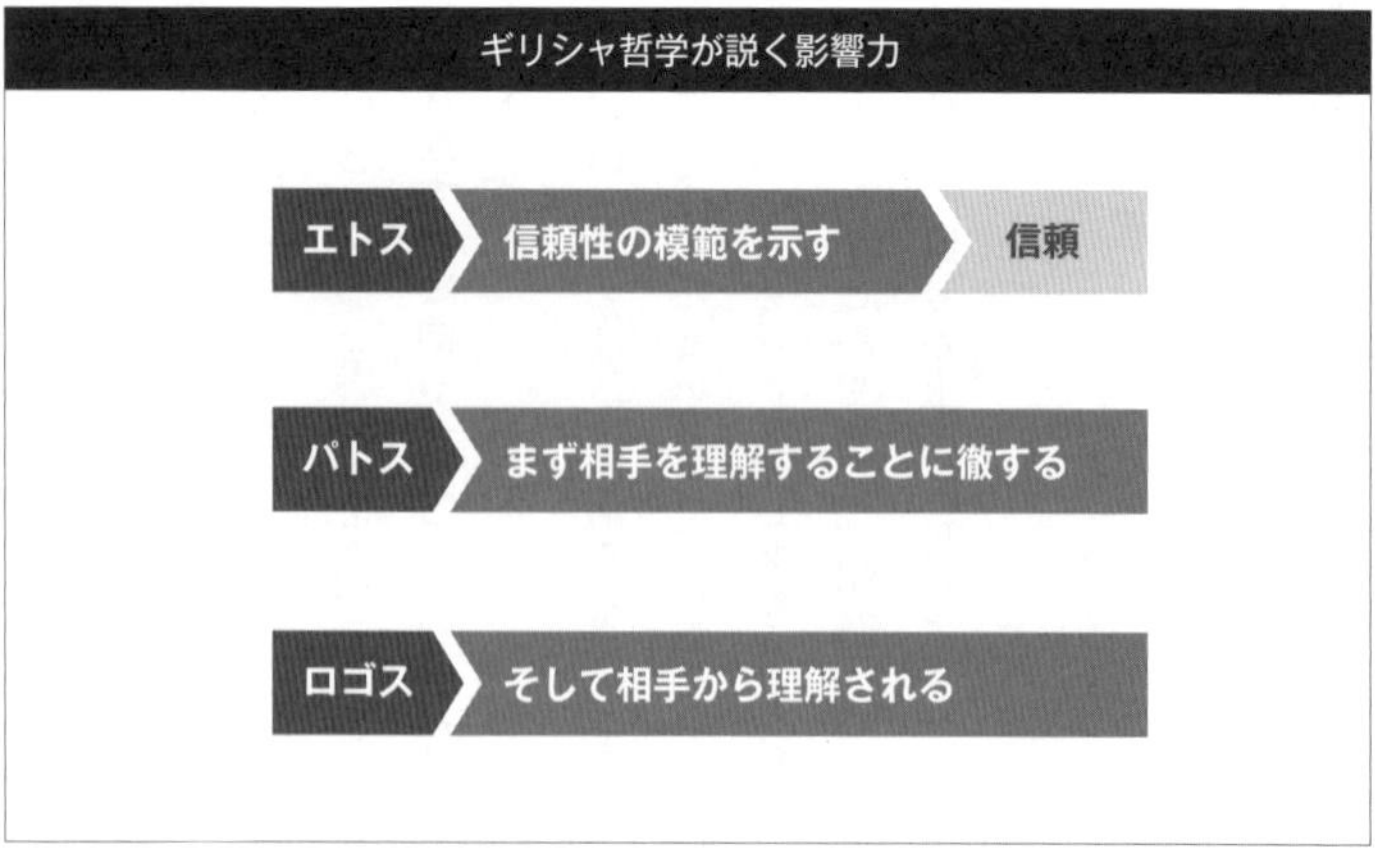

図7・2

ともせず、いきなりロゴスに進んでも無駄に終わるだけだし、相手から信頼されていないのに、自分を理解してもらえるわけがない。エトス、パトス、ロゴスの順に進んでいかなければならないのである。

私は以前、トゥエンティ・グループという集まりで二年間アドバイザーを務めたことがある。総合保険の外交員をしている二〇人のグループで、四半期ごとに会合を持ち情報交換をしていた。一月の会合で彼らは、会社が頻繁に行う研修や能力開発セミナーについて愚痴をこぼしていた。それというのも、クリスマスの直前にハワイで業績優秀者の表彰式が開かれ、世界中から外交員が集まり大々的に行われたのだが、そのイベントの一部が無意味な研修に充てられたからだった。これで彼らの不満は一気に爆発した。研修は意見交換も相互学習もなく形式的なもので、コストをかけた派手なレーザーショーでしかなかった。彼らはこの手の研修にいいかげんうんざりしていた。「まったく役に立たず、すぐに忘れてしまう」と口々に不満を述べていた。

私は「なぜ皆さんが変えないのですか？」と質問を投げかけた。「それは私たちの仕事じゃないからですよ」という答えが返ってきた。そこで私は「皆さんは逃げているんじゃないですか？　その気になれば研修プログラムくらい変えられるでしょう」と指摘した。彼らはトップレベルの外交員で、社内で絶大な信頼を集めていた。つまり彼らはすでに**エトス**を獲得していた。会おうと思えば会社の誰とでも面会して話をすることができたのだ。私は彼らに、会社の役員にプレゼンテーションすることを勧めた。まずは役員の立場に立って、彼らの考えを彼ら以上に的確かつ具体的に述べるよう助言した。この段階が**パトス**である。研修プログラムや例年の豪華な表彰式を変えることにどんな懸念を抱くかも予想し、プレゼンに盛り込む。役員たちが抱くであろう不安や懸念をこちらから述べれば、相手は自分が理解されていると思えるだろう。そうなれば**ロゴス**の段階に進める。外交員たちの提案は前向きに聞いてもらえるはずだ。

トゥエンティ・グループは二人のメンバーを送り込むことにした。選ばれた二人は、CEOだけでなく人事教育担当者にも会いに行き、十分な時間をとって会社のやり方とその理由を理解していること、さらに研修プログラムを変えるとなるとコストがかかり、組織文化の面でもそう簡単ではないことも承知していると伝えた。二人は粘り強く説明した。そのうち相手は、自分は理解されていると感じ、二人の提案を聞いて影響を受ける姿勢を見せ始めた（人に影響を与える鍵は、まず自分が影響を受けることである。つまり最初に相手を理解することに徹しなければならない）。CEOも人事教育担当者も、二人の助言を自分たちから求めた。二人は助言しただけでなく、最初に指摘していた経済的、文化的な現実を踏まえた活動計画も説明した。

CEOも人事教育担当者も二人のプレゼンに驚き、納得せざるをえなかった。彼らの提案は、まずはパイロット・プログラムを策定することだったが、CEOはすぐに全社的なプログラムにした。

トゥエンティ・グループの次の会合のとき、彼らは一部始終を説明してくれた。そこで私は「次は何を変えたいですか？ 社内で続いている無意味なことはほかにありませんか？」と尋ねた。トゥエンティ・グループの面々は、自分で自分をエンパワーメントできたことに驚いていた。自分の率先力と勇気、そして相手に共感してコミュニケーションをとることが大きな結果に結びつき、感動していたようだった。それ以降、彼らは不平不満や愚痴をこぼさなくなり、自分からどんどん責任を負って行動を起こすようになった。自分の担当分野を深く掘り下げていくだけでなく、より広い視野から仕事をとらえるようにもなった。会社の経営陣に対しても、自分たちと同じように日々悪戦苦闘しているのだと思うようになった。トップに立つ人間には批判していればいいわけではない。彼らとて模範が必要なのだ。裁く人ではなく光を照らす人を求めているのである。

このケースは、まさにインサイド・アウトのアプローチであり、その力をよく伝えていると思う。**問題は自分の外にあると考えるならば、その考えこそが問題なのだ**ということを覚えておいてほしい。

率先力を発揮し、相手に共感して話を聴き、エトスを築き、自分の影響力を及ぼせることに力を注ぐことによって、どのような状況であっても変化を起こす触媒になれるのである。それはまさに、あなたの上司に対してもリーダーシップを発揮できることを意味する。上司が形式的権威を持っていようとも、あなたは道徳的権威となり、自分の影響力を及ぼせるのだ。

トリム・タブ

驚くべきパラダイムシフトをもたらしたバックミンスター・フラーが、自らの墓石に刻む銘として選んだのは「トリム・タブに徹する」だった。トリム・タブとは、船や飛行機についている小さな方向舵《だ》である。小さなトリム・タブが大きな方向舵《だ》を回すことによって、船や飛行機の針路が変わるのである（図7・3）。このトゥエンティ・グループはトリム・タブだった。ガンディーもまた、トリム・タブだったのだ。

企業、政府、学校、家庭、非営利団体、地方自治体など、どんな組織にもトリム・タブになれる人が大勢いる。組織内での立場にかかわらず、自分の影響力を広げていける人たちだ。彼らは自分から行動を起こし、組織全体が良い方向に進むように、チームや部署を動かすことができる。トリム・タブの働きができるリーダーは、自分の「影響の輪」の中で**率先力**を発揮する（図7・4）。影響の輪が小さくとも、その中で率先して行動しているうちに、輪は次第に大きくなるのだ。

図を見るとわかるように、二つの輪がある。大きいほうの輪は「関心の輪」で、自分が興味を持っていることや懸念していることが入る。小さいほうの輪は「影響の輪」で、ここには自分が影響を及ぼせることやコントロールできることが入る。この図にも示されているが、個人の仕事のほとんどの部分は「影響の輪」の外にある。

第一章の冒頭で、ハリス・インタラクティブ社によるアンケート調査の驚くべき結果を紹介した。この調査ではフランクリン・コヴィー社が開発したxQ（実行指数）が用いられており、実に示唆に富んだ結果が出ているので、これ以降もさらにいくつかのデータを紹介していきたい。ちなみに影響力に関しては、自分にはどうにもできないことではなく、直接的に影響を与えられるこ

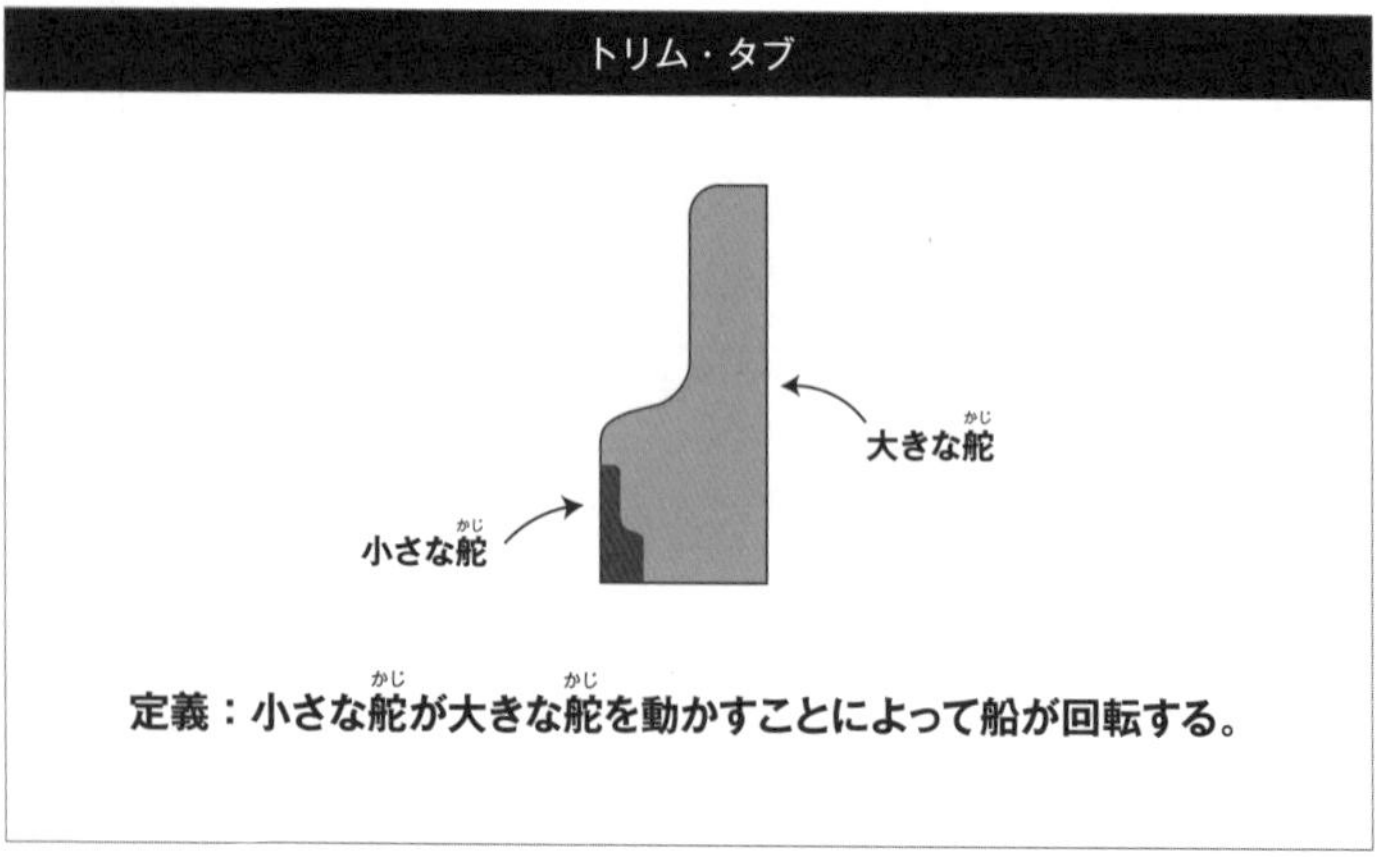
トリム・タブ
大きな舵《かじ》
小さな舵《かじ》
定義：小さな舵《かじ》が大きな舵《かじ》を動かすことによって船が回転する。

図7・3

とに力を注ぐと答えたのは、xＱ回答者の三一％にとどまっている。組織内で正式なリーダーのポストにあるかどうかにかかわらず、トリム・タブの働きをするリーダーは、「影響の輪」の外縁付近でビジョン、自制、情熱、良心を働かせ、輪を広げていく。彼らの多くは、組織の中で重要な地位に就いているわけではなく、意思決定の正式な権限を持っているわけでもない。

率先して行動を起こすのは、セルフ・エンパワーメントの一つのかたちである。上司からエンパワーメントされるのでも、組織内でのポストで権限を与えられるのでもない。職務の内容からエンパワーメントされるわけでもない。目の前にある問題や試練に対して、あなたが自分自身にエンパワーメントし、行動を起こすのである。そのときどきの状況に応じて、自ら選択して適切な率先力を発揮する。これがセルフ・エンパワーメントである。

「この状況で自分にできる最善のことは何か？」と自問することを心がけよう。

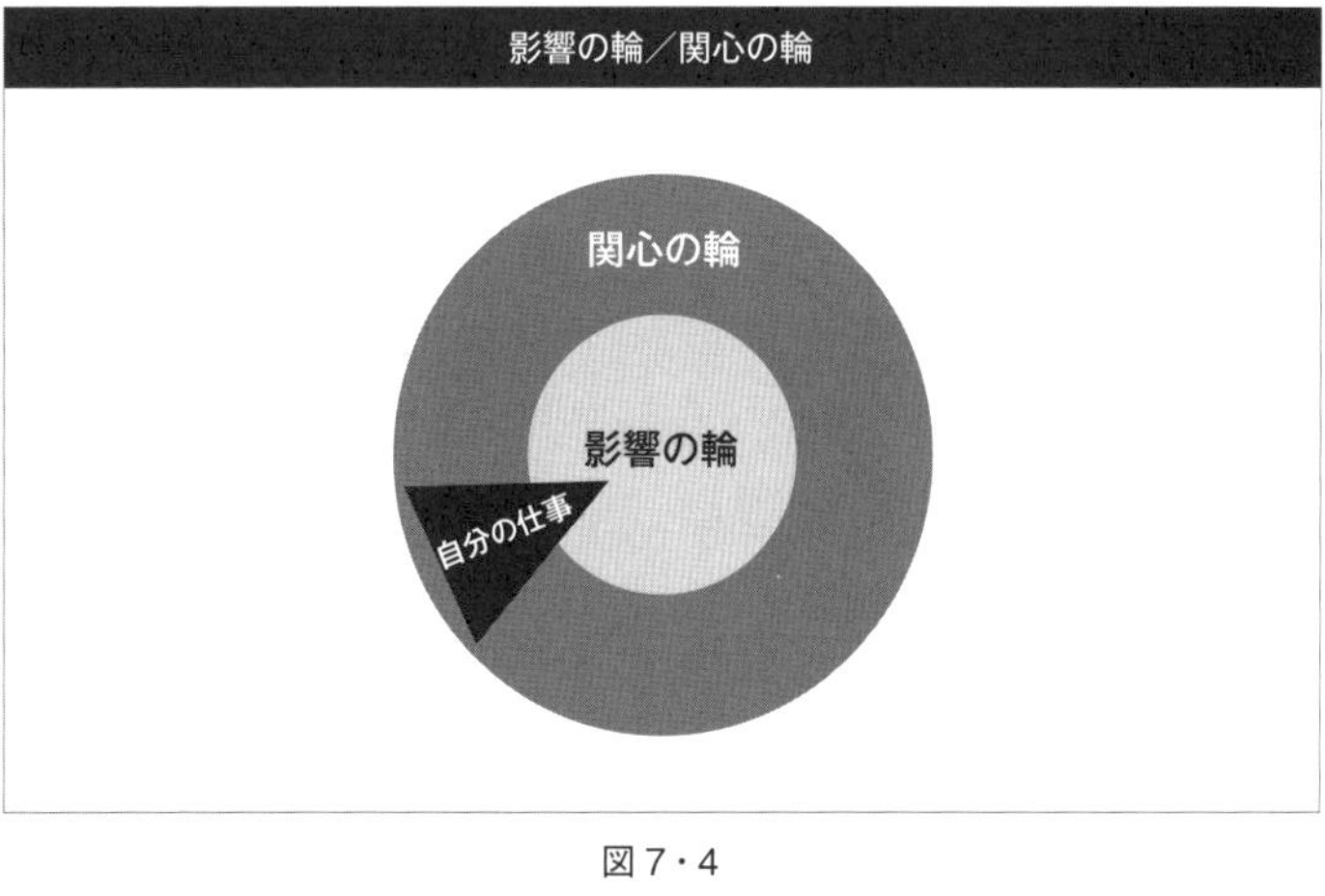

図７・４

セルフ・エンパワーメントの七つのレベル

図7・5は率先力のレベルを示している。一番下の「言われるまで待つ」から、「指示を求める」、「提言をまとめる」、「実行しようとする」、「実行してすぐ報告する」、「実行して定期的に報告する」、「実行する」まで七つのレベルがある。一番上の「実行する」が、自分で物事をコントロールし、影響を与える能力がもっとも発揮されるレベルである。

どの段階の率先力を選ぶかは、そのときに取り組む仕事や問題が自分の「影響の輪」に入っているかどうかによって異なる。「影響の輪」の中に入っていても、どの辺に位置しているかによっても違ってくる。そのときどきの状況を察知し判断する能力が求められるが、これらの七段階を意識して行動しているうちに、少しずつ「影響の輪」が広がっていく。

率先力のレベルを主体的に選択していると、自分の「ボイス」の定義が広がっていき、どんな状況でもボイスを発見できるようになる。面白くもなんともない仕事にボイスを発見することもあ

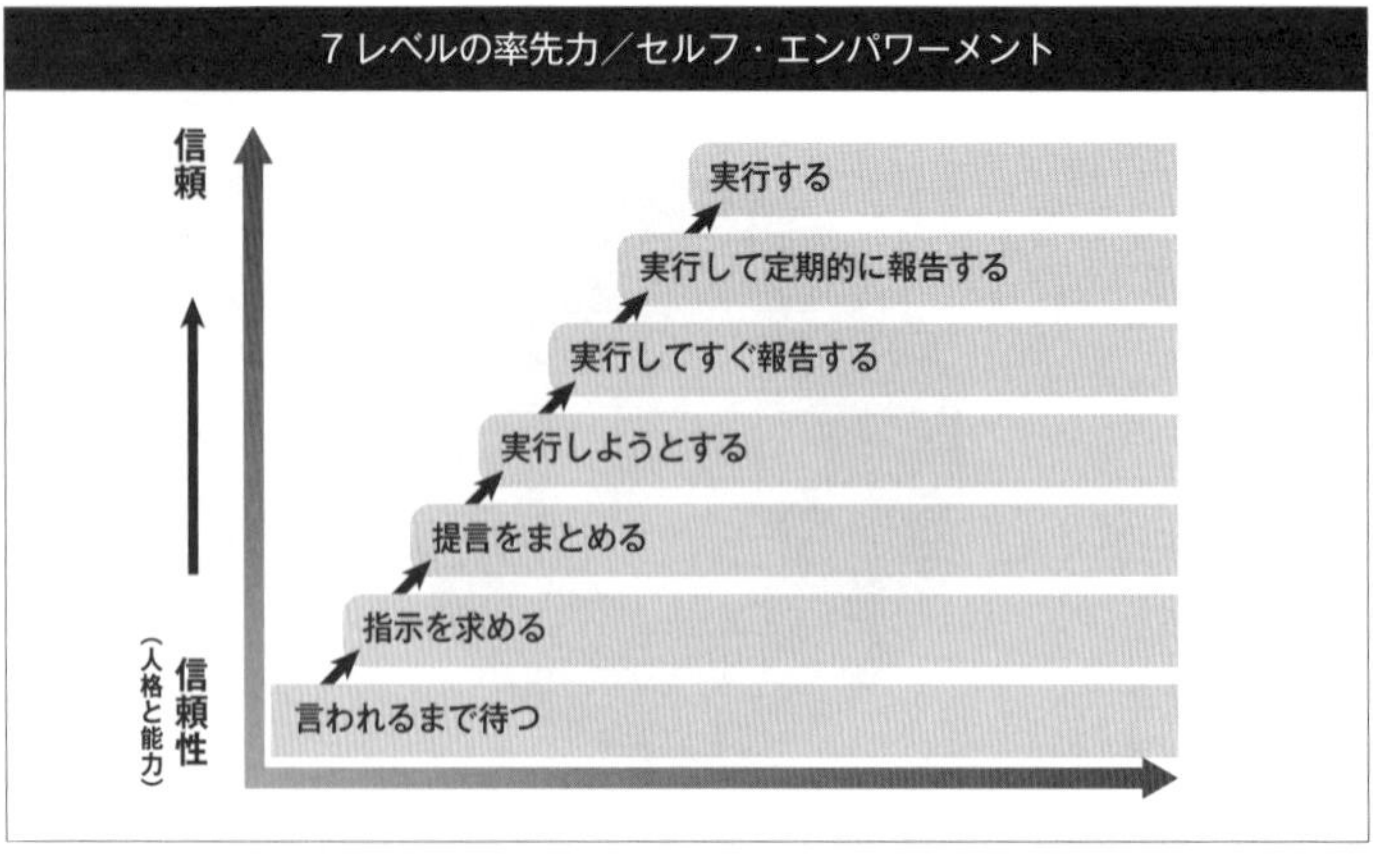

図7・5

るだろう。そのような場合でも、率先力の適切なレベルを選択することによって、その仕事の性質を変えることができる。あるいは、仕事を円滑に進めるために、その仕事には直接関係がなくても、自分の「影響の輪」の中にいる人たちに働きかけることもできるだろう。

今の仕事、今の立場で最高の結果を出す努力をしよう。企業なら地域や国内の基準ではなくワールドクラスを目標にする。弁護士なら、単に勝訴を目指すのではなくピースメーカーとしての役割を果たせる。教育者なら、もっと思いやりの深い指導者、コーチ、メンターになれる。医師なら、肉体の部位を個別にとらえたり、テクノロジーや化学だけに目を向けたりするのではなく、患者を全人格的にとらえて、教育と予防に力を注ぐことができるだろう。親なら、わが子とのコミュニケーションの八〇％をポジティブなものにして、行動の注意など躾《しつけ》は二〇％にとどめることを心がける。セールス・パーソンなら、顧客のニーズにもっと耳を傾け、誠実に対応する。マーケティング担当者なら、商品にも広告にも嘘《うそ》偽りがないように気を配る。組織の幹部なら、確実にできることだけを約束して、約束を上回る成果を出すことを意識する。要するに、いつでもどこでも、ときには態度や行動だけでなく言葉を使って、周りの人に原則を教えることができるのである。

それでは、率先力の各レベルを詳しく見ていこう。

一　言われるまで待つ

自分の仕事に関わることではあるけれども、「影響の輪」の中にはない関心事に対しては、言われるまで待つしかない。他人の仕事に手出しするわけにはいかないし、自分の「影響の輪」の外にあることについてあれこれ言うのも控えたほうがよい。あなたの力でどうにもならないことについていくら助言や提案をしても、相手が真剣に耳を傾けることはないだろう。あなたの意見をはなから見当外れと受け止めるだろうし、意見すること自体、筋違いと思うかもしれない。「影響の輪」から大きく外れたところで背伸びして行動しようとすると、逆に「影響の輪」が縮んでしまうのである。

では、どうすればよいのだろうか? アルコール依存症の更生団体、アルコホーリクス・アノニマスのメンバーが唱える祈りが、その答えになるだろう。

主よ、私に与えたまえ
変えるべきことを変える勇気を
変えられないことを受け入れる心の平和を
そしてこれら二つを見分ける賢さを

自分の力ではどうにもできないことは笑顔でやり過ごせば、エネルギーを無駄使いすることもなくなる。しかし、そのことを何とかしてくれそうな人に対して、あなたが多少なりとも影響を与えられるなら、話は別だ。その場合は率先力のレベルを上げて、セルフ・エンパワーメントして主体的に動こう。

しかし、自分ではどうにもできないからといって、何もせずにただ笑顔でいるのはそう簡単なことではない。人は、すぐには変えられないどうでもよいことに妙にこだわってしまうものである。どうにもならないことについて同僚と愚痴をこぼしたり、苦労話を自慢し合ったりする。しかしそんなことをしていたら、自分でどうにかできる問題や心配事を解決する能力がそがれてしまうだけである。ここでも、自分の過去に縛られて将来の可能性を自分から閉じてしまうのだ。

　そしてお決まりの共依存関係の罠《わな》にはまり、批判、不平、比較、競争、対決という行動を生むことになる。私はこれらの五つの行動を「情緒の転移性がん」と呼んでいる。自分の内面の奥深くを見つめていない人は、自分の外にあるものを安心のよりどころにしようとする。自分が置かれた状況と共依存関係にあるせいで、「情緒の転移性がん」という破壊的な行動に走ってしまうのだ。

　これら五つの「情緒の転移性がん」は、がん細胞を人間関係に文字どおり転移させる。最悪の場合、転移は組織文化全体に及んでしまう。その結果、組織は二極化して分断され、質の高いサービスを顧客に提供することがほとんどできなくなってしまうのだ。

情緒の転移性がん

- ▶ **批判**
- ▶ **不平**
- ▶ **比較**
- ▶ **競争**
- ▶ **対決**

図７・６

五つの行動の中で競争について一言述べておきたい。人間関係、家族、作業チーム、組織文化の内部で、何らかの価値観を巡って競争するのは弊害が多い。しかしスポーツや市場のような環境での競争は、やりようによってはきわめて健全である。人や組織の潜在能力を最大限に引き出し、生かせる可能性があるからだ。市場での競争なら、ライバル会社の動きを注視し、良いところは手本にして、自社の活動に取り入れることができる。競争心をむき出しにしてライバル会社を打ち負かそうと必死になっているときでも、より効果的に、より迅速に行動しているライバルから学んだことを実行に移すのであるから、結果的に自社のためになり、ひいては顧客のためになるのである。これが自由企業体制の力だ。市場では競争し、職場では協力することが、より良い結果に結びつく。競争と協力を行える「バイリンガル」にならなくてはいけないことを覚えておいてほしい。競争ばかり考えて協力がおろそかになってはいけないし、その逆もしかり。「かなづちの使い方のうまい人は、何でも釘に見えてたたいてしまう」とアブラハム・マズローが言っているように、一つのことしか見えないと間違った方向に進んでしまいかねないのである。

二　指示を求める

「影響の輪」の外ではあるけれども、自分の職務内容に含まれていることについて質問し、指示を求めるのは当然であるし、理にかなっている。「影響の輪」の外にあることだから、たいしたことはできないかもしれない。しかし自分の仕事に関係しているのだから、質問したからといって出しゃばりと思われることはない。よく考え、十分に分析したうえでの適切な質問であれば、むしろ好印象を与え、「影響の輪」が広がる可能性が高い。

三　提言をまとめる

このレベルの率先力は「影響の輪」と「関心の輪」の境目あたりで発揮する。自分の職務に関係していなくともかまわない。職務の範囲外で、「影響の輪」の外縁部あたりにある事柄について提言するのである。

軍隊で用いられている「ファイナル・プレゼンテーション」という原則は、率先力とセルフ・エンパワーメントの三番目のレベルを実に見事に言い表している。基本的には五つのステップを踏んで「ファイナル・プレゼンテーション」をする。


一．問題を分析する。

二．代替案も含めた解決策を考える。

三．その解決策を実行するステップを考える。

四．あらゆる現実（政治、社会、経済、能力、その他）を認識し、解決策に反映させる。

五．その場で承認のサインが得られる提言としてまとめる。


上司は部下が「ファイナル・プレゼンテーション」を出してくるのを待てなくてはならない。まず、問題や課題を部下によく考えさせる。部下が考えに考え、ファイナル・プレゼンテーションにたどりついたら、上司はその提言に目を通し、ＯＫを出すだけでよいのだ。

「ファイナル・プレゼンテーション」の原則を組織に導入するなら、上の立場の者は、手っ取り早くできる簡単な答えを部下に与えてはいけない。たとえ部下から頼まれても、安易に助け舟を出してしまったら、本人のためにならない。ファイナル・プレゼンテーションを待てない上司は、部下の成長を妨げ、長い目で見れば上司の時間も会社の時間も無駄にすることになる。さらに、上司がやり方を教えたら、部下は結果に責任を持とうとはしなくなる。

> シチリアの戦いのときのことだ。攻撃をためらっている将軍がいたので、私は「君に全幅の信頼をおいている」と伝えた。その言葉を証明するために、私は島を離れた。これをしろ、あれをやれと部下に命令してはいけない。命令しなければ驚くほどの創意を発揮するものである。[i]
>
> ジョージ・S・パットン将軍

「ファイナル・プレゼンテーション」のアプローチが、上層部の人間の時間と仕事量をどれほど節約するかわかると思う。それと同時に、部下の率先力を大きく引き上げることにもなる。私はこれまで、その証拠を至るところで目にしてきた。このアプローチの効果には本当に驚かされる。「影響の輪」もみるみる広がるのである。[i]

四　実行しようとする

「実行しようとする」レベルの率先力は、「提言をまとめる」レベルよりも一段高く、その延長線上にある。私がこの原則を知ったのは、ハワイで原子力潜水艦USSサンタフェに乗船させてもらったときである。数十億ドルかけて建造されたサンタフェが、戦闘シミュレーションの航行訓練でラハイナ港を出るとき、艦長のデイビッド・マルケット大佐とブリッジに立つと、私の前方に一〇〇ヤード（アメリカンフットボールのフィールドとほぼ同じ長さ）、後方にも約一〇〇ヤード伸びる巨大な艦体が海面を切り裂くようにして進んでいく光景が見渡せ、実に感動的だった。

艦長と話していたとき、一人の士官がやってきて言った。「艦長、四〇〇フィート潜水しようと思います」

「測深値（海底の深さ）は？」と艦長は聞いた。

「約八〇〇です」

「ソナー（船舶、ボート、潜水艦、そのほかの物体を探知する電子機器）はどうなってる？」

「何も探知していません。魚だけです」

最後に艦長はこう言った。「あと二〇分待って、それから君の考えどおりに実行してくれたまえ」

見ていると、一日中、乗組員が入れ代わり立ち代わりやってきて「こうするつもりです」「これをしようと思います」と艦長に言う。艦長はたいていいくつか質問してから、「よろしい」と答える。質問は一切せず「それでいい」と言うことも何度かあった。艦長がすることは基本的には確認であり、彼の「よろしい」という決定の言葉は、例えるならば海面に突き出た氷山の一角にすぎない。氷山の大部分、九五％の決定は、どんなものであれ、艦長自身が関わることなく行われていたのだ。

私は、艦長のこのようなリーダーシップ・スタイルについて質問した。海軍の規則の範囲内でできる限り部下にエンパワーメントしたいのだということだった。「問題だけでなく、その解決策にも責任を持たせるようにすれば、指揮系統の中で自分は重要な役割を担っているのだと考えるようになるものですよ」と艦長は言っていた。士官も水兵も含めてすべての乗組員が艦長の意思決定権限に含まれる事項について自分の考えをはっきりと述べていた。彼は潜水艦サンタフェの組織文化をそこまで成熟させていたのである。

「実行しようとする」の率先力レベルは、その前の「提言をまとめる」とは本質的に異なっている。「実行するつもりです」と言ってくる当人は、より詳細な分析作業を終えて行動計画を立て、承認されたら実行に移す準備ができているからだ。問題を自分のものとしてとらえているだけでなく、解決策にも責任を負い、実行すると決意しているのである。

潜水艦サンタフェの乗組員たちは、自分の行動がこの潜水艦の価値を高めていると自負していた。別の艦では「言われるまで待つ」状態だったと話す乗組員もいた。このことからも、「実行しようとする」レベルが「影響の輪」と自分の仕事の外縁あたりにあることがわかると思う。有意義なエンパワーメントができれば、組織の離職率を大幅に下げることができる。より高い報酬を求めるトップ層の有能な人材は特に、適切なエンパワーメントがなされなければ次々と組織を離れていくだろう。

サンタフェに乗船させてもらってから数ヵ月後、マルケット艦長からうれしい手紙が届いた。USSサンタフェがアーレイ・バーク・トロフィーを授与されたとの知らせだった。太平洋艦隊でもっとも改善がなされた艦と認められたのだ。まさにトリム・タブ型のエンパワーメントの果実である。

五　実行してすぐ報告する

このレベルの率先力は、「影響の輪」の外縁上にあって、かつ自分の職務の範囲内で発揮する。すぐに報告するのは、ほかの人たちに知らせる必要があるからである。あなたの仕事が適切に行われたかどうかわかり、必要があれば速やかに是正措置を講じることもできる。また、その後の決定を下し、フォローアップする人たちは、そのために必要な情報を得られる。

六　実行して定期的に報告する

このレベルの率先力は、勤務評定面接や正式な報告書などでの通常の自己評価の一貫としてなされる。情報は面接や報告書を通して伝えられ、ほかの人たちと共有する。定期的に報告することによって、「影響の輪」と自分の職務の範囲内で行動していることを実感できる。

七　実行する

「影響の輪」の中心にあり、なおかつ自分の職務の中核をなすことは、とにかく実行あるのみ。組織文化によっては、いちいち許可をもらうよりも事後承諾を得るほうがスムーズに進む。だから、あなたがやろうとしていることが正しくて、その行動が「影響の輪」から大きく外れていないことを確信できるなら、「実行する」

がベストの選択である。

自分から責任を引き受けて実行するというのは、自分で何かを成し遂げることであるのだから、そこには大きなパワーが秘められている。この最高レベルの率先力について語ると、私はいつも「ガルシアへのメッセージ」という実際にあったストーリーを思い出す。

一九世紀末にスペインと米国の間で戦争が勃発したとき、米国大統領はガルシアという名前のキューバ人革命家にメッセージを届ける必要があった。ガルシアは手紙も電報も届かないキューバのどこかに潜伏していた。彼に接触する方法を知っている者は一人もいなかった。そこへ、ガルシアに接触できる人間がいるとしたら、ローウェンという士官しかいないという情報が入った。

ワシントンDCでマッキンリー大統領から手紙を託されたローウェンは、「ガルシアはどこにいるのです？」とは聞かなかった。どうすれば会えるのか、接触できたら何をすればよいのか、どうやって帰還すればよいのか、とも聞かなかった。彼は一切質問せず、ただメッセージを受け取り、ガルシアに接触する方法を考えた。まずニューヨークまで列車で行き、船でジャマイカに渡った。さらに帆船でスペインの封鎖を突破し、キューバにたどり着いた。そこからは馬車に揺られ、ジャングルは徒歩や馬で進んだ。旅が始まって九日後の朝九時、ローウェンはガルシアにメッセージを渡した。そしてその日の午後に帰国の途についた。[ii]

作家のエルバート・ハバードは、この逸話について洞察に富んだ文を残している。

「上司」が職場にいようといまいと、自分の仕事を黙々と実行する人にこそ、私は心打たれる。ガルシア宛ての手紙を託されたとき、聞いても無駄な質問など一切せずに黙って受け取り、近くの下水道にこっそり捨ててもばれないぞという誘惑の声にも負けず、ガルシアに届けたローウェンのような人物だ。文明とは、彼のような人物を探し求める長い旅である。そうした人物が求めることなら、何でも聞き入れられるだろう。あまりに希少で貴重な存在であるから、雇用者はどんなことをしてでも手放そうとはしない。どんな都市でも、町でも、村でも、求められる。あらゆるオフィス、商店、工場で必要とされる人材なのだ。世界は、そのような人物を探し求めている。どうしても必要としているのだ。「ガルシアへのメッセージを届ける」ことのできる人物を。

トリム・タブの精神

ここまで読んできて、わかったと思う。どんな問題にぶつかっても、どんな心配があっても、何らかのかたちで率先力を発揮すれば、セルフ・エンパワーメントできるのである。状況を敏感に察知して賢明に判断し、タイミングを見計らう必要はあるけれども、そのときどきの状況に対して**何か**することはできるのだ。愚痴をこぼさない、批判しない、ネガティブ思考をやめる。特に注意しなければならないのは、自分の責任を引き受けず、失敗を他人のせいにすることだ。今の時代は責任転嫁の文化が蔓延《まんえん》している。xQの回答者の実に七〇％が、「私が所属する組織では、物事がうまくいかないと人のせいにする風潮がある」と答えている。このような時代に責任を引き受けるのは流れに逆らって泳ぐのも同然である。

何がしかの**ビジョン**を持っていなければ、人は率先力を発揮することはできない。満たすべき基準、改善目標のようなものが必要なのだ。実際に行動に移すときには**自制**する力が必要になるし、**情熱**を注ぐことも求められる。そして、良心の導きに従い原則を守って、価値のある結果に結びつくようにやり抜かなくてはならない。

経営コンサルタントのトム・ピーターズは、トリム・タブ的な態度と精神を次のように書いている。

成功する者は、つまらない仕事に目を輝かせる。ウソじゃない。なぜ？ つまらない仕事はかなり自由がきくからだ。誰も気にしない。誰も見ていない。だから、やりたいことができる。自分で直接、手を下せる。間違いを犯せる。危険を冒せる。そして、奇跡を起こせる！（中略）「権限のない人」は、判で押したように、自分にそんな「自由」は与えられていないと嘆く。これは、自分は「能なし」と言っているに等しい。キツイ言い方だが、本当だからしようがない。（中略）ほかの誰もやりたがらない「小さな」仕事や「雑用」があったら、喜んで飛びつこう（なければ、それを探そう）。伝票の書式変更でも週末の顧客接待でも、やりたいことをやる絶好のチャンスである。やる気さえあれば、かならず、憂鬱《ゆううつ》な仕事を、輝けるプロジェクト、すごいプロジェクトに変えることができる。[2]

かつて大学で教えていたころ、学長のアシスタントを務めたことがある。学長はいろいろな面で独裁的で、何でも自分でコントロールしようとするタイプの人だった。どうすればよいかわかっているのは自分なのだから、重要な決断は自分が下すべきだと思っていた。その一方で、将来へのしっかりしたビジョンを持っていて、聡明《そうめい》で才能に恵まれた人物でもあった。ところが、周りの人間を使い走りにしていた。「あれをしろ、これをしろ」と言いつけ、誰であれ知性のないモノのように扱っていたのだ。職員は皆学歴も意欲も申し分のない人たちばかりだったが、次第に職場に幻滅を感じ、やる気を失っていった。彼らは学長室のある階の廊下でたむろして、よく愚痴をこぼしていた。

「あんなことをするなんて信じられない……」

「この間のことなんだけど、学長ったら……」

「そんなのまましなほう。学長がうちの学部でやったことに比べたら……」

「嘘《うそ》だろ、それは初耳だ」

「がんじがらめに縛られているように感じる職場は初めてだよ。馬鹿げた規則ばっかりで、まるでお役所仕事みたいじゃないか。息が詰まりそうだ」

彼らは始終、お互いの境遇を慰め合っていたのである。

そんな職員たちの中に、ベンという人物がいた。ベンは彼らとは違うアプローチをとった。いきなり三番目のレベルの率先力とセルフ・エンパワーメントを発揮したのである。彼も使い走り扱いされていたが、「提言をまとめる」レベルから始めることにしたのだ。

ベンは最高の使い走りになろうと努力した。これで学長から信頼されるようになった。エトスを獲得したのだ。ベンは、学長のニーズを予測し、使い走りを命じる理由を推し量るようにした。「武器を携帯した警備員を置いている大学が全国で何校あるか調べろと言われたが、なぜこの情報が欲しいのだろう? 学長はたしか理事会の準備をしていたな。うちの大学の警備体制について理事会から批判を受けているからだ。ならば学長の力になろう。理事会の準備を手伝おう」

上司を批判するのではなく補完しよう。

理事会を間近に控えた打ち合わせのミーティングで、ベンは集めたデータを提出した。それだけでなく分析と提言までした。学長は驚きのあまり言葉を失い、私のほうを向いた。それから再びベンの顔を見て言った。「理事会に一緒に出てくれないか。この提言を理事会で話してほしい。君の分析は見事だ。求められていることを的確に予測している」

ほかの職員は全員、暗黙の了解で「言われるまで待つ」姿勢を貫いていた。しかしベンは違っていた。彼はリーダーシップを発揮して、学長の身になって考え、学長が本当に求めているものを判断した。ベンは比較的下のポストからスタートしたが、たちまち理事会で定期的にプレゼンテーションするまでになった。

私は学長のアシスタントを四年務めた。その間、ベンは大学教員としてはさほど出世しなかったが、学内では学長に次いで影響力を持つ存在となり、学長はベンの同意がなければ重要な決断を下すことはなかった。ベンが退職するとき、彼の名を冠した特別功労賞が設けられた。なぜなら、ベンは信頼性の手本となり、大学に忠誠を尽くし、必要なことは何でも自分から進んで実行したからである。

状況が変わるのを期待しながら待つのは無益であることを、ベンはわかっていたのだろう。この話を読んで、リーダーシップは自分で選びとるものであることがわかったと思う。あなたもベンと同じように、上司に対してリーダーシップを発揮できるのだ。

リーダーシップは自分から選びとるものであるというのは、基本的には、「この状況で私にできる最善の行動は何か?」という問いに対して、発揮すべき率先力のレベルを自分で選択できるという意味である。

どんなときでも、率先力の七つのレベルのどれを選択するか、自分で考えなければならない。適切なレベルを選択するには判断力と知恵が要る。**何を**、**どのように**、**いつ**するべきか、そしておそらくもっとも重要なのは、**なぜ**そうするのか。この判断には四つのインテリジェンスを全部働かせなくてはならない。「なぜするのか」の問いに答えるには、モチベーションの源泉である価値観に関係するから、精神的インテリジェンスを使う。「何をするのか」の問いに答えるには、知的インテリジェンスを使って、分析的、戦略的、概念的に思考しなければならない。「いつするのか」「どのようにするのか」の問いに答えるには、状況を読みとり、文化的、政治的な行動規範を察知し、自分の長所と短所を見きわめるために、情緒的インテリジェンスを働かせる。意思を実行に移し、「どのように」を戦術的に行うには、実行力としての肉体的インテリジェンスも必要になる。

率先力の七つのレベルを賢明に選択して発揮しているうちに、「影響の輪」が広がっていき、やがて自分の仕事全体がすっぽり入るまでになる。興味深いことに、「影響の輪」が大きくなると、必ずといってよいほど「関心の輪」も広がるのだ。

トリム・タブのリーダーは、灯台のような存在だ。いつでも頼りになる光の源である。風見どりのように、社会の風によっていちいち向きを変えたりしない。地に足をつけ、揺らがずにいられる人なのである。

> あなたの最良のものをこの世界に与えなさい。あなたは傷つくことになるかもしれません。それでも与え尽くしなさい。
>
> マザー・テレサ

このインサイド・アウトのアプローチで率先力を発揮すれば、組織内で正式なリーダーの立場にある人は、あなたの人格と能力を信頼するようになる。そうなれば、あなたがもっと率先力を発揮できるようにエンパワーメントするだろう。やがてあなたは、自分が上司に対してリーダーシップを発揮していることに気づくはずだ。そしてあなたの上司は、自然と相互補完チームの一員となり、サーバントリーダー（奉仕するリーダー）の役割を果たすのである。

映像作品『モーリシャス』

ここで『第8の習慣』のＷｅｂサイトにアクセスして『モーリシャス』という映像作品を観てほしい。トリム・タブになれるのは組織や個人だけではない。国や社会全体がトリム・タブとなって、民族、人種、文化、その他さまざまな違いを巡る根の深い対立を乗り越えられることが、この作品を通してわかるだろう。そうした違いはそもそも障害にはならない。違いがあるからこそ、モーリシャスの文化はこれほどまでに強固になったのである。

冒頭に表示される情報は、この映像作品の制作時には正確だった。しかしその後、国内の内紛地域が増えるなど、モーリシャスの情勢に少なからぬ変化があった。ただ、この作品の真の意図は、完璧な社会の例としてモーリシャスを紹介することではない。個人であれ、家族、組織であれ、そして国家であっても、問題にぶつかったら「影響の輪」の中で行動し、創造力を発揮して「トリム・タブ」の役割を果たし、問題を解決できるのだということである。

Webサイトへのアクセス

URLを直接入力
https://fce-publishing.co.jp/8h/

QRコード読み取り

Q&A

Q　ここに書いてあることはもっともなことばかりだと思うのですが、コヴィー博士は私の上司を知りませんよね。私の上司はコントロール魔で、有能な部下を脅威と考えるような人です。私が置かれている状況はずいぶん違うんですよ。

A　おっしゃるとおり、状況はそれぞれ異なります。しかし困難な状況や問題の根っこの部分を見れば、どれもよく似ています。解決の鍵はそれぞれの状況にあるのではなく、刺激と反応の間のスペースにあるのです。つまり、その状況（刺激）とそれに対する反応との間にあるスペースであなたがどんな反応を選択するかです。そのスペースには、選択する自由があります。その自由を賢明に使い、原則に従って反応を選択する。それを続けていると、刺激と反応の間のスペース、つまり選択の自由が広がります。それだけでなく、内面の安心を外に求めることがなくなり、他者の短所に気持ちが振り回されることもなくなります。自分で自分の力をそいで、他者の短所に力を与えてしまうのは、自分の人生がその人によって乱されるのを許すことなのです。それをやめるには、自分の反応を賢明に選択すること。あなたは、コストパフォーマンスを分析して、今の会社で別の部署に移るか、転職することを選ぶかもしれません。しかしそうはせずに、市場の動きをうまく利用してトリム・タブの働きをし、今の職場で「影響の輪」を広げていくこともできるでしょう。後者を選択すれば、あなたは上司にとってなくてはならない存在となり、上司に対してリーダーシップを発揮できるまでになるはずです。創造的になり、意欲をかき立てるためには、四つのインテリジェンスを全部働かせなくてはなりません。さらに、「影響の輪」の中ではあるけれども、職務の範囲外のことで活動する必要もあるでしょう。適切なレベルの率先力を発揮するためにも、満たされていないニーズや未解決の問題を自分から進んで把握する態度も求められます。また、周りの人たちからの信頼に応えるためには、自分の職務を確実に果たすことが大前提です。ほかの分野にも目を配りながら、自分の担当分野を掘り下げていかなくてはなりません。第一にエトス（信頼性）、第二にパトス（共感）、第三にロゴス（論理）、この順番が大切であることを覚えておいてください。

Q　現実的には、どうすれば自分の上司に対してリーダーシップを発揮できるのでしょうか？

A　裁く人ではなく光を照らす人になり、批評するのではなく模範になるのです。自分の「影響の輪」の中で行動することによって道徳的権威を身につけ、それを広げていけば、周りの人から信頼されるようになります。勇気を持って率先力を発揮し、良いことを実行しましょう。上司の視点に立って上司の懸念、目的、マインドセットに共感し、上司の世界観を感じとることも大切です。くどいようですが、陰口はいけません。焦らずじっくりと自分の影響力を広げていきましょう。結果を出すことによって、皮肉屋の態度も変わるはずです。これがリーダーシップです。リーダーシップとは立場が与えるものではなく、自分から選びとる態度なのです。

Q　コヴィー博士はよく、許可をもらうよりも事後承諾を求めるほうがたやすいと言っています。けれども、その考え方に従って少し率先力を発揮しただけで、ひどく叱責《しっせき》を受けたりします。解雇されることさえあります。

A　個人としての自己啓発、職業能力の向上、問題解決能力の向上に投資し続けていれば、必ず経済的な安定の源を得られます。あなたに内面の安定をもたらすのは仕事や誰かの後ろ盾ではなく、ニーズを満たし、問題を解決するあなた自身の能力です。その能力に投資し続けることで、あなたに無限の可能性が開かれるのです。それから、戦場は慎重に選んでください。「影響の輪」の外で率先力を発揮しようとはしないこと。自分の職務の範囲外のことでも、「影響の輪」の中で行動することが基本です。分析し提言をまとめて、熟慮した行動で率先力を発揮すること。そうすれば、あなたの「影響の輪」は着実に大きくなっていきます。

---

i　コラム「コンプリーテッド・スタッフ・ワーク」は、「第8の習慣」Webサイトでご覧いただくことができる。
https://fce-publishing.co.jp/8h/

ii　ハバード作「ガルシアへのメッセージ」というコラムの全文は、「第8の習慣」Webサイトでご覧いただくことができる。
https://fce-publishing.co.jp/8h/

第八章　信頼性のボイス——人格と能力の模範になる

リーダーの究極の資質が誠実さであることに疑問の余地はない。鉄道の保線班、フットボールチーム、軍隊、会社——いかなる組織においても、誠実さに欠けるリーダーが真の成功を収めることはない。

ドワイト・デイビッド・アイゼンハワー

少し前のことだが、ある銀行のコンサルティングを頼まれた。行員の士気が低いことに困っているということだった。「何がよくないのかわからない」と若い頭取は嘆いていた。頭脳明晰《めいせき》でカリスマ性もある彼は、トップまで上り詰めたとき、業績低迷という壁にぶつかったのだった。生産性が落ち、利益も減少していた。彼はそれを行員のせいにしていた。「将来の見通しが暗いというのに、どんなインセンティブを設けても、やる気を出そうとしないんですよ」と愚痴をこぼしていた。

彼の言うことは正しかった。この銀行には猜疑《さいぎ》心と不信感が蔓延《まんえん》していて、とても重苦しい雰囲気だった。私は二ヵ月ほどワークショップを行ったが、改善の兆しはまったく見えなかった。私も途方に暮れてしまった。

ワークショップでは「もう何も信じられませんよ」といった言葉が飛び交った。しかしその不信感の原因を

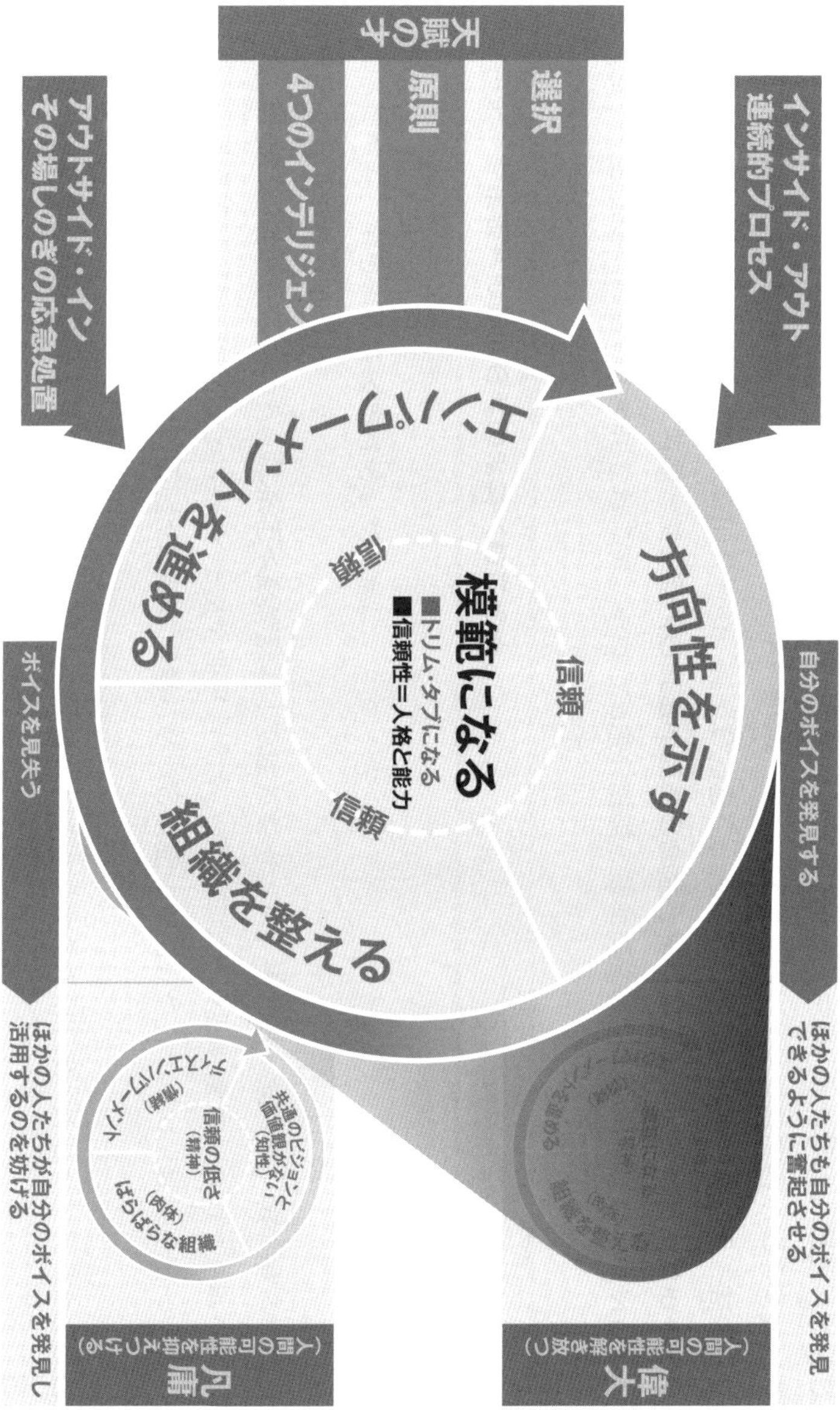

天賦の才
選択
原則
4つのインテリジェンス
インサイド・アウト
連続的プロセス
アウトサイド・イン
その場しのぎの応急処置
方向性を示す
エンパワーメントを進める
模範になる
■トリム・タブになる
■信頼性＝人格と能力
信頼
組織を整える
自分のボイスを発見する
ボイスを見失う
ほかの人たちも自分のボイスを発見できるように奮起させる
ほかの人たちが自分のボイスを発見し活用するのを妨げる
偉大
（人間の可能性を解き放つ）
凡庸
（人間の可能性を抑えつける）
共通のビジョンと価値観がない
（知性）
信頼の低さ
（精神）
ばらばらな組織
（肉体）

図８･１

話してくれた人はいなかった。

しかしようやく、雑談の中から真実が見えてきた。既婚者である頭取が女性行員と不倫をしていて、行内に知れわたっていたのだった。

この銀行の業績が落ち込んでいる原因が頭取の行動にあるのは明らかだった。しかし、業績不振もさることながら、頭取の行為は彼自身に大きなダメージを与えていた。彼は自分の欲望を満たすことしか考えていなかった。刹那《せつな》的な満足を優先して、将来的な悪影響は一切頭になかった。それより何より、彼は妻の神聖な信頼を裏切っていたのである。

一言で言えば、彼の失敗は**人格**にあったのだ。

リーダーが失敗する原因の九〇%は人格にある。

あらゆる人間関係は信頼で成り立っている。そして信頼は組織の接着剤の役割も果たす。レンガをつなぎ合わせるセメントといってもよい。私はまた、**個人の信頼も組織の信頼も信頼性の結果として得られるものである**、ということも学んだ。信頼の源泉は三つある。個人の信頼性、制度の信頼性、そして意識的に他者を信頼する選択（あなたが私の価値をわかっているのだと思わせてくれること）である。あなたが私に信頼を寄せれば、私はあなたを信頼する。「信頼（する）」とは、動詞（行為）であると同時に名詞（状態）でもある。動詞と名詞の意味を併せ持っているということは、信頼は人々の間で共有され、お互いにやりとりするものであることを意味する。そこには、どうすれば自分の上司に対してリーダーシップを発揮できるのかということの本質がある。誰しも他者を信頼することによって、他者から信頼されるのである。信頼される側の潜在的な信頼性と信頼する側の明確な信頼性とがあってはじめて、動詞の「**信頼する**」は成立する。リーダーシップの四番目の役割である「エンパワーメントを進める」は、動詞の「信頼する」を体現することなのである。

フランクリン・コヴィー社が五万四〇〇〇人を対象に実施した調査で、リーダーの資質としてもっとも重要なものは何かと尋ねたところ、「誠実さ」という回答が圧倒的だった（図8・2）。

昨今は「人格」が話題に上ることはほとんどない。個人の信仰や内心の自由と同一視され、おいそれと口に出せなくなっているからだろう。それに、個人の内面の価値観はもはや重要ではないと考える人も少なくない。前述の頭取は、道義的な罪は犯していても、目に見えることでは十分に成功している。それでよいので

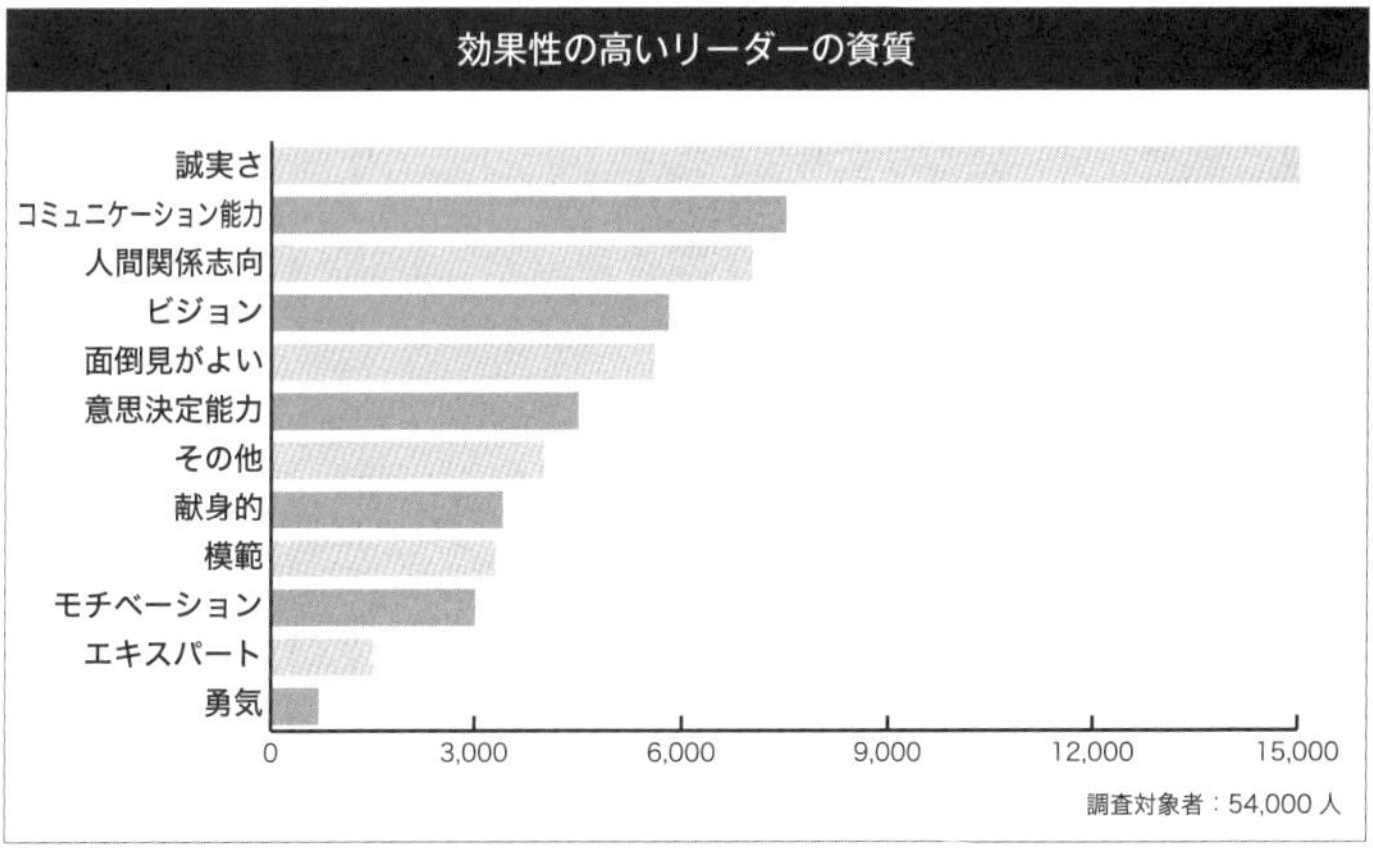

図8·2

はないかとする風潮があるのだ。

しかしそのような考え方は、現代を生きる私たちにとっては困惑でしかない。成功するために必要なのは才能と活力と個性だけだと信じる人が増えているが、歴史が教えているように、長い目で見れば、見かけよりも真の自分、つまり**人格**がものを言うのである。

私は『7つの習慣』を書くにあたって、リーダーシップと成功に関する文献を合衆国建国時までさかのぼって調べたが、建国から一五〇年間に書かれたものは、ほぼ例外なく人格と原則の大切さを説いている。産業時代に入り、さらに第一次世界大戦以降は、人格や原則は影をひそめ、個性やテクニック、テクノロジーが強調されるようになる。私はこれを個性主義と呼んでいる。

個性主義の傾向はいまだに続いているが、人々が無意味な組織文化の産物を経験するにつれて、それとは反対の傾向が生まれつつあるのを感じる。信頼性、人格、信頼される組織文化の必要性を認識する組織が増えているし、個人のレベルでも、自分の内面を深く見つめ、自分自身がさまざまな問題の解決にどのように貢献できるか、人々のニーズをどう満たせるか思案し、自分にできることを見きわめる必要性を実感している人が増えている。

長い目で見れば、個人にとっても国家にとっても、品格が決定的な要因となる[1]。

セオドア・ルーズベルト

女性行員と不倫した例の頭取は、その後どうなったか。私が彼の不倫を知っていること、それが銀行内に知れわたっていることを告げると、彼は気まずそうに頭をかきながら、「どこから話せばいいか……」と口ごもった。

「関係はもう終わったのですか?」と私は尋ねた。

彼は私を真っすぐ見て言った。「はい。終わりました、完全に」

「では、まずは奥さんと話し合ってはいかがです?」と彼に勧めてみた。

彼は妻にすべてを話し、妻は彼を許した。それから彼は行員を集め、彼らの士気の問題について話した。

「原因は私にありました。私自身が問題だったのです。もう一度チャンスをください。やり直させてほしい」

と率直に語った。

時間はかかったが、行員の士気は次第に上がっていった。オープンなコミュニケーションがとれるようになり、将来に対する希望が生まれ、信頼関係ができていった。しかし突き詰めれば、もっとも恩恵を受けたのは頭取自身だったといえるだろう。彼は人格を磨く道筋を見つけたのである。

個人の信頼性

確かな信頼が生まれるところには、必ず信頼性がある。このことに例外はない。これは原則なのである。信頼は信頼性から生まれ、信頼性は**人格**と**能力**から生まれる。人格を磨き、能力を高める努力をすれば、知恵と判断力という果実が得られる。これが長く続く偉大な業績と信頼の土台となる。図8・3には、信頼関係を育てる重要な要因を示してある。

まず個人の**人格**の三つの側面を見ていこう。誠実、成熟、豊かさマインドである。

誠実とは、行動の結果を支配する原則と自然の法則に従って生きるということである。正直は真実を話すという原則であり、誠実は自分自身や他者との約束を守ることである。

> 人は人生において、一方で不正を働きながら他方で正しい行いをすることはできない。人生は、不可分の一個なのである。[2]
>
> マハトマ・ガンディー

誠実であることを貫き、自分に打ち勝つ私的成功を果たすことによって、勇気と優しさを併せ持つ**成熟**した個人になれる。言い換えれば、成熟した個人は、困難な問題に思いやりを持って対応できるのだ。勇気と優しさの両方が備わっていることが誠実さの源泉であり、結果でもある。

豊かさマインドとは、人生を勝者が一人しかいない競争の場とみなすのではなく、チャンス、リソース、富がどんどん増えていく場と考えることである。自分を他人と比較せず、他人の成功を心から喜べる。欠乏マインドの人は、他人との比較がアイデンティティのよりどころになっているから、他人の成功を脅威と感じてしまう。祝福しているふりをして、「本当におめでとう」などと口では言っていても、悔しくてたまらないことは自分でもわかっている。それとは対照的に豊かさマインドの人は、ライバルや競争相手を貴重な教師ととらえ、学ぼうとする。誠実、成熟、豊かさマインドという三つの特質を理解できれば、相互補完チームの理想的なあり方もわかるだろう。

次は、個人の信頼性のもう一つの側面、**能力**を見てみよう。

専門的能力とは、特定の仕事を成し遂げるスキルと知識である。

コンセプチュアル能力とは、物事を大局的に見て、個々の部分がどのように関係し合っているかを把握する能力である。コンセプチュアルな知識があれば、戦術的な思考だけでなく、戦略的、体系的に考えることができる。

相互依存の能力とは、生きていくうえでのすべてのことは互いに結びついているという現実認識である。特に組織や相互補完チームが、顧客、同僚、取引先、オーナーの忠誠心を獲得し、維持していこうとするなら、相互依存の現実をよく理解していなければならない。現実は相互依存であるのに、自分一人でやっていけると自立的に考えるのは、ゴルフクラブでテニスしたり、デジタルの世界でアナログのアイデアを考えたりするのと同じことで

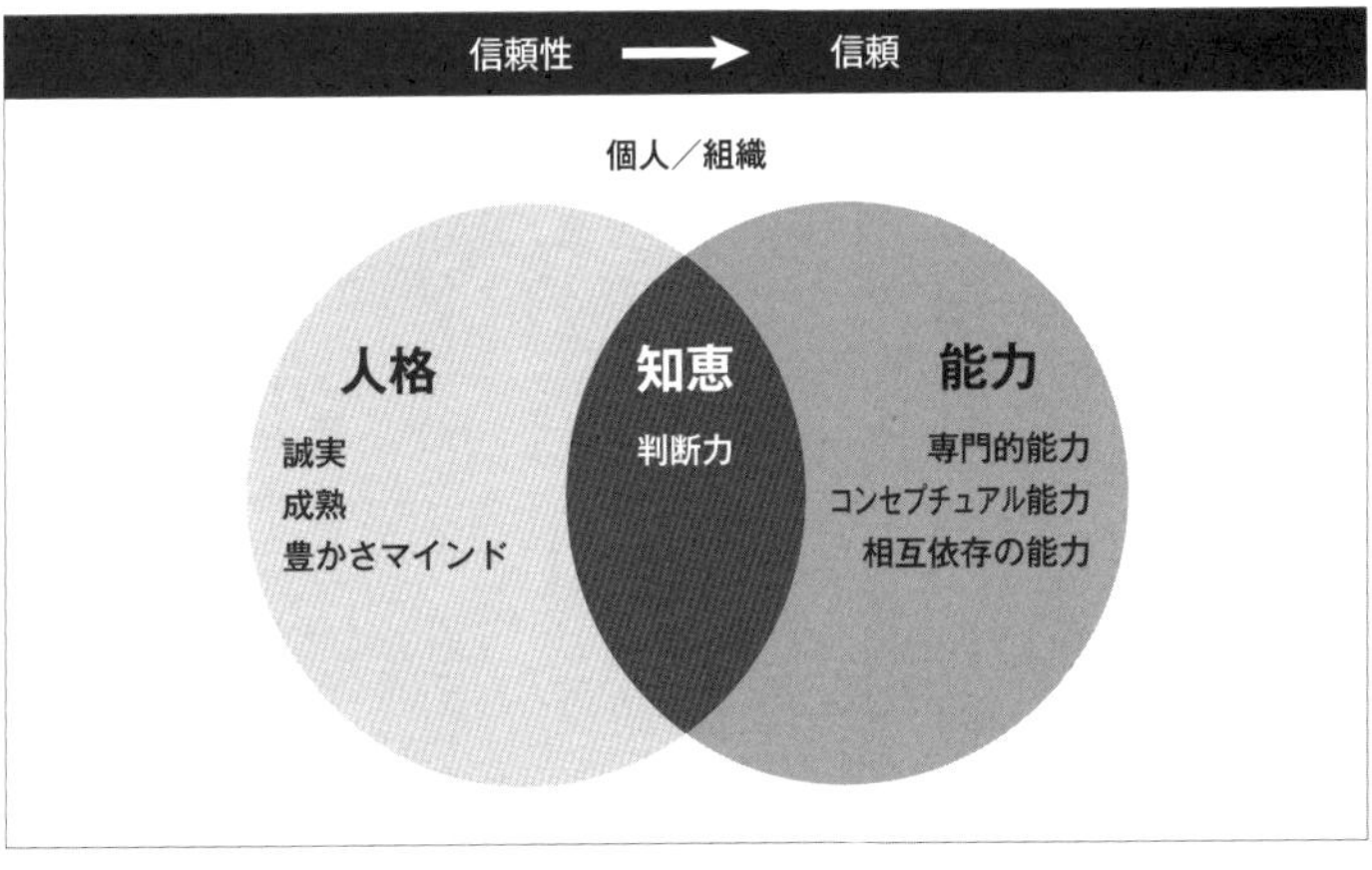

図8·3

ある。

私の義理の息子マットが医学部に入るため面接試験を受けたとき、正直だが能力不足の外科医と不正直だが有能な外科医のどちらがよいかと聞かれた。彼はしばし考えて、ものの見事に答えた。「状況によると思います。手術しなければならないなら、有能な外科医のところに行きます。手術が必要かどうか本当のことを知りたいなら、正直な外科医のところに行きます」

人格と能力の両方が必要であることは言うまでもないが、どちらも単独では不十分なのである。これについてはH・ノーマン・シュワルツコフ将軍が次のように書いている。

軍隊ではきわめて有能なリーダーに大勢に出会った。ところが、彼らは人格を備えていなかった。何か功績を上げるたびに、賞状や勲章、誰かを押しのけての昇格、昇給といった報奨を求め、脇目も振らずトップへの道を突き進んだリーダーたちである。彼らが有能であることに疑問の余地はない。しかし人格に欠けたところがあった。逆に人格は非の打ちどころがなくとも、能力に欠けたリーダーも大勢いた。優れたリーダーになるために必要とはわかっていても、能力を高める努力をしようとせず、もうひと頑張りしようという姿勢もなかった。二一世紀のリーダーは、人格と能力の両方を備えていなければならないのである。[3]

生活が乱れていたり、根本的に信頼性に欠けたりしている人が他者と有意義な関係を築けないのは当然である。しかし特にそんなことはないのに、うまく人間関係を築けていないなら、その理由がどこにあるのか考えてみてほしい。結局のところ、人間関係を良くするためには、自分自身を見つめ、自分自身を良くすることから始めなくてはならないのである。

模範になることは「7つの習慣」を生きること

「7つの習慣」は、誠実で活力にあふれ、バランスのとれた人間になり、お互いを尊重する精神に基づいた相互補完チームを築くために不可欠な要素である。「7つの習慣」はすなわち、**人格**の原則なのだ。本書では、これらの習慣の真のインパクト、最高の経験を具体的に伝えることはできないが、以下に簡単に要約したので読んでおいてほしい。

7つの習慣

第1の習慣：主体的である

「主体的である」というのは、率先力を発揮することだけにとどまらない。自分の選択に責任を持ち、気分や状況ではなく原則と価値観に基づいて行動を選択する自由があるのだと自覚することである。主体的な人は変化の触媒になれる。被害者意識を持たず、反応的にならず、他者に責任転嫁しない態度を選べるのである。

第2の習慣：終わりを思い描くことから始める

個人であれ、家族やチーム、組織であれ、何かのプロジェクトを行うときは、規模の大小にかかわらず、また一人で行うか何人かで行うかにもかかわらず、まず頭の中でビジョンを描き、どのような結果にしたいのか考える。明確な目的もなく日々漫然と生きるようなことはしない。自分にとってもっとも大切な原則、人間関係、目的を見いだし、それを実現することを決意する。

第3の習慣：最優先事項を優先する

「最優先事項を優先する」というのは、自分のもっとも重要な優先事項を中心にスケジュールを組み、実行することである。どんな状況でも緊急の用事や周囲の人たちに振り回されるのではなく、自分にとって重要な原則に従って行動する。

第4の習慣：Ｗｉｎ-Ｗｉｎを考える

「Ｗｉｎ-Ｗｉｎを考える」というのは、人と人とのあらゆる交流において、お互いを尊重し、お互いの利益を追求する思考と態度である。欠乏や敵対的な競争ではなく、豊かさや機会の観点から考えることだ。利己的に考える（Ｗｉｎ-Ｌｏｓｅ）のでもなければ、殉教者のように考える（Ｌｏｓｅ-Ｗｉｎ）のでもない。「私」ではなく「私たち」の観点から考える。

第5の習慣：まず理解に徹し、そして理解される

オープンなコミュニケーションをとり、真の人間関係を築いていくためにまずすべきは、どう返答するか考えながら話を聴くのではなく、相手を理解するつもりで聴く態度を身につけることである。それを心がけていると、自分の考えも率直に話せるようになり、理解してもらえる機会が知らぬ間に増えていく。理解に徹するには思いやりが要る。理解されるには勇気が要る。この二つを併せ持ち、バランスをとることで、人間関係の効果性が高まる。

第6の習慣：シナジーを創り出す

シナジーとは第3の案を生み出す道である。私のやり方でも、あなたのやり方でもなく、お互いが一人で考えたやり方よりも優れている第三のやり方だ。他者の考えを尊重し、価値を認め、お互いの違いを喜びもする。それによって第3の案という果実が得られるのである。意見の違いを生かして機会をつかみ、問題を解決することがシナジーを創り出す目的である。シナジーは創造的な協力であり、一＋一が三にも一一にも、一一一にもなり、もっとずっと大きな答えさえ引き出せる。シナジーはまた、効果性の高いチームや人間関係を築く鍵でもある。シナジーを創り出せるチームは、メンバーそれぞれの長所がお互いの短所を補う相互補完チームであり、一人ひとりの長所が最大限に引き出され、短所を打ち消すのである。

第7の習慣：刃を研ぐ

「刃を研ぐ」とは、人間の四つの側面（肉体、知性、情緒、精神）で日頃から自分を再新再生させることである。この習慣を身につけることで、ほかの六つの習慣を実践するキャパシティが広がっていく。

最初の三つの習慣を一言にまとめると、「**約束をしてそれを守る**」となる。第1の習慣は自分から主体的に約束できる能力を意味し、約束の中身は第2の習慣、約束を実行するのは第3の習慣である。

> **「あなたの組織はやると言ったことを必ず実行しますか」という問いに「はい」と答えたのは、全体の五七%足らず。**

第4から第6の習慣までは相互補完チームの習慣であり、これらを簡潔に言えば「**関係者全員が協力して問題の解決策を見いだす**」となる。そのためには、お互いを尊重すること（第4の習慣）、お互いを理解すること（第5の習慣）、創造的に協力すること（第6の習慣）が必要になる。第7の習慣「刃を研ぐ」は、肉体的側面、知的側面、情緒的側面、精神的側面の能力を高める習慣である。個人としての誠実さと内面の安定を再新再生し（第1～第3の習慣）、そして相互補完チームの精神と人格を再新再生する。

第1の習慣から第7の習慣まで各習慣の原則とパラダイムを表3にまとめてある。

「7つの習慣」の原則

それぞれの習慣の原則をよく見てほしい。原則の特質としてすでに挙げている三つのことに気づくだろう。第一に**普遍**であること。原則は、文化の違いを超え、世界の主要な宗教、長く受け継がれている思想・哲学のすべてに体現されている。第二に**不変**であること。原則はどんな時代にあっても絶対に変わらない。そして第三に**自明**であること。何が自明の理であるかどうかは、それに反論してみればわかる。自明の理にはいくら反論しても無駄なのだ。「7つの習慣」の土台をなす原則でいえば、責任／率先力、目的を持つこと、誠実さ、お互いを尊重し理解し合うこと、創造的な協力、継続的な再新再生、これらが大切であることに異論の余地はまったくない。「7つの習慣」は人格の原則であり、あなたの**人となり**をかたちづくるものなのである。

家庭やコミュニティ、社会を含め、組織の中であなたが影響力を及ぼすために必要な信頼性、道徳的権威、スキルの土台をこれらの原則で築くことができる。そしてこれらの原則は、「リー

7つの習慣の原則とパラダイム

習慣	原則	パラダイム
❶ 主体的である	責任／率先力	自己決定
❷ 終わりを思い描くことから始める	ビジョン／価値観	二つの創造／フォーカス
❸ 最優先事項を優先する	誠実／実行	優先順位／行動
❹ Win-Winを考える	相互尊重／相互利益	豊かさマインド
❺ まず理解に徹し、そして理解される	相互理解	思いやり、勇気
❻ シナジーを創り出す	創造的協力	違いを大切にする
❼ 刃を研ぐ	再新再生	全人格

表３

ダーシップの四つの役割」の一番目「模範になる」の芯である。「リーダーシップの四つの役割」とは、ほかの人たちも自分のボイスを発見できるように奮起させるために、リーダーとして果たすべき責任である（図8・4）。

これまでに多くの企業が「7つの習慣」を社員教育に取り入れてきた。組織の構造やシステムが整っていれば、「7つの習慣」が職場で大いに役立つことは、多くの人たちが実感しているだろう。ところが、組織内に信頼関係ができていなかったり、構造やシステムの一貫性がとれていなかったりするために、「7つの習慣」が定着せず、役に立たないと結論づけた企業も少なくない。「リーダーシップの四つの役割」モデルは、「7つの習慣」を実践するのに適した協力的な環境を整えるので、職場だけに限らず家庭にも定着するようになる。実際に「7つの習慣」は、机上での学習ではなく、このモデルを通した経験的学習によって身につけるのがもっとも効果的であることがわかった。「7つの習慣」は、職場であれ家庭であれ、日々の生活の中で実践してはじめて、本当の意味で理解し身につくのである。頭ではわかっていても実行

リーダーシップの4つの役割

図8·4

できなければ、わかっていることにはならないのだ。「リーダーシップの四つの役割」モデルは「７つの習慣」に新しい生命を吹き込む。それによって「７つの習慣」は、単に見かけのよい添え物的な研修プログラムではなく、組織にとって戦略的に不可欠なものになる。「リーダーシップの四つの役割」が「７つの習慣」を組織の本流として定着させるのである。

私は以前、エジプトで民間・公共セクターの経営層を対象にトレーニングを行ったことがある。彼らは、私が「７つの習慣」を売り込みにきたと思ったらしい。私は開口一番こう言った。「皆さんは私が『７つの習慣』の導入を勧めにきたと思っていることでしょうが、私の本音は導入しないでほしいということです。というのは、皆さんは『７つの習慣』が部下のための研修プログラムだと考えているからです。皆さんは自分のリーダーシップ・スタイルを根本から変えようとはしませんし、『７つの習慣』の原則に従って組織の構造やシステム、プロセスをつくり直すこともしないでしょう。真の改革にはリーダーシップの新しいパラダイムが必要です。私がここでお話したいのはそのことです。アラブ世界のリーダーとなり、新しいグローバル市場で流れをつくりたいなら、『７つの習慣』をもっと広い領域で、経営陣のサポートの下で実践していかなくてはなりません。これによってどのような結果に到達できるか、皆さんはきっと驚くはずです」この言葉が聴衆の興味をかき立てたのは、手にとるようにわかった。彼らは休憩時間になると携帯電話を取り出していた。知り合いに伝えたのか、その後のセッションは聴衆が二倍になった。

「7つの習慣」のパラダイム

「7つの習慣」のそれぞれの習慣は、原則だけでなくパラダイムも表している。パラダイムとは、考え方、ものの見方である（表3）。

前述したように、第1、第2、第3の習慣は「約束をしてそれを守る」と言い表すことができるが、これをもっと掘り下げて考えると、それぞれの習慣のパラダイムが見えてくる。「第1の習慣：主体的である」は、自己決定のパラダイムである。自分の運命は遺伝子や育ち、社会環境で決まるとは考えない。「私は自分から約束をすることができる」という態度であり、**選択**の力を表している。「第2の習慣：終わりを思い描くことから始める」のパラダイムは、すべてのものは二度つくられる、である。第一の創造は知的創造、第二の創造は物的創造であり、要するに約束の中身だ。「私は、自分がしようとする約束の中身も、その約束で達成したいこともよく考えている」という態度であり、**フォーカス**の力を表している。「第3の習慣：最優先事項を優先する」は、**優先順位**、**活動**、**実行**のパラダイムである。「私はその約束を実行する責任を果たせる」という態度だ。

「第4の習慣：Win-Winを考える」、「第5の習慣：まず理解に徹し、そして理解される」、「第6の習慣：シナジーを創り出す」のパラダイムは、他者との関係における**豊かさ**である。相手を尊重する、お互いを理解する（**思いやり**と**勇気**のバランス）、**違いを大切にする**という豊かさマインドであり、相互補完チームの本質である。

「第７の習慣：刃を研ぐ」は、全人格の継続的改善のパラダイムである。教育を受け、学び、決意を新たにする態度を表す。本書の随所に掲載している円形の図で、矢印が完結せず上向きの螺旋《らせん》を描いているのはそのためであり、四つの側面のそれぞれを継続的に改善していくことを意味している。

模範になる役割のためのツール―パーソナル・プランニング・システム

模範になる役割は必ず最初に果たすべき役割であり、ほかの三つの役割にも反映されるべき態度であるから、あなたが最初にやるべきことは、自分の活動を総合的に把握し、何に力を注ぐか決めることである。つまり人生のフォーカスを定めるのだ。これはとりたてて難しいことではない。自分にとって何が一番重要かを考えればよい。あなたがもっとも価値を置いていることは何だろう？人生にどのようなビジョンを描いているだろうか？家庭においては、父親／母親、祖父／祖母、おじ／おば、兄弟姉妹、いとこ、息子／娘として、どのような役割を果たしたいだろうか？自分が住むコミュニティ、通っている教会、困っている人たちに、どのような奉仕活動をしたいだろうか？あなたにとって健康はどのくらい重要だろう？健康は財産であり、健康でなければ、ほかにどんな財産を持っていても意味はないと言う人もいるほど、健康は重要である。その健康を維持し、増進するために何をしたらよいだろう？知性、個人としての成長、自己啓発はどうだろう？それはあなたにとってどのくらい重要だろうか？仕事はどうだろう？あなた独自の才能は何だろう？あなたは何に情熱をかき立てられるだろうか？あなたの組織、市場の最大のニーズは何だろう？あなたの良心は、どのようなプロジェクトや新たな取り組みで行動を起こせと促しているだろうか? 職場でどのように変化を起こせるだろうか? あなたが残したい貢献は何だろう?

模範になる役割でフォーカスを決めるためのツールは、パーソナル・プランニング・システムである。まず、自分にとって大切なことを紙の手帳か電子手帳に書き留めよう。次に、規律が必要な活動と自発的にできる活動のバランスを考え、効果的に実行できるように、それらに優先順位をつける。要するに、フォーカスと実行の視点から優先順位を決めるのである。

手を動かして書き留めると、意識と潜在意識を結びつけ、頭の中で思い描くよりも強い記憶効果がある。書くというのは精神神経筋運動で、書かれた文字はまさに脳に刻まれるのだ。これを検証するには、朝起きてから真っ先にやりたいことや考えたいことを夜寝る前に三つ書き留めておき、どうなるか確かめてみよう。朝目覚めたとき、十中八九、覚えているはずである。

パーソナル・プランニング・システムを持っているのはxQサーベイ回答者の三分の一にとどまる。

パーソナル・プランニング・システムはいろいろなやり方で構成し、維持していくことができる。大切なのは、自分の最優先事項に集中できる方法をとることだ。私もそうだが、このようなツールが自由を与えてくれると感じる人もいれば、逆に窮屈だと思う人もいていろいろだが、三つの基準を満たしていれば、効果的に使えるプランニング・ツールになる。第一に、あなたの生活／ライフスタイルに**取り入れられる**こと。第二に、**携帯**でき、いつでもアクセスできること。第三に、あなたのニーズに応じて**パーソナライズ**できることである。

次の簡単なプロセスをたどって、あなたがフォーカスしようとする活動とあなたにとって大切なこととが一致しているかどうか確かめよう。

一番下、土台となるのは**「ミッションと価値観の明確化」**である。まずは理想とすることや行動基準を明確にしなくてはならない。エルビス・プレスリーは「価値観は指紋のようなものだ。一人ひとり違っているが、やることなすこと全部に自分の価値観の痕跡が残る」と言っている。前述したように、価値観は原則に基づいていなければならない。そうしてはじめて人生に揺るぎない不変の芯ができ、心の安定、指針、知恵、力の源が生まれる。そうなるための出発点は、ビジョンと価値観を含め、自分にとってもっとも大切なことをミッション・ステートメントとして作成することだろう。このミッション・ステートメントを事前に用意し

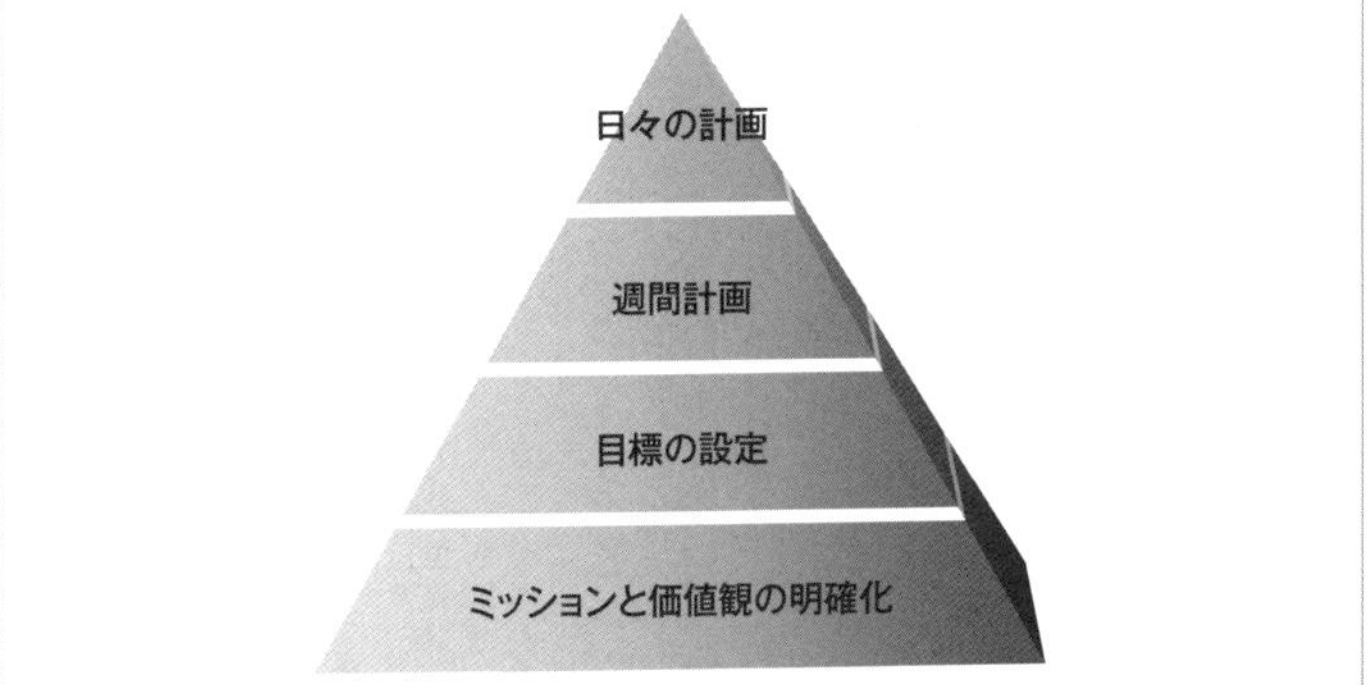

図８·５

ておけば、日々の生活、そして人生において何を優先して行動すればよいかわかる。以前、一人の女性が私のところにやってきて、次のような話をしてくれた。「私は父の最期をみとりました。父とは心底わかり合えていたので、本当につらかった。たしかコヴィー博士は『7つの習慣』の中でおっしゃっていましたね。第2の習慣を実践する一番効果的な方法は、自分の葬儀の場面を思い描いて、愛する人や友人、職場の同僚、教会やコミュニティで一緒に活動した人からどんな弔辞をもらいたいか考えて、四つの弔辞を書いてみることだと。父がこの世を去り、葬儀の準備をしていて、私は自分のミッション・ステートメントを書こうと真剣に思いました。あのとき、私は自分にとって本当に大切なものを深く感じとることができたのです」

次は**目標の設定**である。あなたにとって一番重要な役割（例：家族の一員、教会／コミュニティのボランティア、友人、父親／母親、チームリーダー）を選び、原則に基づいた自分の価値観に従い、その役割の週間目標を立てる。パーソナル・プランニング・システムを活用し、達成できる目標を設定しよう。自分との約束を守れたかどうか確認でき、いくつかに分割できる目標にすることがポイントである。それらの目標に対するコミットメントのレベル、つまり決意の度合いが、目標とあなたの価値観との結びつきの強さに直結する。自分の役割と目標を明確に意識することによって、日々の生活のバランスがとれるようになる。

ピラミッドの次の段は**週間計画**だ。週間計画を立てるときは、まずは自分の役割を振り返ろう。そのうえで「大きな石」を選び、一週間のスケジュールにまずそれらを組み込む。それから**日々の計画**を立てていく。実際に行わなければならない仕事や用事のリストをつくり、優先順位を決める。毎日、その日の予定を確認し、必要ならば修正する。

レベッカ・メリル、ロジャー・メリルとの共著『7つの習慣 最優先事項』では、個人のミッション・ステートメントとプランニング・システムを詳しく取り上げているので、関心があれば読んでみてほしい。

あなたがもし日々の計画しか立てていないなら、消火活動さながらのリスク・マネジメントに時間のほとんどを費やすことになるだろう。自分の役割のそれぞれについて、価値観と目標からも週間計画からも外れた計画を立てていたら、その傾向はますます強くなる。緊急の用事に追われて忙しくしていることがよいのだと思うようになり、やがて緊急中毒になってしまう。あなたにとってそれほど重要ではないことばかりに追われ、それが積み重なって、ストレスの多い人生を送ることになるのだ。

映像作品『大きな石』

レベッカ・メリル、ロジャー・メリルとの共著『7つの習慣 最優先事項』の中で、人生のバランスをとり、自分にとってもっとも大切なことを確実に実行するための例えとして、「大きな石」の考え方を紹介している。この映像作品は、私のセミナーで「大きな石」の例えをリハーサルなしでデモンストレーションしたときの様子をビデオに収めたものである。人生にポジティブな変化を起こすために、私たち一人ひとりが生まれながらに授かった三つの贈り物（選択の自由、原則、四つのインテリジェンス）をどのように

Webサイトへのアクセス

URLを直接入力
https://fce-publishing.co.jp/8h/

QRコード読み取り

生かせばよいかわかると思う。

ここで、『第8の習慣』のWebサイトにアクセスして、『大きな石』を選択して視聴してほしい。

このデモンストレーションから学べることはいろいろあるが、もっとも重要な教訓はいたってシンプルで、**「最初に大きな石を入れる」**ということだ。あなたの人生をバケツで考えてみよう。バケツを最初に小石でいっぱいにしてしまったら、その時点でもう身動きがとれない。わが子や家計、健康のことで問題が起きたときにどうするのか？ あるいは将来の展望を開くようなチャンスに巡り会ったとき、みすみす逃すことにならないだろうか？ こうした重要なことが「大きな石」なのだ。あなたの人生が小石で満杯になっていて、大きな石を入れる余地がないと、どうにもならないのである。だから必ず「大きな石」を真っ先に考えよう。自分の人生で何が一番大切か見きわめ、重要度の基準で優先順位を決める。大きな石はあなたの人生でもっとも重要なことであり、常に重要なことを見失わず取り組むことが大切だ。生まれたときに授かった三つの崇高な贈り物が、その選択の力を与え、自分自身の人生を創造する力となる。最優先事項に対して燃えるような「イエス」を言うことができれば、緊急なだけで重要ではないことには、後ろめたさを感じずに笑顔で軽やかに「ノー」と言えるのである。

Q&A

Q　企業が信頼されるには、まずは信頼できる社員がいなければならないというのは確かにそうだと思いま

す。しかし、その信頼できる社員に顧客がひどい態度をとる場合はどうでしょうか？

A　その顧客は切りましょう！　私は非常に優れた企業をいくつも知っていますが、そういう企業は、顧客が社員に対するひどい扱いを執拗《しつよう》に続け、その態度が誰の目にも明らかになった場合には手紙を出して注意しています。取引を打ち切る場合もあります。しかし、より良い、より高いレベルの解決策は、コミュニケーションをよくして第３の案を探すこと。そのためには、まずは相手の話に耳を傾け、理解することに徹してください。

第九章　信頼のボイスとスピード

愛されるよりも信頼されるほうがうれしいものである。　ジョージ・マクドナルド

自分の影響力を広げ、**ほかの人たちも自分のボイス（内面の声）を発見できるように奮起させ**ようとするとき、私たちは人間関係という世界に足を踏み入れる。「奮起させる」は英語でinspire《インスパイア》といい、人に生命を吹き込むという意味である。強固な人間関係を築くには、本書の第一部で述べたように、内面の安定、豊かさマインド、道徳的権威という人格の土台が要る。それに加えて対人関係のスキルも不可欠だ。他者との関係で直面するさまざまな問題に対処できるように、スキルを磨かなくてはならない。対人関係のスキルについては、模範になる役割に関するこの後二つの章で詳しく取り上げる。

世界中の仕事のほぼすべては、人間関係を通して、あるいは組織の中で行われている。しかしそこに信頼がなかったなら、コミュニケーションはどのようなものになるだろうか？　まるで地雷原を歩くように、まともなコミュニケーションはとれないだろう。相手が正確なことを言っていても、信頼関係がなかったら、本音は

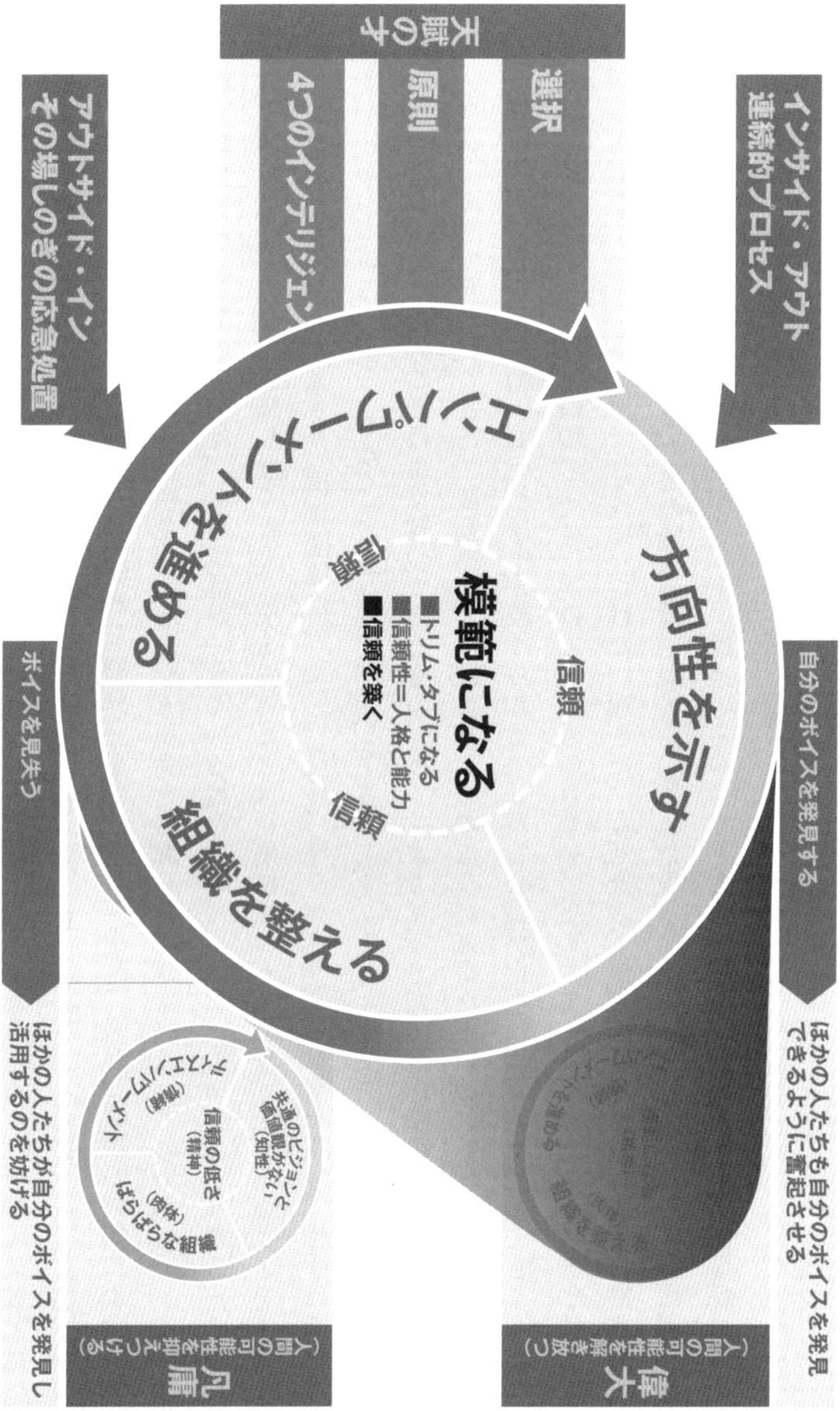

天賦の才
選択
原則
4つのインテリジェンス
インサイド・アウト
連続的プロセス
アウトサイド・イン
その場しのぎの応急処置
方向性を示す
エンパワーメントを進める
模範になる
■トリム・タブになる
■信頼性＝人格と能力
■信頼を築く
信頼
信頼
信頼
組織を整える
自分のボイスを発見する
ボイスを見失う
ほかの人たちも自分のボイスを発見できるように奮起させる
ほかの人たちが自分のボイスを発見し活用するのを妨げる
共通のビジョンと価値観がない（知性）
信頼の低さ（精神）
ばらばらな組織（肉体）
ディスエンパワーメント（情緒）
偉大（人間の可能性を解き放つ）
凡庸（人間の可能性を抑えつける）

図９·１

別のところにあるのではないか、何か企んでいるのではないかと疑心暗鬼になるだろう。信頼の欠如とは、悪い人間関係の定義そのものなのである。私の息子スティーブン・M・R・コヴィーの言葉を借りれば、「信頼が低いのは、そこに莫大《ばくだい》な税金（コスト）が隠れているということ」なのだ。実際、信頼の欠如によって生じる税金は、隠れた税金も隠れていない税金も、あらゆる税金を合計したよりも高くつくのである。

信頼がもたらすスピードの点では、信頼関係ができている場合のコミュニケーションはどうなるだろうか？話はスムーズに進み、さして意識しなくとも、伝えたいことは正確に伝わる。では、伝えたいことを正確に伝えられなかったときはどうだろう？信頼関係ができていれば、ほとんど問題にはならない。相手はあなたのことをよくわかっている。「気にしなくていい。言いたいことはわかるから」「大丈夫。あなたが言おうとしたことはわかってる。あなたのことはよく知っているもの」というように言うだろう。このような反応は、どんなテクノロジーにもできないことだ。ある意味では頭よりも心のほうが大事だといわれる理由はそこにあるのだろう。脳死状態でも心臓が動いていれば生き続けられる。しかし心臓が止まれば、人は死んでしまうのだ。

息子のM・R・コヴィーは「信頼のスピードほど速いものはない」といっている。私たちが考えつくどんなものよりも速い。インターネットでさえ追いつけない速さだ。なぜなら、信頼関係があれば失敗は許され、忘れてもらえるからである。信頼は人生の接着剤である。組織、文化、人間関係をつなぎ合わせる接着剤なのだ。ところが皮肉なことに、信頼を築くスピードは遅い。ゆっくりとしか進んでいかない。人間関係においては、急がば回れが鉄則なのである。

何年か前、ビジネスで大きなプロジェクトを終えたばかりの友人を訪ねた。私は彼の仕事のことはよく知っていたから、そのプロジェクトの成功で何千人もの人々に計り知れない恩恵が及ぶのは素晴らしいことだと、心からお祝いを述べた。どんな教訓を学んだか尋ねると、「スティーブン、この二年間のプロジェクトは一生忘れないよ。これまでの人生でもっとも重要な貢献だから」と答えてから、いったん言葉を止め、笑みを浮かべ、深い思いに浸るように再び話し始めた。「しかしね、本当に学んだのは、妻との強い絆を失ったら、何を達成しても無意味だということさ」

「なるほど」と私は言った。私が関心を示したことを感じとったのか、彼は心を開いて詳しい話を打ち明けてくれた。

プロジェクトのリーダーに抜擢《ばってき》されたとき、大きなチャンスをつかんだと興奮したよ。妻も子どもたちも応援してくれたから、全力で打ち込んだ。重い責任を感じていたし、目的意識に駆り立てられて突き進んだ。プロジェクトがスタートして二年目は、文字どおり昼夜を分かたず働いたよ。重責に押し潰されそうだった。それでも子どもたちのことには気を配っていた。野球の試合やダンスの発表会は見に行っていたし、夕食も家族揃ってとるようにしていたから、なんとかうまくやれていると思っていたよ。最後の半年は本当に忙しくて、妻が私に不満を募らせていったのはこのころだったようだ。些細《ささい》なこと（少なくとも私にはそう思えた）でよく腹を立てて、私のほうも、一番大事な時期に私を支えてくれない彼女に不満を持つようになったんだ。会話もとげとげしい感じになって、ちょっとしたことで嫌みを言い合ったりしていた。プロジェクトがようやく完了したとき、妻は祝賀会に行くことさえ嫌がっていた。

結局は出席したけれど、渋々という感じだったね。きちんと腹を割って話し合わなければならないことはわかっていた。実際、そうしたんだが、お互いたまりにたまっていたものを吐き出したよ。

妻は、いつも「独り」なのがどういうことか話し出したんだ。私が家にいるときも、どこかよそにいるように感じていたらしい。週一回は夫婦で出かけることにしていたんだが、だいぶ回数が減っていたし、夜は彼女が寝てからも私は遅くまで仕事をしていたから、前のようにゆっくり話す時間もなくなっていた。彼女は孤独感を募らせて、自分は夫から必要とされていないと思うようになったらしい。心が通じ合えなくなったと。私のほうも妻とコミュニケーションをとろうとはしなかった。なにせ仕事のことで頭がいっぱいで、いつも心ここにあらずというような感じだったからね。妻の誕生日さえ忘れていて、半日すぎて彼女に言われてから思い出す始末だよ。誕生日を忘れたことがまずかったわけじゃない。そのころは毎日ずっとそんな調子で、その象徴みたいな出来事だったんだ。

なぜもっと早く気持ちを打ち明けてくれなかったのかと聞くと、私をイライラさせたくなかったと言っていた。プロジェクトに支障があっては大変だからと。そう話した彼女の目に深い孤独と痛みが見てとれた。私はとても恥ずかしくなった。何も気づかなかったことに自分でも唖然《あぜん》として、自己嫌悪に陥ったよ。彼女が全部打ち明けてくれたから、自分が長いことどれほど愚かなまねをしていたか気づくことができた。一緒にいてもどこかぎくしゃくしていた。私は妻に謝り、この世に彼女以上に大切なものはないと言ったのだが、私の言葉に納得しているようには見えなかった。その言葉とは正反対の態度をずっととっていたわけだから、それも仕方がないと思った。妻に謝り、生活のバランスを取り戻すと約束して、多少はわだかまりも解けたけれど、一夜にして状況が良くなったわけじゃない。何日も、何週間も、何ヵ月も努力したよ。夫婦で話をする時間をつくり、できるだけそばにいて、約束を守り、仕事は家に持ち帰らず家族の時間を大切にした。生活のバランスが少しでも崩れたら、謝って軌道修正した。そうして努力を重ねてようやく信頼を取り戻し、絆を修復することができたんだよ。それまで以上に強いものになったと思う。

私が訪ねた後、この友人はさらに複数年にわたるプロジェクト二件をやり遂げた。いずれも一回目と同じくらい複雑で重要なプロジェクトだったが、その間に夫婦の信頼関係は強くなっていった。最初のプロジェクトのときに経験した痛みを乗り越えたことで、妻に対する理解と思いやりが深まり、確かな変化につながったようだ。先だって彼と会ったとき、最初のプロジェクトとその後二回のプロジェクトを振り返って、対照的な経験から新たに気づいたことを話してくれた。

結婚生活と親としての責任を果たし、パートナーを心から愛して、お互いに貞節と忠誠を誓っていても、信頼関係が崩れることはあるんだよ。一番の教訓はこれだね。耳障りなことや意地の悪いことを言わなくても、あからさまに侮辱するような態度をとらなくとも、人を傷つけることがある。身近な人の気持ちをないがしろにするだけで、ひどく傷つけるものなんだ。信頼関係ができたからといって、ずっとそのまま続くわけじゃない。優しさ、思いやり、感謝、奉仕、そうしたことを日頃から積極的に態度で示さなくては、信頼関係を維持し、深めていくことはできない。我々の夫婦関係の質も、私自身の幸せも、妻が私のために何をしてくれているかで決まるんじゃない。妻の幸せを考え、彼女の重荷を一緒に背負い、我々にとって一番大切なことに一緒に取り組む努力をすることが我々夫婦の、そして私の幸せにつながるのだとわかったことが一番の教訓かな。妻との強い絆が私の人生に力を与えてくれる。家庭やコミュニティで一緒にやっていることだけでなく、仕事も含めて、私の人生のあらゆる領域で夫婦の信頼関係が力になるんだよ。信頼関係が、強さや心の安定、喜び、帰属意識、活力の源泉になっていて、そのおかげでいつでもベストを尽くせるのだし、創造力を発揮して貢献しようという気持ちがかき立てられるんだ。

強い信頼関係を築くには真剣な努力と自己犠牲が必要なのだと実感している。自分よりも相手の健康や成長、幸福を優先しなくてはならない。そうするだけの価値があるんだよ。その努力は自分の幸せにつながる扉を開くのだからね。お互いに努力をすることで、自分の可能性を解き放てるんだ。そういう信頼関係の力がなかったら、どんな人も人生でたいしたことはできないよ。

道徳的権威と信頼がもたらすスピード

人間関係が自然の法則に支配されているという現実は、私の友人のエピソードにもよく表れている。誰かとの関係の信頼にごまかしがあれば、その人との関係が長く続くわけがないし、そもそも目に見える努力を一度したただけで信頼関係が築かれるものでもない。信頼関係は日頃から良心の導きに従って行動してはじめて得られる果実なのである。拙著『7つの習慣　人格主義の回復』では、信頼口座という概念で人間関係における信頼を説明している。現金を預け入れたり引き出したりする銀行口座に例えたもので、誰かとの関係で信頼を預け入れれば、その人との関係の信頼残高が増え、信頼を引き出せば残高が減る。例えにはたいてい限界があり、完全に説明しきれるものではない。しかしこの信頼口座は、人間関係の本質を実にわかりやすく伝えているといえるだろう。

　表4は、人間関係における預け入れと引き出しの典型的なものを一〇個ずつリストアップしたものである。私の経験からいって、これらの行動は人間関係における信頼のレベルに大きく影響する。それぞれの預け入れをするために**犠牲**にすべきもの、関係する**原則**も示してある。

　これら一〇個の預け入れが信頼を築くのは、人間関係の中心にある原則を体現する行動だからである。このことをまず認識しておいてほしい。一〇個の預け入れを一つずつ詳しく見ていくと、共通点があることに気づくと思う。共通点はいくつかあるが、まず一番目に挙げたいのは、意志の力と決意から生まれる**率先力**である。また、一〇個の預け入れの全部が自分でできるこ

道徳的権威と信頼がもたらすスピード

預け入れ	引き出し	求められる犠牲	原則
まず理解に徹する	まず理解されようとする	短気、エゴ、自分の思惑	相互理解
約束を守る	約束を破る	気分、気持ち、感情、時間	誠実／実行
正直、誠実	相手を巧みに操ろうとする	エゴ、傲慢《ごうまん》さ、コントロール	ビジョン／価値観、誠実／実行、相互理解
親切、礼儀正しさ	不親切、無礼	自己中心、時間、直観、ステレオタイプ、偏見	ビジョン／価値観、誠実／実行
Win-WinまたはNo Deal（今回は取引しない）の考え方	Win-LoseまたはLose-Winの考え方	「勝つというのは相手を負かすこと」という考え方、競争心	相互の尊重／利益
期待を明確にする	期待を裏切る	ごますり的なコミュニケーション	相互の尊重／利益、相互理解、創造的協力、再新再生
その場にいない人に忠実である	不誠実、二面性	世間体を気にする、社会への迎合	ビジョン／価値観、誠実／実行
謝る	プライド、うぬぼれ、傲慢《ごうまん》	エゴ、傲慢《ごうまん》、プライド、時間	ビジョン／価値観、誠実／実行
フィードバックをもらう、「I（私は）」メッセージを送る	フィードバックを受け付けない、「You（あなたは）」メッセージを送る	エゴ、傲慢《ごうまん》、プライド、反応的なコミュニケーション	相互理解
許す	恨みを持ち続ける	プライド、自己中心	ビジョン／価値観、誠実／実行

表4

とでもある。これらの預け入れは原則に基づいているから、道徳的権威と信頼を生み出すのだ。個人のレベルで「感情の腕立て伏せ」を二〇回できなければ、これらの預け入れを実行することはできないし、そのために必要な勇気、率先力、決意も生まれようがないことがわかるだろう。

二つ目の共通点は何だろうか？　利己的にならず**謙虚**であることだ。自分よりも相手を優先しようとする態度、あるいは原則やより崇高な目的に自分自身を従わせる意志である。人生は自分中心に回っているのではないし、自分だけのものではないと認識することだ。哲学者マルティン・ブーバーの言葉を借りれば、人生とは「我と汝《なんじ》」の関係で成り立つものであり、あらゆる個人の価値と可能性に深い畏敬の念を持たなくてはならないのである。

道徳的権威、信頼、絆は、継続的に預け入れをしていないと、いつのまにか消えてなくなってしまう。職場や家庭など日頃から身近に接する人たちは、あなたに対する期待が大きいだけに、預け入れをすることを特に意識する必要がある。長い間疎遠だった人なら、最後に会った時点の信頼残高から関係を再開することができる。その相手は再開したときからの継続的な預け入れは期待していないから、すぐに元どおりの信頼、絆、愛情を取り戻せる。

道徳的権威：原則に従ってなされる自由な選択。ほとんどの場合、何らかの自己犠牲を伴う。

三つ目の共通点は、人生においてやりがいのあることのほとんどがそうであるように、何がしかの**犠牲**を払わなくてはならないことである（犠牲の正しい定義は、たとえ良いものであっても、より良いもののためにそれを諦めること）。

あなたがすでに信頼口座をよく知っているなら、ここで新鮮な目で見直してみてほしい。自分のボイス（内面の声）を発見し、ほかの人たちも自分のボイスを発見できるように奮起させることに役立つ新たな洞察が得られるだろう。生活に悪影響を与える習慣を断ち切り、他者との関係で道徳的権威を築くための習慣に置き換える努力をするときには、生まれるときに授かる贈り物（ギフト）を使うことを選択しなければならない。それが預け入れという行為であることに気づくはずだ。

ある程度の規律、特に自制することを人に期待しない制度は、人々の忠誠心を長くとどめておくことはできない。安楽を優先していたら、莫大《ばくだい》なコストがかかることになる。自制を求める制度では、現実として個々人が犠牲を払わなければならないだろうが、しかしこの厳しい現実こそが、個人の人格、強さ、高潔さを生むのである。寛大さが偉大さを生んだためしはない。誠実、忠誠心、人格的な強さという美徳の力は、聖なる真理の求めに従って自制心を働かせるとき、誰もが経験する内面の葛藤を通して鍛えられるのである。[1]

ゴードン・B・ヒンクレー

まず理解に徹する

まず理解に徹することが一番目の預け入れであるのはなぜか? 答えはいたって単純だ。相手がどういう人か理解できない限り、その人に何を預け入れればよいかわからないからである。あなたは高い預け入れと思っていても、相手にしてみれば低い預け入れかもしれない。下手をしたら、預け入れのつもりが引き出しになってしまうこともある。あなたにとっては重要な約束でも、相手にとっては無意味な約束かもしれない。あなたが態度で示す正直や率直さ、親切、礼儀正しさは、別の文化や価値観のレンズを通して見たら、まったく違う意味になるかもしれない。もちろん、それぞれの預け入れの土台となっている原則は、どのような状況にも当てはまる。しかしその原則をどのような具体的行動にするかは、相手のことを**相手の立場**に立って理解する必要があるのだ。

ある女性は、信頼口座の考え方を実行に移してみることにした。彼女の話を読んでほしい。

私は夫との関係を改善したいと思っていたので、彼のために何かすることにしました。夫が仕事から帰ってきたとき、子どもたちが身奇麗にしていれば、彼も気分がいいんじゃないか、もっとこまめに洗濯すれば喜ぶんじゃないか、そう思ったんですね。

二週間ほど洗濯に精を出したのですが、夫からは一言もありませんでした。何の反応もなかったんです。私がやっていることには少しも気づいていなかったと思います。私は苛立ってきました。「やっても無駄だった」と思いましたね。ある晩、洗い立ての清潔なシーツにも気づかずに寝ている様子を見て、はたと気づいたんです。

「そうか！　彼にとっては、子どもの顔が奇麗に拭いてあるとか、自分のジーンズが奇麗に洗濯してあるとか、そういうことはどうでもいいんだ。私は自分の満足のためにやっていたんだ。彼がしてほしいのは、私が背中をかいてあげたり、金曜日の夜に二人で出かけたりすることだったのね」と。なんて馬鹿だったのだろうと思いました。洗濯などという夫にとっては何の意味もない預け入れを一生懸命やっていたのですから。

ずいぶん労力をかけた末に、一つの真実を学びました。預け入れは相手にとって意味のあるものでなければいけないのです。


私自身、まず理解に徹する行動の大きな力を何度も経験している。世界的に知られる実業家に招かれ、ある大学の新しい学長の選任にあたって分析と助言を求められたときのことは一生忘れないだろう。後にも先にも、あれほど奥深いコミュニケーションの体験はない。彼は自分のオフィスを出て、私が待っているオフィスに入ってきた。挨拶を交わすと、彼のオフィスへ丁寧に私を案内してくれた。私に椅子を勧めると、彼はデスクの前に椅子を出してきて私と向かい合って座った。私たちの間には遮るものが何もなく、対面で話をすることができた。彼のここまでの行動は、「スティーブン、わざわざ出向いてくれてありがとう。君が私に理解してほしいと思っていることは何でも理解したいと思う」というメッセージを私に送っていたのである。

私はこの訪問のためにかなりの時間をかけて準備し、プレゼンテーションの概要も資料にまとめていた。私は資料を彼に渡し、ゆっくりとポイントを説明した。彼のほうは、確認のための質問を何度か挟んだ以外、私の話を遮ることはなかった。彼はじっと耳を傾け、熱心に聴いてくれたので、三〇分のプレゼンテーションを終えたとき、完全に理解してもらえたと感じた。彼からは何のコメントもなかった。同意も反論もなかった。約束もなかった。しかし、予定の時間が終わって立ち上がり、私の目を見て握手する彼の様子からは、私への感謝の気持ちが伝わってきた。それで終わりだったが、彼の礼儀正しさ、偏見を持たず人の話に真剣に耳を傾ける謙虚な態度にとても感動したし、私に対して感謝や忠誠心を示してくれたことに言葉にならないうれしさを感じた。理解してもらえたと確信でき、彼が私の意見を尊重してくれていたことがわかっていたから、どんな決断が下ったとしても全面的に受け入れる気持ちになっていた。

それ以前にも彼とは何度か会っていたが、このときの一対一での膝《ひざ》を交えた面会で初めて彼の道徳的権威をはっきりと感じとることができた。それ以降も会って話をする機会はあるが、このときに確信した彼の道徳的権威が揺らぐことはない。これを書いている今この瞬間も、あのかけがえのない会話から受けた衝撃を感じることができるほどだ。

約束をしてそれを守る

約束を破ったら、信頼はすぐに壊れてしまう。逆に約束をしてそれを守れば、信頼はすぐにも築かれ、強くなる。

約束をするのはたやすい。相手はたいていその場で満足する。相手が何か悩みを抱えていたり、あなたに何かの問題を解決してほしいと切望していたりする場合はなおさら、約束するというあなたの言葉に飛びつくだろう。約束に満足すれば、相手はあなたに好感を持つ。誰でも、人から好かれれば悪い気はしないものだ。

私たちは切望していることはいとも簡単に信じる。どうしても欲しいものがあれば、それが手に入るという説明や情報は素直に信じてしまうから、騙《だま》されて買ったり契約を結んだりするのも珍しいことではない。ネガティブな情報には目を向けず、信じたい情報だけを信じてしまうのである。

しかし、約束をするのは簡単でも、**守るのは簡単ではない**。ほとんどの場合、多少の差こそあれ、約束を果たすときには痛みを伴う。約束をしたときの楽しい雰囲気が過ぎ去ったり、厳しい現実にぶつかったり、状況が変化したりすれば、約束を実行するのが面倒になったり、予想以上に大変になったりする。

私は、約束を果たすためにどんな代償でも払う覚悟がなければ、「約束する」とは絶対に言わないようにしている（「絶対に～する」とは絶対に言わない）。特に子どもたちに対してはそうである。「約束して」とせがまれることはよくあるが、「約束する」と言ったなら、子どもたちは私がその約束を果たすものと思って安心するだろう。欲しいものがすでに手に入ったかのように喜ぶ。これまでも、その場を和やかな雰囲気にしたくて「約束するよ」と喉《のど》まで出かかることは何度もあった。「やってみるよ」とか「目標にする」とか「そうなればいいな」では、子どもたちは絶対に納得しない。満足させるには「約束する」と言う以外ないのである。

約束はしたものの、私にはどうにもならないほど状況が変わったために、子どもたちに事情を説明して約束を取り消したこともある。ほとんどの場合は理解してくれたが、まだ小さな子どもたちは納得しなかった。「わかった」と口では言って、私が約束を果たせない理由を頭の中では理解していても、気持ちはついてこない。だからなんとか無理をして約束を果たしたこともある。しかし約束を反故《ほご》にするしかない場合は、一時的に信頼を失うことになるから、別の方法でゆっくりと時間をかけて信頼を取り戻す努力をしたものである。

正直と誠実

バスケットボールの伝説的コーチ、リック・ピティーノは、正直の原則を簡潔ながら奥深い言葉で表現している。「嘘《うそ》は問題を将来に先送りし、真実は問題を過去のものにする[2]」。

しばらく前に建築工事を依頼した建設会社の社員は、どんな問題が出てきても正直に対応する素晴らしい人だった。自分のミスを隠したり弁解したりせず、きっちりと責任をとった。建設の各段階で詳細な会計書類を提出し、それ以降の工事での選択肢も出してくれたので、私はその社員を全面的に信頼し、工事に関してはすべて彼の意見に従うようになった。何があっても、彼なら自分の利益より私たちの利益を優先してくれるという確信があった。失敗を避けることだけを考えたり、失敗は隠したいという欲求に負けたりせず、自分のプライドは二の次にして誠実であろうとし、私たちとの関係を第一に考えていたから、強い信頼関係が築かれたのである。彼はそうして多くの顧客から信頼を勝ち得て、仕事を成功させてきたのだ。それまで私はほかの建設会社で真逆の経験をしたことも何度かある。

自分の本来の顔と世間向けの顔を長いこと使い分けていたら、どちらが本当の顔かわからなくなる[3]。
ナサニエル・ホーソン

大学で教鞭《きょうべん》をとっていたとき、著名な心理学者で米国心理学会の元会長を客員教授として招いたことがあった。「誠実セラピー」（良心に忠実に生きることによって、心の安らぎ、真の幸福、精神のバランスをとる治療法）を確立したことで知られる人物である。彼は、「良心は善悪を判断する普遍的な感性であり、長い時を経て今なお残っている文化、宗教、社会に共通するものである」と信じていた。

ある日の午後、私は彼に素晴らしい景色を見せてあげようと、講義の合間を縫ってドライブに誘った。車を走らせながら、ちょうどよい機会と思い、誠実セラピーを始めるきっかけを尋ねてみた。

「きっかけはとても個人的なものです。私は躁鬱《そううつ》病だったんですよ。躁《そう》状態と鬱《うつ》状態の繰り返しの生活を送っていました。人のカウンセリングをしているうちにストレスがたまり、ものすごく傷つきやすくなり、鬱《うつ》状態に入るんです。死んでしまいたいくらいにひどく落ち込む。私は心理学の専門教育を受けていたし、心理カウンセラーをしていたのですから、自分が危険な状態であることはよくわかっていました。ですから、鬱《うつ》状態になると自殺しないように十分注意したものです。数ヵ月すると鬱《うつ》を脱し、仕事に戻ることができました。しかし一年くらいすると、また鬱《うつ》状態に逆戻りです。少しずつ研究や執筆活動ができるようになるまで入院したりもしました」

彼はさらに続けた。「学会の会長を務めていたときにまたひどい鬱《うつ》になり、会議にも行けなくなり、会長を辞任しました。そこで私は『この人生の間違った枠組みから抜け出すことはできるだろうか？』と自問したんです。心の奥底では、何年も偽りの人生を生きてきたことを知っていたのですよ。私の人生には間違った部分があった。そして私は、その責任をとろうとしてこなかったのです」

思いもかけずにこのような打ち明け話になり、私は恐縮してしまった。続きを聴くのが少し怖いような気持ちもあったが、彼は話し続けた。

「腹を決めなければならない、そう思いましてね。愛人と別れ、長年続いていた不倫関係に終止符を打ち、妻に洗いざらい話したんです。すると、もう何年も感じたことのなかった安らぎを感じたんですよ。鬱《うつ》状態を脱して生産的な仕事に戻ったときに感じた落ち着きとも違った感じでした。心の奥底から感じる安らぎであり、自分に正直であること、誠実さから生まれる安らぎだったんですね。そのときから誠実セラピーの理論に取り組み始めました。問題の多くは、良心の声を無視したり、否定したりして、個人の誠実さが失われた結果なのだという理論です。私はこの理論を研究し、これと同じ考え方で治療していた医師たちにも声をかけて協力し合いました。こうして集めたデータから、この理論が正しいことを確信しました。これが誠実セラピーを始めたきっかけなんです」

彼がすべてをオープンに話してくれたことに、そして彼の深い信念に、私は心を打たれた。その翌日、大学のフォーラムでも何百人もの学生が同じ話を聴き、感銘を受けていた。模範になること、心を開くことこそが、彼の説く誠実セラピーの核心だった。そして彼は、誠実さが人間関係に不可欠であることは言うまでもなく、心の健康にも大きく作用し、自分が選択した人生を追求していく強い力になることを明確に理解していたのである。

親切と礼儀正しさ

人間関係においては、小事は大事である。些細《ささい》なことが重要な意味を持つのだ。以前、学期末に一人の学生が私のところにやってきて、授業の内容がとても良かったとひとしきり述べ、最後にこう言った。「コヴィー先生は人間関係のエキスパートです。でも、先生は私の名前をご存じないですよね」

彼の言うとおりだった。私は自分を恥じ、穴があったら入りたい気分だった。ともすると知的概念に埋没し、成果と効率性に目を向けがちな自分の性分を改めようと深く反省した。確かな人間関係が築かれ目的を共有できなければ、いくら効率性を追求しても無駄に終わる。自己中心的で内面が不安定な人との関係においては特にそうである。モノに対しては効率性重視の考え方でかまわない。モノには感情がないからだ。しかし人間に対してはそうはいかない。ＶＩＰでさえも例外ではない。ちょっとした親切や礼儀正しさが大きな成果（配当）につながる。これは情緒的インテリジェンス（ＥＱ）の領域である。

その一方で、うわべだけ親切に振る舞うテクニックはたいてい見抜けるものである。そんなテクニックを使われたら、誰でも自分は操られていると感じるだろう。本心からの親切、礼儀正しさ、敬意は、精神的インテリジェンス（ＳＱ）という人格の蓄積から生まれるのであり、これができれば、世間体や形式的な礼儀を気にする必要もなくなる。

私は家庭や学校でよく、次の四つの表現を覚えて自然と言えるようになれば、たいていの欲しいものは手に入ると教えている。

「お願いします」

「ありがとう」

「あなたを大切に思っています」

「力になれることはありますか？」

この四つの言葉を本心から言うだけで、相手は心を開く。大人は大きな子どもなのである。

「Win-WinまたはNo Deal（今回は取引しない）」

ほとんどすべての交渉や問題解決は、「Win-Lose」が大前提になっている。この考え方の源泉は社会の欠乏マインドにある。相手が多く取れば、自分の取り分が少なくなると思うのだ。このような欠乏マインドを持っていると、相手を操って自分が優位に立ち、相手をできるだけ譲歩させ、自分が欲しいものを手にすることが目標になる。多くの人は、他者との意見の違いをWin-Loseの考え方で解決しようとする。家族に対してもそうだ。だからどちらかが譲歩するまで、あるいは妥協点が見つかるまで、バトルが続くのである。

Ｗｉｎ－Ｌｏｓｅのマインドセットを打ち破る方法を紹介した講演会のことは、今でもよく覚えている。その講演では、Ｗｉｎ－Ｌｏｓｅから脱却する鍵は相手のＷｉｎを自分のＷｉｎと同じくらいに守るのだと強く決意することにある、と述べた。どちらかが負けるか、あるいはお互いに妥協する結果にならないようにするためには、勇気、豊かさマインド、優れた創造力が必要だ。さらに、「Ｎｏ Ｄｅａｌ（今回は取引しない）」という選択肢を念頭に置いておくことも有効な鍵になると教えた。Ｎｏ Ｄｅａｌもありうるのだと意識し、Ｎｏ Ｄｅａｌを相手に求めて取引を打ち切る覚悟があって、お互いがＷｉｎだと思えなければ同意も反対もしないという態度を貫く。それができないと、自分のＷｉｎだけにこだわって相手を操り、プレッシャーをかけ、威嚇することさえある。しかしＮｏ Ｄｅａｌが現実的な選択肢となるなら、「お互いにとって本当のＷｉｎになり、あなたも私も本心から満足できる結果にならないのであれば、今回はＮｏ Ｄｅａｌにしましょう」と相手に言うことができるのだ。このアプローチをとれば、自分のＷｉｎにこだわるという束縛から解放される。そのためにはお互いが謙虚に、真摯《しんし》になるだけでなく、人格的な強さ、勇気も求められる。だから、Ｎｏ Ｄｅａｌが成立するとあなたも相手も変化するのだ。強い絆が生まれ、それ以降はお互いに敬意を払えるようになる。その人がいないところでも忠実でいられるのである。

そのプレゼンテーションの後、最前列に座っていた男性が私のところにやってきて、「私にとって実にタイムリーなお話でした。ありがとうございました」と言った。その男性はディズニー・エプコット社の社員で、エプコット・センターで某国の展示に関する話し合いが翌日に予定されていて、そこで「Ｗｉｎ－ＷｉｎまたはNo Deal」のアプローチを試してみるということだった。彼の話によれば、多額の資金提供を申し出ているグループが要求している展示では、一般の人々の関心を引かないだろうとディズニーは考えていたという。その一方でディズニーは、開発を予定どおり進めるには資金提供を受けなくてはならないのだから、妥協するのも仕方がないと追い詰められていた。しかし私のプレゼンテーションを聴いて、彼には新しい選択肢ができたのである。

後日、彼から報告があった。資金提供者に「お互いに満足できる合意を目指したいと思っています。申し出てくださっている資金は、私どもにとってたしかに必要です。しかし、根本的なところで意見の違いがありますから、合意内容と共同プロジェクトがお互いにとって本当に満足できるものとならないのであれば、今回の取引は見合わせることにしたいのです」と誠意を持って伝えたという。資金提供者は、彼の誠意、率直で正直な説明に感じ入り、プレッシャーをかけるのをやめたそうである。それどころか、彼の姿勢を全面的に支持し、計画を立て直し、真剣に話し合いに臨むようになったという。これがシナジーを生み出し、最後にはWin-Winの合意を結ぶことができた。

「Win-WinまたはNo Deal」という預け入れの力は、自己犠牲をいとわない気持ちを最初から持つことにある。相手が一番求めているのは何か、なぜそれを求めているのかを理解できるまでは自分の利益は棚上げにしておくと決めて話し合いに臨めば、お互いに協力し、新しい創造的な解決策を見いだすために協力できるのである。

期待を明確にする

期待を明確にするとは、表４にある預け入れのうち、これを除いた全部を組み合わせたものということができる。期待を明確にできるようにコミュニケーションをとるには、そもそも相互の理解と尊重が求められるからである。期待を明確にするときは特にそうだ。誰が、どんな役割をするのか、その役割と目標についての期待を明確にするときは特にそうだ。

役割と目標についての期待を明確にするときは特にそうだ。

割の最優先目標は何かを明確にしなければならない。

以前、大手レストランチェーンの経営陣にチームビルディングの研修を行ったことがある。優先事項と目標がまるで統一されておらず、もはや無視することも許容することもできないほどひどい状態で、そのままでは組織全体が悲惨な結末を迎えることは誰の目にも明らかだった。私は二枚のフリップチャートを用意し、一枚には「ほかの人が思っている自分の役割と目標」、もう一枚には「自分が思っている自分の役割と目標」とタイトルを書き、各自それぞれのフリップチャートに記入させた。二枚のフリップチャートが埋まるまで判断は一切せず、同意も反対もしなかった。彼らの意見がばらばらなのは、役割と目標に関して期待することがまるで違っているからなのだということがフリップチャートにはっきりと表れると、全員が謙虚になり、お互いを尊重するようになった。そこからは期待を明確にするための真摯《しんし》な話し合いが行われた。

その場にいない人に忠実である

その場にいない人に忠実であることは、もっとも難しい預け入れの一つといえるだろう。あなたの人格とその人との関係、またその場にいる人たちの関係の強さが試されるからだ。その場にいない人の悪口を皆で寄ってたかって言っているときに、あなたがどんな態度をとるかが重要なのである。「私はそうは思わない」、「私の経験から言えば違うよ」、「そうかもしれないね。彼（彼女）と直接話し合おう」というように、独善的にならないように言う。こう話した瞬間に、誠実とはその場にいない人に忠実であることだというメッセージが全員に伝わる。その場にいる人たちも、自覚的かどうかは別として、心の中であなたを尊敬し高く評価するだろう。その場にいないのが自分であっても、自分を尊重してくれるはずだと確信できるからだ。しかし誠実であるよりも忠実であることを優先すると、その場にいる人たちに迎合して悪口に参加してしまう。するとその場にいる人たちは、自分も陰では同じように扱われているのではないかと、あなたを疑い、ストレスを感じるようになる。

私は以前、ある大組織の会議で議長を務めたことがある。リーダーの立場にある人たちがさまざまな人事問題を話し合う会議だったが、ある人物の短所については全員の意見が一致しているようで、面と向かっては言えないような冗談を言ったり、茶化したりする始末だった。会議の後、役員の一人が私のところにやってきて、私が彼に対して示していた好意や忠実な態度を初めて信じることができたと話した。「なぜです？」と尋ねると、「会議が始まるや、ある人物への批判が始まったでしょう？　あのときあなたは大多数の者たちの意見に同意せず、彼のことを心から案じて、敬意を表していたからですよ」と答えた。「しかし、そのことになぜそれほど感じ入ったのですか？」と私は尋ねた。「私にも同じような短所があるからです。しかもあの会議で批判されていた彼よりもひどいくらいでね。そのことは誰も知りません。あなただってむろん知らない。だから、あなたが私を高く評価するようなことを言うたびに、私はいつも内心では『あなたは本当の私をわかっていない』と思っていたものですよ。でも今日、あなたはわかってくれているのだと実感できました。それにあなたは、私がいないところでも私に対して誠実で忠実な態度をとってくれるでしょう。あなたの日頃の親切は本心からなのだと信じられると思いました」

一人の人間に対する態度は多くの人に強い印象を与えるものである。その場にいない人でも、いる人でも、誰か一人に対してあなたがとる態度を見て、ほかの人たちは自分もそのような態度で扱われるのだと思うのである。

謝る

「私が間違っていた。すまない」、「自分のことしか頭になくて、あなたのことは少しも考えずに過剰に反応してしまった。あなたに対して誠実ではなかった」と本心から言えるようになることは、もっとも効果的な**謝罪**の一つである。何年もこじれていた人間関係が、このような心からの真摯《しんし》な謝罪一つで元に戻った例はいくつも知っている。その場の勢いで本意ではないことを口走ってしまったら、プライドのせいでそんなことを言ってしまったと謝り、本当に言いたかったことを説明する。興奮して口走ったことが本心だったら、「ごめんなさい。私が間違っていた。二度とこんなことがないように改めるよ」と言えるようになるまで、真摯《しんし》に反省しなくてはならない。

昔、ある人から気持ちを逆なでするようなこと言われ、そのことが私たちの関係に影を落とした。表面的には明るく礼儀正しく振る舞っていても、会話はどことなくぎくしゃくするようになった。しばらく経ったある日、彼がやってきて「関係がおかしくなってしまって、つらくてね。元のように心置きなくつき合いたい。どこで間違ってしまったのか、自分の内面を見つめるのは苦しかったよ。心から謝罪したい」と言った。一切弁解せず、真摯《しんし》に、とても謙虚に謝罪したから、私のほうも自分の内面を見つめ、私自身がとるべき責任をとった。私たちの関係は元どおりになった。

元同僚から、某企業の経営層を対象にした一週間のセミナーでのエピソードを聞いた。ある日の朝、社長が「今日の会議ではほかの人の意見をよく聴き、理解してから自分の意見を話すようにしてみてほしい」と全員に告げ、そうすることがいかに大切か、強い影響を受けた自身の体験談を交えて力説した。

元同僚の女性から聞いたその日の会議の顛末《てんまつ》を簡単にまとめたので、読んでほしい（ここに出てくる人物は本書の多くのエピソードに出てくるので、仮名にしてある）。

その日の会議で、あまり好かれていない役員が、ちょうど取り組んでいるビジネスアプローチのことを話し始めました。すると、ほかの参加者たちは次々と反対意見を浴びせたのです。私も異論をぶつけたかったのですが、私の立場でやるべきではないことはわかっていました。そのとき社長のジャックが、その役員のことを面と向かって大声で笑いました。全員の前でからかったも同然でした。当然、ほかの参加者たちもそれに便乗しました。

私はあっけにとられてしまいました。ほんの数時間前、社長は深く心を動かされた体験を話し、相手の考えを理解できてから発言しなさいと言っていたのに、それとは正反対の態度をとったのですから。私は皆の前で社長をいさめることはできませんでしたが、じっとにらみつけました。社長は私の「社長、それはいくら何でもひどいですよ。今すぐその態度を改めなければ、私は出ていきます！」というメッセージを明確に受け取ったようでした。実際、私の怒りは頂点に達して、参加者全員を見放すつもりでいました。彼らは、旧態依然の好戦的で悪意に満ちた集団行動に逆戻りしていたのです。

社長は私をにらみ返してきました。私は席に座ったまま背筋を伸ばして、「なんとかしてください」と訴えるように、もう一度にらみつけました。彼は席で身を縮めましたが、私はなおもにらみ続けました。そんな状態が五分ほど続き、その間ずっと、参加者たちは気の毒な重役をいじめていました。すると突然、社長がストップをかけたのです。「やめろ。すまなかった、デイビッド。私が間違っていた。許してほしい」

「許すって、何をです?」デイビッドはとまどっていました。彼にしてみれば、皆に笑われ、いじめられるのは今に始まったわけではなく、いつものことだったのです。

「私のしたことは間違っていた。笑うべきではなかった。私も皆も、君の話をまったく聴かずにからかっていた。許してほしい」

私はてっきり、上席副社長のデイビッドが「たいしたことではありません。お気になさらず」みたいなことを言うと思っていました。しかし彼の対応は実に素晴らしいものでした。「ジャック、あなたを許します。ありがとう」と言ったのです。自分に向けられた理不尽な行為をうやむやにして忘れようとするよりも、積極的に許すほうがどれほど勇気の要ることでしょうか。

私は社長の行動にも心を動かされました。彼の立場からすれば、あの場面で謝らなくとも責められはしないでしょう。まして全員の前で許しを求める必要はありませんでした。彼は八〇〇〇人の従業員を擁する組織のトップです。やりたくないことはやらなくてもよい立場にあります。会議の後、私は彼のところに行き、興奮冷めやらぬ声で言いました。「社長、あのようにしていただいてありがとうございます」すると彼は「やるべきことをやったまでだよ。私をにらみつけてくれて、ありがとう」と答えました。社長との会話でこの話題が上ぼることは二度とありませんでしたが、その日、私たちはお互いに最善を尽くせたと実感しました。

フィードバックを行う

大学で教えていたときに厳しいフィードバックを与えた学生たちとは、今でも親しくしている。「君はもっと上を目指せる。楽な道を選ぶな。言い訳をしてはいけない。相応の努力をしなさい」というように発破をかけたものだ。フィードバックというのは、する側の私にとっても受ける側の学生にとっても愉快なものではないけれども、多くの学生は、自分の行動の結果に責任を持つことを教えられ、それ以降の人生が変わったと話している。

ネガティブなフィードバックをするのは、もっとも難しいコミュニケーションの一つだろう。それと同時に、もっとも必要とされることの一つでもある。多くの人は自分でも気づかない欠点を持っているが、それというのも、そもそもどのようにフィードバックをすればよいか誰もわかっていないからである。厳しいことを指摘して人間関係にひびが入るのではないかと恐れ、あるいは上司に「意見する」ようなまねをしたら、自分の将来が台無しになるかもしれないと尻込みしてしまうのだ。

ジャックのエピソードからわかるのは、気づいていなかった欠点を指摘されて自分を卑下するのは偽善であって、一種のエゴにすぎないということである。この場合、フィードバックした女性の勇気と誠実さの力のほうが社長という地位の力を上回っていた。だから彼女のフィードバックには効果があり、社長も素直に受け入れることができた。しかしフィードバックに説得力がないこともあるし、またフィードバックが的外れだったら、後で本人と和解しなければならないかもしれない。一対一でフィードバックをするときに一番心がけなくてはならないのは、相手についてではなく**あなた自身**について話すことである。相手を責めて裁くような態度をとったり、レッテルを貼ったりするのではなく、その状況についてあなたが感じていること、あなたが懸念していることを話す。このようなアプローチをとれば、相手はたいてい心を開き、フィードバックを脅威と感じずに、指摘されたことを認めるものである。

権限を持つ立場の人は、部下が自分に意見すること、ネガティブなフィードバックをすることを正当な行為として認めなくてはならない。フィードバックを受けたら、それによって内心どんなに傷ついたとしても、フィードバックしてくれたことに感謝する必要があるのだ。感謝の気持ちを明確に示さないと、上司にネガティブなフィードバックをするのは、忠誠心のない反抗的な態度とみなされるような空気ができてしまう。上の人間に「もの申す」ことを正当な行為と認め、社会的な規範にもなれば、権限を持つ立場の人も解放されるのである。部下の気持ちを傷つけるのではないか、人間関係が壊れるのではないか、「最後通告」と受け止められるのではないかといった不安を持たずに、部下に対しても率直にネガティブなフィードバックができるようになるのだ。

誰にとってもフィードバックは必要である。自分では気づいていない欠点は他者から指摘してもらわなくてはわからない。自分で気づいていないというのは、その欠点には触れてほしくないと無意識に思っている場合もある。だから、触れられたくない欠点を指摘されて素直に受け止められるようになるには、個人として成長しなくてはならない。そもそも自尊心は個々人に本来備わっているものであり、自覚していようがいまいが何らかの欠点や短所を指摘されて傷つくほどもろいものではない。

以前、隣人と気まずい関係になったことがある。なにしろわが家は大家族だから騒がしいし、始終ほえる犬までいるし、朝早くから夜遅くまで煌々《こうこう》と明かりがついている。そんなはた迷惑な家の隣で暮らすことがどれほど大変なことか、想像に難くない。ある日、私は隣人宅を訪ね、お互い気持ちよく暮らしたいので、わが家にこうしてほしいと思うところを遠慮なく話してほしい、というようなことを言った。彼はなかなか話そうとしなかったので、わが家の隣で生活することの苦労を相手の立場に立って話してみた。それが呼び水となったのか、それまでためていた不満や感情が堰《せき》を切ったように彼の口からあふれ出てきたが、私がじっと真剣に聴いていると、次第に落ち着きを取り戻した。私からフィードバックを求め、彼のフィードバックを尊重し、家族全員で改善するつもりでいる私の姿勢に心を動かされたようだった。彼のほうも、ことあるごとに過剰反応し、状況を大げさにとらえていたことを認めた。彼の苦情のほとんどは、大家族に付き物の騒々しさやごたごたтакаだったのだ。別れ際、彼は私の訪問に感謝し、気持ちが楽になったと言った。

許す

怒りは酸のようなものだ。注がれるものよりも、それが入っている容器をだめにする。
マハトマ・ガンディー

誰かの行為を許すというのは、水に流し、忘れ、そして前に進むことで完結する。以前、出張していたときにマネージャーの一人から電話があった。直属の上司から叱責《しっせき》されたので会社を辞めたいという。私は、出張が終わったら話そう、それまで待つようにと告げた。しかし彼は「電話したのは相談に乗ってもらうためではありません。報告するためです。私は会社を辞めます」ときっぱり言った。私はそのとき、彼の話をきちんと聴いていなかったことに気づき、まずはそうすることにした。事情を話してほしいと言うと、彼はパンドラの箱を開けたかのように不平不満をぶちまけ、妻も同じように不満に思っているのだと話した。私が真剣に聴いていると、彼の言葉に満ちていた負のエネルギーが消え、私が戻ったらすぐに会って話したいと自分から言ってきた。

出張から戻るとすぐに、彼は妻を連れて私のオフィスにやってきた。二人とも表面的には穏やかに見えた。しかし本題に入るや否や、深い怒りや恨みが噴き出してきた。私はじっと耳を傾けた。やがて自分たちは理解してもらえたと感じたようで、二人とも心を開いた。そこで私は彼らに、刺激と反応の間にはスペースがあることを教え、人が傷つくとき、その最大の原因は他人からされた行為ではなく、その行為に対する自分の反応にあるのだと言って聞かせた。ところが二人は、私が辞職を思いとどまらせるために、うまく言いくるめようとしていると受け止めたようだった。私は再び聞き役に徹した。二人はさらにさまざまな不満を述べたて、職場でのいざこざが夫婦関係や家庭生活にも影響をきたしているとまで話した。問題の核心たる柔らかな芯に到達するまで、玉ねぎの皮を一枚一枚むいていくような感じだった。

ようやく二人がすっかり心を開き、私の助言を受け入れる態勢ができたので、選択する能力のことを改めて強調し、上司に恨みや怒りを抱いたことについて許しを求めてはどうかと助言した。「どういうことですか？それではまるで逆じゃないですか。許しを求めるのはこちらではなくあちらのほうでしょう」と彼は言った。

彼らはさらに負のエネルギーを発散させたが、最後には「あなたの許可なくして誰もあなたを傷つけることはできない」という考え方を理解した。自分自身が選ぶ反応が自分の人生を決めるのであり、私たち人間は置かれた状況ではなく自分自身の決断の産物なのだと話した。二人は謙虚になり、よく考えてみます、と言った。後日、彼から電話があった。私から教わった原則がいかに賢明なものかよくわかり、上司のところに行って許しを求めたという。上司はそんな彼の態度に驚き、自分のほうこそ悪かったと許しを求めたそうだ。こうして彼と上司の関係は元に戻った。後で友人から聞いたのだが、彼ら夫婦は刺激と反応の間のスペースや選択する能力をすっかり理解したから、上司に真剣に許しを求めてはねつけられたとしても、会社を辞めずにとどまり、できる限り努力する決意をしたのだそうだ。

「許すこと」は因果の鎖を断ち切る。愛情からあなたを許す人は、あなたの行為がもたらした結果を自ら引き受けるからである。したがって「許す」ことは、必ず自己犠牲を伴うのである。[4]

ダグ・ハマーショルド

毒蛇に噛《か》まれることが致命的なのではない。その毒蛇を追いかけているうちに毒が心臓に回ってしまうから死ぬのである。誰でも失敗はするものなのだから、許し、許されてしかるべきなのだ。他人の失敗にばかり目を向け、許しを求めてくるのを待ち、実際に許しを求めてきたらきたで渋々応じるよりも、自分の失敗を見つめ、自分から許しを求めるほうがよい。「主よ、私とは違う罪を犯す者を許す力を与えたまえ」と祈る者の精神を持つほうがよいのである。この精神のことをC・S・ルイスは次のように書いている。

夜の祈りを捧げ、その日の罪を反省するとき、一〇回のうち九回は思い浮かぶのは「思いやりに反する罪」である。不機嫌になったり、短気を起こしたり、他人を冷笑したり、鼻であしらったり、怒鳴《どな》りつけたりしているのである。そういうときはとっさに「突然の、予想外の挑発に反応してしまったのだ」という言い訳が頭に浮かぶ。不意を突かれた、心を落ち着ける時間がなかった……。不意を突かれたときにとる行動に、その人の真価がもっとも表われるのは間違いない。地下室にネズミがいるとして、人が突然地下室に入れば、その瞬間にネズミを見つけられる可能性は高い。しかし、こちらが不意打ちをかけたからネズミがそこにいたわけではない。隠れる時間を与えなかっただけである。それと同じように、不意の挑発が私を不機嫌にさせるのではない。不機嫌という私の本性を隠す間がなかっただけなのだ……心の地下室は、私の意識の届く範囲にはない……道徳的な行いをする努力をしても、新たな動機を得ることはできない。少し経験を積めば、自らの魂の中でなされなければならないこのすべては、神によってしかなされないことに気づくだろう。[5]

信頼についてのまとめ

信頼の構築をテーマにしたこの章では、他者と信頼関係を築くために意識的にできることを重点的に取り上げた。すなわち、名詞の「**信頼**」の創出に焦点を絞っていたわけである。

しかし、「**信頼する**」という動詞のほうも忘れないでほしい。本書の第二部の冒頭で紹介した私の若いころのエピソードを覚えているだろうか？　私の可能性を私自身よりもはるかに高く評価してくれた人物のことだ。その人は、表面に見えていることではなく、私の内面に隠れているものを見ようとしていた。私の心、目、精神をのぞき込み、一人ひとりの内面に潜んでいる手つかずの能力、偉大さの種を見いだしてくれたのだ。

そうして彼は私を信じて、私のそれまでの経験や見えている能力を超えた仕事を任せてくれたのである。実績も証拠もないのに、私を**信頼して**くれた。私がその試練に立ち向かい、責任を果たせると信じ、期待し、そしてそのように私を扱ってくれた。それは信頼の証しとしての行為だった。しかしその行為があまりにも強く私の価値と可能性を認めてくれたから、当の私も自分の内面にある能力を見てみたいという気持ちに駆られたのである。私に対する彼の信頼が、私に自信を持たせ、セルフ・ビジョンを高めたのだ。私は、自分の中にある高潔さを最大限に発揮しようと奮起した。むろん完璧な人間ではなかったが、そのときの私の成長ぶりには目を見張るものがあった。それは私の人生哲学にもなった。他人を認め、肯定すること。わが子を認め、肯定すること。彼らを信じること。見える部分だけでなく、見えない部分（可能性）を信じること。

ゲーテの次の言葉は、深い真理を言い当てていると思う——「現在の姿を見て接すれば、人は現在のままだろう。人のあるべき姿を見て接すれば、あるべき姿に成長していくだろう」。

> **他者の価値や可能性をはっきりと伝え、その人が自分でもそれを見たいという気持ちに駆られたとき、信頼は動詞になる。**

信頼は個人の信頼性の果実であると同時に、モチベーションの根っこでもある。モチベーションをもっともかき立てるのが信頼なのである。「愛」もまた動詞になる。それは行為なのだ。人を愛する。人に奉仕する。人を信頼する。人の価値や可能性を見抜いて、機会を与え、育て、励ます。その信頼に応えるように生きないと、信頼は目減りしていき、やがて自分の価値や可能性を自分でも見てみたいとは思わなくなる。他者の価値や可能性を伝える能力も持てない。そのような人たちにとって、信頼は動詞ではない。実際問題、信頼性に欠ける人は他者を疑いこそすれ、積極的に信じようとはしない。誰かに長く信頼を寄せ続けることはできないのだ。

私がよく紹介するエピソードを使って、信頼と同じように愛がどのように動詞になるのか説明したい。あるセミナーで講義していたとき、一人の男性が前に出てきてこう言った。「先生のおっしゃっていることはよくわかるんですが、人によって状況は違うんです。たとえば私たち夫婦のことです。不安でたまりません。妻と私は昔のような気持ちがもう持てないんです。私は妻をもう愛していないと思うし、妻も私を愛していないでしょうね。どうしたらいいでしょう？」

「愛する気持ちがもうなくなったというのですね？」私は聞いた。

「そうです」と彼はきっぱり答える。「子どもが三人もいるので、不安なんです。アドバイスをお願いします」

「奥さんを愛してください」と私は答えた。

「ですから、もうそんな気持ちはないんです」

「だから、奥さんを愛してください」

「先生はわかっていません。私にはもう、愛という気持ちはないんです」

「だから、奥さんを愛するのです。そうした気持ちがないのなら、奥さんを愛する理由になるじゃないですか」

「でも、愛（Love）を感じないのに、どうやって愛するんです？」

「いいですか、愛（Ｌｏｖｅ）は動詞なのです。愛という気持ちは、愛するという行動から得られる果実です。ですから奥さんを愛する。奥さんに奉仕する。犠牲を払う。奥さんの話を聴いて、共感し、理解する。感謝の気持ちを表す。奥さんを認める。そうしてみてはいかがです？」

古今東西の文学では、「愛」は動詞として使われている。反応的な人は、愛を感情としかとらえない。彼らは感情に流されるからだ。人はそのときどきの感情で動くのであって、その責任はとりようがないというような筋書の映画も少なくない。しかし映画は現実を描いているわけではない。もし行動が感情に支配されているとしたら、それは自分の責任を放棄し、行動を支配する力を感情に与えてしまったからなのだ。

主体的な人にとって、愛は動詞である。愛は具体的な行動である。犠牲を払うことである。母親が新しい命をこの世に送り出すのと同じように、自分自身を捧げることである。愛を学びたいなら、他者のために、たとえ反抗的な相手でも、何の見返りも期待できない相手であっても、犠牲を払う人たちを見てみればよい。あなたが親であるなら、子どものためならどんな犠牲も辞さないはずだ。愛とは、愛するという行為によって実現される価値である。主体的な人は、気分を価値観に従わせる。愛するという気持ちは取り戻せるのである。

人を信頼し、その人の価値と可能性を伝えるのに一番適した場所はどこだろうか？　家庭であることに疑問の余地はないだろう。家庭が破綻《はたん》したら、その次に適した場所はどこだろう？　学校である。教師が親代わりとなり、家庭でできなかった信頼構築のプロセスをやり直すことができる。

誰にでも他者を信頼する力があることを忘れてはならない。もちろん、人を信頼して失望させられるリスクがあるのだから、この力は賢明に使わなくてはならない。しかし誰かを信頼するとき、あなたはその人にかけがえのない贈り物と機会を与えるのである。恐れずにリスクを引き受けよう。最大のリスクは、リスクのない人生を生きることなのだから。

映像作品『先生』

ヘレン・ケラーとサリバン先生の実話をもとにした映像作品である。ヘレン・ケラーは聾唖《ろうあ》で盲目だった。アン・サリバンはほとんど失明していて、子どものころはネグレクトされ虐待を受けていた。しかしそんな境遇を乗り越え、一人の生徒に人生を捧げる道を選んだ。

ヘレン・ケラーの人生、そして社会への貢献は実に感動的で、私たちを強く励ます。その影響力は永遠であり、直接的、間接的に影響を受けている人は数えきれない。しかしヘレン・ケラーがこれほどの影響力を持ったのは、ひとえにアン・サリバンがいたからである。

『第8の習慣』のＷｅｂサイトにアクセスし、この『先生』という映像作品を、二つの道（偉大さに至る道と凡庸さに至る道）のレンズを通して観てほしい。アン・サリバンは、犠牲を払い、逆境を乗り越えることで自分の内面に培われた良心と道徳的権威に従い、ビジョン、自制、情熱を備えた個人となる。彼女自身の選択に注意して、そのプロセスをたどっていくとよい

Webサイトへのアクセス

URLを直接入力
https://fce-publishing.co.jp/8h/

QRコード読み取り

だろう。また、生まれたときから暗闇の中にいたヘレン・ケラーが、調和のとれた力強く誠実な人格を育てていくプロセスにも注目してほしい。アン・サリバンとヘレン・ケラーの信頼関係が日々の預け入れによって築かれ、それによって微妙なコミュニケーション（忍耐、我慢、理解）も素早くとれるようになり、二人の間に強い絆ができていくことがわかるだろう。

要するに、「自分のボイス（内面の声）を発見し、ほかの人たちも自分のボイスを発見できるように奮起させる」ことに生きた二人の傑出した人物の感動的な物語である。二人はまさに、世界中の数えきれない人々に命を吹き込んだのだ。

Q&A

Q　意欲を高めるにはどうすればよいのでしょうか？　意欲の欠如は、組織にとってはがん以外のなにものでもありません。どうすればいいのでしょうか？

A　三段階に分けてお答えしましょう。

第一段階は個人のレベルです。まずあなたが意欲的な態度の模範になることです。つまり、不平を言う、批判する、比較する、競争する、対立するというような行動をとらないこと。これらは転移性のがんなのです。裁く人ではなく光を照らす人、批評家ではなく模範になる人になりましょう。こうした人の周りにはポジティブな力ができ、転移性のがんを駆逐します。

第二段階として、敵対的な人や無気力な人に対して一対一で話す時間を意識してとり、人間関係を築いていきましょう。意欲の欠如が見られるのは、その人の内面の奥深くにたまっていることが症状として現れていることです。自分は理解されていると思えなければ、誰しもポジティブにはなれません。まず相手を理解することに徹するというのは相手を肯定することであり、これは効果性の高い治療法です。果実の収穫が少ないと責めるのではなく根っこに働きかければ、収穫は増えていきます。

第三段階で考えなくてはならないのは、個人が示す模範（第一段階）と人間関係（第二段階）よりも強いネガティブな力が働く場合もあることとです。そのような力には無理に抵抗せず笑顔でやりすごしたほうがよいこともあります。そうすれば無気力というがんが転移するのを防げるでしょう。無気力もそうですが、他者の短所に感情を振り回されていたら、あなたの力はそがれ、逆にその人の短所が転移性のがんとなり、組織文化にがん細胞が広まっていくのです。あなたが一人で全部を変えることはできません。あなたに確実にできるのは、自分を変えること。しかし私自身の経験からも実感しているのは、生まれながらに授かっている贈り物（ギフト）、天賦の才を生かすスキルや能力を身につければ、自分自身に対する態度、他者に対する態度、人生に対する態度が目に見えて良くなることとです。たとえば、あなたが誰かにテニスを教えるとしましょう。その人が少し自信を失っていて、意欲がなくマイナス思考に陥っているとき、一番効果的なのは何でしょうか。意欲を高めるにはどうすればよいか話して聞かせることでしょうか？グラウンドストロークやボレーの知識を教えることでしょうか？それともコートに出し、実地でスキルを身につけさせて、もっと知識が欲しいと思わせるようにすることでしょうか？試合を楽しめるようになってくると、マイナス思考からプラス思考に転じ、意欲も出てくるはずです。これが改善の三つのルートです。知識のルート、スキルのルート、意欲のルートです。ほとんどの人は意欲と知識のルートに重点を置きますが、この二つのルートを生かすためには、スキルのルートに力を入れなくてはならないと思います。うまくできること、得意なことがあれば、誰でも自分に自信が持てるのです。

Q　モチベーションに関するさまざまなアドバイスの中で、ベストと思っているものは何ですか？

A　私が一番にアドバイスしたいのは、自分が模範を示し、他者の価値と可能性を本人が見えるようにはっきりと肯定することです。口で言うだけでなく、個々人の価値と可能性を引き出せる一貫したシステムとインセンティブも必要です。内面から自発的に湧いてくるモチベーションが不可欠であるのはもちろんですが、外からの刺激でモチベーションをかき立てることも重要です。人の内面で燃える火は、マッチのようなものです。まずは摩擦で火がついて燃え上がり、次に熱によってほかのマッチに火がついていくのです。私は精神論的なスピーチはあまり好みませんが、意欲は大切だと思っています。ケン・ブランチャードは、正しいことをしている人を見つけなさいと教えています。私もそのとおりだと思います。誰でも、自分は尊重されている、感謝されていると思いたいものですし、自分が携わっている仕事は、ベストを尽くして献身する価値があると思う必要があるのです。

Q　インターネットの世界では顔を突き合わせずに済むことがほとんどです。新しいテクノロジーの最適なかたちで活用し、効率性を高めながら、職場から人間性が奪われないようにするにはどうしたらよいのでしょうか？

A　長い目で見れば、ハイテクはハイタッチがあってはじめて機能するものだと思います。人間同士の触れ合いです。人間関係が築かれていればこそ、効率的に仕事を進めることができます。テクノロジーが人の効率性を高めるとしても、人間関係の代わりにはなれません。人に対しては急がば回れの態度で接すること。テクノロジーは召使にするものであって、主人にしてはいけません。人間がテクノロジーに使われてはならないのです。

第一〇章　ボイスの融合

リーダーは対立を避けない。抑圧も否定もしない。むしろ対立をチャンスと見る。[1]
ウォレン・ベニス

家庭、職場、どこであろうと、人生においてもっとも難しく、自分が試される問題の一つは、対立を解決する姿勢と言って間違いないと思う。対立の解決とは、突き詰めれば、お互いの違いにどう対処するかである。あなた自身の経験を振り返ってみてほしい。誰かと意見が対立したとき、どう対処しただろうか? シナジーによってお互いの違いを解決する人格とスキルがあれば、それぞれが最初に出した案を上回る解決策を生み出せたのではないだろうか? 創造的な協力を通してそのような解決策を生み出せる能力は、個人の道徳的権威と人間関係における信頼という土台があって身につくものである。

私は以前、アルン・ガンディーから彼女の祖父マハトマ・ガンディーに関する感動的な話を聴いたことがある。そのスピーチに聴衆は一人残らず深く感動し、謙虚な気持ちになった。

皮肉なことですが、人種差別と偏見がなかったなら、ガンディーはこれほどまで注目されていなかったでしょう。

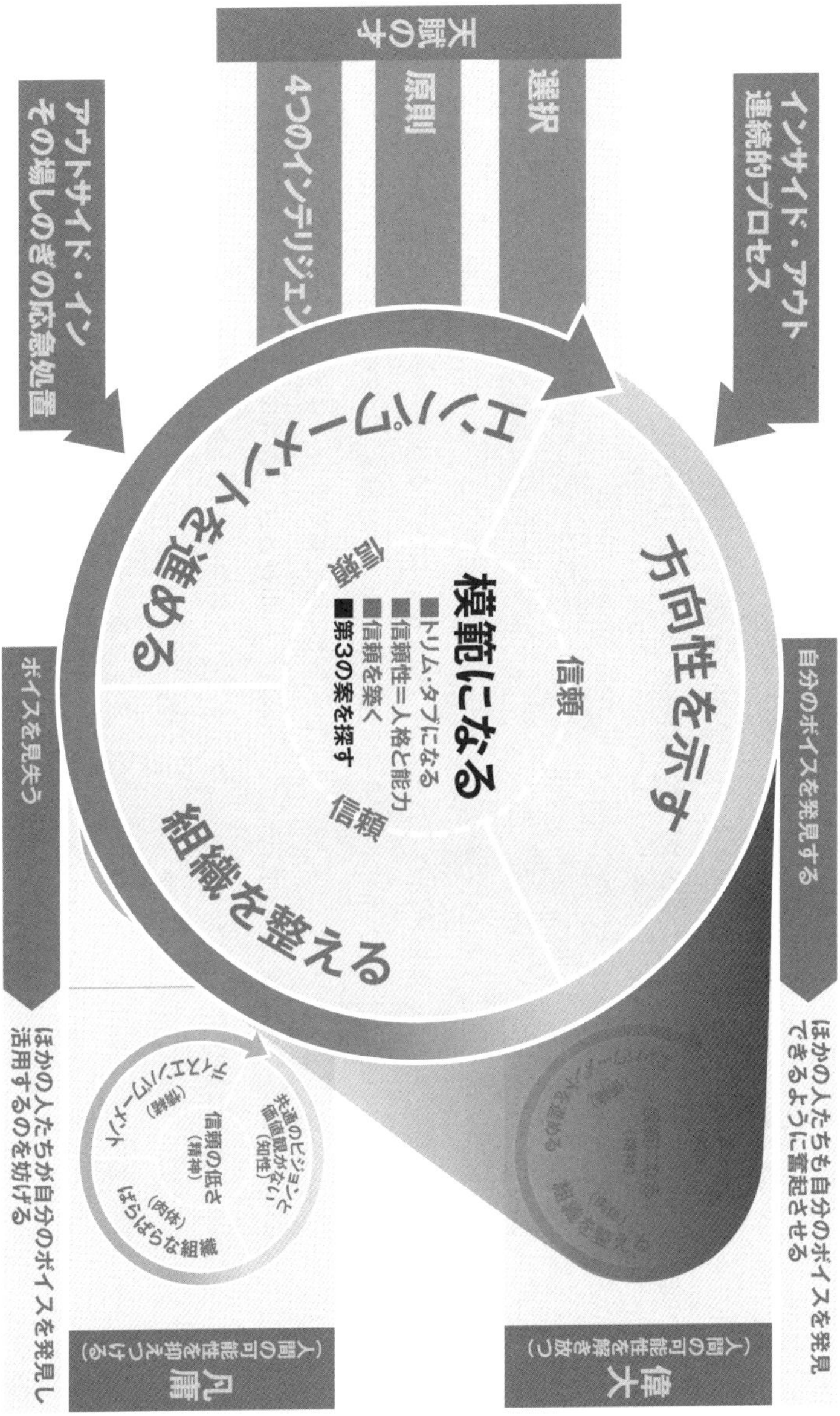
天賦の才
選択
原則
4つのインテリジェンス
インサイド・アウト
連続的プロセス
アウトサイド・イン
その場しのぎの応急処置
方向性を示す
組織を整える
エンパワーメントを進める
模範になる
信頼
信頼
トリム・タブになる
信頼性＝人格と能力
信頼を築く
第3の案を探す
自分のボイスを発見する
ほかの人たちも自分のボイスを発見できるように奮起させる
ボイスを見失う
ほかの人たちが自分のボイスを発見し活用するのを妨げる
偉大
（人間の可能性を解き放つ）
凡庸
（人間の可能性を抑えつける）
共通のビジョンと価値観がない
（知性）
信頼の低さ
（精神）
ばらばらな組織
（肉体）
ディスエンパワーメント

図10･1

それは挑戦であり、対立でした。祖父は大金を稼ぐ有能な弁護士の一人で終わっていたかもしれません。しかし南アフリカに渡ったとき、到着してから一週間も経たずに、かの国の人種差別を受け、屈辱を味わいます。有色人種という理由で列車から降ろされたのです。あまりの屈辱に駅のプラットフォームで一晩過ごし、正義を勝ち取るために何ができるかと考えていたそうです。祖父の最初の反応は怒りでした。あまりにも腹が立ち、「目には目を」の正義を望んだのです。自分を侮辱した人々に暴力で仕返ししたかった。しかしそこではたと気づいたのです。「これは正しいことではない。このやり方では正義を勝ち取ることはできない。しばらくは溜飲《りゅういん》の下がる思いがするかもしれないが、正義は得られない。対立のサイクルが続くだけだ」と。

その次の反応は、インドに戻り、故郷の人々と尊厳を持って生きていきたいというものでした。しかし祖父は、その反応も退けました。「問題から逃げることはできない。逃げずに、問題を直視しなければならない」と祖父は言いました。そのときに第三の反応を思いついたそうです。非暴力の運動です。それ以降、祖父は南アフリカで正義を追求するのと並行して、非暴力の思想を確立し、実践しました。結局、祖父は南アフリカに二一年間暮らしてからインドに帰国し、非暴力不服従運動を率いたのです。[2]

第3の案とは、私のやり方でもあなたのやり方でもなく、**私たちのやり方**である。あなたのやり方と私のやり方の中間で妥協するのではなく、妥協よりも優れた道をとることだ。第3の案とは、仏教で言う「中庸」である。真ん中よりも上の位置、ちょうど三角形の頂点である。ほかの二つの道よりも良い道なのだ。

第3の案は、それまでに出された案のどれよりも優れた案であり、純粋な創造的活動の成果である。二人以上の人がいて、お互いのもろさを補い合い、心を開いてお互いの話を真剣に聴き、より良い案を見つけたいという気持ちから生み出される。どんな結果になるのか誰もわからない。わかっているのは、現状よりも良くなることだけである。変わるのはアイデアの内容かもしれない。精神かもしれない。動機かもしれない。これらの三つとも変わるかもしれないし、二つかもしれない。いずれにしても一つは必ず変わるのだ。

ガンディーもそうだったように、第3の案の出発点は、普通は自分自身の内面である。しかし実際に第3の案に至る道を歩み出すには、あなたの意見に反対する人がいて、厳しい状況に直面しなければならない。ガンディーの孫娘の話から、ガンディー自身の葛藤と他者との関係の相互作用に気づいたと思う。ガンディーは、**一人の個人**として途方もない葛藤と努力をした末に、人間関係の試練に立ち向かうことができたのである。

唯一必要なもの：第3の案を探求するマインドセット

私はよく、二〇回の腕立て伏せをすることを個人の成功を説明する例えに使っているが、それと同じように、第3の案を探求するマインドセットとスキルセットをセミナーなどで教えるときには、腕相撲を例えにしている。参加者の中から私と腕相撲をする人を募る。私よりも若くて背が高く、見るからに健康で力も強そうな男性に志願してもらうことにしている。自薦でもほかの参加者たちからの推薦でも、とにかく強そうな男性が決まったら、ステージに出てきてもらう。彼が歩いてくるときに、「私はね、強いんです。覚悟していてくださいよ」と横柄に話しかけ挑発する。私は自分の腕前や技、強さをことさら誇張し、黒帯を持っているとまで言う。彼がステージに上がったら、「私は負けると言いなさい」と相手に命じる。たいていの場合、私の言うとおりにしてくれる。私よりもはるかに体格のよい男性に向かって「勝負は身体の大きさで決まるんじゃないぞ。大事なのはテクニックだ。私にはそのテクニックがある。君にはないだろう?」と辛辣に皮肉る。私の思惑どおり、見ている参加者たちは対戦相手のほうに肩入れする。

私と相手は、お互いの右足を突き合わせ、テーブルの真ん中で手を握り合い、腕相撲の姿勢をとる。そこで私は、見物している参加者たちに、この試合に金を賭ける気があるかどうか聞く。相手が私の腕を肘《ひじ》の位置まで押し倒したら、相手が一ドルもらい、私が相手の腕を倒したら、私が一ドルもらうというわけである。参加者たちは必ず同意する。そして近くにいる人にタイムキーパーになってもらい、一分間試合をするから、時計を見て試合開始の合図を出すよう指示する。私と対戦相手が腕を押し倒した回数も記録してもらう。そしてほかの参加者たちに、すべてのラウンドに賭金の一ドルを出せるかどうかもう一度確認するが、このときも参加者は必ず同意する。

そしていよいよ、タイムキーパーが開始の合図を出す。その瞬間、私はふっと腕の力を抜く。だから相手は私を簡単に倒す。ほとんどの場合、相手は私が抵抗しなかったことに驚き、困惑する。訳がわからないという表情をする。そして腕を最初のポジションに戻して第二ラウンドを行う。私はまたも相手のなすがままに任せる。次のラウンドも、またその次のラウンドもそうする。相手は私が抵抗するのを期待しているわけだから、次第に自分が卑怯《ひきょう》なことをしているような気になり、罪悪感を覚え始める。

そこで私は「お互いにできるだけたくさん勝てれば、あなたにとってもいいことですよね」と言ってみる。

相手はたいてい興味を示すが、対戦前にかなり挑発されていたから、私を信用していいものかどうか決めかねている。「甘い言葉をかけているだけだ。本心はおれをうまく操って、勝負を自分に有利に運びたいのではないか？」と勘ぐっている。しかし私が抵抗せず、彼が勝ち続けたら、それはそれで良心がとがめるから、「二人ともたくさん勝てるようにしませんか？」という私の提案を受け入れる気になってくる。彼はひとしきり葛藤すると、ためらいながらも次のラウンドは私に勝たせてくれる。

そして次のラウンドでは、私はまたも抵抗せず相手に勝たせるが、二、三秒すると私の意図を察して、力を抜き腕を前後に動かし始める。しかし対戦相手によっては状況がよくつかめず、困惑したままの人もいる。そういう人は相変わらず力を弱めずに勝ち続けるが、結局は力を抜き、楽に腕を動かしてお互いに順番に勝つようになる。そこで私は「もっと効率的にやりませんか？」と持ち掛ける。こうして二人とも手首だけを前後に動かし始める。腕全体を動かすよりも五倍の速度でお互いに倒し合える。最後に「では、あなたのテーブルに行って、お金を賭けてもらい、彼らの目の前で同じようにやりましょう」と言う。ここまでくれば、参加者全員が状況を理解して大声で笑う。

xQサーベイ回答者の中で、職場はWin-Winの環境だと認めたのは三分の一足らずである。

そこで私は、Win-Winを考える（第3の案を探求するマインドセット）というのは相互の尊重と相互の利益の原則だと参加者に説明する。私は対戦相手をＷｉｎ-Ｌｏｓｅのマインドセットに引き込むために、自分のほうが強くテクニックも持っていて攻撃的だという**ふりをしていた**が、本当の**意図**はＷｉｎ-Ｗｉｎだった。

だから試合が始まるとすぐ、私は一切抵抗せず、**相手**の利益とＷｉｎを優先させた。相手が後ろめたさを感じて心を開き始めると、協力すればお互いにもっと勝てるようになるという私のアイデアを受け入れるようになる。

私たちはさらに創造力を発揮して、お互いに手首だけを前後に素早く動かして順番に勝ち、次にお互いの反対の手も合わせて前後に動かし、こちらでもお互いに勝ち数を稼いだ。こうして、まさにシナジーによる結果が得られ、私も相手もかなりのＷｉｎを達成できた。賭金を支払うことになった参加者たちも、学習というＷｉｎを手にした。もちろん、実際に金銭のやりとりをするわけではない。しかし身体を使った楽しくわかりやすいデモンストレーションを通して、第3の案を見いだすとはどういうことか理解できると思う。

信頼関係を構築し、第3の案を見つける努力を続けていくには、個人のレベルで「二〇回の腕立て伏せ」ができる能力に相応する内面の強さと安定をどのように発揮しなければならないか、ここまで読んできて理解できただろうか？　私は、試合が始まる前にＷｉｎ-Ｌｏｓｅの競争心を持っていることを相手の意識に植えつけ、相手が内心で「この小柄なハゲ親父なんかに負けるわけがない」とまで思うほど煽《あお》ったから、私の表向きの挑発や個人攻撃に相手が反発するのも当然だった。私のほうも反発に対してしばらくは傲慢《ごうまん》な態度をとり続けた。

多くの人は、Ｗｉｎ-Ｗｉｎを実現するためには両者がＷｉｎ-Ｗｉｎを考えなくてはならないと思っているが、そうとは限らない。どちらか一方が考えればよいのだ。また、相手が協力しなければだめだと思う人も多いが、まずはどちらかがシナジーを起こそうとしない限り、第3の案を見いだす創造的協力は生まれないのである。まずはどちらか一方が相手の身になって真剣に話を聴き、相手の利益を尊重して、相手の信頼を得る。こうして相手をシナジーに取り込む下地を整えるのである。

私は以前、オプラ・ショーでこのデモンストレーションを行ったことがあるが、プロデューサーに認めさせるのにかなり苦労した。問題は、ぶっつけ本番でやらなくてはならないことだった。結果がどうなるか誰もわからない。少なくとも司会者のオプラには何も知らせずにやらなくてはならない。プロセスをコントロールできず、しかも視聴率を稼がなくてはならないという現実を前にして、プロデューサーは尻込みしていた。しかしなんとか説得し、オプラと私は腕相撲のデモンストレーションをすることになった。

生放送中、私はいつものとおり対戦相手のオプラを挑発した。「君は弱い、私は強いからね。君は絶対に負けるよ」と煽《あお》った。それが彼女の気持ちを奮い立たせ、全力で立ち向かってきた。彼女はすぐに私の腕を押し倒した。私は「オプラ、二人とも勝てるようにしないか？」と持ちかけたが、「そんなのだめ！」とにべもない。「なぜ？」と聞くと、「私はストリートで育ったの。現実をよく知っている。そんな口車には乗らない」と一歩も引かない。「なるほど。じゃあ、もう一度勝たせてあげるよ」と私は言った。彼女はまた「そんなのだめ」と言う。私たちの間に信頼関係はまったくできていない。そこで私はこう言った。「ではこうしよう。お互いの腕をゆっくりと真ん中まで戻して、あなたのほうに腕を倒す。そうすればあなたはまた一ドルを手にできる。悪くないでしょう？」彼女は私の意図をすっと理解し、私たちはこの勝負を大いに楽しんだ。最後には会場にいる人も視聴者も貴重なレッスンを学んだ。

東洋には「百聞は一見にしかず」という諺《ことわざ》がある。私はこれをさらに発展させて「百見は一回の経験にしかず」と言いたい。セミナーの参加者が腕相撲のデモンストレーションを一回見るのは百聞に値し、参加者の誰かが実際に一回経験するのは百見に値するのだ。これを読んでいるあなたは、腕相撲のデモンストレーションを頭の中で思い描いていることだろう。しかしその本当の効果を知りたいなら、家族や同僚を相手にやってみてほしい。

ほとんど誰でも、Win-Winを考え、まず理解に徹するという難しいプロセスをいちいち踏まなくとも第3の案に到達することはできる。しかし私的成功だけは不可欠だ。自分に対する他者の評価を心の安定のよりどころにせず、自分の内面に安定の源を見いだせるようになることが私的成功である。私的成功の力は、自分の弱さを自覚できることにある。なぜなら、誰でも原則に基づいた自分の価値観に誠実であれば、たとえ自分のもろさをさらけ出しても、内面の奥深くでは安定した強い自分でいられるからである。芯が強ければ、他者からの影響を受け入れて、柔軟に変わることができる。どこにたどり着くのかわからなくとも、自分と相手の現在地よりも良い場所に到達できることがわかっていれば、第3の案を探求できるのだ。

第3の案を探求するためのスキルセット

人生においてもっとも重要なスキルがコミュニケーションであることは間違いない。コミュニケーションには基本的に四つのモードがある。読む、書く、話す、聴く、である。ほとんどの人は、起きている時間の三分の二から四分の三はこれらのコミュニケーションに費やしている。そして四〇％から五〇％は「**聴く**」モードが占めている。ところが、聴くモードのコミュニケーションの訓練はほとんど行われていない。読み方、書き方、話し方の訓練は、たいていの人は何年も受けているが、聴き方の正式な訓練を二週間以上受けたことのある人は五％にも満たないのである。

自分の職場では、オープンで偏見がなく、お互いを尊重するコミュニケーションがとられていると感じているのは、調査した労働者の一七％にすぎない。

ほとんどの人は、人の話は普段から聴いているから、聴き方ならわかっていると思っているだろう。しかし実際には、あくまでも自分のものの見方の領域で聴いているのである。図10・2「傾聴の連続体」を見てほしい。聴く態度の五段階（無視する、聞くふ

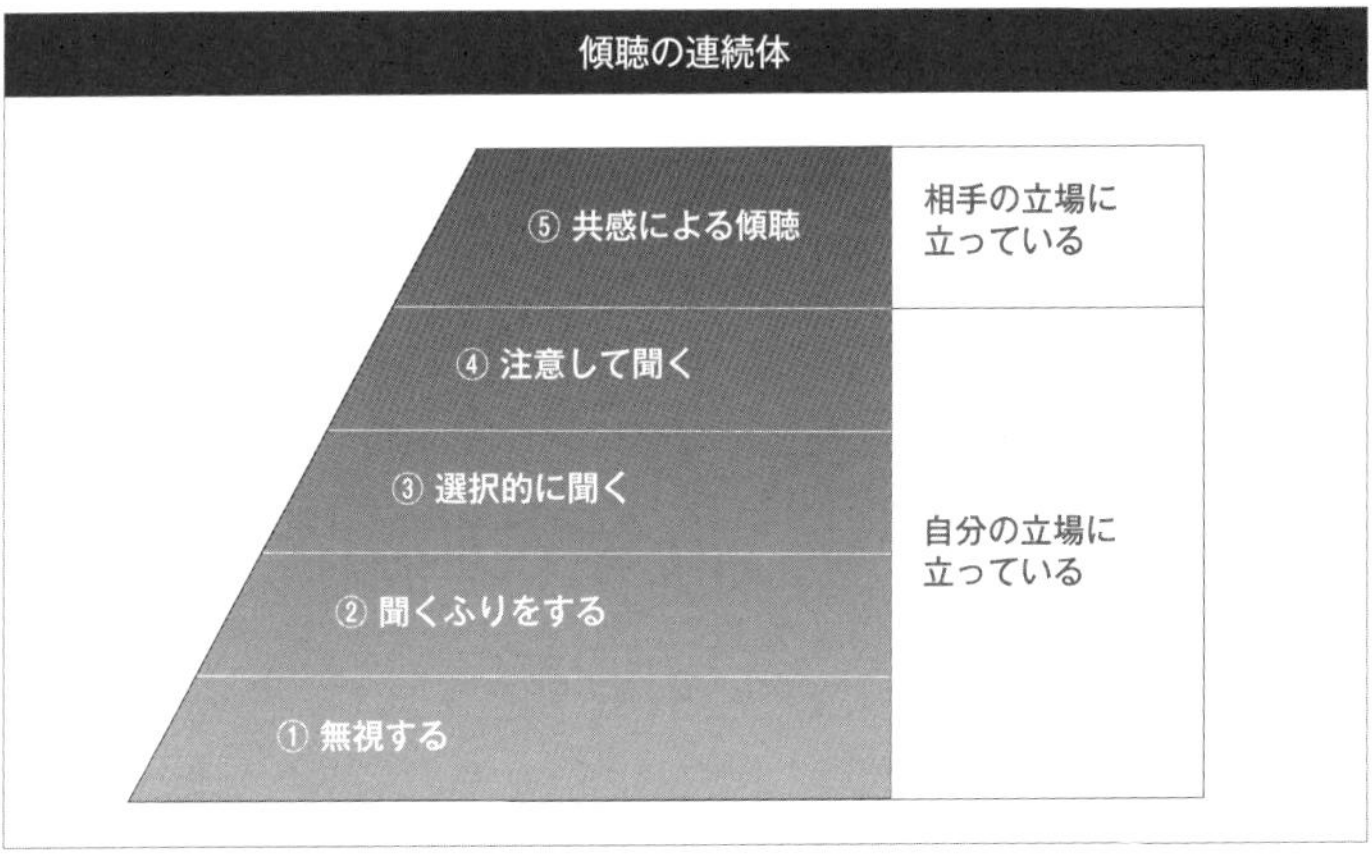

図10・2

りをする、選択的に聞く、注意して聞く、共感による傾聴）のうち、相手の立場に立ち、相手の世界観に入っていって聴くのは一番上の「共感による傾聴」だけである。本当の意味で人の話を聴くためには、自分の自叙伝を超えなければならない。つまり、自分の眼鏡を外し、自分の価値観やそれまでの歴史を脱却し、自分勝手な判断をせずに相手の視野に深く踏み入っていかなくてはならないのだ。これが「共感による傾聴」レベルであり、コミュニケーションでこれほど重要なスキルはほかにない。そもそも単なるスキルではなく、スキルをはるかに超えたものなのだ。

コミュニケーションのスキルの大切さを実感するためにも、ここで体験してほしいことがある。もちろん読むだけでも学習にはなる。しかし、実際に体験することで得られる心理的なインパクトや学習効果には及びもつかないことは確かだから、ぜひやってみてほしい。私のほかの本で同じようなことをすでに体験しているかもしれないが、本書には画像を掲載している。この認知実験をすることで、学習する姿勢も、学んだことに従って行動しようとするモチベーションも強くなるはずだ。

聴くことについて（抜粋）

話を聴いてほしいだけなのに、あなたはアドバイスをくれる。それは私が望んでいることじゃない。話を聴いてほしいだけなのに、そんなふうに思ってはだめだとあなたは言う。それは私の気持ちを踏みにじっていること。話を聴いてほしいだけなのに、あなたは私の問題を解決しようとする。変に思うかもしれないけれど、それは私をがっかりさせる。

話を聴いて！　ただ話を聴いてほしいだけ。何も話さず、何もしなくていい。ただ耳を傾けてほしい。私は自分で行動を起こすことができる。私は無力ではない。落胆しているかもしれないし、ためらっているかもしれない。でも決して無力じゃない。私が自分でできること、私がやらなければならないことをあなたがやってしまったら、自分の無力を思い知らされて、ますます不安になるだけ。でも、どんなに不合理な感情であっても、私の気持ちをそのまま受け入れてくれたら、私はあなたを説得しなくてもすむし、その不合理な感情の背後にあるものを理解する作業にとりかかることができる。それがはっきりすれば、答えは出る。アドバイスは要らなくなる。[3]

ラルフ・ラフトン医学博士

まず、一緒に実験してくれる人を探そう。最初に**あなただけ**が図10・3の絵を一秒見る。次に図10・4（三二四ページ）の絵を相手に見せ、あなたは**見ない**（事前に見ず、相手が見ているときものぞき見しないこと）。最後に、二人で一緒に図10・8（三五一ページ）の絵を見る。そして次の質問に進む。

図10·3

あなたと相手がそれぞれ最後の絵で見たものは何か？
若い女性の絵か、サックス奏者の絵か？
あなたと相手のどちらが正しいか？

相手と話し合い、お互いが見たものを理解する。相手の話をよく聴き、相手に見えているものを自分でも見えるように努力する。相手の視点を理解できたら、次はあなたが見えたものを説明する。相手もあなたと同じように見られるように手助けする。

ものの見方の違いは、どこからくるのだろうか？　お互いが最初に見た絵を見てみよう。相手が最初に見たのが図10・4の絵ではなく、図10・3だったら、相手も図10・8の絵はサックス奏者だと思っただろう。

私がこの認知実験をトレーニング・セッションで行うときには、条件づけとして参加者の半分に若い女性の絵を見せ、もう半分にサックス奏者の絵を見せる。三枚目の合成画を全員に見せると、例外は何人かいるけれども、半分は若い女性だと言い、もう半分はサックス奏者だと言う。全員が同じ絵を見ても、解釈はまったく違うのである。

参加者はこうして、きわめて強烈な学習体験をする。全員が同じ絵を見ていながら、見え方は違うのだ。そこで私は、自分とは違う見方をした人の話をよく聴き、その人の見方を理解するよう指示する。その絵の別の見方がわかると、たいてい「ああ、そうか！」となる。教室のあちこちで「そうか！」の声があがる。しかし相手になかなか理解してもらえず、いつまでたっても「そうか！」と言ってもらえず、しびれを切らす人もいる。自分に見えているものが他人にはそう見えないことに戸惑うのだ。自分の目にはそうとしか見えないのに、相手がまるで理解しないと腹が立ち、自分の見方を擁護しようとする。逆に、相手を励まし根気よく説明して、相手がもう一つの見方ができると、お互いに本心から喜ぶケースもある。

> 創造的思考とは、既成のパターンを打ち破り、物事を違う角度から見ることである。
> エドワード・デ・ボノ医学博士『水平思考の世界――電算機時代の創造的思考法』

この認知実験では、コミュニケーションに関して四つの重要なことを学べる。

一．相手が見えているものを自分も見て、相手がそのような世界観を持っている理由を理解するためには、心を開き、相手の話に真剣に耳を傾けなければならない――第3の案を探求するための土台

二．新しい情報を提示される前に経験していることが、その情報に対する見方を左右する。一秒の条件づけで教室が二分されるのであるから、生まれたときからの条件づけがどれほど強い影響を及ぼすか想像もできないだろう。あなたの家庭ではどうだろうか？　あなたはどのように物事を解釈しているだろうか？　人はまったく同じ事実を見ても、その事実の意味は、それ以前の個人的な経験のレンズを通して解釈される。個々人が意味を創出し、自分の世界観に従って行動するのだ。私たちは**世界をあるがままに**見ているので

はなく、**私たちのあるがままの世界**を見ているのであり、自分が条件づけされた状態で世界を見ているのである。シナジーを創り出す努力を始めるずっと前に、個々人のものの見方は定まっている。だから何よりも重要なのは、お互いの理解につながるコミュニケーションをとることなのである。

三．何かに対する解釈は一つとは限らない。難しいのは、最初のビジョンを持ちつつも、異なるさまざまな視点を素直に受け入れ正確に理解して、共通のビジョンを築いていくことである。何かの問題を解釈するとき、いろいろな人がそれぞれに違う解釈をしたら、誰が正しいのだろうか？ あなたと妻（夫）の意見が違うとき、正しいのはどちらだろうか？ 権限のある立場の人間なら、一つの答えを決めなくてはならない。自分の見方にこだわるほど、思考が硬直化し、柔軟な対応ができなくなる。

四．コミュニケーションが崩壊するときの最大の原因は、語義の理解の違いにある。ある言葉についての定義がお互いに異なっていると、コミュニケーションがぎくしゃくしてくる。

図10·4

しかし相手の身になり、共感して話を聴くことができると、語義の問題は瞬時に解消される。なぜだろうか？　相手を理解するつもりで真剣に話を聴いていると、言葉は何かの意味を表すシンボルだとわかるからである。重要なのは意味を理解することであって、シンボルを巡って議論することではないのだ。

ここで認知実験に戻ろう。自分の見方が正しく、相手の見方が間違っていると思い込んでいると、どうなるだろうか？　絵の意味をわからせようとして、口論めいてくるはずだ。自分の見方に固執して感情が高ぶってくると、相手の見方がますますわからなくなり、素直な気持ちで相手の視点に立つことができなくなる。

次に、権限を持つ立場の人間が自分の考えを押し通す場合を考えてみよう。会社の重大な問題への対応をトップが一人で決め、その方針を全社員に発表するだけだったら、どうなるだろう？　新しい組織構造と給与体系の導入や組織の協力体制のあり方、社員の職務内容などを一方的に発表し、社員はその決定に反発を覚えても沈黙するしかなかったら、「言われるまで待つ」の共依存体質ができていく。異論は抑え込まれ、無視されるのだから、組織が混沌《こんとん》としていくのは目に見えている。

立場上の権限から力を借りてきても、道徳的権威が欠けていれば、自分だけでなく部下や人間関係にも弱さをつくることになる。そして、お互いの弱さを助長する共依存関係に陥ってしまうのである。

トーキング・スティック

以前、米国とカナダの先住民族の部族長たちに研修を行ったとき、彼らから美しい贈り物をいただいた。手の込んだ彫刻が施され、長さ一五〇センチほどの棒で、「ハクトウワシ」という銘が刻まれていた。彼らはこれをトーキング・スティック（発言棒）と呼んでいた。トーキング・スティックは、何世紀にもわたりネイティブアメリカンの統治システムで必要不可欠な役割を果たしてきた。実際、ベンジャミン・フランクリンを筆頭にアメリカ建国の父たちの何人かは、イロコイ連邦の部族長たちからトーキング・スティックの由来を教えられている。トーキング・スティックは、私がこれまで見聞きしてきたコミュニケーションのツールの中でもっとも効果的なものといってよい。かたちある具体的な物体であると同時に、シナジーを強く喚起する概念そのものでもあるからだ。意見の異なる者同士がお互いを尊重して理解を深め、それによってシナジーを創り出し、意見の違いを乗り越えて問題を解決する、少なくとも何らかの妥協点を見いだすプロセスを表しているのである。

トーキング・スティックの理論を簡単に説明しよう。集会で何かの問題を話し合うときには必ずトーキング・スティックが使われ、トーキング・スティックを持っている者だけが発言を許される。トーキング・スティックを持っていれば、自分が理解されたと納得できるまで話すことができるのだ。ほかの人たちは、意見や異論を述べることも、反対や賛成の意志を示すことも許されない。彼らに許されているのは、トーキング・スティックを持っている人の考え方を理解し、どう理解したか述べることだけである。発言者が自分は理解されたと思える説明ができるように、必要なら不明点は確認して、発言者の意図を自分の言葉で述べる。

発言者は、自分の考えが理解してもらえたと感じたらすぐに、トーキング・スティックを次の人に渡す。渡された人は自分の意見を述べ、ほかの人たちは耳を傾け、真意を確かめる質問をしたり、強調したりして、こちらが正しく理解していることを伝える。この発言者も自分はきちんと理解されたと感じたら、同じようにトーキング・スティックを次の人に渡す。この手順で全員が発言すると、集会の参加者は一人残らずコミュニケーションに一〇〇％責任を持つようになる。つまり、自分の意見を述べるだけでなく、聴くことも真剣に行うのだ。そして全員が自分は理解されたと思ったとき、驚くべきことが起こる。負のエネルギーは消失し、敵対的な態度もなくなってお互いを尊重し、創造力が解き放たれる。こうして新しいアイデアが生まれ、第3の案に到達するのである。

理解するというのは、同意することではない。これを忘れないでほしい。理解するというのは、その人の目、心、頭、精神でもって物事を見ることだ。人間の魂がもっとも強く求めているのは、理解されたいという思いだ。その深いニーズが満たされてはじめて、人は相互依存による問題解決に意識を向けることができる。しかしこのニーズが満たされなければ、お互いのエゴが衝突し、縄張り争いになる。コミュニケーションは自己弁護や単なる保身のためのやりとりでしかなくなる。口論が絶えず、ときには暴力に発展することさえある。

理解してもらいたいというニーズは、肺が空気を求めるのと同じようなものである。あなたが今いる部屋から空気が突然なくなったら、空気を吸いたいという欲求しか起こらないだろう。自分と相手の意見の違いについて話し合い、何とか解決策を見いだそうなどとは露ほども思わないはずだ。あなたが求めるものはただ一つ、空気だけである。空気を吸ってからでなければ、ほかの物事を考えることはできない。理解されたと感じられるのは、心理的な空気を吸うことと同じなのである。

トーキング・スティックを用いた話し合いのプロセスは、トーキング・スティックがなくとも一人ひとりの頭の中で行うことができる。具体的な物体を介在させなくとも、勇気を持って話し、発言者に共感して聴く責任を果たすという原則を守ればよいのである。もちろん、実際に棒のようなものがあれば、その場の人たちの注意や関心が棒に向くから効果的ではある。正式なトーキング・スティックではなく、鉛筆やスプーン、チョークなどでもかまわないから、状況が許せば使ってみよう。

何かの会議で、参加者の真意が表に出ないまま話し合いが進んでいると感じたことはないだろうか？ そのような会議にトーキング・スティックの考え方を取り入れてみるとよいだろう。本物の棒や鉛筆を使うのがためらわれるのであれば、トーキング・スティックの基本的な考え方を説明するとよい。物議を醸す議題を取り上げるなら、あなたが議長でなくとも、「この会議では、私たち全員が強い関心を持っている重要な問題について話し合います。コミュニケーションを効果的に進めるためにも、発言したい人は前の発言者が話したことの趣旨を述べ、それに発言者が納得したら自分の意見を述べるということにしませんか？」と提案する。（本物のトーキング・スティックを使うわけではないが、発言者が「自分は理解してもらえた」と思うまで次の人は発言できないから、トーキング・スティックの考え方の本質は取り入れられる）

このやり方に乗り気になれない人も少なくないだろう。平凡でどこか子どもじみているし、効率的ではないと思えるからだろうが、それとはまったく逆の効果があることを約束する。何よりもまず自制が求められ、成熟した個人としてコミュニケーションに臨まなくてはならないから、最初は非効率的に見えても、最後にはきわめて充実したコミュニケーションになる。シナジーが起こり、有意義な判断がなされるだけでなく、人間関係にも強い絆と信頼が生まれ、望ましい結果に到達できるのである。

あなたがトーキング・スティックの考え方で会議の進行役を務めるとしよう。次の例に沿って、その場面を思い描いてほしい。

シルビアとロジャーが会議に出席している。シルビアが自分の考えを述べていると、ロジャーが「シルビアの意見には賛成できないね。今やるべきなのは……」と口を挟む。

あなたはロジャーの発言を止めて言う。「ロジャー、会議の冒頭で約束したことを思い出してくれないか?」

「ああ、そうでした。自分が発言する前にシルビアの意見を要約するんでしたね」とロジャーは言う。

それに対してあなたはこう言う。「そうではない。単にシルビアの意見を要約するのではなく、シルビアが納得するように要約しなければならない。シルビアが君の理解で正しいと言ったら、自分の意見を述べることができる」

「そうでした、たしかに」とロジャーは認める。

「シルビアの言いたかったことは?」とロジャーに聞く。

ロジャーはなんとかまとめようとする。

あなたはシルビアに「シルビア、これで正しいかな?」と聞く。

「いいえ、まったく違います。私が言おうとしていたのは……」

ロジャーがまたも口を挟むと、あなたは「ロジャー、ルールをまた忘れた?」と制止する。

「ああ、そうでした。私の要約にシルビアが納得しなければならないのでしたね」

ここでロジャーはようやくシルビアの話を真剣に聴くが、彼女の話をそのまま繰り返すだけである。

「シルビア、今度はどうだった?」とあなたはシルビアに聞く。

「私の話をおうむ返ししただけで、私が言いたいことのポイントは理解していないと思います」

「ロジャー、すまないがもう一度」

「ぼくはいつになったら発言できるんです? これじゃあいつまでたってもぼくの順番は回ってこない。この会議のために部下と二晩も徹夜して準備したんですよ」

「ロジャー、ルールを思い出してほしい。この会議では、自分の意見が理解してもらえたと発言者が納得できなければ、君の意見を述べることは許可されないのだよ」

ここでロジャーは、自分の意見を言いたいというエゴ、思惑、欲求と、相手が満足するまで相手を理解しなければ自分には発言権がないという現実との間で揺れ動く。彼は初めてシルビアの立場に立ち、彼女に共感して聴くようになる。

シルビアは言う。「ありがとう、ロジャー。それなら正しく理解してもらえたと感じる」

「それじゃあ君の番だ、ロジャー」

ロジャーはシルビアを見て、言う。「シルビアの意見に賛成だ」

私の経験から言わせてもらえば、お互いが真剣に理解しようと努力すれば、必ずとまではいかなくともほとんどは意見の一致に至るものである。なぜだろう？　コミュニケーションを巡る問題の九〇％以上は、語義または認知の違いに原因があるからだ。語義は言葉や表現の定義の仕方、認知はデータの解釈の仕方である。お互いに相手の身になり、共感して話を聴いているときは、相手の視点の領域に入っているから、語義の問題も認知の問題も解消する（サックス奏者／女性の絵の認知実験を思い出してほしい）。相手の視点に立って話を聴いていれば、言葉や表現をどのような意味で使っているのか、データをどのように解釈しているのかを察することができる。これによってお互いに同じ楽譜を手にし、同じ言葉を使えるようになるから、本当に意見の異なる一〇％の部分に力を注ぎ、問題を解決できるのである。この相互理解の精神は、相手を肯定し、相手の心を癒し、お互いの絆を強くする。だから、意見の違いについて話し合うときにこの精神を意識すれば、シナジーによって、または何らかの妥協点を見いだして解決することができるのである。

トーキング・スティックのコミュニケーションでは**沈黙**も鍵を握っている。口数を少なくし、ときには完全に沈黙して話を聴いていると、相手に深く共感することができるのだ。この沈黙の力に関して、ロバート・グリーンリーフは次のように話している。「多少の沈黙を恐れてはいけない。沈黙が流れると気まずくなったり、重苦しく感じたりする人もいるだろう。だが、肩肘《ひじ》の張らない会話であるためには、多少の沈黙を恐れないことも必要である。後で振り返って、『頭の中にあることを口に出すよりも、黙っていたほうがよかったのではないか？』と苦々しく思い返すこともあるが、そうした自問もときには重要なのだ」

トーキング・スティックの考え方を理解していない人の会話を揶揄《やゆ》したような笑い話を聞いたので、紹介しよう。

ある農夫が離婚訴訟を起こすため弁護士事務所に行った。弁護士が「ご用件は？」と尋ねると、農夫は「離婚だよ、離婚したいんだ」と答えた。弁護士が「なるほど。grounds（根拠）はありますか？」と尋ねると、農夫はgroundsを「土地」と勘違いして「一四〇エーカーある」と答えた。弁護士は「そうではなくて、case（主張の証拠）はあるか、とお尋ねしたのです」と言った。すると農夫はcaseを「ケース社のトラクター」と誤解して、「ケースのトラクターは持っていないが、ジョンディア社のなら持ってる」と答えた。弁護士は「違いますよ、そうではありません。私がうかがいたいのは、grudge（恨み）はあるかということです」と言った。農夫はgrudgeを「ガレージ」と聞き間違えて、「ガレージはあるさ。そこにジョンディアのトラクターを入れてる」と答えた。弁護士はまだなんとか意思の疎通をとろうとして、「あのですね、suit（訴訟）を起こすのかとお尋ねしているのです」と言うと、農夫はsuitをスーツと勘違いして「スーツは持っている。日曜日に教会に行くときに着るからね」と答えた。さすがの弁護士も苛立ちを隠さず「ですから、奥さんにbeat upされた（暴力を振るわれた）とか、何か問題があるのですか？」と聞いた。農夫はここでもまたbeat upを「くたくたになる」の意味と取り違えて、「いや、二人とも朝は四時半ころに起きる」

と答えた。弁護士はついに「つまり、あなたはなぜ離婚したいのですか?」と単刀直入に尋ねた。「あいつと話がかみ合わないからだよ」

第3の案に到達する二つのステップ

第3の案を追求するときは、基本的に二つのステップを踏む（図10・5）。実際には、この二つのステップでフィードバックをやり取りし、信頼（道徳的権威）が生まれ、第3の案を探求する気持ちが高まってくるのである。

シナジーを起こすには、二つのステップがある。「お互いの提案よりも良い解決策を考えるつもりはありますか?」と問いかけることと、「相手の意見を相手が納得いくように正しく説明できるまで、自分の考えを発言することはできない」というルールを守ることだ。この順番どおりにする必要はないことを頭に入れておいてほしい。第一のステップ、第二のステップと進んでいって

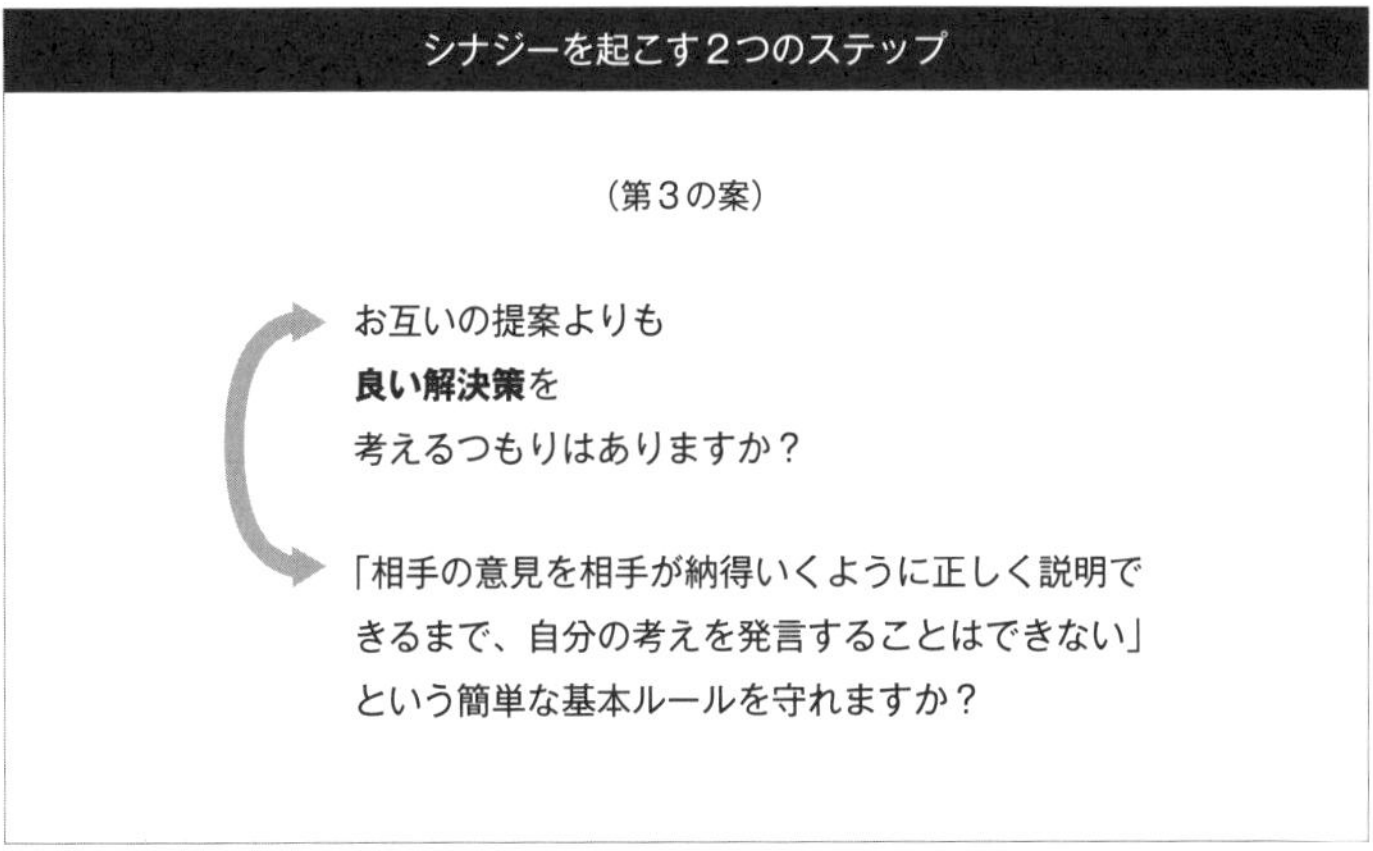
シナジーを起こす2つのステップ
（第3の案）
お互いの提案よりも
良い解決策を
考えるつもりはありますか？
「相手の意見を相手が納得いくように正しく説明できるまで、自分の考えを発言することはできない」
という簡単な基本ルールを守れますか？

図10·5

もよいし、第二のステップから入ってもかまわない。自然に対話が始まって、自分とはまったく異なる意見や解決策を持っている人の話を知らず知らずのうちに真剣に聴いていることもあるだろう。相手の話を聴いてみて、その人が第3の案を探すことに前向きだと思ったら、今度は自分の意見にも耳を傾けてほしいと求めることができる。また、二つのステップを行ったり来たりすることもあるだろう。状況はそれぞれに異なるし、人間関係もさまざまである。二つのステップを始めるために最低限必要なのは、会話に真摯《しんし》な態度で臨み、適切な判断力と自制を働かせることである。

第3の案を探求する経験

これまでの私のキャリアを通して、難しかったが役に立った経験は、感情をむき出しにして激しく対立する人たちの間に入って、第三者の立場で二つのステップのプロセスを導き、シナジーを起こして第3の案を見いだしたことである。「コミュニケー

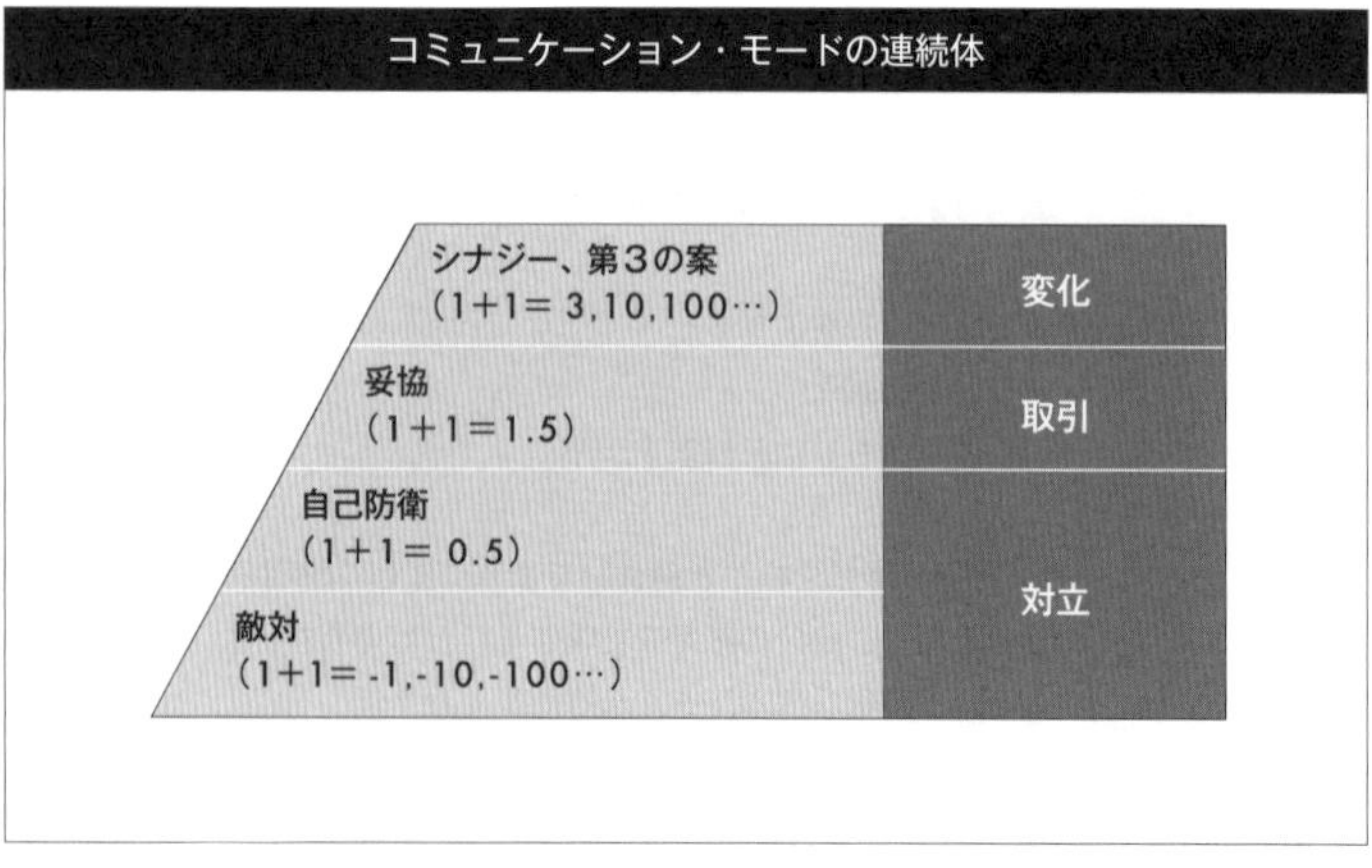

図10·6

ション・モードの連続体」（図10・6）に示されているプロセスをまさに苦労しながら進むのだ。

第3の案へと導いた最初の経験は、フランクリン・コヴィー社がシナジーに関する映像作品を制作したときのことだった。その作品では、演出を一切せず、自発的にシナジーが起こる場面を収録する必要があった。そこで私は、セミナーの一つをライブで収録することにした。「環境問題」という物議を醸すテーマを取り上げ、聴衆の中から二人選んでステージに上がってもらった。一人は強い信念を持つ環境保護論者で、見るからに筋金入りのグリーン主義者といった女性、もう一人は、天然資源はビジネスに有効活用すべきだとの持論を信じて疑わないビジネス・パーソンである。ステージに上がった二人は握手をしなかった。プロボクサーでさえ試合前にはグローブをタッチするというのに！　女性のほうは、ステージに向かって歩いてくるときから男性を攻撃し、「私たちの空気、私たちの水、私たちの子どもの将来を台無しにしているのは、あなたのような人たちよ！」と強烈に批判した。男性のほうは彼女の靴を一瞥《いちべつ》し、「素敵な靴ですね。革でしょう？」と皮肉で応酬。女性が自分の足元に視線を落として「どんな関係があるの？」と言うと、男性は「あなたが殺した動物は何かなと思いましてね」とやり込める。「私は動物を殺してはいませんよ！」と女性は言い返す。「ほう、では誰かに殺させていることになりますねえ」と男性も負けてはいない。二人のコミュニケーションはこのようにして始まったのだった。

それから四五分後、二つのステップを踏んだ二人は、企業や政府レベルでの持続可能な開発の政策に関して議論していた。会場は驚きに包まれていた。

「お互いの提案よりも良い解決策を考えるつもりはありますか？」と相手に確認する第一のステップを教える

と、この二人もそうだったが、誰でも必ず「どんな解決策になるのかわからない」とか「私はこの問題に長年取り組んできたから、強い信念がある」というようなことを言い、乗ってこない。

そこで私はこう言う。「そのとおりです。どうなるか誰にも予想はできません。一緒に創るんです。問題は、あなたがそのような解決策を望むかどうかです」

するとたいてい「私は妥協なんかしませんよ！」というような答えが返ってくる。

そうしたら、このように話す。「もちろん、妥協はしません。シナジーは妥協ではありません。より良い解決策にならなくては、シナジーとは言えないのです。妥協であってはならないことを、あなたも相手も了解しなくてはなりません」

「でも、この後どのような展開になるのか……」

「第二のステップに進みます。相手の意見を相手が納得いくように説明できなければ、自分の意見を述べることはできません」

これが関門になる。それまでずっと自分の主張にこだわり、一歩も引かずに議論してきた人にとっては、相手の話に真剣に耳を傾けるほど難しいことはない。相手の意見を相手が納得するように正確に要約しなければ、自分の意見を述べることはできないからだ。自分は理解してもらえたと相手に思ってもらうことが、発言の許可のチケットになるのである。

大学で教えていたときも、このプロセスを試したことがある。堕胎という難しいテーマを取り上げ、堕胎選択に反対の学生と賛成の学生、一人ずつ前に出てきてもらった。二人とも自分の主張は道徳的に正しいと信じていた。ＭＢＡクラスの全員のほか、教職員やゲストなど四〇〇人の聴衆の前で二つのステップを導いた。このときも四五分ほどかけてゆっくりとプロセスを進めると、二人とも、避妊や養子制度、啓発活動について話し始め、ディスカッションの内容ががらりと変化したのだ。聴衆は引き込まれ、壇上の二人は涙ぐんでいた。

私は二人に、なぜそんなに感情を揺さぶられたのか尋ねた。厳しいテーマだったからではない。この問題に関して自分とは違う意見を持つ人たちをひとくくりにして批判し、断罪し、まるで悪魔か何かのように扱っていた自分を恥じていたのである。相手の話を真剣に聴くうちに、「この人は善人だ。好感が持てるし、尊敬できる。この人の意見に賛成はできないが、意見はきちんと聴こう」と思えるようになったのだ。二人の様子からは、知性が開かれ、心が柔らかくなり、やがてお互いの主張が融合してシナジーが起こり、より高次の第３の案に至ったプロセスが手にとるように見てとれた。本当に感動的だった。

二つのステップがいつもうまくいくとは限らない。どうしても受け入れられない場合もあるからだ。以前、ワシントンでヤング・プレジデンツ・オーガナイゼーションという若手経営者のグループの会合に招かれたとき、全米教育協会会長とカリフォルニアの教育バウチャー運動（使用目的を学校教育に限定した現金引き換え券を交付する制度。保護者や子どもが自由に学校を選択し、学校は集まったバウチャーの数に応じて行政から学校運営費を受け取る）のリーダーに二つのステップをデモンストレートしてもらった。二人は第一のステップからつまずき、このプロセスでどんなアイデアを見いだせるかわからないし、妥協するつもりもないと言い張った。

相手が満足するように相手の意見を要約して話す第二のステップに進むと、試してはみたけれども、結局は投げ出してしまった。二人とも防御が固く、お互いの名前を呼び捨てにして敵対的な態度さえとり、揚げ句に相手の親のことまで持ち出した。会合の参加者はこの二人を見限った。ゲストとして招いていたのだが、会合の目的にふさわしくないということで追い出されたのである。それからは参加者たちがシナジーを創り出した。参加者たち自身、親としてこの問題を真剣に考える当事者だったからだ。教育制度は非常に複雑な問題で、単純に一般化して語れるものではなく、理解を深めなくてはならないと認識していたのである。教育制度の改善という問題に関して、参加者たちは創造力を発揮した。状況が許せば市場原理をどこまで取り入れられるか、それが困難で逆効果である場合はどうすればよいか、活発な議論がなされた。

ビジネスの問題についても、このプロセスを何度も試している。私はまず、クライアントに「どのような問題が御社の文化を分断していると思いますか?議論の余地なく問題だと思っていることは?」と質問する。最初はたいてい躊躇《ちゅうちょ》し、なかなか答えないが、結局は問題点が明確になる。そこで次に「では、その問題を例にして、シナジーを起こして第3の案を考えてみますか?」と促すものの、「まあ微妙な問題ですし、難しいんじゃないでしょうか。どうなるかわかりませんし」と弱腰になることが多い。私は二つのステップのプロセスを説明し、次のように約束する。「皆さんが誠実で、道徳的権威があり、二つのステップに真摯《しんし》に取り組めば、ものすごい経験ができますよ。皆さんの組織はこれまで経験したことがないほどパワフルなものです。その問題を解決できるのはもちろんですが、それよりも重要なのは、組織文化に免疫システムができることです。今後どんな問題が起きても、同じように対処できるのです」

ある医療法人に働きかけたこともある。それは、理事、経営者、マネージャー、大勢の医師からなるグループだった。議論の対象となったのは外部の医師の使用を巡る問題で、何ヵ月も前から大勢で激しい議論がなされていた。医療のトップである医長と経営のトップであるＣＥＯがそれぞれの立場を主張することになった。私は、ざっと一〇〇人の聴衆の前で彼らに二つのステップをたどらせた。二人はお互い完全に満足できる第３の案を生み出すことができた。それほどまでに満足できたのは、現在のやり方よりも、それぞれが最初に出していた案よりも良かったのに加え、ぎくしゃくしていたお互いの関係が元どおりになり、理解を深めることができたからである。

メキシコのカンクンで開催された保険業界の関係者の国際会議でのことである。私は原則中心のリーダーシップの視点から組織文化の改革に関する講演を依頼されていた。そのグループの雰囲気から、重大な問題でも表面的なコミュニケーションしかとれておらず、本社機能が現場の統括マネージャーからも、実際に営業する保険代理店からもかい離している現状を察することができた。そこで私は用意していたスピーチを取りやめ、組織に蔓延《まんえん》する倦怠《けんたい》がいかに深刻で、事業や顧客にどれほど悪影響を与えるか気づかせることにした。

まず、「顧客を持っているのは誰でしょうか？」と質問した。三つのグループ（本社、統括マネージャー、代理店）からそれぞれ二人選び、前に出てきてもらい、顧客を持っているのは自分たちだと思う理由を順番に述べさせた。代理店は、顧客を見つけて関係を築き、契約を結ぶのは自分たちだと主張した。統括マネージャーは、代理店の言い分を見下して「長年にわたって顧客にサービスを提供するのは我々だ。たしかにあなたがたは歩き回って契約をとる。それは我々にはできない。しかし我々は保険商品と契約履行に責任を持っている」と主張した。本社の役員は、代理店と統括マネージャーのグループに軽蔑のまなざしを向けながら言った。「皆さん、何もわかっていませんね。保険商品を開発しているのは誰です？　保険契約の責任を果たすのは誰です？　経営を軌道に乗せるために社内の制度を整えたのは誰でしょうか？」ひととおりの主張が終わると、この会社の文化がひどく病んでいたことは誰の目にも明らかになった。顧客を持っているのはどのグループでもなく、三つのグループが協力しなければ、顧客を獲得することも維持することもできないことを全員が理解した。この経験によって彼らは謙虚になった。二つのステップを踏んでシナジーを起こし、第3の案を見いだすことに前向きになったのである。

あるとき、某企業の社長から電話があった。大口の得意先から訴訟を起こされていて、長引きそうで訴訟費用もかさむから、力になってほしいということだった。その得意先は、合意した基準よりも性能が劣るという理由で訴えていた。私はこの社長をよく知っていた。私の研修も受けていたが、実践できる自信を持てずにいた。私は彼に「私がいなくても大丈夫ですよ。あなたならできます」と言って励ました。以前あげていたマテリアルの要点を電話越しに教え、重要なポイントを再読させた。彼は随分と不安そうだった。しかし改めて励まし、「あなたならできる」と太鼓判を押すと、一人でやってみるよ、と言った。

彼は訴訟を起こした得意先の社長に電話し、昼食に誘った。示談を求めて懐柔策に出てきたと思ったのか、

「その必要はない。裁判で決着をつけましょう」とすげなく答えた。その社長はあくまで強硬策を貫くつもりだったから、昼食の誘いを断ったのである。

そこで彼は、自分のやろうとしていることを説明した。二つのステップのことを話し、「私は弁護士を同伴しませんが、あなたは連れてきてもかまいません。不利な妥協をのむリスクがあるから何も話すなと弁護士に言われているなら、それでもかまいません。たった一時間か二時間ではないですか。何も失うものはないでしょう？　この件では、お互いにもう何万ドルもコストがかかっています。しかも訴訟手続きはまだ始まったばかりです」と言った。こうして得意先の社長は、弁護士同伴で会うことに同意した。

話し合いの場には二枚のフリップチャートが用意された。彼は「まず、私があなたの主張を正しく理解しているか確かめたいと思います」と言い、できる限り詳細に得意先の主張を述べてから、「私は正しく理解できていると思いますか？　この理解で間違いありませんか？」と聞いた。得意先の社長が「そうですね、二つの点を除けば正しいですね」と答えたところで、弁護士が「もう何も言わないように」と口を挟んだ。しかしこの社長は、彼の真摯《しんし》な姿勢を感じとり、口出しは無用だと弁護士に告げてから、二点の説明を始めた。彼はそれをフリップチャートに書き留めてから、改めて言った。「これで正確に理解できているでしょうか？　ほかに理解してほしいことはありませんか？　見落としていることはないでしょうか？」「いや、これでいい。理解してくれていると思います」と得意先の社長は答えた。そこで彼はこう持ちかけた。「それでは、私があなたの話を聴いたように、次は私の話を聴いてくださいますか？」

要約すれば、お互いの理解を深めて、第一のステップ（第3の案を探すつもりはあるかどうか相手に働きかける）がなされ、問題を解決する動機が生まれた。そして、お互いに納得できるかたちで問題を解決できただけでなく、取引関係も続けていくことになった。これからやるべきは、これまでは相手に対するネガティブな感情に染まっていた両社の組織文化に、この前向きな姿勢を浸透させていくことだけだった。

このエピソードで学んでほしいのは、第3の案を探求するプロセスは一人でもできるということだ。仲介者は特に必要ないのである。しかしそれには、当事者、観察者、仲介者を一人で同時にこなせる能力が要る。精神的強さ、感情を抑える自制が求められるが、原則に忠実であれば、そして勇気と誠実さが十分にあれば、第三者の力を借りずともできるのである。

第3の案の中身が、どちらも少しずつ譲歩した妥協に見えることもあるかもしれない。しかしそれは必ずしも妥協ではない。重要なのは問題そのものではなく、第3の案を探求するプロセスでお互いに対する理解が深まって信頼関係が強くなったり、あるいは新たなモチベーションが生まれたりするからだ。私の同僚が両親について話してくれたエピソードは、このことをよく物語っていると思う。

父は三〇年間、優秀な歯科医として働いてきたのですが、がんに似た難病のアミロイドーシスと診断され、余命六ヵ月の宣告を受けました。この病気のため、父は歯科医の仕事を諦めざるをえませんでした。ずっと猛烈に働いてきた父が、自分の不治の病のことを考える以外、何もすることがなくなってしまったのです。

そこで父は、病気のことを忘れるために、裏庭に温室をつくり、好きな植物を育てたいと言い出しました。もちろん、ビクトリア様式の館の庭にあるような瀟洒《しょうしゃ》なガラス張りの温室ではありません。市販のキット式の温室で、屋根はプラスチックの波板、壁面は黒いプラスチックです。母はそんな安っぽい温室を嫌がりました。近所の人に見られたら恥ずかしくてたまらないというのです。温室を巡る父と母のいさかいはどんどんエスカレートし、冷静に話ができないほどでした。おそらくは二人とも、病気に対する行き場のない怒りを温室にぶつけたのでしょう。

ある日のこと、母が「あの人の考えを本気で理解してみようと思うの」と私に言ってきました。二人が幸せになれるように、この状況をなんとか解決したいというのです。母は裏庭に温室をつくってほしくない本当の理由を自覚していました。安っぽい温室だからではなく、温室よりも花壇にアサガオを植えたかったからなのです。でも母は、父には残された時間を幸せに有意義に生きてほしいとも思っていました。だから自分の希望は引っ込めて、父の思いどおりにさせてあげることにしました。裏庭の見栄えがどうとか、近所の人たちにどう思われるとかよりも、父の幸福のほうが大切だと思ったからです。

結局、この温室のおかげで、父は医者から見放された後も長く生きることができました。宣告された余命より二年半も長く生きたのです。化学療法のせいで夜眠れないときは、温室に行って、丹精している植物を眺めていました。朝の水やりが、父に起きる気力を与えました。自分の肉体が壊れていくことがわかっていても、温室があったから、やるべき仕事や集中できるものを得られたのです。母は父の死後、温室をつくりたいという父の願いをかなえさせてあげたことが自分の人生で一番賢明なことだったと、しみじみと話していました。

温室は、私の同僚の母親にとって当初はLoseだった。しかし、自分の欲求より夫の幸せと満足を願う気持ちを優先させると、温室はLoseではなくなった。このことからも、誰かを理解すれば、Win-Winの定義も変わることがわかるだろう。とはいえ、同僚の母親はそもそも夫を大切に思っていたからこそ、夫にとって何が重要か本心から理解しようとしたのである。そのような気持ちがなかったなら、彼女にとって温室はLoseのままだったはずだ。

　興味深いのは、このシナジーによって得られた第3の案は**解決策**ではなく**態度**だったことである。第1の案は温室をつくらないことだった。第2の案は、温室を渋々認めることだった。そして第3の案は、夫の気持ちを本当に理解し、夫が温室を持つことで得られる満足感に自分の本当の幸福を見いだすことだった。ほとんどの場合、シナジーはこのような効果をもたらす。はたから見れば妥協かもしれない。しかし、この女性に妥協したのですかと聞けば、言下に否定するだろう。彼女は夫の幸福と笑顔に自分の充足感を得たのである。シナジーによって得られる態度は、成熟した愛情のかたちそのものなのだ。

　人間同士の取引のほとんどは、妥協、Win-Lose、Lose-Winのどれかになる。だが第3の案の解決策は、それが物質的な解決策でも精神的な解決策でも、あるいは何も合意せずにお互

図10·7

いを尊重し理解を深めるだけでも、必ず変化を伴っている。つまり、人が変わるのだ。第3の案を追求するプロセスで頭と心が開かれ、新しい角度から物事を見聞きして学ぶことによって変わるのである。図10・7には、取引によって得られる解決策と変化によって得られる解決策が対照的に示されている。

私は、シナジーによって第3の案を追求するコミュニケーションがなされれば、ほとんどの争い事は防げるし、解決できると確信している。訴訟と「法律」は最後の手段であって、最初に飛びつくものではない。何から何まで裁判沙汰にする訴訟文化は、社会を不健全にし、信頼を壊し、悲惨な結果の見本になってしまう。裁判になれば、良くて妥協しかない。私はいつの日か、ここで述べたアイデアを実践して目覚ましい成果を上げている企業の法律顧問や連邦判事と共同で、弁護士、弁護士の教育や採用に携わっている人、またこじれた問題を弁護士なしで解決したいと思っている人たちに向けた本を書きたいと思っている。タイトルは『聖なるピースメーカー：対立の防止と解決のためのシナジー』にしよう。

第3の案を生むコミュニケーションで相互補完チームを築く

相互補完チームを築き育てるには、第3の案を追求できるオープンなコミュニケーションの模範になることも不可欠である。経営チームは、ほかのどんなチームにも増して、この模範を示さなくてはならない。正式なリーダーの立場にある人間は形式的権威を持っているのだからこそ、第3の案を生むコミュニケーションに内在する道徳的権威を率先して体現しなければならない。さらに組織の経営層は、部門間、部門内部、組織全体で常に相互補完チームを築き、育てなければならない立場にある。

とはいえ、相互補完チームを育むこのコミュニケーションは、トップに限らず組織のどのレベルでも始めることができる。組織階層の低いレベルの人たちが、第3の案を生むコミュニケーションで相互補完チームを実現すれば、より高いレベルの人たちの冷笑的な態度も変わってくるはずだ。ここでも、個人のリーダーシップだけでなくチーム全体のリーダーシップも選びとるものであって、立場が与えるのではないことがわかる。

では、どこから始めればよいのだろうか？ まずは、チーム内、部門内、チーム間や部門間のオープンなコミュニケーションを意識しよう。第3の案を生むコミュニケーションのスキルを実践していると、人は次第にお互いを理解して親近感を持ち、やがて心を開き、本当の自分を見せるようになる。お互いを尊重し、他者の長所を認め、他者の短所を積極的に補い、長所をさらに伸ばそうとする。このようにして、オーケストラやスポーツチームに見られるような調和ができていくのである。


相手の短所のレンズを通して見ていたら、相手の長所は遠ざかり、短所だけが目立ってくる。

映像作品『露店商人』

数年前、南アフリカの企業が旧市街地に新しい衣料品店を開店した。開店当日、青果の露店商人たちが、衣料品店のある地区に大挙して戻ってきた。店が建つ前、彼らはその土地で長年商売していたから、自分たちが土地の所有者と思っていたとしても無理はなかった。開店当日に果物や野菜の露店を設営して商売を始めると、店の辺りは散らかり放題になった。

青果の露店商人が群れをなしてやってきて、歩道を散らかし、店の入口まで塞いでしまったら、あなたならどうするだろうか？

選択肢は二つある。一つ目の選択肢は、露店商人を「モノ」として扱い、排除することだ。警察を呼び、彼らを移動させ、土地の正式な所有者としての権利を行使するわけである。二つ目の選択肢は、彼らを「人」として扱うことだ。彼らとシナジーを創り出し、お互いが考えているよりも良い解決策を探すのである。

衣料品店の店長は警察を呼ぶこともできた。しかしそうはせず、第3の案を追求することにした。彼はまず露店商人たちの目的とニーズに耳を傾け、次に店側のニーズを話した。小売店の店長と露店商人のチーム、普通なら考えられないようなチームが、お互いが満足できる計画を立てたのである。

この映像作品『露店商人』は、新しくできた小売店と青果の露店商人たちの経験をもとに制作されている。『第8の習慣』のWebサイトで、ぜひ鑑賞してほしい。エンパワーメントされた人たちが、シナジーによって解決策を見いだしていくプロセスがわかるだろう。

この映像作品を観ると、創造的な解決策を見いだす鍵は、まずお互いを理解することだとわかるはずだ。また、この創造力から思いがけないこと、「セレンディピティ（うれしいハプニング）」が生まれることにも気づくだろう。最初は誰も予想すらしていなかったことが起こるのだ。しかしそれは信頼関係があってこそ。このエピソードでのうれしいハプニングとは、露店商人が衣料品店の警備員になったことだ。路上で商売していれば泥棒の顔がわかるし、泥棒のほうも露店商人たちに顔を覚えられていることをわかっている。南アフリカでは窃盗が問題になっているため、これは大きな利点になった。そこにはまさに信頼とコミュニケーションの構築がある。露店商人たちに警備を任せることによって信頼は動詞になり、彼らはその信頼に応え、報いているのである。こうして店と露店商人の絆ができる。さらに、将来発生する問題に対処するための免疫システムもできるのである。

Webサイトへのアクセス

URLを直接入力
https://fce-publishing.co.jp/8h/

QRコード読み取り

Q&A

Q　組織のライフサイクルはどのくらい重要なのでしょうか？　いつか訪れる組織の衰退や消滅を防ぐ第3の案はあるのでしょうか？

A　組織の衰退と消滅につながる四つの「バミューダ・トライアングル」があると思います。第一のトライアングルはアイデアの段階で発生します。良いアイデアを思いついても、負のエネルギーや自己嫌悪、恐怖心に潰されてしまうのです。第二のトライアングルは生産段階で発生します。この段階にバミューダ・トライアングルがあると、どんなに良いアイデアでも正しく実行されません。新しい組織の九〇％以上が二年以内に潰れるのですが、ほとんどがこの段階で失敗しています。いくら良いアイデアでも、実行に移されるまで気を抜いてはいけません。第三のトライアングルはマネジメント段階で発生します。たとえばレストラン事業なら、店舗数を増やして事業を拡張するなど、事業形態を複製して生産規模を拡大するシステムができているとしても、生産段階の責任者が全部一人でやろうとしたり、自分のクローンをつくったりすると、組織が硬直化して物事がうまく回らなくなり、特にキャッシュフローが停滞するようになります。第四のトライアングルは変革段階で発生します。組織は市場の変化や新しい機会に適応していかなければなりませんが、組織内の官僚主義的手順やルールに縛られていたら、身動きがとれず、ターゲットとする顧客層のニーズを満たすことも、予測することもできなくなります。

優れた経営チームは、四段階のそれぞれに、しかるべきニーズを満たせる人材を配属しなければなりません。何より重要なのはお互いを尊重する精神です。この精神があれば、一人ひとりの長所を認めて活用し、他者の長所で別の人の短所を補うことができます。第一段階にはアントレプレナー（アイデアを出す人）、第二段階にはプロデューサー、第三段階にはマネージャー、第四段階にはチームビルダーのリーダーが必要です。それぞれの立場でお互いを尊重する規範を築き、自己変革できる相互補完チームを育てることで、組織は消滅せず、新しいライフサイクルに入ることができるのです。

Q　合併・買収によって、異なる企業や文化的背景の人々をまとめなければならなくなったときは、どうすればいいのでしょうか？ グローバル企業には、それを押せば相互依存を達成できる第3の案のボタンはありますか？

A　ほとんどの合併・買収がうまくいかないのは、プロセスを押しつけるからです。さまざまに異なるＤＮＡを一つにまとめようとしてもできるわけがありません。子どもを持つ者同士が再婚した場合、家庭をまとめるのは簡単なことではありません。トーキング・スティックのコミュニケーションで第3の案を粘り強く追求しなければなりません。しかもその努力をしているプロセスで、五つの転移性がん（批判、不平、比較、競争、対決）が出現します。人と文化に関しては、急がば回れが鉄則です。モノなら効率性優先で扱うことができますが、人に対しては効率性やスピードを優先させると逆効果になります。このことは私も身をもって学び、痛い目にも遭いましたが、そのおかげで今こうして断言することができるのです。第3の案の文化をつくろうとするなら、お互いを尊重しながら、さまざまなアプローチの価値をオープンに話し合えなくてはなりません。多くの場合、これには正式な立場の新しいリーダーが必要です。

私は以前、カナダの大手企業にコンサルティングしたことがあります。とても成熟した力強い組織文化を持つ企業です。その企業の米国法人の経営陣は、世界市場に本格的に進出しようとしていたので、他国にも適用できる基本的なポリシーを定めたいと考えていました。しかし彼らが定めたのは、カナダよりもはるかに遅れていて未成熟な文化を想定したポリシーでした。私はカナダの経営陣から、米国法人の自立性とエンパワーメントを維持して、未成熟の文化に合わせた役割やポリシー、バリューチェーンの弱い部分にのみ込まれないように手助けしてほしいと頼まれました。私は喜んで引き受けました。米国法人の経営陣は、自分たちはカナダ本社との連携を強制されているわけではないことに気づいてから、自由な議論ができるようになりました。カナダの成熟した文化のほうが合理的で生産性が高く、収益力もあり、人にエンパワーメントでき、官僚主義的でもなく、したがってカナダを将来モデルとして使えることがわかると、カナダの業務手順をモデルにして発展途上国にも応用できるのではないかとの意見が出始めました。

要するに、相互依存を意図的に強制してはいけないということです。お互いを知り、理解し、信頼し合うことによって、自然と相互依存の関係が築かれていかなくてはなりません。そうすれば人は創造力を発揮できます。ここまで到達できないと、相互依存を単なる依存とみなしてしまうのです。

図10·8

第一一章 一つのボイス——共通のビジョン、価値観、戦略を確立し、方向性を示す

ある日、アリスは分かれ道でチェシャ猫に出会った。
「どっちに行けばいいの？」アリスはたずねた。
「どこに行きたいんだい？」猫は質問で答えた。
「わからない」アリスは答えた。
「それなら、どっちに行ってもかまわないさ」と猫は言った

ルイス・キャロル『不思議の国のアリス』より

「第8の習慣」を身につけるのは、インサイド・アウトの連続的なプロセスであることを忘れないでほしい。あらゆる習慣と同じように「第8の習慣」もまた、**意欲**、**スキル**、**知識**で成り立っている。すでに述べたように、意欲は、**トリム・タブの率先力を発揮しようとする意欲**のことである。スキルは、**信頼を築き、第3の案を探求するためのスキル**のことである。リーダーシップの四つの役割は、第3の案を探求するリーダーシップとその影響力を表している。これらの役割を果たすプロセスで、変化を導くリーダーシップの原則を身につけ

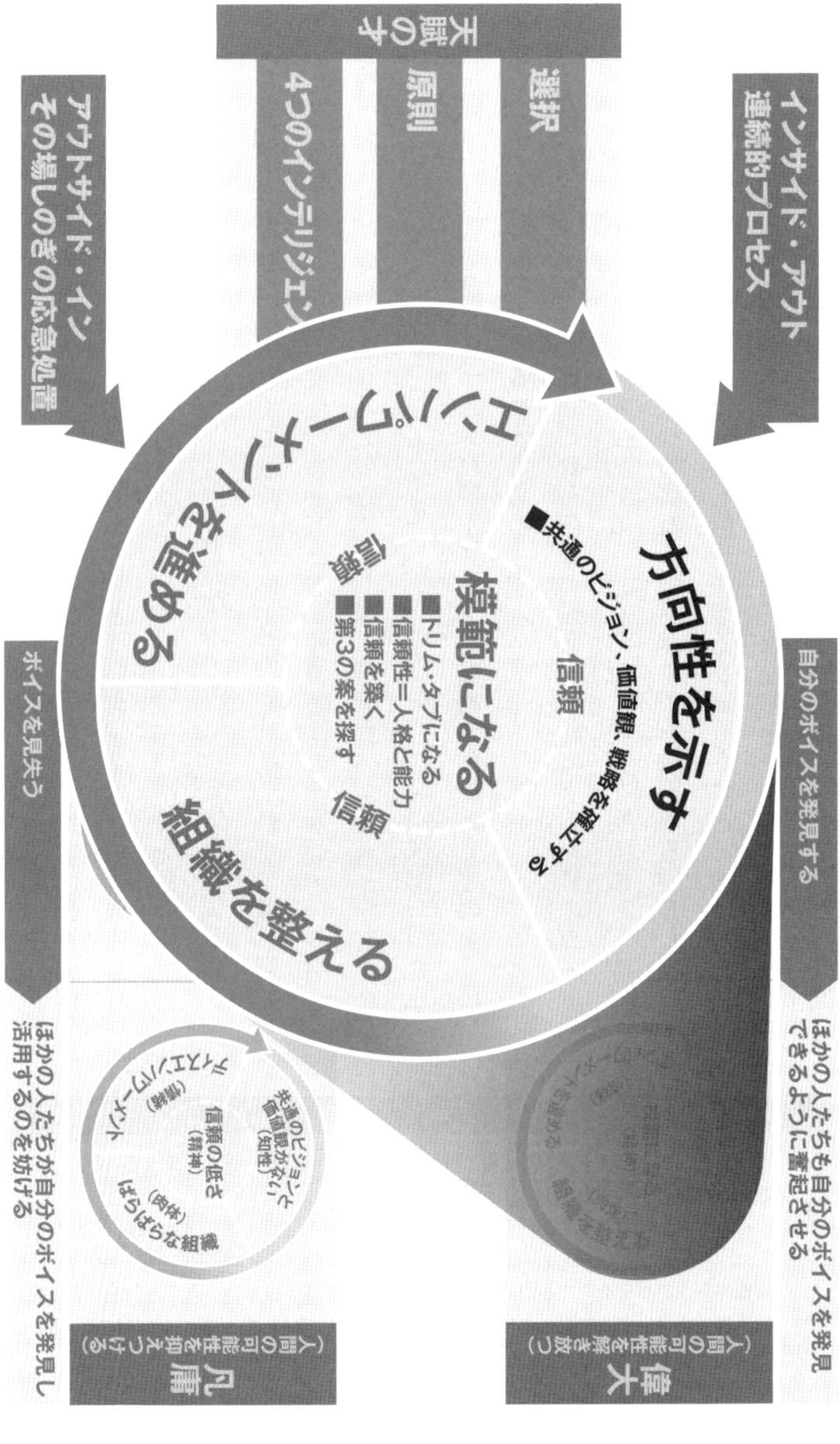
天賦の才
選択
原則
4つのインテリジェンス
アウトサイド・イン
その場しのぎの応急処置
インサイド・アウト
連続的プロセス
エンパワーメントを進める
方向性を示す
■共通のビジョン、価値観、戦略を確立する
信頼
模範になる
■トリム・タブになる
■信頼性＝人格と能力
■信頼を築く
■第3の案を探す
信頼
信頼
組織を整える
ボイスを見失う
自分のボイスを発見する
ほかの人たちが自分のボイスを発見し
活用するのを妨げる
ほかの人たちも自分のボイスを発見
できるように奮起させる
共通のビジョンと
価値観がない
（知性）
信頼の低さ
（精神）
ディスエンパワーメント
（情緒）
ばらばらな組織
（肉体）
凡庸
（人間の可能性を抑えつける）
偉大
（人間の可能性を解き放つ）

図 11·1

ていくことができる。

繰り返すが、第3の案に到達する影響力を持つための第一歩は、信頼性の模範になり、人々の信頼を勝ち得ることである。とはいえ、リーダーに求められるのは信頼性だけではないことは言うまでもない。いくら善意からの行動でも、間違った判断に基づいていたら元も子もない。新しいやり方でリーダーシップを発揮する模範を示さなくてはならないのだ。それはこれまで慣れ親しんでいたあり方とも、職場の文化のあり方とも、産業時代のマネジメント中心の取引的なあり方とも異なるものである。リーダーが示すべきもっとも重要な模範は、自分のボイス（内面の声）を発見した人がほかの三つの役割、つまり**方向性を示す、組織を整える、エンパワーメントを進める**においてどのように行動するのか、その模範となることである。

第一一章から第一三章までは、これら三つの役割で模範になるためのガイドにしてほしい。まず、それぞれの役割を取り巻く幻想と現実を明確にし、次にそれぞれの役割を果たすときの三つの異なるアプローチを説明する。どんな問題にぶつかったときも、鍵は第3の案を探求できるかどうかにある。

この章では、長所も世界観もそれぞれに異なる人たちを一つのボイス、一つの偉大な目的のもとに結束させるリーダーシップを考えていく。これは、**共通**

幻想	ミッション・ステートメントと戦略的優先事項は、それを一番よく知っている人、すなわち組織のトップが決める。 （古いパラダイム）
現実	組織のトップがそそくさと決め、一方的に発表するミッション・ステートメントと戦略的優先事項はすぐに忘れられる。関係者が決定のプロセスに参加しなければ、あるいは強く賛同できなければ、実行する決意は生まれない。 （新しいパラダイム）

図11·2

のビジョン、価値観、戦略的優先事項を確立し、方向性を示す役割である。まずは方向性を示すことを巡る幻想、現実、第3の案を見てみよう。

方向性を示す役割を果たすアプローチの**第1の案**は、ビジョン、価値観、戦略を決定するプロセスにチームや組織のメンバーを参加させず、一方的に決めて伝えるやり方である。

第2の案は、メンバーを必要以上に参加させるやり方である。これでは分析や会議を重ねるばかりで何も決められず、麻痺《まひ》状態に陥る。ミーティングにすべてのメンバーを集めたら、議論は堂々巡りし、戦略の実行やエンパワーメントに結びつかないのは目に見えている。

第3の案は、ビジョン、ミッション、戦略を開発するプロセスに過度にならない程度にメンバーを参加させるやり方である。ビジョンやミッションがすでに決まっているのであれば、あなたが信頼の文化を築いていて、あなた自身が信頼に足る個人であれば、メンバーはそのビジョンやミッションに賛同し、実行する決意を持つはずである。

この第3の案について、具体的な例を話そう。

私はリッツ・カールトン・ホテルを長年利用しているが、世界中どのリッツ・カールトンでも一貫して質の高いサービスが提供されており、滞在するたびに深く感心する。私は、このホテルチェーンの社長兼CEOを長く務めたホルスト・シュルツと知り合い、親交を深めてきて、素晴らしい組織文化がすべてのホテルにどのようにして浸透してきたのかをよく理解することができた。リッツ・カールトン・ホテルは、シュルツのリーダーシップの下で、権威ある品質賞のマルコム・ボルドリッジ賞をサービス業部門で二度受賞するという前例のない快挙を成し遂げた。

私は以前、国際的に配信されるコラムを書くためにシュルツにインタビューしたことがある。「リーダーシップとは何だと思いますか?」と質問したところ、シュルツは次のように答えてくれた。

リーダーの仕事は、その組織の一員として、その組織のために働きたいと思える環境をつくることです。やらされると思うのではなく、やりたいという気持ちにさせる環境をつくらなくてはなりません。そのような環境をつくることは企業にとって必要不可欠です。単に職務や役割を与えるだけでなく、目的を与えなくてはなりません。実業家である私には、社員が愛社精神と目的意識を持ち、充足感を味わえる環境をつくる義務があります。自分の人生に価値をもたらす目的があってこそ、人は精魂をこめることができるのです。だからリーダーは目的を与えなくてはなりません。そうしてはじめて、リーダーは社員から最大限の力を受け取り、自分の最大限の力を社員に与えることができます。それができなければ、リーダーとして組織に責任を果たしていないことになりますし、社員をますますマネジメントするようになるだけです。

職務を果たすだけの存在としか社員を見ていないのは、社員をモノ扱いしているのと同じです。たとえば今私たちが座っている椅子のように、何かの機能を果たすモノとしか見ていないわけです。人をそのようにみなす権利は誰にもありません。誰だって部屋の隅に置いてあるモノになりたいとは思いませんよ。社員が一番満足感を味わえるのは、チームの一員として信頼され、決定や貢献のプロセスに参加できていると実感するときなのです。

どの社員も担当する仕事の知識労働者です。皿洗いを担当する社員が私よりも皿洗いの知識を持っているのは確かです。ですから皿洗い担当の社員は、皿洗いの職場の環境、労働条件、生産性の向上、食器の破損を減らすなどの改善に貢献できます。社員はそれぞれの分野で自分の知識をフルに活用できるわけです。

一六年ほど前、ナイロビ出身の若者が皿洗い係として入社しました。初めは英語もおぼつかない感じでしたが、なにしろよく働く若者でした。しばらくしてルームサービス係になりました。そのあとはロビーアテンダント、バーテンダー、アシスタント・ロビーマネージャーと昇進していきました。そして今は飲食部長です。皿洗いからスタートして、ホテルのナンバーツーにまでなったのです。

私は一六歳のとき母に連れられ、小さなスーツケース一つでリッツ・カールトンに来て、見習いを始めました。大勢の著名なお客様がいらしていて、誰もが雲の上の人のように見えたものです。私は七〇歳の給仕長の下で見習いをしていたのですが、その給仕長がとても素晴らしい方で、いろいろなことを学ばせてもらいました。彼が部屋に入ってくると、誰もが彼の存在に気づきました。存在感があり、とても有能で、みんなから尊敬を集めていました。物腰や言葉遣いにいつも気を使っていて、ホテルのゲストと同じくらいに紳士に見えました。私は、何でも完璧にできる人は紳士になれるのだと思ったものです。どんなことでも自分のやるべきことをきちんとやれば、雲の上の人にしか見えないゲストのような紳士になれる、そう確信したのです。実際、この考え方がリッツ・カールトンのモットー「紳士淑女をおもてなしする私たちもまた紳士淑女です」になっているのです。

フランクリン・コヴィー社は、有能なリーダーとマネージャーの人格と能力を理解するために、過去二二年間にわたり約五〇〇〇万人を調査した。この大規模な調査から得られた最大の所見は、「マネージャーは総じて職業倫理（模範になる）の評価は高いが、フォーカスと明確に進むべき道を見つける能力（方向性を示す）の評価は低い」ということである。このような傾向があるために、社員は重要な優先事項がはっきりわからず、仕事に責任を持てずにいる。こうして組織全体が実行力を欠く結果になるのだ。ビジョンが見えず、フォーカスもぼやけているから、社員はいくら懸命に働いても成果が出ないという悪循環に陥っている。一言で言えば、全力で無駄なことをしているのである。

リーダーが模範になる役割を果たせば、メンバーから信頼を得られる。そして、方向性を示す役割を果たせば、チーム内におのずと秩序ができる。組織にとっての最重要事項について意見がまとまれば、その後のあらゆる決定を実行するための基準をメンバー全員が共有できるのである。ビジョンや価値観を明確にするコミュニケーションから、力を注ぐべき**フォーカス**が見えてくる。それが秩序を生み、組織を安定させる。さらには機動力も生み出す。これについてはエンパワーメントする役割のところで詳しく取り上げる。

> リーダーシップの要諦はビジョンを持つことである。自信がなければ大きなことは言えないものだ。
> ――セオドア・ヘスバーグ、ノートルダム大学学長

個人のレベルでいうビジョンを持つとは、組織のレベルでは方向性を示すことを意味する。個人としては自分が重要だと思うものを明確にするが、組織におけるリーダーシップの役割は、何が重要なのか、優先すべきことの共通のビジョンを描くことである。あなたの部下について、次の問いをしばし考えてみてほしい。

一．彼らは組織の目標を明確に理解しているか？
二．その目標を達成する決意をしているか？

重要な目標を明確に理解し、達成する決意を持たせるためには、意思決定のプロセスにメンバーを参加させる必要がある。組織の目的地（ビジョンとミッション）を一緒に考えて決めるのだ。そうすることで、組織の全員が目的地に至る道のり（価値観と戦略計画）を主体的に進んでいくことができる。

組織やチームにとってもっとも重要なことを一緒に決めるときには、直面している現実を把握しておく必要がある。現状を理解したうえで、ミッション・ステートメントと戦略計画に落とし込めるレベルまで共通のビジョンと価値観を明確にする。根本的な現実を最初に把握しておく必要性について、作家のクレイトン・M・クリステンセンは著書『イノベーションのジレンマ――技術革新が巨大企業を滅ぼすとき』の中で次のように書いている。

あらゆる業界のあらゆる企業は、組織の性質の法則という力のもとに動いており、この法則は、企業になにができ、なにができないかを決める際に強力に作用する。破壊的技術に直面した経営者は、この力に負けたとき、企業を失敗させる。

これは、翼を腕にくくりつけ、高い場所から力一杯羽ばたいて飛びおりた古代の人びとが、例外なく失敗したのに似ている。夢を抱き、必死に努力したが、強力な自然の力に逆らっていたのだ。この戦いに勝てるほど強い人間はいなかった。飛行が可能になったのは、人間は、世界の動きをつかさどる自然の法則や原理、すなわち重力の法則、ベルヌーイの原理、揚力、抗力、抵抗の概念を理解するようになってからのことだ。その後、これらの法則や原理と戦うのではなく、それを認め、その力と調和する飛行システムを設計することによって、人間はついに、かつては想像もできなかった高度と距離を飛行できるようになった。[2]

方向性を示す役割を十分に理解し、その役割を果たせるようになるには、四つの現実をつかんでおかなくてはならない。四つの現実とは、**市場環境、コア・コンピテンシー（中核的能力）、ステークホルダーのウォンツとニーズ、価値観**である。

● **市場環境**

組織やチームのメンバーは、市場をどのように見ているか？ より大きな政治的、経済的、技術的状況はどうなっているか？ 市場における競争力はどうなっているか？ 業界にはどのようなトレンド、特徴が見られるか？ 現状を一変させ、創造的破壊により業界全体または基本的な伝統を陳腐化するテクノロジーやビジネスモデルが出現する可能性はあるか？

● コア・コンピテンシー

あなたならではの長所は何だろうか？　ジム・コリンズは著書『ビジョナリーカンパニー2』の中で、実に興味深いアプローチを提唱している。彼が「ハリネズミの概念」[3]と名づけたアプローチは、三つの円が交差する図で個人の長所を表したものである。三つの円それぞれに問いがある。一つ目の問いは、自分のもっとも得意なことは何か？　多少大げさにいえば、自分が世界一になれると思う分野は何か？　二つ目の問いは、強い情熱を持って取り組めるものは何か？　そして三つ目の問いは、人は何に対して金を払うか？　つまり、あなたは人々のどのようなニーズとウォンツを満たして経済活動を営むのかということだ。この三つの円が交差する中心部分が、あなたという個人の価値提案の土台になる。

これにもう一つの問い「あなたの良心は何と助言をしているか？」を加えれば、全人格のアプローチになる（**肉体**――経済活動、**知性**――もっとも得意なこと、**情緒**――情熱、**精神**――良心）。四つの円が交差する部分に、あなたのボイス（内面の声）がある（図11・3参照）。

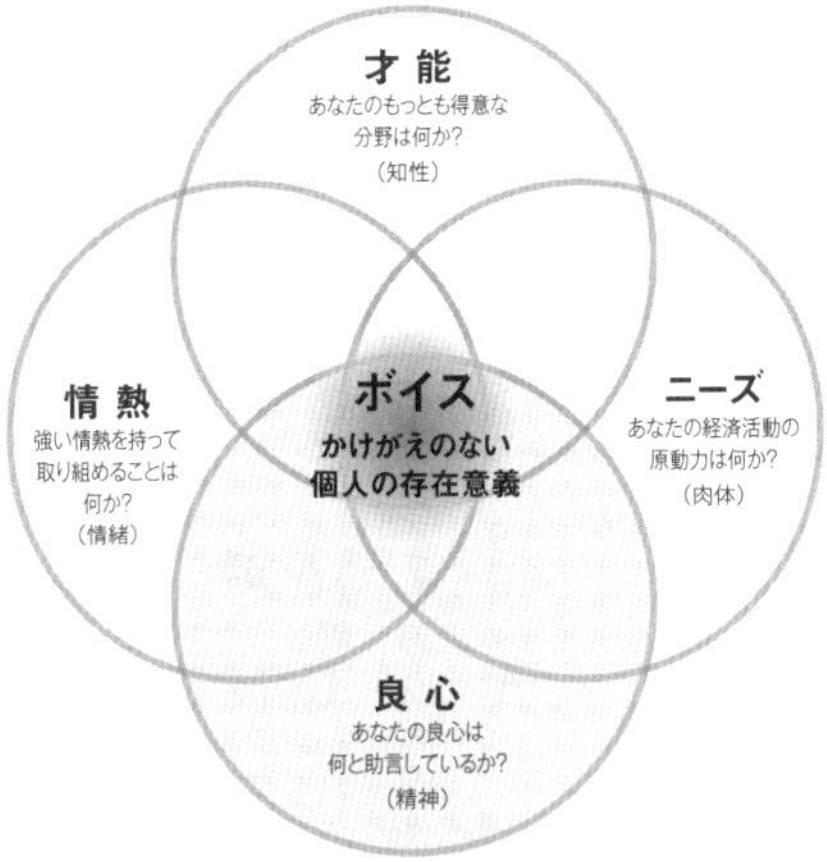

図11·3

すでに述べたように、この全人格型アプローチは、個人のボイスだけでなく組織のボイスを発見することにも使える。

● **ステークホルダーのウォンツとニーズ**

あらゆるステークホルダーを考えてみてほしい。その中でも重要なのは、ターゲットとする顧客である。彼らが本当に欲しがっているもの、必要としているものは何か？ 彼らが抱えている問題や懸念は何か？ 彼らの顧客が欲しがっているもの、必要としているものは何か？ 彼らの業界における市場動向はどうか？ 彼らの活動を妨げ、あるいは時代遅れにさせるようなテクノロジーやビジネスモデルにはどのようなものが考えられるか？ 出資や納税をしてくれるオーナーはどうか？ 彼らが欲しがっているもの、必要としているものは何か？ 経営者、部下、同僚はどうか？ 彼らが欲しがっているもの、必要としているものは何か？ サプライヤー、販売代理店、ディーラー、サプライチェーン全体はどうか？ コミュニティ、自然環境はどうか？

● **価値観**

ステークホルダーの価値観は何か？ あなたの価値観は何か？ 組織の第一の目的は何か？ その目的を達成するための中心的な戦略は何か？ あなたは何をするために雇われているのか？ 行動の指針となる価値観は何か？ ストレスやプレッシャーを受けているときなど、さまざまな状況で価値観の優先順位をどのように決めるか？ 自分にとって一番大切なことは何か考えたこともない人がほとんどだと思うが、それがわかっていなければ、ほかのあらゆる物事についての判断基準も確立できない。まずは、グループやチーム、組織全体にとって一番重要なことを明確にし、判断基準を明確にしなければならない。これは相互依存的で複雑なプロセスだが、取り組む価値は大いにある。

これらの問いかけに**明確な答えを出してはじめて、フォーカスできる。**だから、良心に従った人格、能力、ビジョン、自制、情熱が必要なのである。

方向性を示す役割は、リーダーシップの四つの役割の中でもっとも難しい。個性、思惑、現状認識、信頼度、自我の強さがそれぞれに異なる多くの個人に対応しなければならないからだ。このことからも、模範になる役割がいかに重要で、リーダーの中心的な仕事であることがわかるだろう。方向性を示すプロセスを始める個人やチームが信頼されていなければ、メンバーの賛同は得られないし、メンバーをプロセスに参加させてもうまくいかないのである。

ジョージ・ワシントンのような人物が、自らの人格と能力で模範になることができたからこそ、トマス・ジェファーソン、ジョン・アダムス、ベンジャミン・フランクリン、アレクサンダー・ハミルトンなどアメリカ建国の父たちの多様な才能や意見をとりまとめて、独立宣言、合衆国憲法、十ヵ条の修正条項（権利章典）として結実したのである。建国に至るプロセスでもっとも困難をきわめた作業は、方向性を示すことだった。しかし、これらの文書に明確なビジョンと行動の指針が示されていたからこそ、南北戦争や両世界大戦、ベトナム戦争、ウォーターゲート事件、大統領のスキャンダル、大統領選挙を巡る混乱など、国家の生命を脅かされるほどのトラウマも乗り越えることができたのである。エンパワーメントの面でも、世界の人口の四・五%にすぎないアメリカ人が、世界の物品のほぼ三分の一を生産しているのだ。

ビジョンと価値観の共有

ビジョンと価値観が共有され、チームや組織に定着している状態を「同じページを読む」や「同じ楽譜を使う」というように表現する。これは的を射た例えだと思う。組織のもっとも重要なビジョン、価値観、戦略的な価値提案について全員の合意ができている状態を表しているからだ。全員が同じ楽譜を見て演奏したり、歌ったりすれば、音楽はハーモニーを奏でるのである。

「共有する」というのは興味深い言葉だと思う。私があなたと何かを**共有する**というのは、私が持っているものをあなたに与えるということだ。あなたが私に共感し、私がしようとしていることを信じてくれるなら、私は自分のビジョンをあなたと共有できる。あなたが自分のビジョンよりも私のビジョンを受け入れるとしたら、それは自分の経験よりも私の経験のほうを信頼するからである。しかし、あなたが自分は有能だと自負していて、自分の影響力を私に及ぼしたいと思っていたら、**私の**計画を**私たちの**計画としてあなたに提示し、共有しようとしても、あなたの気持ちは動かされず、私の計画は共有されないだろう。私のミッションと価値提案を押しつけられたと感じるはずだ。これでは、同じ楽譜を見て歌うことはできない。

要するに、ミッション・ステートメントと戦略計画が重要なものであることは確かだが、全員が同じ楽譜を手にするプロセスも**同じように重要**だということである。それは骨の折れる作業だが、模範になる役割の真価は、方向性を示す役割においてこそ問われる。ここで模範を示せなければ、メンバーは同じ楽譜を手にすることはできない。戦略的な課題に一丸となって取り組むことはできず、組織階層が下がるほど現場は混沌《こんとん》とする。こうなってくると人は保身しか考えず、純粋な生存本能だけを頼って行動するようになる。ライバル会社も同じように混沌《こんとん》とした状態にあるなら、生き延びられるかもしれない。しかしその組織がシナジーを起こしていたら、特にワールドクラスの会社だったら、あなたの組織はひとたまりもないだろう。

映像作品『ゴール!』

週末の午前中にわが子や孫がサッカーをしているのを見たことがあるなら、この素晴らしい短編映画に笑わせられるだろう。自分もサイドラインにいるかのような錯覚を味わうに違いない。職場のメンバー全員を同じ大きなゴールに向かわせたいときにも、このような試練にぶつかるはずだ。『第8の習慣』のWebサイトで、メニューから『ゴール!』を選び、さっそく鑑賞してほしい。

Webサイトへのアクセス

URLを直接入力
https://fce-publishing.co.jp/8h/

QRコード読み取り

方向性を示すためのツール——ミッション・ステートメントと戦略計画

組織やチームの「方向性を示す」というのは、個人のレベルでいえば「模範になる」ことである。組織やチームとして、あるいは家族として、何に**フォーカス**するのかを決めることだ。あなたが自分の価値観と目的を自問するように、集団は集団としての具体的なミッションについて、集団を構成する個々人が一緒に考える。対話のプロセスによって、ミッション・ステートメントと戦略計画（集団としての価値提案と目標）をまとめ、文書にする。ミッション・ステートメントは、個々人の目的意識、ビジョン、価値観が正しく反映されていなければならない。

戦略計画は、顧客やステークホルダーにどのようにして価値を提供するのかを記述したものである。組織の価値提案であり、組織の力を集中させるべきフォーカスだ。それは組織の「ボイス」なのである。戦略計画を作成するときはまず、顧客とステークホルダーは誰か、誰が顧客とステークホルダーであってほしいかを明確にする。さらに、ターゲットとする顧客に提供するにふさわしいサービスや製品を明確にし、顧客を獲得し維持する具体的な目標を達成するために、期限も含めた計画をとりまとめる。家族の場合の戦略計画は、日常生活でビジョンと価値観を実現するための行動計画になる。

エンパワーメントのためのミッション・ステートメント

私の経験からいわせてもらえば、人をエンパワーメントするミッション・ステートメントを作成するには、四つの条件を満たす必要がある。（一）**十分な人数のメンバーが作成に参加する**。（二）**彼らに十分な情報を提供する**。（三）**自由に議論し、シナジーを創り出す**。（四）**高い信頼を土台にした環境の中で作成する**。これらの条件を満たしていれば、全員に共通する考え方や価値観が盛り込まれたミッション・ステートメントになる。表現は違っていても、人間の四つの側面とニーズ（肉体、知性、情緒、精神）が網羅されているはずである。

リッツ・カールトン・ホテルの並外れて優れたサービス文化の力は、人に対する根本的な考え方にある。この場合の人には顧客だけでなく社員も含まれ、それは「紳士淑女をおもてなしする私たちもまた紳士淑女です」というモットーによく表れている。人は誰でも自分を全人格の存在として尊重してほしいと切望しているのであり、ホルスト・シュルツのリーダーシップ論の本質も、この考え方にあるといえる。

覚えておいてほしいのは、人間の四つの側面のそれぞれについて、自分のニーズとモチベーションを生かす機会を与えられた者だけが自分のボイス（内面の声）を発見し、自分の能力を最大限に発揮して貢献できるということだ。肉体的側面のニーズとモチベーションは、**生存**、**生き残ること**（経済的繁栄）である。知的側面では**成長**と**発展**、情緒的側面では**愛情**と**人間関係**、精神的側面では**存在意義**、**誠実さ**、**貢献**である。

個人と同じように組織にも四つのニーズがある。

一．生存——財務の健全さ（肉体）
二．成長と発展——経済的成長、顧客基盤の拡大、製品・サービスのイノベーション、専門能力や制度的能力の向上（知性）
三．人間関係——強力なシナジー、外部のネットワークとパートナーシップ、チームワーク、信頼、思いやり、異なる意見の尊重（情緒）
四．存在意義、誠実さ、貢献——すべてのステークホルダー（顧客、サプライヤー、従業員とその家族、コミュニティ、社会全体）に奉仕すると同時に、ステークホルダーの成長に貢献し、世の中で変化を起こす（精神）

組織のメンバーの力を解き放つ鍵は、個人の四つのニーズと組織の四つのニーズが重なり合うように、組織のミッション、ビジョン、価値観を明確にすることにある。私はこの作業を「コミッショニング」と呼んでいる。ミッションの共有化だ。組織の一人ひとりの仕事において、個人と組織の四つのニーズが満たされるようにミッションの共有化がなされなければならない。この条件を満たす普遍的なミッション・ステートメントは、「すべてのステークホルダーの経済的豊かさ、および生活の質の向上に努める」というようなものになるだろう。あなたの組織、部門、チーム、あるいは家族のミッション・ステートメントは、この普遍的なミッション・ステートメントの精神が反映され、さらに一人ひとりの才能、適性、可能性——ボイス（内面の声）——をそれぞれのやり方でどのように発揮するのかを表したものになる。

ノー・マージン、ノー・ミッション

私は長いこと自分のミッションと目的意識に動かされて生きてきたけれども、自分の会社を立ち上げて何年もしないうちに、現実を思い知らされた。「ノー・マージン、ノー・ミッション（利益なくして使命なし）」という現実だ。いくら会社のミッションが素晴らしくとも、着実に利益を上げられるように経営しなければ、肝心のミッションを果たす機会はなくなってしまうのである。

その一方で、ほとんどの企業は利益や四半期ごとの決算のことしか考えていないために、事業を起こしたときに志したビジョンを見失ってしまう。従業員とその家族のことも、事業を展開しているコミュニティのことも目に入らなくなる。すべてのステークホルダーと相互依存の関係にあることをすっかり忘れてしまい、使命感も、貢献したいという気持ちも薄れてしまうのだ。私がこの四〇年間にわたり多くの組織に行ってきた仕事のほとんどは、このようにしてミッションを見失うことから生じるさまざまな問

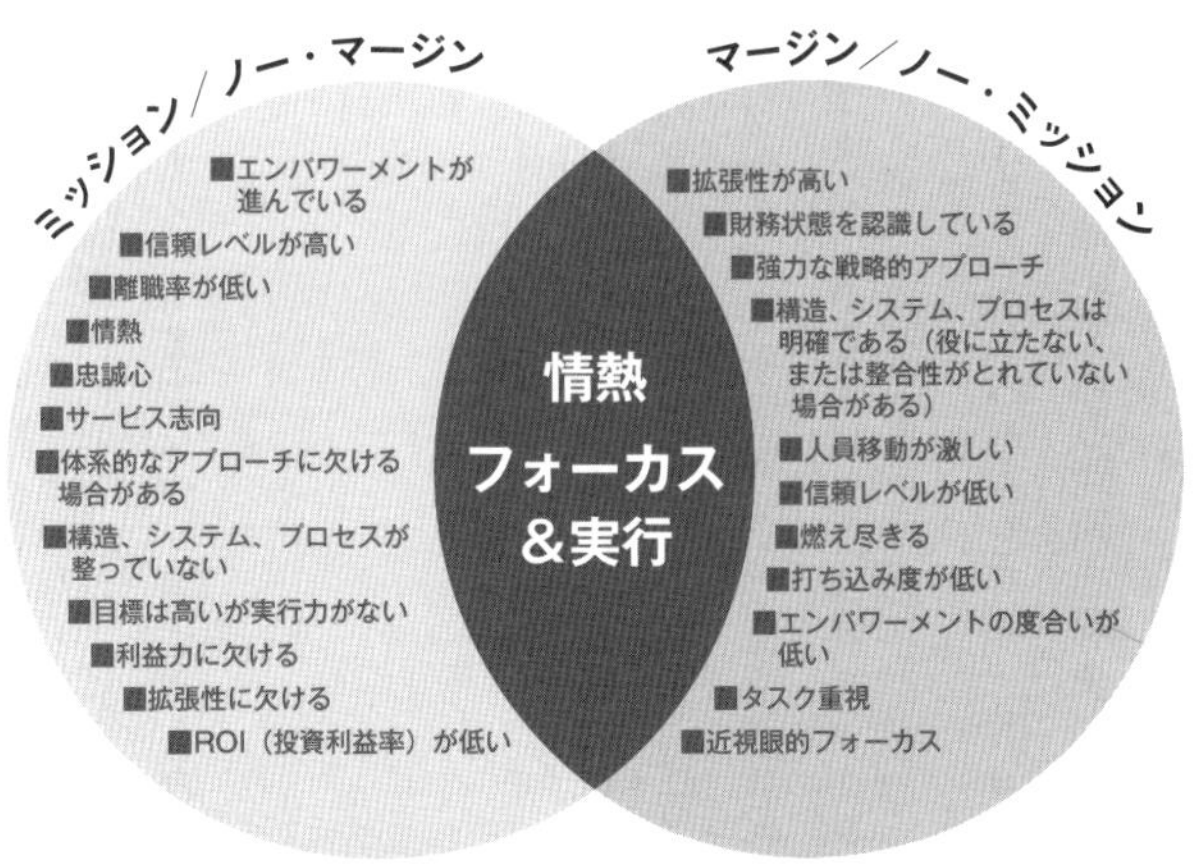

図11·4

題を解決するためだった。「ミッション／ノー・マージン（使命あれども利益なし）」ではいけないし、「マージン／ノー・ミッション（利益あれども使命なし）」でもいけない。どちらもネガティブな結果を招くことは避けられないし（図11・4参照）、持続可能なアプローチでもない。とりわけ今のグローバル経済においては、このようなアプローチをとっていて生き残ることはまず無理である。生き残るにはマージンもミッションも追求しなければならない。バランスが鍵を握っているのである。

戦略計画の実行

戦略計画では、当然ながら顧客のことを真っ先に考えなくてはならない。厳密な意味でいえば、**組織には二つの役割しかない**。**顧客と供給者**である。組織の内外を問わず誰もが、この二つの役割を同時に行っている。「誰もが」とは、製品の生産と流通を可能にするサプライチェーンのステークホルダーを意味する。すなわち、出資者、アイデアや労働力の供給者、原材料の供給者、社員を支える家族である。さらにはサプライチェーン全体を受け入れ、育てるコミュニティと環境も含まれる。

このように考えると、ビジネスの成長が顧客と供給者の関係の質に左右されることがわかるだろう。供給者が多様な顧客に売っているのは、実は単なる製品やサービスではない。顧客が抱えている問題を解決するもの、ソリューションを売っているのである（顧客は自分が欲しいモノやサービスのために供給者を雇用している）。問題を表面的にではなく根本的に解決するためには、ステークホルダーのさまざまなニーズを深く理解する必要がある。ステークホルダーにとってもっとも重要なことを知る努力をしなければ、有効な戦略計画を立てることはできない。計画を立てるプロセスは、原則に基づいた価値観を中心軸にして進めることが重要だ。顧客はそのときどきで変化し、戦略もそれに応じて変えなくてはならないが、原則に基づいた価値観は不変であるからだ。組織の価値観が不変の原則に基づいていれば、どうしても避けられない変化が起きても、戦略計画がぶれることはない。

ミッション・ステートメントと戦略計画が正しいかどうかを判断するリトマス試験紙は、組織のどのレベルの人に問いかけても、戦略計画に自分がどのように貢献しているか、組織の基本的価値観をどのように実践しているか説明できるかどうかである。コンパスの例えでいえば、北の方角を全員が知っていて、自分の役割で組織を正しい方向に導くにはどうすればよいかわかっていれば、ミッション・ステートメントと戦略計画は正しいことになる。

ミッション・ステートメントと戦略計画の作成プロセスに参加することによって、またはすでにあるなら、その内容に本心から共鳴することによって、組織の全員がミッション・ステートメントと戦略計画を共有できたら、戦いの勝利は半ば決まったも同然である。第一の創造である知的創造ができたからだ。ここからは第二の創造である物的創造の段階に進み、**戦略を実行する**。行動を起こし、生産し、組織を整え、エンパワーメントして、戦略を実現させるのである。そのための体制を確立し、適切なツールとサポートを与えて適材を適所に配置する。ここまでがリーダーの仕事であり、あとはメンバーの邪魔にならないようにして、必要があるときに力を貸せばよい。

組織内の部門や委員会、プロジェクト、チームも、それぞれ同じように知的創造と物的創造のプロセスをたどる。家を建てるときの知的創造は設計図、物的創造は建築工事である。音楽なら、まず作曲し、次に演奏する。方向性を示すのは知的創造である。この第一の創造において、アイデアを現実のものにするための戦略計画ができるのだ。

第一の創造である知的創造が正しく行われていれば、あるいは知的創造のプロセスに参加し、内容に納得してメンバーが乗り気になっていれば、組織全体の大幅なコスト削減を必要に応じて推進することができる。緊急だが重要ではない活動に知らず知らずのうちにのみ込まれてしまうのは、個人も組織も同じである。そのような組織文化にならないようにするためには、あらゆる物事について、一人ひとりが組織全体の目的、価値観、戦略計画を意識して決定を下さなくてはならない。それができれば、主要な目的からかけ離れた二次的な業務に振り回されるのを避ける勇気を持てるようになる。

企業のリーダーが乗り越えなくてはならない最大の課題は、上層部が作成したビジョンをわかりやすく翻訳し、組織全体に浸透させることである。そのためには、組織の最前線にいる社員の行動が重要目標の達成にどのように結びつくのかを示さなくてはならない。ミッション・ステートメントと戦略計画を作成するプロセスに関わっていた社員であっても、「現場で応用する」となると、そう簡単にはいかない。最重要のプロジェクトや目標に人員を集中させるなど、適切なタイミングで適材を適所に配置し、適切な業務がなされたら、どれほど生産性が上がるか、考えるまでもないことだろう。

ところが、ほとんどの問題がここに集中しているのだ。戦略計画が遠大すぎて曖昧《あいまい》だから、戦略を達成するために短・中期的に取り組むべき目標を絞り込めないのである。また、戦略をいくつもの目標に翻訳してしまうことも同じように問題だ。八個、一一個、はては一五個もの目標があったら、優先事項が多すぎて焦点がぶれてしまう。優先事項が多いというのは、優先事項がないのと同じことである。戦略目標に関しては、数を絞り込み、優先順位を定め、測定基準を設けて、行動を促すスコアボードをつくって評価することが重要である。ここまですれば、何が戦略目標で、どのように達成すればよいのかを全員が正確に理解できる。少数の「最重要目標」にチームや組織をフォーカスさせることや、行動を促すスコアボードの重要性については、以降の章で詳しく取り上げる。

組織の上から下までフォーカスとチームワークの環境を築くためには、まずは全員が最優先事項を知っていて、それらに納得し、具体的な行動に移せなくてはならない。そして自制してフォーカスを見失わず、お互いに信頼し、協力しなければならない。ところが残念なことに、自分の時間と労力をどこに集中させればよいのかわかっていない人が少なくない。最優先事項が明確

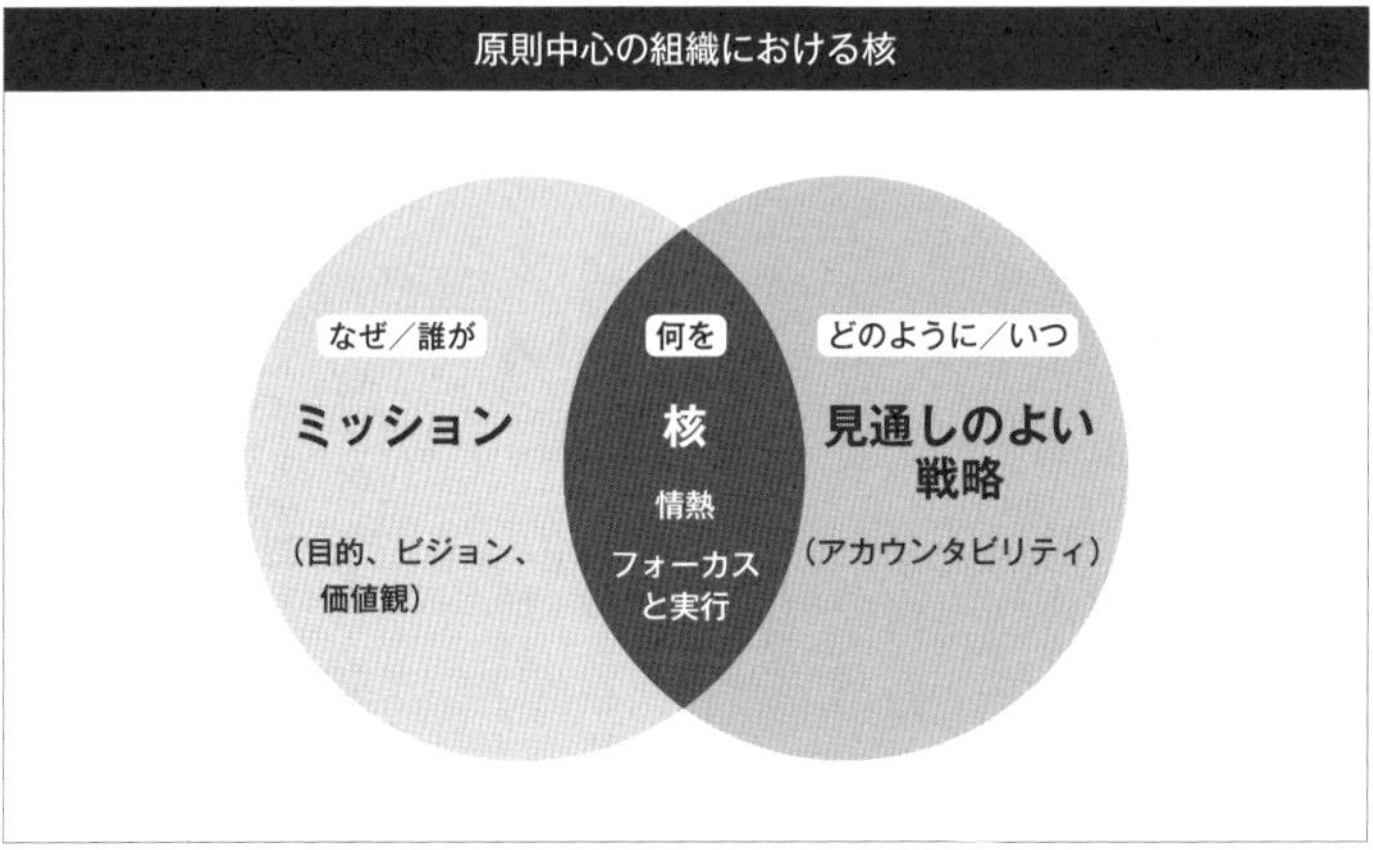

図 11·5

に定められておらず、あるいは周知されていなければ、行動を促すスコアボードで目標の達成を測定することもできない。社員が最優先事項を自分のものとしてとらえず当事者意識に欠けていたり、戦略に納得していなかったり、自分の仕事と会社のビジョンのつながりが見えなかったりしたら、あるいは優先事項が競合していたりしたら、ビジョンを実行しようにもできないのも当然である。そうなると、組織内で信頼関係を築けず、陰口が横行してチームワークが崩れていく。目標達成につながるシステムやプロセスを整えられず、実行を阻む障害が次々とできていくのである。

ミッションを共有できている組織では、メンバー一人ひとりが組織のビジョンの「なぜ」と「誰が」、そしてそのビジョンの**実現につながる戦略**（「どのように」と「いつ」）を理解し、情熱を持って取り組める。部門、チーム、個人はいつも、それぞれの目標にフォーカスし、組織全体としての少数の目標に対してアカウンタビリティ（説明責任）を負う。こうした組織であれば、組織としてのボイス（内面の声）を発見し、原則中心のパワフルな文化を築くことができるのであり（図11・5参照）、方向性を示す役割を果たす本筋はここにあるのだ。

Q&A

Q　うちの会社の従業員は四世代にわたっています。世代間のギャップがあるのですが、共通のビジョンと価値観のもとに従業員を結束させるにはどうすればいいでしょうか？

A　唯一使えるのは原則中心のモデルです。それぞれの世代に特有の価値観と世界観がありますが、世代にかかわらず全員をまとめることのできるものが一つだけあります。時代を経ても変わらない普遍的な原則です。これを土台にして共通のビジョンと価値観を築くことができます。

私の説明を読んだだけでは簡単にできるように思えるかもしれませんが、実際はそう簡単ではありません。とはいえ、どの世代の社員も尊重し、コミュニケーションでシナジーを創り出すことによって、第3の案を見つけることができると私は確信しています。繰り返しになりますが、ここでの原則は、問題解決のプロセスに関係者を参加させて、一緒に解決策を考えることです。そうすれば解決策を実行する決意ができます。自分の世代の眼鏡だけで問題を見るのではなく、もっと広い視野から問題を理解すれば、全員が社会のエコシステムの一員になれるのです。

Q　コヴィー博士は原則と価値観をいつも区別しています。私にはそこがよくわかりません。どちらも同じに思えるのですが。

A　誰もがそうだと納得できる価値観は、実は原則であり、自然の法則なのです。ですから、あなたがそう思うのも無理はありません。たとえば組織の基本的な価値観のステートメントを作成するとき、十分な人数のメンバーを参加させ、彼らにきちんと情報を説明し、信頼感に満ちた雰囲気の中でオープンに話し合い、シナジーによって考えを深めていけば、そこから生まれる共通の価値観は原則に基づいたものになることがわかるでしょう。また、このようにして価値観を明確にしたグループのメンバーは、個々人の表現は違っていても、本質的には同じ価値観を持っていることもわかるはずです。文化的な風習は場所によって異なります。しかし世界各地を訪れて見聞きしてきた経験からいえば、どのような組織でも、また組織内の階層にかかわらず、組織の価値観のステートメントは人間の四つの側面（肉体、知性、情緒、精神）と四つのニーズ（生きること、愛すること、学ぶこと、貢献すること）に対応しています。これは個人にも組織にも当てはまります。しかし、一方的に決められ、メンバーには伝えられるだけの価値観は、原則中心の価値観ではないかもしれません。そもそも、犯罪者にも価値観はあるのですから。

Q　ミッション・ステートメントや戦略計画は外部のワークショップのようなものに参加して作成すべきですか？

A　場合によりけりです。社外のワークショップに参加して作成したミッション・ステートメントや戦略計画を組織全体に効果的に行きわたらせ、定着させるシステムがあるなら、それでもよいでしょう。しかし、作成したら後は一方的に通知して終わりでは、うまくいきません。社員が乗り気になれるかどうかが鍵を握っています。実行しようという決意がなければ、基準を定めても、構造やシステム、プロセス、組織文化を整えることに生かされることはないでしょう。慌ただしく作成され、一方的に伝えられるミッション・ステートメントは、すぐに忘れられます。これでは単なる企業ＰＲのようなものですが、上層部だけで作成するミッション・ステートメントはこうなることが多いようです。

社員が納得し、前向きに受け入れるようにしたいなら、最終的にできるステートメントだけでなく、そこに至るプロセスも同じように重要であることを覚えておいてください。くどいようですが、プロセスに参加し、ほかの人のビジョンが自分の考えよりも良いと思えてはじめて受け入れることができるのです。

社員がミッション・ステートメントや戦略計画を自分のものとしてとらえるためには、オープンなコミュニケーションとフィードバックのプロセスが必要です。テクノロジーをうまく利用して、このプロセスを行っている企業をいくつも知っています。まず二人か三人の委員会でたたき台をつくり、それを組織内に流してフィードバックを求め、集まった意見を原案に反映させます。これを繰り返して内容を練り上げていくと、最終的に全員が納得できるものができます。このようにして、全員の気持ちを結びつける組織文化が築かれていくのです。

実行

組織を整え、エンパワーメントを進める

第一二章　実行力のボイス――結果を出すために目標とシステムの整合性をとる

> 馬は、馬具をつけられなければ言うことをきかない。
> 蒸気やガスは、閉じ込められなければ何も動かさない。
> ダムにためられた水も、トンネルをくぐらなければ電気にも電力にもならない。
> どんな人生も、集中、献身、修練を経ないと成長できない。[1]
>
> ヘンリー・エマーソン・フォスディック

組織を整える役割の**第1の案**は、組織が健全に成長していくには個々人が模範的行動をとれば十分とする考え方である。

第2の案は、トップが熟慮して作成したビジョンと戦略を継続的に伝えていれば、組織としての目標を達成できるはずで、構造やシステムは二の次とする考え方である。

第3の案は、個人の道徳的権威、立場から得る形式的権威の両方があってはじめて、(一)共通のビジョンと価値観が反映された戦略や原則が正式なものになり、組織に定着する、(二)共通のビジョン、価値観、戦

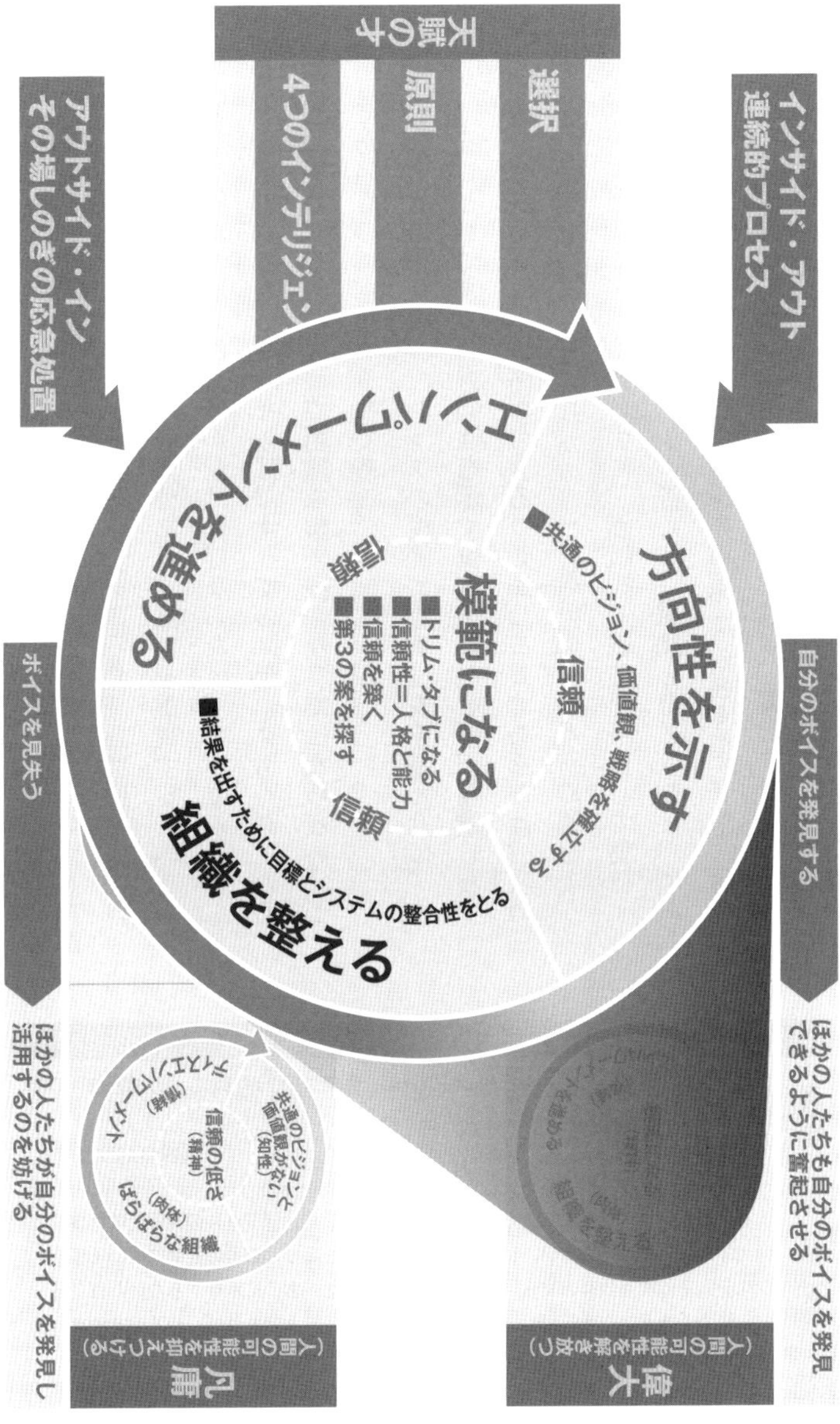

天賦の才
選択
原則
4つのインテリジェンス
インサイド・アウト
連続的プロセス
アウトサイド・イン
その場しのぎの応急処置
エンパワーメントを進める
方向性を示す
■共通のビジョン、価値観、戦略を確立する
信頼
模範になる
■トリム・タブになる
■信頼性＝人格と能力
■信頼を築く
■第3の案を探す
信頼
組織を整える
■結果を出すために目標とシステムの整合性をとる
自分のボイスを発見する
ほかの人たちも自分のボイスを発見できるように奮起させる
偉大
（人間の可能性を解き放つ）
ボイスを見失う
ほかの人たちが自分のボイスを発見し活用するのを妨げる
凡庸
（人間の可能性を抑えつける）
共通のビジョンと価値観がない（知性）
信頼の低さ（精神）
ばらばらな組織（肉体）
マイクロマネジメント（情緒）

図 12·1

略的優先事項と整合する目標が組織全体で設定される、(三) ニーズをどのように満たし、どのくらいの価値を生み出しているかについて、市場や組織から定期的に得るフィードバック(システムの一つ)に従い、自分の行動を改善していくとする考え方である。協力を重視するというのならば、競争ではなく協力に基づかなければならない。すべてのステークホルダーを重視するというのならば、すべてのステークホルダーの情報を定期的に集め、それに従って組織を整え直さなくてはならない。つまり、育てたいものに水をやるのである。

原則中心の生き方やリーダーシップの模範になる役割を果たせば、人の信頼を得ることができる。方向性を示す役割を果たせば、要求しなくともビジョンは共有され、秩序ができる。しかしここであなたは、次のような大きな疑問を持つかもしれない。「全員が正しい方向に進むように目を配る正式なリーダーに頼らずに、価値観と戦略を一貫して実行するにはどうしたらいいのだろうか?」答えは、組織を整えること、である。組織の基本的な価値観、戦略の最優先事項(方向性を示すプロセスで特定されている)を**後押しするシステムと構造を設計し、実行する**ことだ。

あなたの組織の現在の構造、システム、プロセスを考えてみてほし

幻想	従業員を自立させ、自立的な行動に報いれば、従業員同士が協力し合う相互依存の関係が自然とできると期待する。 (古いパラダイム)
現実	まるでゴルフクラブでテニスをしているようなものだ。デジタルの世界でアナログに考えているといってもよい。従業員の自立と競争を煽《あお》り、競争の勝者に報いる構造とシステムでは相互依存の文化は生まれない。育てたいものに水をやらなければならない。協力と相互依存を奨励し、それに基づいたシステムであれば、相互依存的な行動をとるようになる。 (新しいパラダイム)

図12·2

い。従業員が最優先事項を実行できるようになっているだろうか？　実行を妨げてはいないだろうか？　組織の基本的な価値観と一致しているだろうか？　リーダーの責任は障害を取り除くことであって、障害をつくり出すことではない。しかし組織を整えるプロセスでは、リーダーとしての自分を深く謙虚に見つめるだけでなく、聖域となっている組織のシステムや構造も見直す必要がある。

組織の信頼性

すでに述べたように、信頼の源泉の二番目は組織である。組織内の構造とシステムが組織の価値観と一致していなかったら、従業員がいかに信頼に足る人たちであっても、構造とシステムが障害になり、実行力を発揮できなくなる。つまり組織として信頼されなくなるのだ。これらのシステムやプロセスは、長く続いていて、文化的にも習慣として組織に深く根づいているために、個人の行動を変えるよりもはるかに難しい。

xQサーベイのデータは、組織内に深刻な「信頼欠如」があることを示唆しており、組織がその価値観を体現していると答えたのは回答者の四八％にとどまっている。

たとえば、ほとんどの組織はチームワークと協力を奨励しているが、肝心のシステムは内部の競争に報いるかたちになっている。私はよく、協力の精神をまるで欠いている会社のカウンセリングを行ったときのエピソードを話すのだが、その会社のＣＥＯは、社員がなぜ協力しないのかまるでわかっていなかった。協力の大切さを社員に説き、研修も実施し、社員同士の協力を盛んに奨励していた。ところが、社内には協力の雰囲気は微塵《みじん》もなかった。

そのＣＥＯと話していて、彼のデスクの後方にふと目をやると、カーテンがたまたま開いていた。カーテンの向こうには競馬の模型があった。左側に馬が一列に並んでいて、それぞれの馬の頭部にマネージャーの楕円形の顔写真が貼りつけられていた。右側にはバミューダの観光ポスターが掲示されている。カップルが手をつないで真っ白な砂浜を歩いているロマンチックな光景のポスターだった。

この会社の矛盾に気づいただろうか？「さあ、社員一丸となろう。協力して業績を上げよう。もっと幸せになろう。もっと楽しもう」と言いながら、カーテンを開けると「バミューダ旅行を勝ち取るのは誰か？」とくる。

ＣＥＯはまた私に聞いてきた。「なぜ協力しないんですかね？」

協力しよう、一丸となろう、といくら言っても、システムがそれをさせないのだ。

エドワーズ・デミングが鋭く洞察しているように、組織の問題の九〇％以上はシステムや構造にある。彼のいう「特別な原因」でもなければ、人為的なものでもない。しかし突き詰めれば、人はプログラマーであり、システムはプログラムであるのだから、システムに最終的に責任を持つのは人間なのである。システムも構造も「モノ」であり、プログラムなのだ。モノには選択の自由はない。だからリーダーシップはモノではなく人から生まれるのである。人がシステムを設計する。いかなる組織も、システムや構造にプログラムされたとおりの結果しか出せないのである。

正直な人の多くは、組織のシステムを設計する能力を持っていない。逆に、能力を持っていても、不誠実な人もいる。組織の信頼性を確立するには、組織としての**人格と能力の両方**が必要なのである。平たく言えば、**組織を整えるというのは、信頼性を組織に組み込むこと**である。それはつまり、人が自分の価値観に組み込んでいる原則そのものが、構造、システム、プロセスを設計するときの土台になるということだ。環境、市場の状況、あるいは人が変わっても、原則は変わらない。このことは建築家が使う「形態は機能に従う」という言葉によく表れている。言い換えれば、構造は目的に従うのであり、まず目的があって、それにふさわしい構造ができるのだ。方向性を示してから、組織を整えるのである。自制は、個人だけでなく組織の態度にも表れる。組織の自制心とは、組織が整っていることだ。ビジョンを実現できるように、構造、システム、プロセス、文化を創造し、整えることが組織の自制なのである。

シナジーによって決定を下し、スムーズに実行することを意識しよう。

短期的だけでなく長期的な視点にも立った価値観を持っているなら、情報システムもそうあるべきである。協力とシナジーをモットーに掲げているなら、シナジーと協力に報いる賃金体系でなければならない。なにも個人の努力や業績を評価するなといっているわけではない。たとえば人件費のパイの大きさは協力とシナジーをベースにし、そのパイのうち個人の取り分が相互補完チームにおける個人の努力に基づいていれば、相互依存と自立の両方が育っていく。

多くの組織は、協力の結果には目を向けず個人の努力だけに報いる罠《わな》に陥っている。口では協力の大切さを説きながら、協力という価値観が報奨や賃金のシステムに反映されていないのである。誰もが自分の思惑だけで動いているから、個人の努力に報いる賃金体系に疑問を抱かない。チームワークがしっかりしていなければ顧客に最高のサービスを提供することはできないのだから、チームワークがなければ市場で失敗するのは当然だ。そうはいっても、誰も協力を拒んでいるわけではない。個人の努力や社内での競争に報いるシステムに問題がある。「協力しよう」というモットーがたとえ本心からであろうと、結局のところはシステムが優先するのである。

全員勝者にするために雇う

私は以前、某企業の年次社員総会で、ざっと八〇〇人の社員の前でスピーチしたことがあるのだが、この企業のシステムもまるで的外れだった。総会では業績優秀者三〇人が報奨された。八〇〇人のうち、たった三〇人だ。私は社長に言った。「この八〇〇人は勝者にするために雇っているのではないですか?」

「そうです」

「敗者を雇ったのですか?」

「いいえ」

「今夜、七七〇人の敗者がいますね」

「彼らは競争に勝てなかったので」

「彼らは敗者ということですね？」

「どういうことですか？」

「あなたの考え方がそうだからです。Win‐Loseの考え方です」

「しかし、ほかにどうしろと？」

「全員を勝者にするのですよ。競争しなければならないというあなたの考え方はどこからきているのでしょうか？　市場で十分競争しているでしょうに」

「人生とはそういうものですから」

「なるほど。奥さんとの関係はどうですか？　勝者はどちらです？」

「あるときは妻が勝者、あるときは私が勝者です」

「そのような模範をお子さんたちに見せて、将来まねてほしいのですか？」

「そんなことはありません。しかしですね、報酬についてはどうしたらいいのでしょうか？」と彼は言った。

「一人ひとりの社員、それからすべてのチームとWin‐Win実行協定を結ぶのです。合意した目標を達成できた人はみんな勝者です」

私は翌年も総会に招かれた。方向性を示す段階と組織を整える段階は終わっていたようだった。総会には一〇〇〇人を超える社員が集まっていた。この一〇〇〇人のうち、勝者はなんと八〇〇人だった。残る二〇〇人は勝者にならないことを自分から選んだのであり、比較で勝者と敗者を決めたのではない。では、この八〇〇人はどのような結果を出したのだろうか？ 全員が前年の三〇人と同じ業績を上げたのである。この企業の文化全体が一年前とはすっかり変わり、欠乏マインドから豊かさマインドに一八〇度の転換を遂げていた。八〇〇人が前年の三〇人に並んだのである。

なぜだろうか？

前述したバミューダのエピソードと比べてみれば、答えはおのずとわかるだろう。リーダーがいうべきは「君たちのうちバミューダに行けるのは誰か？」ではなく、「全員でバミューダに行こう。奥さんや夫も一緒に。全員が行けるように応援するよ」でなくてはならないのだ。このような考えを持てれば、社員同士ライバル心むき出しの組織が根本的に変わることは想像に難くない。

どちらのエピソードでも、社長は信頼できない人物ではなかった。二人とも人柄がよく、本来は豊かさマインドの持ち主だった。欠けていたのは、報酬システムを目的に合わせるマインドセットあるいはスキルセットだった。また、情報を共有するシステムも欠けていた。これでは一つしか計測できない状態で飛行機を飛ばすようなもので、大惨事に至るのは必至だ。にもかかわらず、二人ともその考え方を信じて疑わずにいたのである。この二つのケースでも、問題は人格ではなく能力にあった。スキルを身につける機会がなく、Win-Loseの考え方にとらわれてしまっていた。スキルを身につけてようやく、目的と矛盾するシステムを正すことができたのである。

警戒を怠ってはならない

組織を整える作業に終わりはない。目まぐるしく変化する現実に対応しなければならないのだから、不断の努力と調整が求められる。現実の変化に適応できるように、システム、構造、プロセスに柔軟性を持たせなくてはならないが、それと同時に**不変の原則**に基づいていることも求められる。柔軟性と不変性を併せ持つことによって、安定し、しかも機動力のある組織をつくることができるのである。

原則は深い井戸のようなものである。原則という深い井戸が供給源となって、エンパワーメント、品質、より少ないリソースでより多くを生産すること、サステナビリティ、スケーラビリティ、機動力という浅い井戸と根本構造を機能させる。

組織のシステム、構造、プロセスを日頃から整え、必要に応じて調整する能力に磨きをかける方法の一つは、自組織だけでなく、世界中のあらゆる産業界や職業において、同様の業務で高い結果を出している人や企業をベンチマークにすることだ。具体的なベンチマークがあれば、過去の業績に頼ったり、業界のトレンドや競合他社の動向から推測したりするのではなく、ワールドクラスの明確な基準を意識するようになる。高い業績を上げている企業を目標にし、そのような企業の今現在のベストプラクティスを注視して学ぶことができるようになる。

特別な調査をしなくても、観察し常識を働かせるだけで、組織の成功は人の行動やリーダーの個人的な資質だけの産物ではないことはわかるだろう。成功する組織は、個々人の個性に依存してはいない。システムと文化に依存しているのである。（組織文化についてはエンパワーメントを進める役割のところで詳しく取り上げる。）

ゼネラル・エレクトリック（GE）社は、多くの事業部門で産業時代から知識労働者時代への移行を成し遂げた企業の一例である。長年CEOを務めたジャック・ウェルチ、そしてGEのマネジメント教育部門のマネージャー務めたノエル・M・ティッチー博士がもっとも重視したのは、GEの遺伝子と人事教育にリーダーシップの育成を組み込むことだった。

リーダーシップは彼自身や経営チームの役割にとどめるのではなく、社内全体に行きわたらせ、制度化すべきだというウェルチの洞察は、当時の実業界ではそれほど支持されていなかった。経済のグローバル化によって、安定、ワンマン経営、厳密に区分けされたプロセスというような特徴を長くとどめてきた実業界が、変化への適応を求められている。そのためには、企業の組織階層の上から下まで、機転が利き順応力のあるリーダーを育成しなければならない。そしてそれは、変化に適応するだけでなく変化を創造する方法を人に教える能力を身につけることも意味する。[2]

道徳的権威の制度化

原則を中心にして構造やシステムを整えている組織では、**道徳的権威が制度として定着している**。そのような組織は、効率性、スピード、フレキシビリティ、市場適応性を常に意識しながら、高品質を維持し、多様なステークホルダーと信頼関係を築くことができる。ときどき道徳的権威から逸脱する人もいるかもしれないが、組織はそうした人たちに適切に対処しながら前進していく。

成文化されているか否かにかかわらず憲法が文化的に定着している国では、憲法に沿った道徳的権威が確立され、制度として有効に働いている。その国のリーダーたちの行動がすべて憲法の精神を体現しているとは限らないが、個々のリーダーの長所を生かし、短所を補い合って政府を組織することができるのである。独裁国ではそうはならないし、いまだに共依存が蔓延《まんえん》し、文化的に汚職が黙認される脆弱《ぜいじゃく》な発展途上の民主主義国にも当てはまらない。

道徳的権威が制度化されていても、リーダーが汚職をしたり、独裁的であったり、エゴだけで動いたりしていたら、長期にわたって多大な損害をもたらすことは確かである。しかし一般的には、そうした損害を被っても、道徳的権威が制度化されていれば遅かれ早かれ立ち直る。基本的に、力は制度やシステムにあるのであって、個人の政治家や官僚にあるのではない。関係者個々人の弱点よりもシステムのほうが強いのだ。マリオット・コーポレーションはその点をよくわかっていて、「悪魔は細部に宿るが、成功はシステムに宿る」と社員に教えている。

私は先日、世界最大のホテル企業、マリオット・インターナショナルの会長兼CEOのJ・W・ビル・マリオットを訪ねた。ビルは創業者である父の跡を継ぎ、この世界屈指の優良企業を育てた。マリオット・インターナショナルがここまで成長できたのは、社員の才能を引き出すコミュニケーション・システムを構築したからである。

「長年この仕事をしてきましたが、最大の教訓は社員の声に耳を傾けることです」と彼は言った。「部下をよくとりまとめ、部下にアイデアを出させ、部下の意見に耳を傾けるシニアマネージャーたちと会議のテーブルを囲み、彼らの話に耳を傾ければ、私は的確な決定を下せるわけです」

マリオットによれば、この教訓を得たのは人生の早い時期だったという。世界でもっとも著名なリーダーの一人、当時の米国大統領ドワイト・デイビッド・アイゼンハワーと会ったときだそうだ。

彼は当時を振り返り、次のように語った。「大学四年のときでした。私は半年間海軍に従軍していたのですが、クリスマス休暇で帰省していました。エズラ・タフト・ベンソン農務長官がアイゼンハワー将軍と一緒にわが家の農場にやってきたのです。アイゼンハワーは大統領、私は海軍少尉でした」

マリオットはさらに続けた。「おそろしく寒い日でしたが、父は射撃の的を出してきて、『外に出て射撃をしますか、それとも暖炉のそばでくつろがれますか？』と大統領に聞きました。すると大統領は私のほうを向いて、『少尉、君はどう思うかね？』と聞いてきたのですよ」

マリオットは、何十年も前のことを話しているのに、アイゼンハワーがその場にいるかのように戸惑った表情を見せた。

「私は内心思いました。『これが彼のやり方なんだ。ドゴール、チャーチル、マーシャル、ルーズベルト、スターリン、モンゴメリー、ブラッドレイ、パットンと相対するときも、こうするのだろう。君はどう思う、という絶妙な質問を投げかけるんだ』と。私は『大統領、外の寒さは尋常ではありません。暖炉のそばでくつろがれたほうがよろしいかと思います』と答えました」

そのときに得た教訓は今日に至るまで忘れたことはない、とマリオットは言った。

「私にとって人生を画する瞬間でした。『ビジネスの世界に進んだら、あの質問を使おう。それができれば有益な情報が得られる』と思いましたよ」

ビル・マリオットが一大ホテルチェーンを築くことができたのも、このときに得た教訓を生かして、組織の上から下まで円滑なコミュニケーションを奨励する文化を育てたからである。「君はどう思う？」というたった一言で、社員が変わることに彼は気づいたのだ。社員に意見を求め、彼らの経験や知恵を尊重することによって、肉体労働者とみなされていた人たちが知識労働者になるのである。

マリオットは最後に次のようなエピソードを話してくれた。「息子のジョンは、うちが買収したニューヨークのホテルを担当していたとき、厨房《ちゅうぼう》に行って社員の一人に『こういう問題があるのだが、どうしたらいいと思う？』と聞いたんですね。するとその社員は『この老舗ホテルに勤めて二〇年になりますが、意見を求められたことはこれが初めてです』と言って、涙を流したそうですよ」

組織を整えるためのツール：フィードバック・システム

リーダーシップの四つの役割のうち、三つの役割とそのツールは、「もっとも大切なことは何か？」という根本的な問いに答えるためにある。三つ目の役割「組織を整える」は具体的には、「目標に向かう軌道から外れていないか？　一番重要なことを見失っていないか？」と自問し、対応する役割である。

飛行機は目的地に到達するまでのほとんどの時間、軌道から外れている。このことは、あらゆる個人、家族、組織に当てはまる。まずこの事実を認識することが重要な一歩になる。ところが多くの人は、軌道から外れていると感じると、がっかりして気持ちがなえてしまう。しかし落胆する必要などない。進む方角を真北（原則）に合わせ直すことができるのだから、軌道から外れたと察知できるのはむしろ喜ばしいことなのである。

個人であれ、家族やチーム、組織であれ、何かを目指して進む道のりは飛行機のフライトに似ている。離陸する前に、パイロットは飛行計画を提出する。もちろん、パイロットは行き先を正確に知っている。しかし飛行中は、風や雨、乱気流、航空交通、ヒューマンエラー、その他さまざまな要因が飛行機に作用する。パイロットはそうしたもろもろの要因に対応し、方向を少しずつずらしながら飛行機を目的地に向かわせる。だから飛行時間のほとんどは、所定の飛行経路からさえ外れているのである。しかし極端に外れていなければ、飛行機は目的地に到着するのだ。

軌道からずれながらも目的地に到着できるのはなぜだろう？　飛行中、パイロットは常にフィードバックを受けているからだ。環境、管制塔、ほかの飛行機、ときには星の動きも読み取る計器から情報を得る。そのフィードバックを基にして調整を繰り返し、飛行計画の経路に戻していくわけである。

リーダーシップの四つの役割について考えるとき、飛行機のフライトほど的確な比喩はないと思う。模範になり、方向性を示し、エンパワーメントを進める役割を果たすことによって、家族や組織、仕事、そして自分自身にとって、もっとも大切なことを見きわめられる。フライトでいえば、もっとも大切なものは飛行計画である。パイロットのように常にフィードバックを受けることは、自分の進捗《しんちょく》状況を確認し、最初に決めた行動基準に**合わせ直す**チャンスをもらうことなのだ。四つの役割とツールが一体となって、思い描く目的地へと導いてくれるのである。

目標達成と能力開発のバランスをとる

組織を整える原則の鍵は、必ず最初に結果を思い描くことにある。市場でどのような結果を出したいのか？株主は投資利益率に満足しているか？従業員はどうか？人間の四つの側面（知性、肉体、精神、情緒）を考慮した投資の結果に従業員は満足しているか？サプライヤーはどうか？コミュニティはどうか？子どもたち、学校、地域、自然環境に対して社会的責任を感じているだろうか？従業員が働きながら家族を養う環境に対する責任はどうか？これらのステークホルダーからどんな結果を得ているか？顧客はどうか？どのような動向を示していて、どのような結果が出ているか？ワールドクラスの基準と比べてどうか？このようにしてステークホルダーに関するすべての結果を詳しく調べ、結果と戦略のギャップを確かめる必要がある。

効果性とは、**望む成果**（**P**）と**成果を生み出す能力**（**PC**）のバランスであるⁱ。言い換えれば、人が望む黄金の卵がP、黄金の卵を産むガチョウがPCであり、P／PCバランスと呼ぶこともある。効果性の本質は、将来に得られる結果をさらに大きくする方法をとることによって、望む結果を得ることにある。

この一〇年間、P／PCバランスを測定する多くのアプローチが開発されている。私は特に三六〇度フィードバックの大切さを教えてきた。このアプローチでは、三六〇度のうち九〇度は財務会計のフィードバック、あとの二七〇度は、組織の主要なステークホルダーの認識、その認識に対する感情の強さについて科学的に集めた情報で構成される。

このタイプのフィードバックはいろいろな名前で呼ばれているが、大きな注目を集めているのは**バランスト・スコアカード**というアプローチだ。私はこれをダブル・ボトムライン・アカウンティングと呼ぶこともある。従来の会計報告《アカウンティング》は、一つのボトムライン（最終利益＝黄金の卵）しか取り上げていない。ダブル・ボトムライン・アカウンティングは黄金の卵だけでなく「ガチョウ」も尊重し、主要なステークホルダー（顧客、サプライヤー、従業員とその家族、政府、コミュニティなど）との関係を調べ、組織の健全性を数値化する。組織の現在と将来の健全さと強さが二ページにまとめられる。一枚目は財務諸表（過去の努力による現在の結果）に、二枚目はステークホルダーとの関係の先行指標（将来の結果を生むもの）に充てられる。このようなフィードバックの効果を想像してみてほしい。

最重要目標の進捗《しんちょく》状況を把握している人はほとんどいない。フィードバックが正確でわかりやすく、ビジュアルなスコアボードがあると答えたのは、xQサーベイの回答者のうち一〇％にすぎない。現場での意思決定には、実行につながる具体的な情報が不可欠である。

重要なのは、**行動を促すスコアボード**を作成することである。組織のミッション、価値観、戦略に組み込まれた基準を可視化するスコアボードを作成するときには、評価対象となる人たちを作成に関わらせるべきだ。作成のプロセスに参加していれば、目標達成までの軌道から大きく外れず、主体的に責任を引き受けて取り組めるようになる。当事者意識を持ち、目標を自分のものとしてとらえることができるのだ。このことは、個々の従業員だけでなくチームや部門にも当てはまるし、特定の任務やプロジェクトの責任者にもいえることである。すべての関係者がスコアボードの作成に参加し、スコアボードに責任を負わなくてはならない。行動を促すスコアボードの作成に関しては、ほかにも実用的なアドバイスを第一四章に詳しくまとめている。

スコアボードというフィードバック・システムがどれほど大切であるか、ある組織を例に挙げて説明しよう。

私はしばらく前、全米新聞社・編集者協会の大規模なカンファレンスで講演した。講演の準備のために、新聞社を対象にした組織文化調査のデータを集めた。それらのデータは、信頼度の低さ、目的と価値観の共有度の低さ、システムの不整合を示しており、この業界ではエンパワーメントがなされていないことが察せられた。

カンファレンスでは、データを紹介する前にいつもとは違うアプローチをとることにした。マイクを持って広い会場を歩き、「社会における新聞の本質的な役割は何でしょうか？ あなたにとって一番重要な目的は何ですか？」と参加者に質問して回った。

マイクを手渡すと誰もが、新聞が社会で果たす絶対的に重要な役割を臆することなくとうとうと述べた。深い分析を印刷媒体で報道することで、政府や役人は国民に対して真摯《しんし》になり、アカウンタビリティを果たし、政治の透明性が高まるのだと、全員が固く信じていた。自由、国民に責任を果たす政府、憲法に明記されたチェック・アンド・バランスを堅持すること、民主共和制と自由企業制の理想を守るために国民に情報を提供することといった基本的な価値観を維持し、国と地域社会に奉仕することが使命なのだと考えていた。

次に、「皆さんはその目的を本当に信じていますか？ 心の中で強く感じていますか？」と質問した。会場を歩きながら答えを求めると、満場一致で「イエス」だった。次はもう少し難しい質問をぶつけてみた。「人が自分の価値観を本当に信じているかどうか、どうすればわかるでしょうか？」いろいろな意見が出たところで、「それを知る手立ての一つは、その人が自分の価値観を実践しているかどうかです」と話した。自分の価値観に誠実に行動することが、本当に信じていることの証しなのだと言うと、全員が納得していた。

ここで私は、重要な質問を投げかけた。「皆さんが地域社会や国に提供している機能と同じような機能を社内に持っている新聞社はどのくらいあるでしょうか？」彼らはこの質問の意図をくみかね、困惑していた。そこで「皆さんの新聞社には、社員が自分の価値観や理想を見失わず、それらに忠実に行動できるようにするためのシステムがありますか？ またはそのような組織文化になっていますか？」手を挙げたのは全体の五％足らずだった。私はここでようやく、新聞社の組織文化調査から集めたデータを見せた。不信感、社員同士の不和、部門間のライバル心、目的とシステムの不整合などのレベルが極端に高く、社員のディスエンパワーメントを招いていると話した。

次に、四つの役割の考え方を説明した。まず自分から始め、目的を明確にするプロセスにメンバーを関わらせ、情報システムや能力開発システム、賃金体系を整え、エンパワーメントを進める環境を築くという四つの役割を果たすことが大切だと話した。参加していた新聞・出版業界の関係者たちにとっては、目を開かれるような経験だったと思う。このイベントでリーダーシップの新しいパラダイムを学ぶことができたのだ。

このタイプのフィードバックは、組織だけでなく組織内の個々人にも応用できる。

しばらく前のことになるが、私は某国の空軍司令官たちに研修をした。その空軍は過去にいろいろな課題や対立を抱えていた。主要なステークホルダーからフィードバックを受けることの重要性を話しているとき、司令官たちがしきりにうなずいていることに気づいた。私は教育担当官のほうを向いて「皆さんうなずいていますが、フィードバックと評価のシステムを取り入れているということですか？」と尋ねた。

「ええ、そのように訓練しています。訓練を受けるのはマネージャーではなくトップパイロットです。年一回、全員が普段接している人たちからフィードバックしてもらいます。部下からのフィードバックも含まれます。それを自己啓発と専門能力開発のベースにしています。このフィードバックで高いスコアをとれなければ、昇進できません」

「米国ではこのやり方を受け入れる組織はとても少ないのですが、ここでは人気投票みたいにはならないですか？」と尋ねた。

彼は私に憐憫《れんびん》のまなざしを向けて、こう答えた。「彼らパイロットの働きはわが国の存亡を左右します。彼らもそれを自覚しています。人気で国は守れませんよ。ですから一番人気のない者が最高スコアをとることも珍しくありません。実力次第です」

価値観や戦略に構造とシステムを整合させるのは、リーダーシップやマネジメントが取り組む課題の中でもっとも難しいものの一つである。理由はいたって単純だ。構造とシステムは過去を表しているからである。その組織の伝統であり、組織が何を期待し、何を前提としているかが表れているから、多くの人は、そのような構造やシステムから予測できることを安心のよりどころにしている。組織の構造とシステムはまさに「聖域」なのだ。メンバーが新たな戦略的基準を心底納得し、それらを実行する決意を持てない限り、聖域を改革しようとしても無理なのである。

表5は、古い産業時代のマネジメント・モデルと新しい知識労働者時代の解放／エンパワーメント・モデルを対比させたものである。ただし、わかりやすいように対比させているのであって、現実はどちらか一方が選択されているわけではなく、連続体としてつながっている。少なくともこのリストにはそれぞれの連続体の両極が示されているので、方向性を示し、組織の文化、構造、システムをそれに合わせることで得られる効果がつかめるだろう。

項目	産業時代の管理モデル	知識労働者時代の解放／エンパワーメント・モデル
リーダーシップ	地位（形式的権威）	選択（道徳的権威）
マネジメント	モノと人をマネジメントする	モノはマネジメントし、人は解き放つ（エンパワーメントする）
構造	ヒエラルキー、官僚主義的	フラット、垣根がない、フレキシブル
モチベーション	外部からの刺激、飴《あめ》と鞭《むち》	内面から湧いてくる全人格
パフォーマンス評価	外部による評価、サンドイッチ・テクニック	360 度フィードバックを用いた自己評価
情報	主に短期的な財務報告	バランスト・スコアカード（長期的／短期的）
コミュニケーション	主にトップダウン	オープン：上下方向、横方向
文化	社会的ルール／職場の慣習	原則中心の価値観、市場の経済的ルール
予算策定	主にトップダウン	オープン、フレキシブル、シナジー
トレーニング & 能力開発	添え物、スキル志向、すぐに忘れる	維持、戦略的、全人格、価値観
人員	損益計算書で経費に計上される 「社員が資産」はリップサービス	最大の効果をもたらす投資対象
ボイス	一般的に重要視されない	すべての個人、相互補完チームにとって戦略的に重要

表 5

Q&A

Q　組織内部の短期的な競争を煽《あお》り、順位や数字だけを重視するあまり、共食いのような状態になっている会社で働いています。どうすればいいでしょうか？　そのような状況で現実的にできることは何でしょうか？

A　そのような組織文化が市場での競争力に関係しているなら、選択の自由を使って、自分がトリム・タブになることを選び、影響の輪を広げる努力をしましょう。市場の競争力とは関係がないのであれば、ギリシャ哲学の考え方（エトス、パトス、ロゴス）のプロセスに従って働きかけ、あなたの助言を受け入れれば、組織の目的を達成できることを気づかせましょう。あるいは自己啓発や職業能力の開発に継続的に努力し、問題を解決して人々のニーズを満たす力を持つことが内面的な安定の源泉となれば、ほかの物事を成し遂げる機会を無限に手にすることができます。その場合は、今の会社を辞め、転職して力を発揮する道も選択できるのです。

Q　マネジメント・チームやリーダーシップ・チームの活動で、戦略的に方向性を示すプロセスの次に重要なものは何でしょうか？

A　人員の採用、起用、配置だと思います。ジム・コリンズの言葉を借りれば、「正しいバスの正しい席に、正しい乗客を座らせる」ことです。これはある意味では、トレーニングや能力開発よりも重要といえるでしょう。とはいえ、目まぐるしく変化する経済情勢の中でほとんどの組織はすぐにも人材を必要としている一方、さまざまな問題が緊急であるために、採用のシステムがうまく機能せず適切な人材を確保できないのが実情です。人は切望するものほど、いとも簡単に信じてしまいます。その結果、業界の川下では実際の災難に見舞われることが少なくありません。具体的な採用基準を定め、その基準を漏れなく開示し、応募者の経歴を徹底的に調べられるように、戦略的な雇用計画を立てるべきでしょう。通り一遍の面接ではなく、応募者と関係を築く面接を心がけることによって、彼らの適性を見きわめ、彼らのビジョン、価値観、ボイスが、その仕事の戦略的な基準と一致するかどうか判断できます。計画を立てたら、実行あるのみです。

Q　コヴィー博士の経験では、人を採用するときに一番効果的な質問は何だと思いますか？

A　私の経験からいえば、「物心ついたばかりのとき、何をすることが一番好きでしたか？何が一番上手にできましたか？」という質問でしょうか。そこから小学校、中学校、高校、大学時代、さらにその後経験した職場についても同じ質問をします。そうすると、その人の本当の才能や強みのパターンが見えてきます。その人のボイス（内面の声）がどこにあるのかわかってくるでしょう。また、依存、自立、相互依存のどの段階にあるのかもわかりますし、モノ、人あるいはアイデアに対する態度のパターンも見えてきます。その人に果たしてほしい役割の基準を戦略的に設定し、本人に伝えることも忘れてはなりません。

Q　共依存（受動的な態度や迎合）が報われる組織はどうなりますか？

A　共依存は一時的にしか報われません。市場はそんな甘いものではありません。受け身で共依存の人は、誠実な態度で顧客に接することができませんし、創造力を発揮し、顧客のニーズを予測して顧客のためになろうともしませんから、長い目で見れば成功できないのは明らかです。市場の透明性が高く、市場から正しいフィードバックがあるなら、共依存の個人も組織も生き残ることはできません。今のグローバル経済で求められるのは、国内市場ではなくグローバルな市場に進出している企業であればなおさら、無駄をなくし、エンパワーメントを進め、臨機応変で、創造的でイノベーティブな組織文化です。

Q　チームビルディングのプロセスについて教えてください。

A　チームビルディングは基本中の基本です。メンバーの長所が生産性を高め、短所はほかのメンバーの長所で補う相互補完チームをつくることが組織を強くします。相互補完チームを結束させる力は共通のビジョンと価値観です。しかし、強固なチームビルディングのためには、ビジョンや価値観と一致する多くのシステムや構造が必要になります。ある花に「育ちなさい」と声をかけながら別の花に水をやっていたら、最初の花は育ちません。それと同じように、口では「チームワークが大切だ」と言いながら、独裁的になんでも一人で決めていたりしたら、チームは育ちません。チームビルディングはきわめて重要で有益なものですが、組織の構造、システム、プロセスにおける原則に従って強化することが大前提です。そうでなければ、単なる掛け声と添え物に終わり、本格的に取り組むことにはならないでしょう。

Q　組織全体にさまざまなビジョンや目標がある場合、どうすれば一致結束した組織文化を築けるでしょうか？

A　痛みを与えることです。何の不満もなく幸福であれば、誰も行動を起こそうとはしないものです。市場で痛い目に遭うまで待っていてはいけません。自ら痛みを与え、力をつける方法を考えましょう。バランスト・スコアボードも一つの方法です。メンバーが痛みに対して報告責任を負い、それに基づいて報奨を与えるシステムにすれば、効果があります。

i　望む成果と成果を生み出す能力のバランスに関する詳しい説明は「付録8：フランクリン・コヴィー社のアプローチ」を参照してほしい。

第一三章　エンパワーメントのボイス——情熱と才能を解き放つ

社員の気持ちをかき立て、高いパフォーマンスを引き出す一番の方法は、あなたが彼らを心底支えていることが伝わるように、日々の行動と態度で示すことである。

ハロルド・S・グリニーン、元ITT社会長

エンパワーメントを進める役割の**第1の案**は、人をマネジメントして結果を出そうするやり方である。

第2の案は、マネジメントせず放任するやり方である。要するに、口ではエンパワーメントすると言いながら、実際にはリーダーが責任を放棄し、部下のアカウンタビリティ（結果を説明する責任）も放置するのである。

第3の案は、厳しさと思いやりを併せ持つやり方である。ビジョンと戦略に基づいた目標、結果に対するアカウンタビリティを軸にして部下とWin-Win実行協定を結び、部下の自律的な行動を育てていく。

すでに述べたように、家庭も含めてほとんどの組織は、マネジメント過剰でリーダーシップ過少の状態にある。この現実を痛感させられるのは、親子関係に摩擦が生じて子どもたちが反抗的になるときだ。家族というのは誰もが属する組織単位であるから、組織におけるエンパワーメントについて述べる前に、まずは私の友人

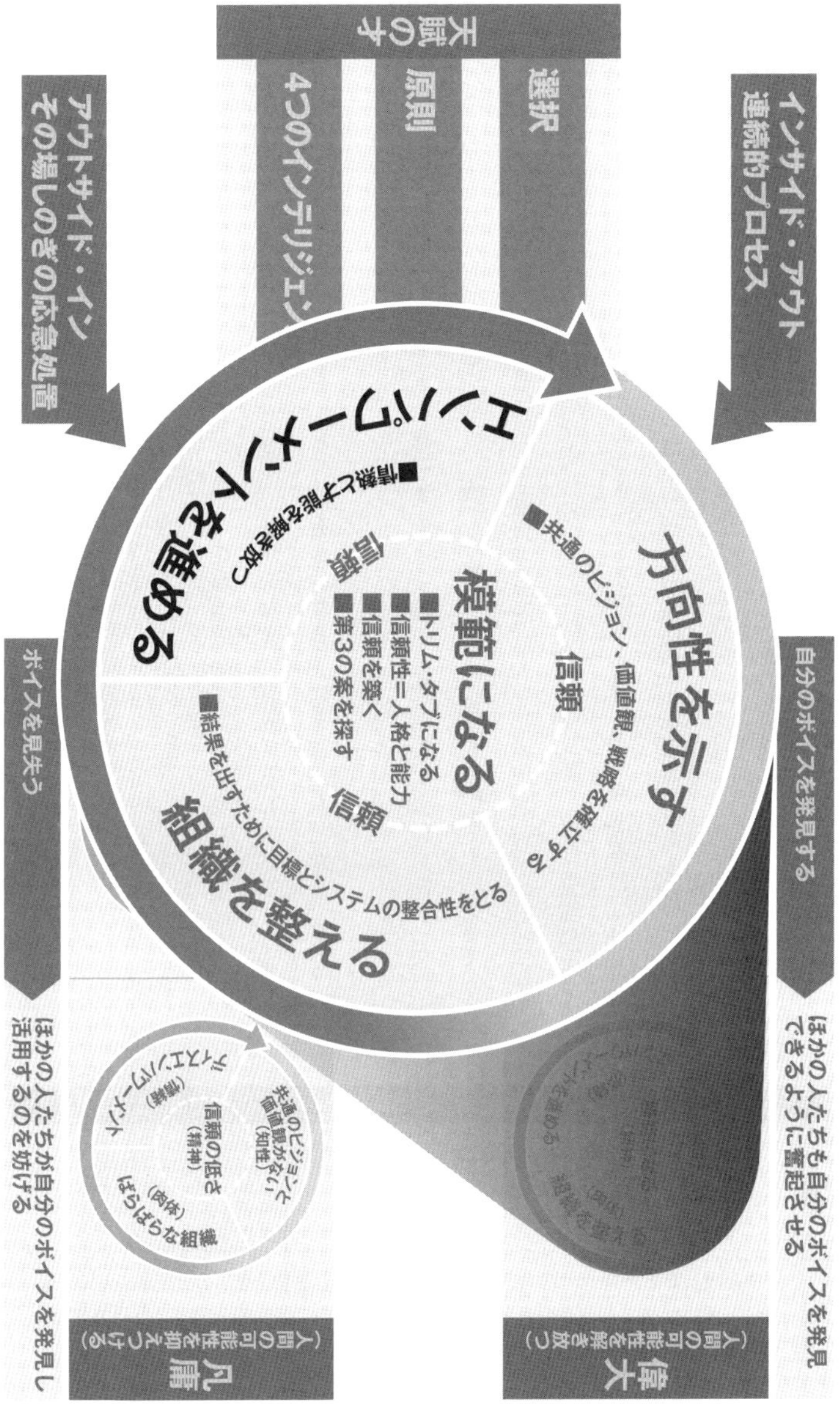

天賦の才
選択
原則
4つのインテリジェンス
インサイド・アウト
連続的プロセス
アウトサイド・イン
その場しのぎの応急処置
エンパワーメントを進める
■才能と情熱を解き放つ
方向性を示す
■共通のビジョン、価値観、戦略を確立する
信頼
模範になる
■トリム・タブになる
■信頼性＝人格と能力
■信頼を築く
■第3の案を探す
信頼
組織を整える
■結果を出すために目標とシステムの整合性をとる
自分のボイスを発見する
ボイスを見失う
ほかの人たちも自分のボイスを発見できるように奮起させる
ほかの人たちが自分のボイスを発見し活用するのを妨げる
共通のビジョンと価値観がない（知性）
信頼の低さ（精神）
ばらばらな組織（肉体）
エンパワーメント
（情緒）
偉大（人間の可能性を解き放つ）
凡庸（人間の可能性を抑えつける）

図 13·1

であり同僚でもある男性の体験談を読んでほしい。子どもたちの問題を奥さんと協力して解決したエピソードである。

ある日、妻が暗い顔をしていたので、「どうかした?」と声をかけた。「もううんざり。毎朝子どもたちが学校に行くまでの騒ぎといったら。私がいちいち言わないと、あの子たち何もしないと思う。私がいなきゃ遅刻するわよ。ぐずぐずして準備なんかしないし。だいたいね、声をかけなきゃ起きないんだから。もうどうしたらいいかわからない」

そこで私は、翌朝子どもたちの様子を観察することにした。妻は六時一五分ころになると子どもたちの部屋を回り、優しく揺すって「起きる時間よ。起きてね」と声をかける。全員が起きるまで二、三回は部屋を回っていた。次に、いつまでも寝ぼけている娘にシャワーを浴びさせる。それから一〇分間、何度も風呂場に行ってガラス戸をたたき「もう出なさい」と呼びかける。「今出るとこだってば!」と娘の言い訳めいた声。娘はようやくシャワーを止めて身体を拭いたが、部屋に戻り、タオルをかぶって床に丸まってしまった。

一〇分後、妻が「ほら、早く服を着なさい」と声をかける。

「着るものがないんだもん!」

幻想	「飴《あめ》と鞭《むち》」はモチベーションを引き出す最良の手段である。 (古いパラダイム)
現実	「飴《あめ》と鞭《むち》」でモチベーションを引き出そうとするのは動物心理学の分野だ。人には選択する能力がある。誰かの背中を買うことはできても、心と頭を買うことはできない。手を買うことはできても、精神を買うことはできないのだ。 (新しいパラダイム)

図13·2

「これを着たらいいじゃないの」

「それは嫌い。ダサい」

「じゃあどれが着たいの？」

「ジーンズ。でも汚れてる」

六時四五分に子どもたちが三人とも下に下りてくるまで、こんな感情的なやりとりが続いた。妻は、スクールバスが来る時間になるわよ、と言いながら、子どもたちにあれこれと指示して支度させていた。子どもたちがようやくハグとキスをして玄関を出ていくと、妻はぐったりしていた。私も、朝の様子をずっと観察しているだけで疲れてしまった。

「妻が惨めな気持ちになるのも無理はない。しかし、あの子たちが自分で何でもできるのだということをわかっていないのは、親が先回りして指示するからじゃないか」と私は思った。わざわざ風呂場のドアをたたきに行くのは、親が子どもの無責任さを無意識に許しているからなのだ。

そこである晩、家族会議を開き、新しいやり方を提案した。「わが家の朝はすごいことになっているよね」と切り出すと、子どもたちは、わかってる、というような顔をして笑った。「今のやり方でいいと思う人は？」と尋ねると、誰も手を挙げなかった。そこでさっそく本題に入った。「みんなに真剣に考えてもらいたいことがあるんだ。みんなには選ぶ力がある。そして責任を負うこともできるんだよ」

それから次々と質問を投げかけた。「目覚まし時計をセットして、毎朝自分で起きられる人は？」と聞くと、三人とも「いったいお父さんは何をしたいんだろう？」というような怪訝《けげん》な顔をしていた。「真面目に考えてくれないか。

お父さんが今言ったことを、できる人は？」全員が手を挙げた。「シャワーを浴びる時間がどれくらいあるか考えて、シャワーを自分で止められる人は？」これも全員が手を挙げた。「シャワーを浴びて部屋に戻ったら、着たい服を自分で選んで、自分で着られる人は？」三人とも「そんなことできるに決まってる」と思っているから、みんなの様子が盛り上がってきた。「着たい服がなかったら、前の晩に着られる服をチェックできるかな？着たい服が汚れていたら、夜のうちに洗濯機と乾燥機にかけられる？」三人とも「できる！」と答えた。「起きたらベッドを直して、言われなくとも部屋を奇麗にしておける人は？」全員が手を挙げた。「六時四五分には下に下りてきて、家族全員で朝ごはんを食べられる人は？」同じく全員の手が挙がった。

こうして一つずつ質問していった。どの質問にも、子どもたちは、できる、と答えた。「よし。それじゃあ、全部書いておこう。わが家の朝の計画を立てて、みんなで約束しよう」と私は言った。

子どもたちは自分にできることを全部書き出し、スケジュール表を作成した。三人の中で一番反抗的な娘が一番張り切っていて、分刻みのスケジュールを立てた。いくつかのことでは私と妻が手を貸すことにした。約束を守れているか、いつ、どのように報告するか、約束を守ったらどんなご褒美があるか、守らなかったらどうなるかなど、大まかなガイドラインも決めた。ご褒美は、朝、家族全員が、とりわけお母さんが今までよりもずっとハッピーになることだった。そして、母親がハッピーなら家族全員がハッピーになれることはみんなわかっていた。スケジュールどおりにできず、約束を守れなかったときは、何日かベッドに入る時間を三〇分早めることにした。これはフェアな措置に思えた。早く寝れば早起きできるのだから。子どもたちは自分が立てたスケジュール表に署名し、アイスクリームを食べてから就寝した。妻も私も「さあ、明日の朝はどうなることか」と内心思っていた。

翌朝の六時、妻と私はまだ寝ていたが、一人の子どもの部屋から目覚まし時計のアラームが聞こえてきたかと思うと、さほど間を置かずアラームを切るカチッという音がした。私たちが気づく間もなく、例の反抗的な娘が風呂場に行き、シャワーを浴び始めた。妻と私は少し驚き、顔を見合わせてほほ笑んだ。うまくいきそうだと期待はしていたけれども、一五分も早く起きるとは予想外だった。娘はいつもなら一時間半もかけてやることを二〇分足らずで終え、ピアノの練習をする余裕まであった。素晴らしい朝になった。ほかの二人の子どもたちも同じようにスケジュールを守った。

子どもたちが出かけてから、妻が言った。「なんだか天国にいるみたい。でも問題はこれからよね。今朝はみんな張り切っていたけれど、続くかしら?」

それからもう一年以上になる。最初の朝のときのような高揚感が毎日続いたわけではないが、約束を守れず就寝時間を早めたのは数日あった程度で、子どもたちは毎朝自分で起きて、自分で全部やっている。数ヵ月おきに話し合いを持ち、自分の行動を振り返る時間を設けたこともよかったと思う。そのたびに、一人ひとりが決意を新たにできたようだった。

子どもたちの内面に「やればできる。自分には実行力がある。責任を果たせる」という意識が育っていくのが手にとるようにわかり、うれしかった。妻も私も子どもたちにはなるべく口出ししないようにしている。私たちは貴重な教訓を得た。それがわが家の朝を一変させたのだ。

この両親は最初、子どもたちが変わるべきだというマインドセットで動いていた。しかし徐々に、まずは親が変わらなければならないと考えるようになった。子どもは指示しなければ何もしないものだと思い込んでいたから、子どものやることをチェックし、監視の目を光らせていたのであり。ひょっとしたらあなたも、そのような上司の下で働いているかもしれない。これは典型的なマネジメント型のマインドセットである。

しかしこの両親は、子どもたちの価値や可能性のことを考えるようになった。二人とも子どもたちには計り知れない価値があることをわかっていたし、子どもたちを無条件に愛していた。それでも、反抗的な態度のレンズを通してしか子どもたちを見ていなかった。世の親にありがちな罠《わな》にはまっていたのである。子どもたちの可能性を本人にはっきりと伝えることもしていなかった。そこで二人は、簡単な質問をして、子どもたちの可能性を本人に気づかせた。朝起きて着替え、学校に行く準備をする、というような基本的なことを言われなくともできると思うか、やるつもりはあるか、と尋ねたのである。子どもたちは親の意図を理解できたから、コミュニケーションが成り立った。そして約束をして、守った。可能性が解き放たれ、責任を引き受けた。成長し、両親との信頼関係が深まった。家族一人ひとりの内面が落ち着き、家庭の中も平和になった。まさにエンパワーメントを象徴する例である。

この例は家庭内の些細《ささい》な問題ではあるけれども、ほとんどの人が共感できるだろう。人間に可能性があることはわかってはいても、個人の価値を認めようとしないのは、家庭だけでなく組織の中でもよくあることだ。だから、じっくり構えて辛抱強く対応することができない。相手を信用せず、自己犠牲を払えない。そうするだけの価値がないと思い込んでいるからだ。人を費用対効果分析の視点から見ているから、そんなことをするのは余計なコストだと無意識のうちに結論づけているのだろう。そもそも自分の価値を自覚していない人は、他者の価値を本人に伝えることはできないのである。

原則に従い、信頼される行動の**模範になる**ことによって、とりたてて求めなくとも人の信頼を得ることができる。**方向性を示す**ことによって、強制しなくとも秩序ができる。**組織を整える**ことによって、宣言しなくともビジョンとエンパワーメントが培われる。**エンパワーメント**は、最初の三つの役割が結実したものである。個人と組織の信頼性から得られる当然の結果であり、これによって人は自分の可能性に気づき、解き放つことができるのである。言い換えれば、エンパワーメントを進めるというのは、一人ひとりの自制する力、セルフ・マネジメント、自己形成を尊重することだ。組織全体だけでなく、チーム、プロジェクト、タスク、各人の業務のレベルで、従業員と組織の基本的なニーズが重なるようにミッションの共有化がなされれば、一人ひとりの情熱、活力、気力が引き出される。つまり、ボイス（内面の声）が生かされるのだ。

自分がやりたいと思っていることが、自分の内面の奥深くにあるニーズを満たす有意義な目的に結びつくとき、人は情熱をかき立てられる。自分の内面で赤々と燃える炎、意欲、勇気を感じるのだ。意欲（enthusiasm）という言葉は、「God in you（自分の中に神がいる）」に由来している。エンパワーメントも意味は同じで、違いは組織の文脈で語られることだけである。自分の内面の奥深くにあるニーズと組織にとって不可欠なニーズが一致するように、やりがいのある仕事をすることがエンパワーメントである。こうして従業員一人ひとりのボイスが融合し、組織が成り立つ。

マーカス・バッキンガムとドナルド・O・クリフトンは著書『さあ、才能《じぶん》に目覚めよう――あなたの5つの強みを見出し、活かす』の中で、ギャラップ社の重要な調査結果を紹介している。「従業員の性格や能力は一人ひとり異なるという事実を踏まえて、そのちがいを活かすこと、ただそれだけである[1]」と著者らは説き、さらに三六社の七九三九の事業単位で働く一九万八〇〇〇人に対する次の質問の結果も紹介している。

「もっとも得意な仕事をする機会に毎日恵まれているか」という質問をして、メタ分析を行い、回答と実際の業務を比較した結果、以下のことがわかった。「恵まれている」と答えた従業員の割合は、従業員の移動率が低い組織のほうが五〇%、生産性の高い組織のほうが三八%、顧客満足度の高い組織のほうが四四%、それぞれほかの組織より多かった。さらに、過去の数値と比較すると、「恵まれている」と答える従業員が増加した組織では、生産性、顧客ロイヤルティ、従業員の定着率すべてに同様の伸びが見られた。[2]

あなた自身のことを考えてみてほしい。どのような仕事が好きだろうか？　どのような上司の下で働いているだろうか？　あなたの内面の奥深くにある情熱をかき立てるものは何だろう？　あなたが今、情熱をかき立てられる仕事をしていて、個人的にも組織の制度的にもあなたをサポートしてくれるサーバントリーダーが上司だったらどうだろう？　組織の構造とシステムがあなたの可能性を気づかせ、解き放ち、有効に活用できるようにできているとしたらどうだろうか？　あなたの働きがいつも適正に認められ、報われ、そして何より重要なこととして、身を投じる価値があると心から思える目的のために貢献しているという満足感を得られるとしたら？

知識労働者へのエンパワーメント

私たちは知識労働者の時代に生きている。知識労働者の時代においてもっとも重要なのは知的資本である。これまでは生産コストの八〇％は原材料に使われ、残りの二〇％が知識に使われていた。現在は知識が七〇％、原材料が三〇％である[3]。スチュアート・クレイナーは著書『マネジメントの世紀 1901 - 2000』の中で、次のように書いている。「情報化時代は知的労働がもっとも重視される。有能な人材を採用し、維持し、育てることが企業の競争力に不可欠であるとの認識が広がっている[4]」

また、ピーター・ドラッカーは著書『未来企業─生き残る組織の条件』の中で、「これからは知識が鍵を握る。世界は労働集約型ではなく、材料集約型でもエネルギー集約型でもなく、知識集約型になる[5]」と書いている。

リーダーシップは昨今もっともホットな話題である。新しい経済は知識労働をベースとしている。そして知識労働という言葉は人間に置き換えることができる。今の製品やサービスに付加される価値の八〇％は知識労働によるものであることを思い出してほしい。これは知識労働者経済であって、富の創出の源泉は金とモノから人に移ったのである。

今の時代、最大の投資対象は知識労働者である。給与、諸手当、ストックオプションなど、あなたの組織でどれだけの金額が知識労働者に投じられているだろうか？　採用や訓練にも資金が投じられており、これらを合計したら、実に一人あたり年間数一〇万ドルにもなる。

質の高い知識労働はきわめて貴重であるから、その可能性を解き放てば、組織は価値創出の機会を無限に手にすることになる。組織がすでにやっているほかのあらゆる投資が、知識労働によって何倍にもなるのだ。そもそも、知識労働者は組織のあらゆる投資を結びつける働きをする。組織の目標を達成するために、それらの投資をどのように生かすかを考えるとき、焦点を絞り込んで創造力を発揮するのが知識労働者なのである。あらゆる投資を最適に活用するうえでは、知的資本や社会的資本こそが重要な鍵を握っているのである。

ここで絶対的に不可欠なのが、模範になること、方向性を示すこと、組織を整えることの果実として、人へのエンパワーメント（ボイスを適切に生かす）をとらえる考え方である。この考え方がなければ、エンパワーメントが大事だと口では言っても、実現はしない。最初の三つの役割がきちんとできていなければ、共通のビジョンも規律もなく、したがって情熱もかき立てられないのだから、エンパワーメントしても無駄に終わるのだ。

エンパワーメントは昨日今日できた考え方ではない。それどころか一九九〇年代は、マネジメントの分野では盛んにもてはやされ、流行語にもなっていた。しかしはっきりいえば、エンパワーメントの流行は、経営陣にも一般従業員の間にも冷笑的な態度と怒りを生んだだけだった。なぜならば、繰り返しになるけれども、人にエンパワーメントするのは、ほかのリーダーシップの役割（模範になる、方向性を示す、組織を整える）が生む果実であり、根っこではないからである。

フランクリン・コヴィー社は、エンパワーメントについてクライアント企業で三五〇〇人のマネージャーと専門職を調査した。「エンパワーメントを妨げているのは何か？」という問いへの回答を図13・3にまとめてある。個人の信頼性と組織の信頼性の両方が重要であることがわかるだろう（信頼性＝人格＋能力）。

ここまで全人格／リーダーシップの四つの役割というパラダイムについて理解を深めてきた。最初の三つの役割（模範になる、方向性を示す、組織を整える）で土台を固めておかなければ、四つ目のエンパワーメントを進める役割を果たしても従業員の不満が募るだけであることがわかるだろう。

マネージャーのジレンマ――コントロールを放棄するのか？

数年前、某企業の最高経営責任者にインタビューした。その企業は栄誉あるマルコム・ボルドリッジ賞を受賞したばかりだったので、「御社はマルコム・ボルドリッジ賞を受賞するほどの品質を達成したわけですが、ここに至るまでで最大の試練は何でしたか？」と尋ねた。彼は笑顔を見せ、「コントロールを放棄することですね」と答えた。

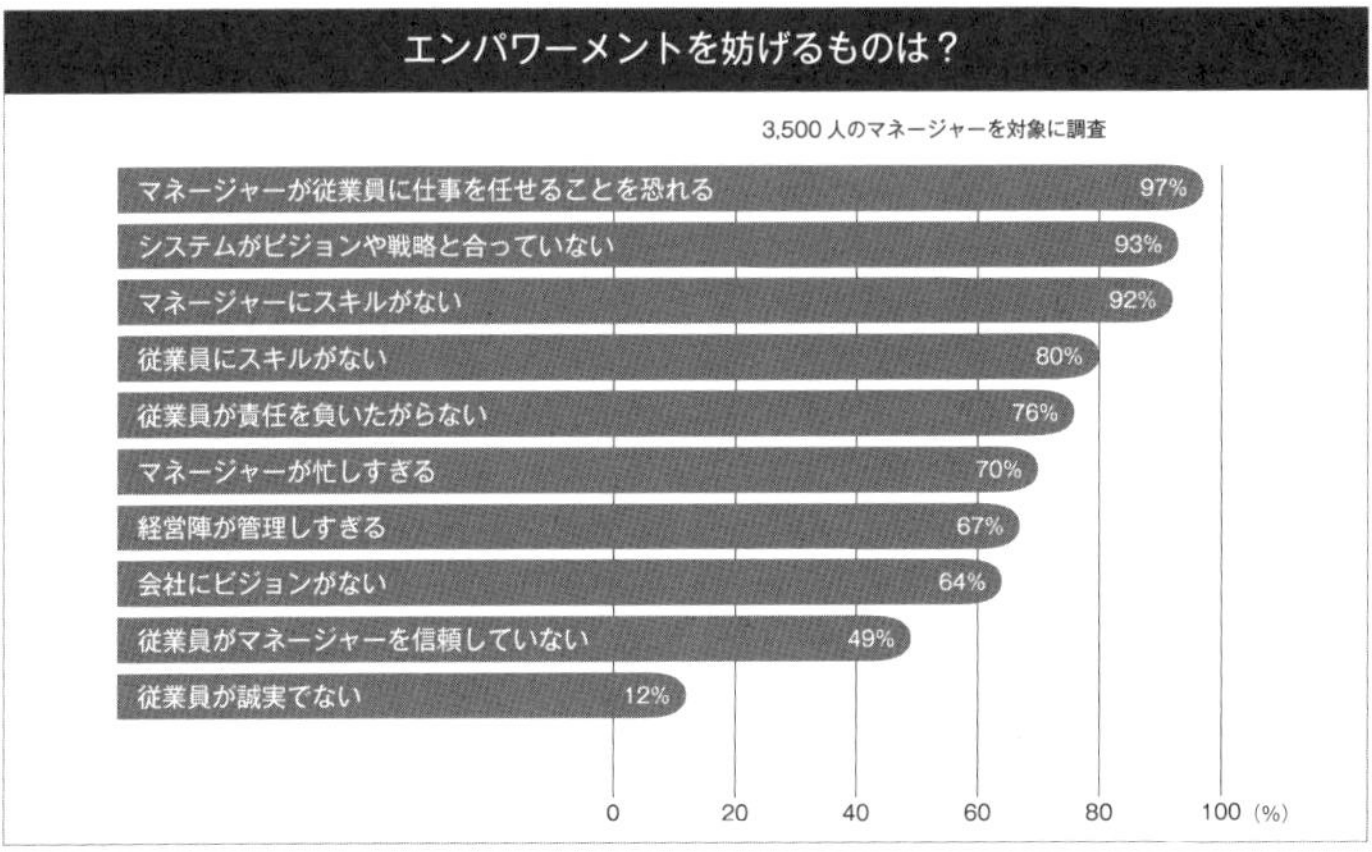

図13·3

模範になる、方向性を示す、組織を整えるという三つの役割でしっかりと固めた土台に根づいていなければ、エンパワーメントを進めても社員からは冷ややかに見られるだけである。エンパワーメントは必要だと知っていても、コントロールを失う不安に駆られるマネージャーのジレンマは、リーダーシップの四つの役割で解消する。エンパワーメントを進める条件をきちんと整えれば、コントロールを失うことはない。セルフ・コントロールに変わるだけなのである。

エンパワーメントは放任することだと誤解していたら、セルフ・コントロールは生まれない。目的が共有されていて、お互いに合意したガイドラインがあり、仕事のプロセスを組織の構造とシステムが支え、そして個々人が全人格とみなされて仕事を任されたときはじめて、セルフ・コントロールできるようになるのである。より自由な裁量権を与えて仕事を任せるのに必要な能力に欠ける人には、トレーニングやコーチングを行う。一貫して十分な結果を出せるようになれば、裁量権を広げていく仕組みにする。こうして人は結果に責任を持つようになり、ガイドラインの範囲内で独自の才能を自由に発揮できるようになる。

私はこれを**指導的自律**と呼んでいる。これによってマネージャーの役割は管理者から協力者になる。部下とミッションを共有し、障害を取り除き、必要に応じてサポートすることがマネージャーの仕事になるのだから、一大変革といえるだろう。

ビジョン、自制、情熱、良心に満ちあふれたトリム・タブのリーダーについて述べたところで、「セルフ・エンパワーメント」という言葉があったのを覚えているだろうか？　セルフ・エンパワーメントとは自分で自分にエンパワーメントすることだ。ここではより広い視野に立ち、組織におけるエンパワーメントの正式な考え方を確立し、制度として定着させる方法を見ていこう。個々人がセルフ・エンパワーメントし、なおかつ人にエンパワーメントする組織が理想である。そうであれば、個人の力をそぐようなディスエンパワーメントに抵抗する必要がなくなるのだ。

エンパワーメントのツール：Win-Win実行協定のプロセス

Win-Winのプロセスを二人のボランティアの視点から考えてみよう。一方は組織の代表者、もう一方は個人、チームまたはステークホルダーである。この二人でミッションの共有化を行う。マックス・デプリーの名著『リーダーシップの真髄――リーダーにとってもっとも大切なこと』の中に、協力し合うボランティア精神について書いた一節がある。

> 最高の社員は、ボランティアとして働く人々です。彼らは、よそでいくらでも良い仕事を見つけることができますから、給料や肩書きのような実利的なことだけで、今の職場を選んでいるわけではありません。ボランティアには契約は無用です。彼らに必要なのは誓約、誓いです。（中略）誓いに基づく関係は、無気力ではなく自由を招きます。考え方、課題、価値観、目標を共有し、経営の進め方をみんなが納得して、一緒に頑張ろうとするのが誓いに基づく関係です。愛情、温かみ、相性などの言葉を使ってもいいでしょう。誓いに基づく関係があれば、心の奥底にあるニーズを満たし、仕事を意義のある充足感のあるものにしてくれるでしょう。[6]

Win-Win実行協定は正式な職務記述書でもなければ、法的な契約書でもない。お互いの期待を明確にした、制約のない心理的／社会的契約である。まずは人の頭と心に書き込まれ、それからインクではなく鉛筆で紙に書かれる。お互いにそのほうがよいと合意したら、いつでも消しゴムで消して書き直せるようにするためである。実行協定を結んでも、状況の変化に応じて交渉し直すことができるのだ。「Win-Win実行協定」という言葉を使うかどうかは別として、これはお互いの最優先事項を理解し、実行する決意を共有するためのツールになる。

主に仕事を進めるプロセスや手段に重点を置く職務記述書よりも、Win-Win実行協定のほうが柔軟性や順応性、創造性のレベルがはるかに高い。Win-Win実行協定では、チームのメンバーと正式なリーダーが置かれている状況、それぞれの成熟度、人格、能力を重視し、組織の構造、システム、プロセスの整合性などの組織内の環境も考慮する。

Win-Win実行協定ができた時点で、「私の／私たちの最優先事項は何か？」という問いへの答えははっきりしているはずだ。責任が明確になり、お互いに相手に期待することも具体的になる。それらの期待事項に対するアカウンタビリティはバランスト・スコアボードに示される。ガイドラインの範囲内であれば、目標達成に必要なことは何でも自分の判断でできる。要するに自分で自分をマネジメントするのであって、これがエンパワーメントされている状態なのだ。第一四章「第8の習慣とスイートスポット」では、チームの力を最大限に引き出すアカウンタビリティを育てる方法を詳しく取り上げる。

Win-Winのエンパワーメント：産業時代から知識労働者時代への転換

全人格型アプローチについて学んだことを全部忘れてしまったら、どうなるだろうか？　個人や組織が自分のボイスを発見し、ほかの人たちも自分のボイスを発見できるように奮起させようとするとき、個々人の内面で、そして組織の中で赤々と燃えている炎（ボイス）を見失い、産業時代の眼鏡をかけたまま古い伝統に縛られて仕事をしていたら、どうなるだろうか？　マネジメント型マネージャーの古典的なスタイルであっても、Win-Win実行協定のプロセスを取り入れることはできる。しかしそのような環境では、どれほど努力したところで、エンパワーメントの果実は得られずに終わるのである。

エンパワーメントが成功するためには、Win-Win実行協定によって、チームのメンバーと協力することがマネージャーに求められる。組織におけるWin-Winとは、組織の四つのニーズ（財務的健全性、成長と発展、主要なステークホルダーとの相乗効果的な関係、存在意義／貢献）が個人のニーズ（肉体：経済、知性：成長と発展、情緒／社会：人間関係、精神：存在意義と貢献）と明確に重なることである。

誰かが実行協定に反する行動をとり、その行動を正そうとする周囲の真摯《しんし》な働きかけにもかかわらず是正されない場合、その人についてはNo Deal（取引しない）を選択することができる。一切の取引をせず、合意も結ばないということだ。実行協定を結ばないことを後腐れのないように合意するわけである。それで雇用関係を打ち切ることもあるだろうし、配置転換することもできる。

No Dealについては、海軍将校に教えてもらったところによると、軍隊には「断固たる拒絶」という興味深い原則があるそうだ。どこかが間違っていて、組織のミッションと価値観に重大な結果をもたらすとわかっているときは、地位や階級にかかわらず拒否すべきだという考え方である。間違っていると確信できる決定が下されようとしているときには、その流れに抵抗し、はっきりと自分の意見を表明しなければならないのだ。これは良心に従って生きることに他ならない。同僚のプレッシャーに屈するのではなく、内面の声、内面の光の導きに従って行動することなのである。

高い地位にある者が断固たる拒否の原則を支持し、組織の全員にその姿勢を示すことも重要だ。これによって拒否する権利が正当なものとなり、間違っていることは間違っている、愚かなことは愚かだと臆せず言える組織文化ができる。

エンパワーメントとパフォーマンス評価

そもそも、個人の成長や実績は誰が評価すべきなのだろうか？　それは本人しかいない。これまでの一般的なパフォーマンス評価が、飴《あめ》と鞭《むち》のマネジメント手法の一つであることは間違いない。上司が部下と面談するときは、サンドイッチ・テクニックという手法を用いる。まず二言三言褒めたら、改善すべき点と称して厳しい指摘をし、背中をポンポンとたたいて励ますわけである。しかし強い信頼関係があり、効果的なシステムが整えられ、全員が同じ目的を共有している組織であれば、各人が適正に自己評価できる。三六〇度フィードドバックのデータがきちんと得られるのであれば、自己評価の有効性はさらに高くなる。このことを明確に示す証拠として、三六〇度フィードバックを経験した五〇万人以上を調査した結果を図13・4「7つの習慣三六〇度プロフィール」にまとめてある。

ほとんどの場合、自己評価は他人からの評価よりも厳しい結果になる。図13・4を見てわかるように、一番わかっていないのは「上司」であり、ほかの立場の人たちの評価とかけ離れている。共依存関係にある組織では、人は相手が聞きたいことしか言わず、結果として実態が見えなくなり、孤立してしまうのである。「自分」の次によくわかっているのは「部下」、その次が「同僚」である。第六章の冒頭あたりで引用した「タラントのたとえ」（マタイによる福音書二五章一四）でも、使用人は自己評価し、主人のほうはそれに従って使用人がマネジメントする財産を増やしたり減らしたりする。

最優先の目標を達成するためには選択する能力を尊重しなければならないと言い、エンパワーメントをしたとしても、あるとき上司がいきなり出てきて判事さながらに評価を下したら、的外れ

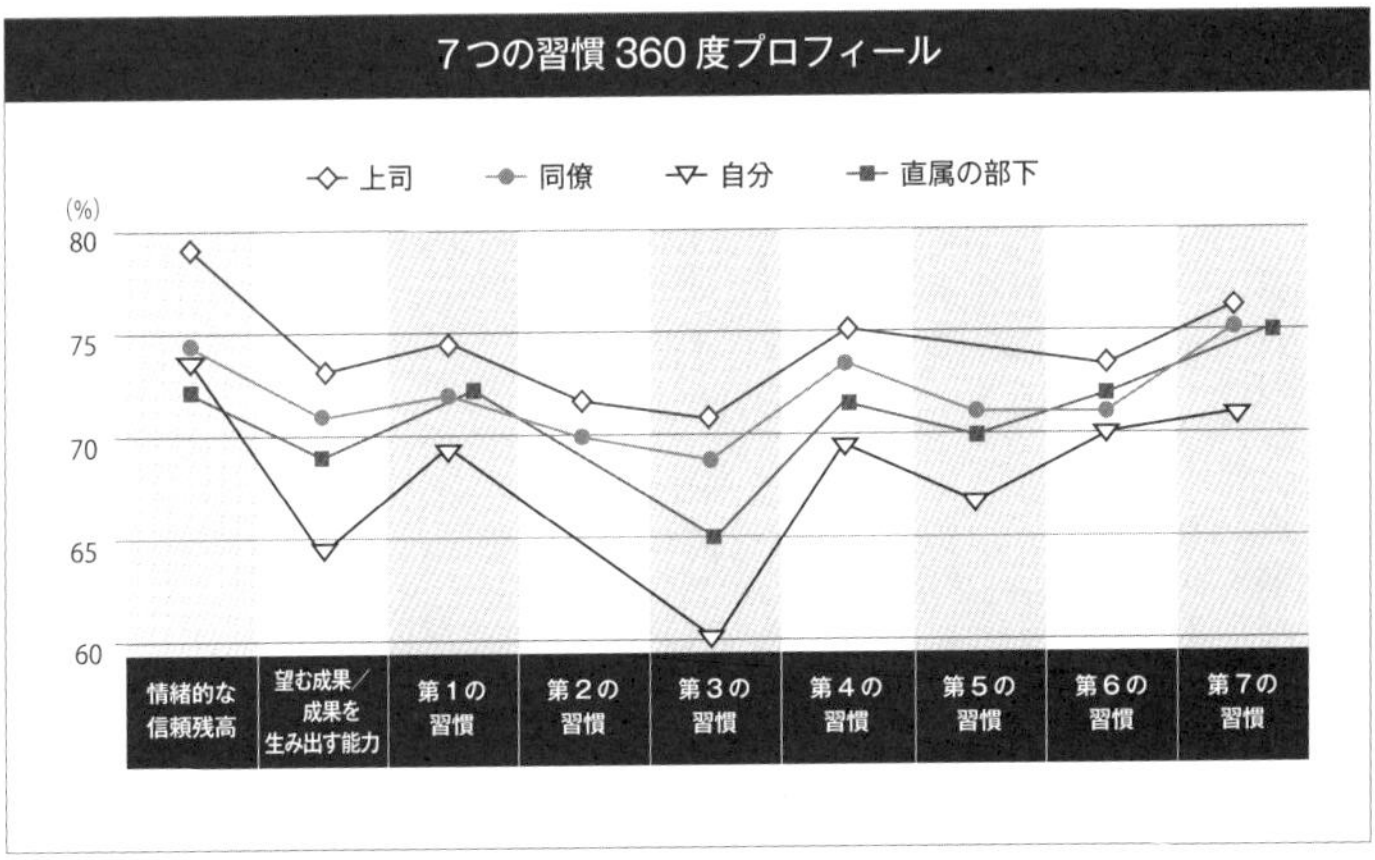

図13·4

もいいところだ。

いわゆる「ビッグボス」は謙虚なサーバントリーダーとなり、図13・5にあるような質問をして、部下に「伴走」すべきなのである。

まず、**「進み具合はどうか？」**と聞く。仕事の進捗《しんちょく》具合は、上司よりも誰よりも本人が一番よくわかっている。フィードバックのシステムが確立されていて、上司だけでなく、その仕事の影響を受けるすべてのステークホルダーからフィードバックをもらえるのであれば、本人は正しく把握できているはずである。だからこの質問には、行動を促すバランスト・スコアボードや三六〇度フィードバックなどでステークホルダーから得た情報に基づいて答えることができる。

二番目の質問は、**「何を学んでいるか？」**である。鋭い洞察が返ってくることもあれば、わかっていない部分がはっきりする場合もあるだろう。いずれにしてもここで重要なのは、本人が責任を負っているということを改めて自覚させることにある。

三番目の質問は**「目標は何か？」**または「何を達成しようとしているのか？」である。この質問はビジョンを現実に結びつけ、四番目の質問**「私で力になれることはあるか？」**に自然とつながる。そしてそこから、「私は君の協力者であり、君の力になれる。私は君のサーバント（奉仕者）だ」というメッセージが相手にはっきりと伝わるのである。必要があれば自分の経験や認識を部下のために生かすのがサーバントリーダーなのだ。この対話で重要なのは、トーキング・スティックを使うコミュニケーション、裏表のない真摯《しんし》なコミュニケーションである。駆け引きも政治的な言動も禁物だし、自己弁護で保身に走るコミュニケーションもいけない。相手をおだてたり、相手が聞きたいことだけを言ったりするのもだめだ。**「私は協力者としてどうか？」**とストレートに聞くことで、お互いのアカウンタビリティを尊重する姿勢が伝わる。

現実を直視するのが苦しいこともある。他人から言われるとなればなおさらだろう。しかし、厳しいことを指摘する人をあたかも無責任であるかのように扱ったら、その人を侮辱することであり、選択する能力を持った個人として認めないことになる。また、「良い人」と思われたいために、相手に苦言を呈するのを控えていたら、共依存の罠《わな》に陥り、暗黙の共犯関係ができる。最後には率先力が落ちるところまで落ちて、「言われるまで待つ」だけになる。

サーバントリーダーシップの精神がチームに根づき、上司と部下の間で共有されれば、第九章で取り上げた第三の**信頼**のかたちが大きく花開く。繰り返すが、第三の信頼のかたちとは個人やチームがお互いに意識的に**与え合う**ものである。つまり、あなたは私を信頼し、私はチームに貢献できる人間であると信頼されていることを実感し、あなたの信頼に応える。信頼とは動詞であり

サーバントリーダー
（相互のアカウンタビリティ） ① 進み具合はどうか？　（スコアボード、データ） ② 何を学んでいるか？ ③ 目標は何か？ ④ 私で力になれることはあるか？ ⑤ 私は協力者としてどうか？

図13·5

名詞でもある。つまり人と人の間で共有するもの（名詞）であり、やりとりされる行為（動詞）なのである。誰でも自分の上司に対してリーダーシップを発揮できるのは、この信頼のかたちがあるからなのである。相手を信頼すれば、自分も信頼に値する人間として認められる。信頼される側に潜在的な信頼性があり、信頼する側に明確な信頼性があってはじめて、信頼が動詞となり、お互いを信頼することができる。リーダーシップの四番目の役割「エンパワーメントを進める」の本質は、信頼を動詞にすることなのである。

肉体労働者を知識労働者に変える——用務員のケース

個人が全人格として扱われ、職務を全面的に任されるとどうなるか、次に紹介する実話を読んでほしい。立派な仕事ではあるけれども、技術を必要としない単純労働で低賃金の仕事とみなされている用務員の例である。ごみ箱のごみを集めたり、床を掃除したり、壁や什器《じゅうき》を拭いたりすることも、個人が全人格を投じて行う仕事であることがわかれば、どんな仕事においても一人ひとりを全人格として扱うことの大切さが理解できるだろう。

ある工場のマネージャー教育を担当するインストラクターが、昇進したばかりの主任たちを対象に研修を実施した。部下の自発的なやる気を引き出すにはどうするか、というテーマだった。用務員を監督する立場にあるメンテナンス主任の一人が、その考え方に強く反対した。用務員（少なくとも彼が監督していた用務員たち）の仕事を考えれば、あまりに非現実的な考え方で、理想を追い求めすぎているのではないかというのだ。用務員は教育程度が低く、勤めても長く続かず、良い仕事に就けないから用務員をやっている連中ばかりだと、その主任は主張した。研修を受けていたほかの主任たちも、用務員に問題があるのはそのとおりだと同意し、用務員たちは時間どおりに勤務すればよいとしか考えていないし、アルコール中毒者までいると口々に話した。

メンテナンス主任は、モチベーションやエンパワーメントの考え方は用務員には役に立たないと固く信じていた。そこでインストラクターは、計画していた講義をやめて、用務員の問題を取り上げることにした。

インストラクターはまず、黒板に三つの言葉（計画、実行、評価）を書いた。これらは職務を完全に遂行するための三大要素である。彼は次に、これら三つの言葉に関係するメンテナンスの仕事を挙げるよう主任たちに指示した。一つ目の「計画」の部分については、メンテナンスのスケジュールを立てる、ワックスや研磨剤を購入する、工場のどの区画をどの用務員が担当するか決める、というような作業がリストアップされた。このとき例のメンテナンス主任は、新しい床洗浄機を近々購入する予定だと言った。実は計画作業は全部、このメンテナンス主任が自分でやっていたのだった。

「実行」のところでは、掃き掃除、洗浄、ワックスがけ、ごみ捨てなど、用務員が普段している作業が挙げられた。三つ目の「評価」では、メンテナンス主任が毎日行う工場の清潔さのチェック、さまざまな種類の洗剤、ワックス、研磨剤の効能評価、試用品の評価、改善すべき点の特定、清掃スケジュールが順守されていることの確認などが挙げられた。さらにメンテナンス主任は、新規購入する洗浄機を検討するために販売店と連絡を取り合っていた。

三つの項目それぞれの作業がリストアップされたところで、インストラクターは参加者たちに問いかけた。

「これらの仕事のうち、用務員が自分でできるのはどれでしょうか？　メンテナンス主任、購入するせっけんを決めるのはあなたではなく用務員でもよいのでは？　新しい洗浄機を購入するなら、メーカーのセールス・パーソンを呼んで用務員の前で実演させ、一番良いものを用務員に決めさせることもできますよね？　特に担当したい作業を用務員一人ひとりに聞いてみればいいのでは？」（実際の研修ではこのように矢継ぎ早に問い詰めたわけではない。計画と評価の部分で用務員に任せられる作業を全員でディスカッションした）

それから五ヵ月にわたり、このインストラクターが実施した研修では毎回、短時間ではあるが用務員のケースを取り上げ、ディスカッションした。例のメンテナンス主任は、業務の計画・実行・評価で用務員の責任範囲を徐々に広げていき、用務員たちもそれに応えて、心身ともに仕事に打ち込むようになった。新しい洗浄機を試用し、どの機種が一番良いか最終的な提案をした。ワックスもいろいろ試し、通常の使用条件で一番長持ちするものを判断した。各区画にかける手間を考えながら、清掃スケジュールも検討した。たとえば、毎日モップで水拭きしていた区画は、目視検査し、必要ならモップがけすればよいことにした。工場の清潔度を評価する基準も定め、基準を満たせない用務員には同僚たちが注意するようになった。

計画・実行・評価の作業に自分たちで主体的に取り組んだことで、人間の四つの側面（肉体、情緒、知性、精神）が全部生かされ、彼らの最良の考えが引き出された。その結果、大方の予想に反してメンテナンスの質が向上した。離職率も下がり、規律の乱れも激減した。率先力や勤勉さ、品質に関する社会的規範ができ、仕事に対する満足度が格段に向上した。一言で言えば、やる気満々の用務員チームに変身したのである。それもこれも、主任が彼らを全人格とみなし、エンパワーメントして仕事を任せたからである。用務員たちは「指導的自律」を得たのだ。彼らには監督もマネジメントも不要になった。自分たちも一緒になって定めた基準に従い、自分で自分をマネジメントできるようになったからである。

しかしそれよりも重要なのは、メンテナンス主任の取り組みが成果を上げているのを見て、ほかの主任たちも自分の担当業務に同じ原則をどう使えるか考え始めたことである。

奉仕と存在意義

「計画・実行・評価」という考え方をリーダーシップの全人格モデルに当てはめると、図13・6のようになる。

人間には存在意義と貢献を追求する精神的側面のニーズもあるから、図の中心に「奉仕」を加えてある。このケースでは、用務員も自分の仕事に大きな意義を見いだし始めた。職業人としてのプライドを持つようになり、工場全体の清掃の質を高めていった。彼らは自分のボイス（内面の声）を発見したのである。この図でも外側の矢印の向きが開いていることから、これが一回限りのプロセスではなくサイクルであることがわかるだろう。評価が

完全な職務における全人格―用務員のケース

図13·6

終わったら、次の新しい計画を立てる。改善のサイクルが繰り返されるのである。

あなたは今「従業員にそこまでエンパワーメントしたら、監督者はいらないのではないか？」と思っているかもしれない。答えは簡単だ。監督者はエンパワーメントの条件を整えるために存在する。エンパワーメントしたら、あとは従業員の邪魔にならないように道を譲り、道に障害物があったら取り除き、求められたら力を貸す。これがサーバントリーダーだ。突き詰めれば、リーダーの仕事は自分のエゴを満足させることではなく、仕事を成し遂げることなのである。


職場で自分の貢献が認められ、評価されていると思う人は、xQサーベイの回答者の四五％にとどまっている。

再び「選択」について

職場での個人の行動は、人間の四つの側面がどれだけ尊重され必要とされているかによって決まるものであることを、用務員のケースは改めて思い出させてくれる。図13・7の左側を見るとわかるように、人は、怒りから恐怖心、報酬、義務、愛、意義まで、モチベーションの強さに応じた行動を選択する。

義務、愛、意義は、モチベーションのもっとも強い源泉であり、これらにかき立てられた行動であれば、長く残る最大限の成果を出せる。リーダーシップとは、人間の崇高な衝動を生かすことである。人をモノのように扱ったら、本能のレベルでしか動かなくなる。これは血を抜いて病気を治そうとするような、時代遅れもはなはだしいマネジメント手法なのである。

用務員のケースは、きわめて重要な点も鮮明に描き出している。人が知識労働者になるかどうかを決めるのは、仕事の内容や経済情勢ではなく、**リーダーシップに対するマネージャーの考え方と態度**なのである。リーダーが部下を知識労働者と認めなければ、部下はいつまでたっても肉体労働者のままなのだ。しかし用務員をその仕事のエキスパートとみなせば、用務員は肉体労働者から知識労働者になるのである。

映像作品『リーダーシップとは』[i]

この映像作品は、本書の冒頭で紹介した『レガシー』とよく似ている。本書で述べているリーダーシップの基本的な原則を、こ

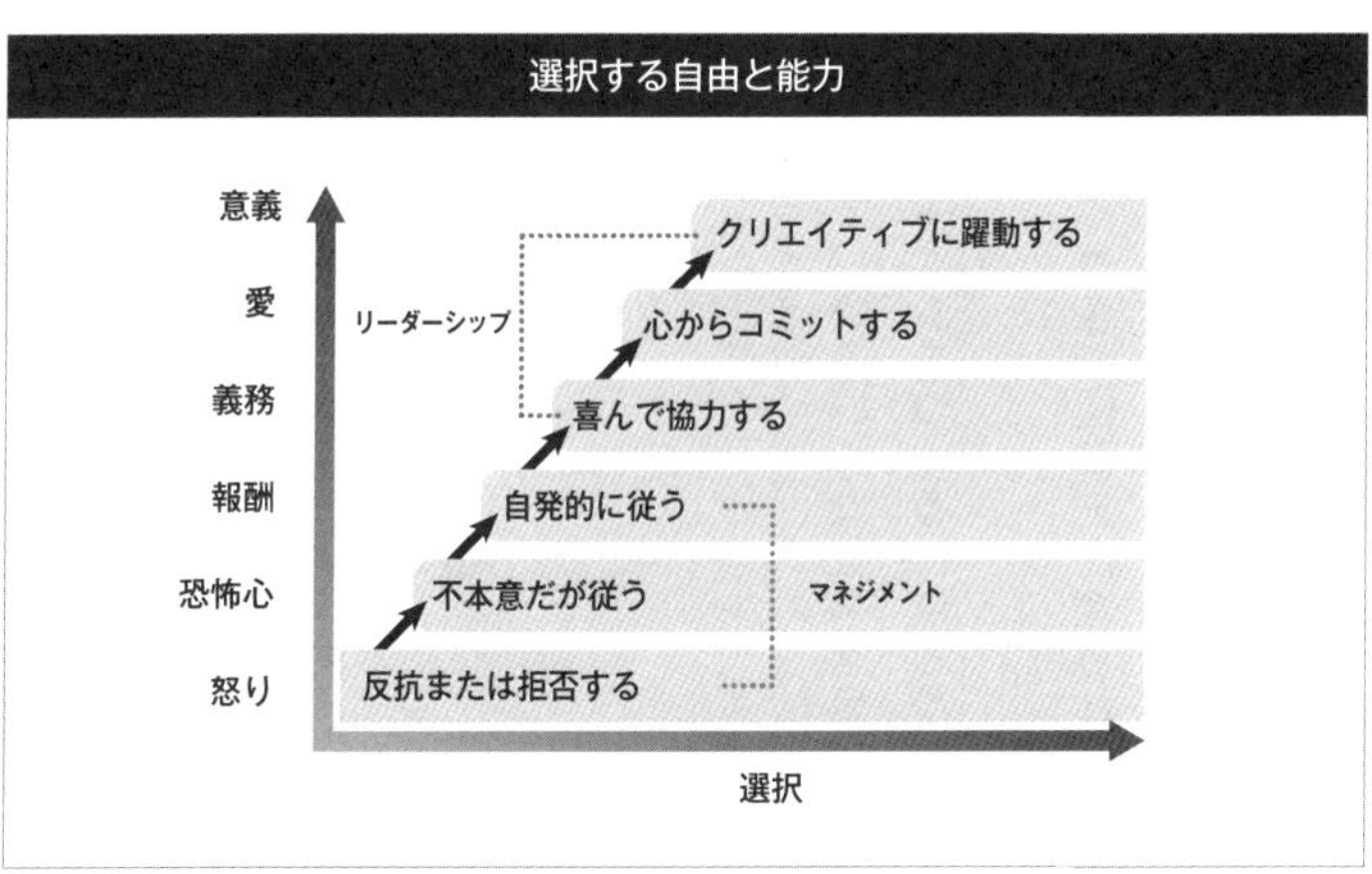

図13·7

こでもう一度よく考え、しっかりと身につけて行動できるようになってほしい。自然は多くのことを教えてくれる。この映像作品も『第8の習慣』のWebサイトに収録されている。あなたも私と同じように、きっとインスパイアされると思う。

次の章からは、リーダーシップの四つの役割をフォーカスと実行のフレームワークという視点から見ていこう。

Webサイトへのアクセス

URLを直接入力
https://fce-publishing.co.jp/8h/

QRコード読み取り

Q&A

Q　相互補完チームについてですが、私はスタッフも部下も持たない立場なので、いろいろな仕事を自分でこなさなくてはなりません。そういう場合、自分の短所を補ってくれる相互補完チームをつくるにはどうしたらいいのでしょうか？

A　あなたの長所をさらに伸ばし、あなたの短所を補ってくれるような長所を持つ人に仕事を任せられる環境にないのなら、自分の短所について必要最低限の能力を身につけるか、短所を補ってくれるアドバイザーやサプライヤーに仕事を頼む必要があるでしょう。

Q　私の職場は規制の縛りが厳しく、新しい指令や政策、規則が次々と適用されます。このような環境で社員にエンパワーメントすることはできるものでしょうか？

A　私なら「何か提案はありますか？　意見はありませんか？」と社員にストレートに問いかけます。人は驚くほど創造的で柔軟な思考ができるものなのです。どれほど強い制限がかかっている環境でも、有意義な仕事であれば、誰でも必ず、自分の判断力を使える創造的な機会をつかむことができます。Ｗｉｎ‐Ｗｉｎ実行協定を結ぶときは、さまざまな規制はガイドラインとして明確に示し、守らなければならないルールがあるなら、それも忘れずに伝えてください。

英国に住んでいたときのことですが、鉄道員が多くの規則に縛られてうんざりしているのを知りました。そこで彼らは「よし、それならそれで規則を徹底的に守ってやろうじゃないか」と決めたのです。すると英国全土の鉄道が文字どおり麻痺《まひ》しました。定刻に到着する列車は一本もなく、鉄道網が混乱に陥ったのです。理由は簡単で、鉄道員がルールのチェックリストを厳密に守ったからです。それまでこのようなことがなかったのは、鉄道員が創造力と率先力を発揮し、臨機応変にやってきたからでした。そのことがはっきりすると、鉄道の監督官庁は規則よりも人間の判断力を優先するようになり、元のように円滑に進むようになりました。

根本的な規則は厳守して、コストをかけずに業績を上げられる実験的なプログラムを策定することもできるでしょう。試してみるだけなら、リスクは少なく、潜在的な学習効果は大きいでしょう。厳守しなければならない規則と、周辺的な規則や組織の慣習として残っているだけの規則を慎重に区別することもできるはずです。

私は以前、規則の厳しい原子力業界でコンサルティングの仕事をしたことがあります。社内はもちろん、企業間の協力やコミュニケーションも実に緊密でした。スリーマイル島の原発事故があと一度でも起きたら、原子力産業そのものがだめになることを皆さんわかっていたからです。リスクを高めたり、安全性が脅かされたりするような事態や状況については、全社員が把握していました。監督官庁が規制を強化する必要がないほど、業界を挙げて厳格な自主規制を設けていたのです。

Q　Win-Winのアプローチでアカウンタビリティを強化するにはどうしたらよいでしょうか？　Win-Winの精神では、アカウンタビリティに甘くなってしまいませんか？

A　そんなことはありません。望む結果を合意して、それに基づいてアカウンタビリティを設定することが大切です。そしてきちんとアカウンタビリティを守って報告し、責任を果たせたらどうなるかを明確にし、バランスト・スコアボードで結果を確認します。望む結果を合意せず、バランスト・スコアボードもつくらなかったら、Win-LoseやLose-Winとなり、最後にはお互いに失敗するLose-Loseになってしまいます。

Q　一匹狼タイプの社員にどう対応すればよいのかわかりません。どんな決定にもいちいち反対し、自分の仕事は自分のやり方を通すタイプの社員はどうすればいいでしょうか？

A　一匹狼タイプの人は、実はチームに有意義な貢献をするのです。違う角度から考え、思考のプロセスが創造的で斬新な人を排除してはいけません。一人ひとりの独自の長所をきちんと評価できるようになりましょう。ただし、一匹狼的な行動が度を超して、人を中傷したり、ネガティブで冷笑的な態度になったりしたら、三六〇度フィードバックなどで本人にフィードバックすべきでしょう。周りの人たちの率直な見方や感情が本人に伝われば、自分が本当は何をしたいのか真剣に考えるようになるはずです。しかし社会的な規範を破るのを面白がっているだけで、創造的で革新的な貢献によって本当の価値をもたらすこともないなら、転職を促したほうがよいかもしれません。独立独歩を好む人は大勢います。こういう人たちは相互依存の関係を築こうとはしませんが、かといって社会規範を逸脱することはなく、一人で進めるような仕事では重要な役割を果たせる人が多いのです。何よりも大切なのは、共通の目的と価値観の下で多様性を受け入れる組織文化を築くことです。エミール・デュルケームの次の言葉を参考にしてください。「社会的道徳観が十分であれば法律は不要である。社会的道徳観が不十分であれば、法律をつくっても守られない」

Q　私は全部自分でマネジメントしたいという欲求が強い人間です。マネジメントしたり支配したりするのをやめるという考え方は正しいとは思うのですが、個人的には不安を感じます。私は変われるでしょうか？

A　もちろん、変わることはできます。あなたは動物ではありません。生まれつきの資質や育ちに影響を受けるにしても、あなたという個人はそうしたものの産物ではなく、自分自身の選択の結果なのです。しかし、まずは三つの天賦の才（選択する自由と能力、原則、四つのインテリジェンス）を働かせて、個人のレベルで変化する必要があります。焦らずじっくりと取り組めば、何でも自分でマネジメントしたいという欲求を乗り越えられるでしょう。原則を説明し、模範を示しながら、家庭や職場で数人の親しい人たちにいろいろなことを信頼して任せられるようになってくると、自主性に任せれば生産性が高まることがわかり、安心感を覚えるはずです。そしてこの道徳権威を土台にして、システム、構造、プロセスを整えれば、マネジメントせずに任せられる範囲が広がっていくでしょう。

i　この映像作品で使用している画像は、デューイット・ジョーンズ／ロジャー・メリル著『The Nature of Leadership（リーダーシップの本質）』から流用した（撮影も著者）。

知恵の時代

第一四章　第8の習慣とスイートスポット

私たちがしていることと、私たちにできることの違いが、世界の問題のほとんどを解決する。
マハトマ・ガンディー

第8の習慣の「自分のボイス（内面の声）を発見し、ほかの人たちも自分のボイスを発見できるように奮起させる」は、時宜にかなった考え方である。「時宜にかなう」は、第三章で引用したビクトル・ユーゴーの有名な一節に出てくる「時宜にかなったアイデアほど強いものはない」という言葉だ。「第8の習慣」が時宜にかなった考え方であるのは、個人を全人格としてとらえることを大前提とした習慣だからである。つまり、全人格という考え方が知識労働者経済の無限の可能性を切り開くのである。図14・1の下段の道筋に示されているように、産業時代の肉体労働者は断片的人格のパラダイムに基づいている。今の時代、下段の道を進んでいけば、せいぜい凡庸さに行き着くだけである。それは個人の可能性を抑えつける道なのだ。産業時代のマインドセットから抜け出せずにいる組織では、相変わらず上層部が重要事項を決定し、それ以外の人たちは「ねじを回す」仕事をしている。人の可能性をどれほど無駄にしていることだろう。損失は計り知れない。

第二章で引用した「多くの病める組織は、自分の欠点だけが見えない盲目になっている。苦しんでいるのは

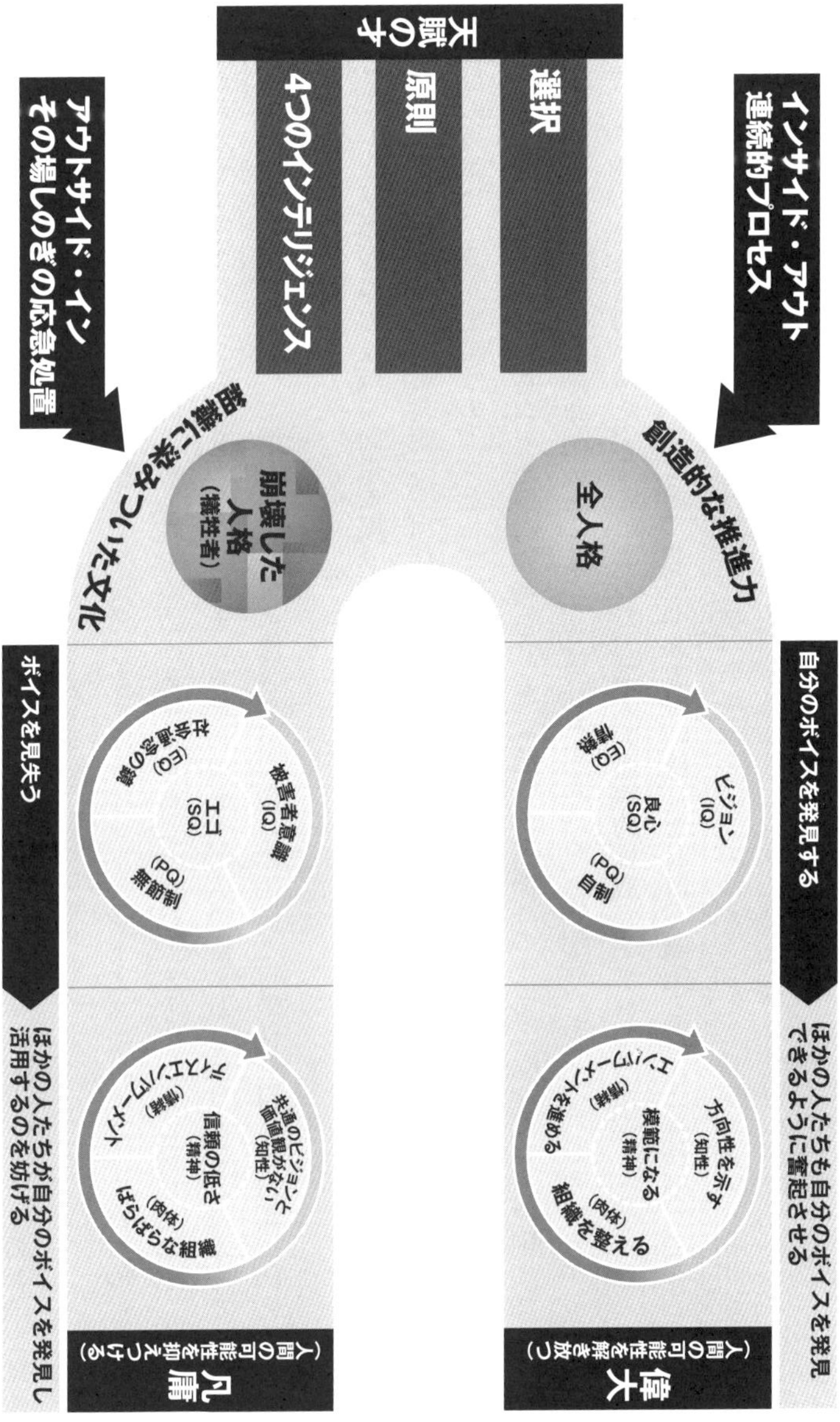
天賦の才
選択
原則
4つのインテリジェンス
インサイド・アウト
連続的プロセス
アウトサイド・イン
その場しのぎの応急処置
創造的な推進力
全人格
崩壊した人格
（犠牲者）
自分のボイスを発見する
ビジョン
（IQ）
良心
（SQ）
自制
（PQ）
情熱
（EQ）
ボイスを見失う
被害者意識
（IQ）
エゴ
（SQ）
ほかの人たちも自分のボイスを発見できるように奮起させる
方向性を示す
（知性）
模範になる
（精神）
組織を整える
（肉体）
エンパワーメントを進める
（情緒）
ほかの人たちが自分のボイスを発見し活用するのを妨げる
共通のビジョンや価値観がない
（知性）
信頼の低さ
（精神）
ばらばらな組織
（肉体）
偉大
（人間の可能性を解き放つ）
凡庸
（人間の可能性を抑えつける）

図14・1

問題を解決できないからでなく、問題が見えないからなのだ」という作家ジョン・ガードナーの言葉を覚えているだろうか。これが今まさに起こっていることなのである。

「第8の習慣」によって、人の可能性を見いだそうとするマインドセットとスキルセットを身につけることができる。これは一人ひとりの価値と可能性を本人が理解できるようにはっきりと伝える習慣であり、今の時代に求められるリーダーシップのあり方なのだ。そのためにはまず、人の話に耳を傾けなければならない。リーダーシップの四つの役割を通して周りの人たちに働きかけ、彼らの価値と可能性を自分の言葉で伝えることが求められるのである。

リーダーシップの四つの役割を簡単に振り返っておこう。それぞれの役割が全人格としての個人の価値を直接的または間接的にどのように肯定し、可能性をどのように解き放つのか思い出してほしい。

一番目の役割は、個人またはチームとして**模範になる**ことである。模範になることによって、こちらから求めなくとも、周りの人たちから自然と信頼が得られる。「第8の習慣」の土台となっている原則に従って行動すれば、人と人を結びつける接着剤の働きをする信頼が生まれる。信頼性があってはじめて人から信頼される。つまり模範になる役割を果たすことによって、**個人の道徳的権威**が生まれるのだ。

二番目の役割は、**方向性を示す**ことだ。進むべき道が明確になれば、強制しなくとも秩序ができる。組織の価値観や最優先目標について戦略的な決定を下すプロセスにメンバーが参加し、決定の内容に納得すれば、実行する決意ができる。モチベーションは外から押しつけられるものではなく、内発的なものでなくてはならない。方向性を示す役割を果たすことによって、ビジョンに対するメンバーのコミットメントが強くなり、**ビ**

ジョンの道徳的権威が生まれるのである。

三番目の役割は、**組織を整える**ことだ。方向性に構造、システム、プロセスを合わせれば、信頼、ビジョン、エンパワーメントの精神を育み、組織そのものを強くする。このようにして組織を整える役割を果たすことによって、**制度・システムの道徳的権威**が生まれる。

四番目の役割は、**エンパワーメントを進める**ことだ。ほかの三つの役割（模範になる、方向性を示す、組織を整える）が結実してはじめて、人にエンパワーメントすることができる。外からモチベーションを与えなくとも、個々人の可能性が解き放たれる。エンパワーメントを進める役割を果たすことによって、**組織文化の道徳的権威**が生まれるのだ。

四つの役割の中では模範になる役割がもっとも重要だが、それはリーダーがほかの三つの役割を果たすときに模範を示さなくてはならないからだ。言い換えれば、方向性を示す役割は、方向を決める**勇気**と、もっとも重要なことを決めるプロセスにメンバーを参加させる**謙虚さ**、**相互の尊重**の模範になることである。組織

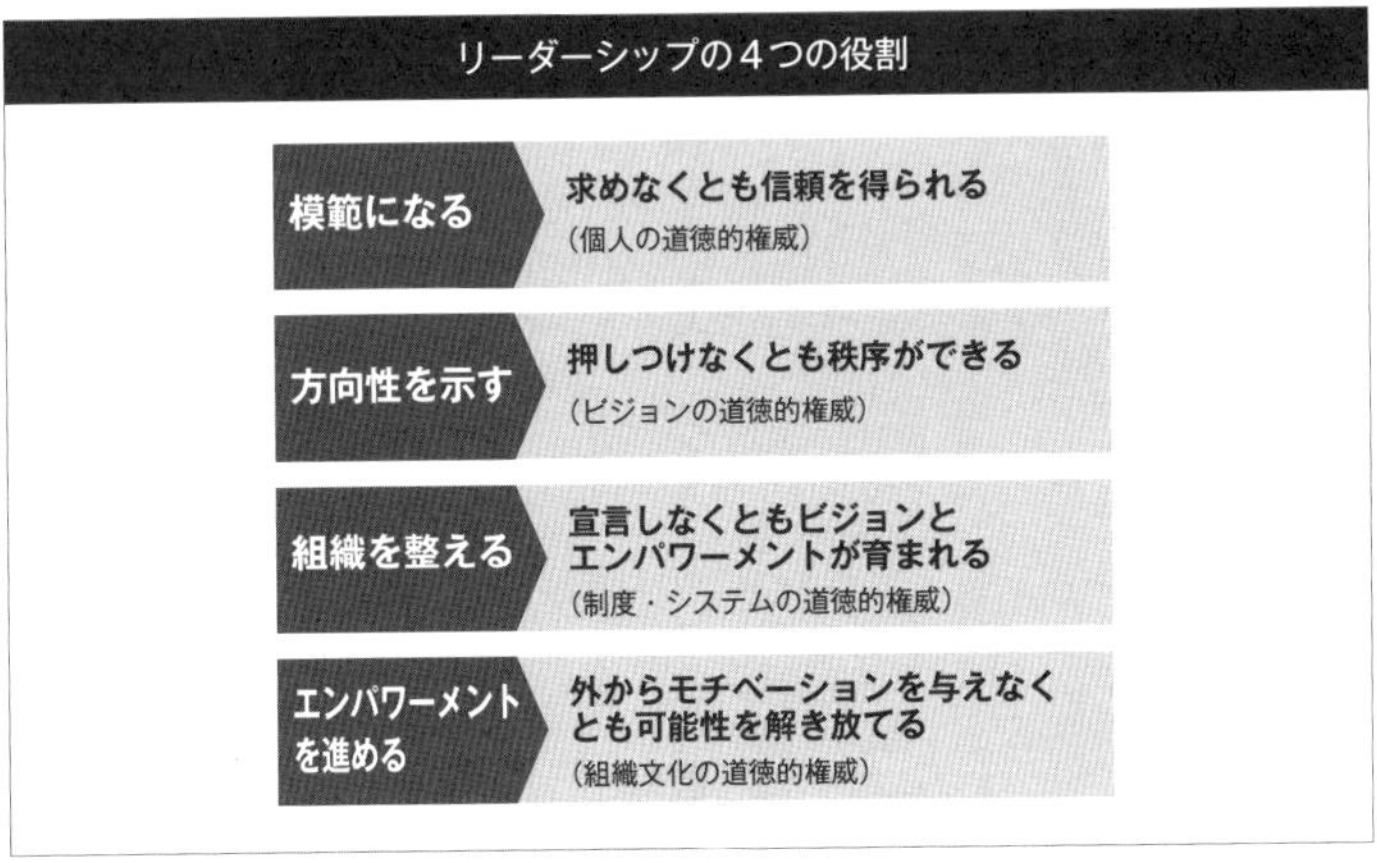

役割	内容
模範になる	求めなくとも信頼を得られる（個人の道徳的権威）
方向性を示す	押しつけなくとも秩序ができる（ビジョンの道徳的権威）
組織を整える	宣言しなくともビジョンとエンパワーメントが育まれる（制度・システムの道徳的権威）
エンパワーメントを進める	外からモチベーションを与えなくとも可能性を解き放てる（組織文化の道徳的権威）

図14·2

を整える役割は、組織が常に最優先目標に注力していることがわかるように、「もっとも重要なこと」の戦略的決定と一致する構造、システム、プロセスを積極的に設置する模範になることだ。エンパワーメントを進める役割は、ミッションの共有化のプロセスを通して、選択する能力と人間の四つの側面を固く信じる模範になることである。

フォーカスと実行

ここまで述べたことは、基本的に二つの言葉に要約できると思う。「フォーカス」と「実行」である。この二つの言葉から、「複雑さの果てには単純さがある」ことに気づくだろう。繰り返すが、フォーカスは最重要事項を明確にすること、実行はそれを実現することだ。私が「フォーカス」と「実行」という二つの言葉に行き着いたのは、ラム・チャランとラリー・ボシディのベストセラー『経営は「実行」――明日から結果を出すための鉄則』の影響によるところが大きい。

期待どおりの結果を出せないのはたいていの場合実行力の不足が原因だが、ほかの原因によるものだと誤解されている。

どんな企業も、あらゆる段階のリーダーが実行のプロセスを実践しないかぎり、目標を達成することはできないし、変化に対応することもできない。実行は、企業戦略の一環であり、目標とすべきものだ。

実行は、目標と結果のあいだの失われた環である。[1]　ラム・チャラン、ラリー・ボシディ

リーダーシップの最初の二つの役割（模範になる、方向性を示す）を一言で言うなら、**フォーカス**である。次の二つの役割（組織を整える、エンパワーメントを進める）は、実行である。なぜそうなるのか考えてみてほしい。方向性を示す役割は、戦略的な作業である。最優先目標は何か、それらの目標を達成し維持するうえでガイドラインとなる価値観は何かを決めることだ。しかしそのためには、目標に対する明確な理解と決意が組織文化に根づく必要がある。そしてそのような決意を生む源泉は、模範になる役割の本質をなす信頼性、信頼関係、シナジーだ。個人の信頼性、対人関係における信頼性があってこそ信頼が築かれ、チームのシナジーが効果を発揮する。個人としての、そして対人関係の模範になる役割を果たすには、メンバー全員が実行に向けて決意できる明確な最優先目標を定めるときに（第2の習慣：終わりを思い描くことから始める）、相互の尊重、相互の理解、創造的な協力が必要になる（第4、第5、第6の習慣）。そして個人／対人関係に信頼性をもたらすのは、個々人が自分の価値観と目標に忠実であることだ。要するに、信頼性の土台となるのは個人のレベルでのフォーカスと実行であり、これは「第3の習慣：最優先事項を優先する」に当てはまる。「最優先事項を優先する」を言い換えると、フォーカスと実行になるのである。

リーダーシップのあとの二つの役割（組織を整える、エンパワーメントを進める）は、**実行**を表している。組織全体としての戦略的目標や最優先事項（方向性を示す）を日々の仕事やチームの目標に「翻訳」できるようにする

ための構造、システム、プロセスをつくることである（組織を整える）。一言で言えば、仕事を成し遂げられるように人にエンパワーメントすることだ。

フォーカスと実行を切り離すことはできない。この二つは分かちがたく結びついている。目標を共有し、「同じページを読む」ことができなければ、一貫して実行力を発揮することはできない。フォーカスのほうに産業時代の指揮統制による取引モデルを使っていたら、実行のほうに知識労働者時代のエンパワーメントによる変化モデルを当てはめても、実行には結びつかない。理由は簡単だ。人はフォーカスを定めるプロセスに参加していなければ、あるいは定められたフォーカスに共感できなければ、そのフォーカスに力を注ごうという決意はできないからである。同じように、知識労働者時代の参加やエンパワーメントのアプローチで共通のフォーカスを定めても、産業時代の指揮統制のアプローチで実行させようとしたら、組織の誠実さや真剣さが疑われ、フォーカスを維持できなくなる。

しかし、フォーカス（模範になる、方向性を示す）と実行（組織を整える、エンパワーメントを進める）の両方に知識労働者時代のモデルを使えば、組織文化に誠実さと信頼性が生まれる。こうして組織は自らのボイスを発見し、さらにそのボイスを実行に移して組織の目的を果たし、ステークホルダーに奉仕できるようになるのだ。

実行の大きなギャップ

本書の初めのほうで、「知っていても実行しなければ、知っていることにはならない」と書いた。これは深淵《しんえん》な真理である。「第8の習慣」の土台となっている原則は、訓練と実行によって人格とスキルの一部にならない限り、つまり文字どおり**習慣**にならない限り、ほとんど価値はない。

私は片時もあなたのそばを離れません。私はあなたの一番の協力者にもなれば、一番のお荷物にもなります。私はあなたの背中を押して前に進めもすれば、足を引っ張りもします。私がどうするかは、あなた次第。あなたがやることの半分は私に任せたほうがいいと思いますよ。私なら素早く正確にできますから。私の扱いは簡単で、ただ厳しくすればいいのです。何をどうしてほしいかはっきり教えてもらったら、あとは何度か練習するだけで自動的にできるようになります。私はあらゆる偉人たちのしもべ。ところが残念なことに、あらゆるだめな人たちのしもべでもあるのです。だめな人たちは、私のおかげでますますだめになります。私は機械ではありませんが、機械並みの正確さに加えて、人間の知能も使って仕事します。私を使って大もうけすることもできますが、破産することもありますよ。どっちにしても私には関係ありませんが。私を厳しく躾《しつ》ければ、世界はあなたにひれ伏すでしょう。でも甘やかしたら、私はあなたを破滅させます。私は誰でしょう？　私は「習慣」です。

作者不詳

実行は、現代のほとんどの組織で取り組まれていない大きな課題である。明確な戦略を立てることと、それを実行に移すことは別の話なのだ。実際問題、「凡庸な戦略と抜群の実行力」と「抜群の戦略と凡庸な実行力」のどちらの組み合わせがよいかと尋ねたら、ほとんどのリーダーは前者を選ぶだろう。実行力のある人のほうがいつだって有利なのだ。アメリカン・エキスプレス社、RJRナビスコ社、IBM社などでCEOを務めたルイス・V・ガースナー・ジュニアの言葉を借りれば「世界に名をはせている企業は、市場でも、工場でも、ロジスティクスや在庫回転率でも、ほとんどどんなことにおいても、競合他社の実行力を上回っている。成功している企業は、熾烈《しれつ》な競争の現場から隔絶された独占的な地位に甘んじてはいない[2]」のである。

実行に影響を与える原則はいくつもあるが、xQサーベイによれば、組織の実行力を特に促進する原則は、**明確さ**、**コミットメント**、**行動に落とし込む**、**成果を上げる環境整備**、**シナジー**、**アカウンタビリティ**の六つである。これら六つの原則の一つ、または複数に問題があると、実行に移せずに終わる可能性が高くなる。それぞれの原則について次のような状態を**実行のギャップ**と呼ぶことにしよう。

- 明確さ――チームや組織の目標、優先事項をはっきりと知らない。
- コミットメント――目標を受け入れない。
- 行動に落とし込む――チームや組織の目標達成のために個人として何をしたらよいのかわからない。
- 成果を上げる環境整備――仕事を遂行するための適切な構造、システム、あるいは自由がない。
- シナジー――メンバー同士が協力しない。
- アカウンタビリティ――メンバーがお互いに定期的な状況報告をしない。

マネジメントと呼ばれるもののほとんどは、人を働きにくくしている。
ピーター・ドラッカー

表6は、実行を促進する六つの原則についてまとめたものである。産業時代のマネジメント型のマインドセットがこれらのギャップを招いていて、「第8の習慣」を体現する知識労働者／全人格型モデルでギャップを解決できることがわかるだろう。

一　明確さ

肉体労働者／産業時代のアプローチは、ミッション、ビジョン、価値観、最優先目標を従業員に一方的に知らせるだけである。すでに述べたように、上層部の人間が外部のワークショップなどに参加して、組織のあらゆる意思決定の指針となるミッション・ステートメントを作成し、従業員にかみ砕いて伝えるというやり方がほとんどである。しかし遅かれ早かれ、そうしたミッション・ステートメントは企業PR以外のなにものでもなくなる。理由は簡単で、メンバーが作成のプ

実行のギャップ	産業時代型の原因	知識労働者時代型の解決法
明確さ	通知	プロセスへの参加／共感
コミットメント	押しつける	全人格として仕事を任される
行動に落とし込む	職務記述書	求める結果に目標を合わせる
成果を上げる環境整備	飴《あめ》と鞭《むち》（人は経費）	構造と組織文化を整える
シナジー	「協力しよう!」	第3の案を生む コミュニケーション
アカウンタビリティ	サンドイッチ・テクニック パフォーマンス評価	行動を促すスコアボードを基にして、オープンに、道徳的権威を持って定期的に報告する

表6

ロセスに関与していないからだ。これでは知識労働者時代の本質である共感は生まれない。ただし覚えておいてほしいのは、このような共感の根本には個人の道徳的権威があるということだ。戦略的決定のプロセスに実際に参加していなくとも、トップが尊敬に値する人物で、その個人に共感し自分を重ね合わせることができれば、決定を自分のものとしてとらえることができる。

二 コミットメント

職務にコミットさせるための産業時代のアプローチは、上からの押しつけである。仕事に精を出すようひっきりなしに命じて、納得させようとする。あくまでも押しの一手だ。しかし調査によれば、チームや組織の最優先目標にコミットし、達成を決意しているのは五人に一人にすぎない。知識労働者時代における「第8の習慣」のアプローチは、個人を全人格（肉体、知性、情緒、精神）としてとらえ、仕事を全面的に任せる。「私に公正な賃金を支払ってほしい、思いやりと敬意を持って扱ってほしい、本当の意味で価値を高める仕事に私の知的創造力を活用してほしい、原則中心の方法で仕事をさせてほしい」という個々人の願いに応えるアプローチである。人間をロバ扱いし、賃金を増やせば働く意欲を引き出せるという理屈はもはや通用しないのだ。その証拠にある調査によれば、知識労働者時代のアプローチをとると、労働者が優先するのは第一に信頼、第二に敬意、第三にプライドで、給与は四番目になっている。なぜなら、人は自分の仕事に心から満足していれば、外的な要因や付随的な要因はあまり重要ではなくなるからだ。しかし仕事に内発的な満足を感じられなければ、賃金が一番重要になる。お金があれば、仕事以外のことで満足を買えるからだ。だから、内面からのモチベーションをかき立てる「第8の習慣」の全人格型アプローチが重要なのである。

明確さとコミットメントに見られる実行ギャップは、タイム・マネジメントを巡る問題の大きな原因でもある。理由はいたって単純で、ミッションと価値観に従い最優先目標をどのように定めるかによって、その他のあらゆる意思決定が左右されるからである。だから、明確さとコミットメントが欠けていたら、本当に重要なものがわからず混乱するのだ。その結果、緊急であるかどうかだけが重要性の判断基準になってしまい、いつもやっている慣れた仕事で差し迫っているものが優先されるようになる。要するに緊急イコール重要と考えるようになるのだ。最後には、誰もがお茶の葉占いよろしく自分勝手な予測をしたり、政治的な風向きに迎合したり、上の人間にこびたりするようになる。こうして混乱は組織全体に広がっていく。組織のミッションやビジョン、価値観を全員が明確に理解し、コミットしない限り、タイム・マネジメントの研修をいくらやったところで持続的な効果は望めない。私生活で生かされるのが関の山だろう。チャールズ・ハンメルは次のように言っている。

重要なことで今日あるいは今週中にやらなければならないものはめったにない。しかし緊急の用事にはすぐに対応しなくてはならない。こうした緊急の用事はその場では「どうしてもすぐにやらなければならない重要なこと」のように思え、実際に労力もかかるので、「重要なのだ」とますます思い込んでしまう。しかし後から考えてみれば、それらが実は重要な用事でもなんでもなかったことがわかる。そして、その緊急の用事のために先延ばしした重要なことを思い出し、後悔する。緊急という独裁者の奴隷になっていたことに気づくのである。[3]

三　行動に落とし込む

産業時代のアプローチは職務記述書である。それに対して知識労働者時代のアプローチは、従業員のボイス（才能と情熱）に職務を合わせる。一人ひとりの職務がチームや組織の最優先目標の達成に明確につながっていなければならない。

四　成果を上げる環境整備

多くの意味で、この実行ギャップを埋めるのがもっとも難しい。本書でここまで述べてきたような機能不全の構造やシステム、その他さまざまな文化的障害を取り除かなくてはならないからだ。目標達成を促進するのも妨害するのも、組織の構造やシステムであり（採用、選抜、トレーニングと能力開発、報酬、コミュニケーション、情報、給与など）、そして多くの人は自分の職業生活の安心感も将来の見通しもそこから得ている。だから、戦略的な意思決定、とりわけ組織の価値観や現場の職務に結びつく最優先事項に関する決定にメンバーが本当の意味で関わっていなければ、組織に深く根づいている構造とシステムを整え直すのに必要な強い決意、信頼、内発的なモチベーションは生まれようがないのである。

産業時代には、人は経費であり、そして設備やテクノロジーのようなモノに投資していた。このことをもう一度考えてみてほしい。人を経費として扱い、モノに投資するというのは、最終的な利益だけを考えるシステムに他ならない。血を抜いて病気を治そうとする時代錯誤な考え方である。知識労働者時代における「第8の習慣」のアプローチでは、結果と可能性が一目でわかり、行動を促すスコアボードの作成にメンバーが関わる。そのプロセスで、重要目標の達成を促進するように構造とシステムを整えていくことができる。

五　シナジー

産業時代は、よくても妥協のアプローチ、最悪ならWin-LoseかLose-Winのアプローチになる。知識労働者時代におけるシナジーは第3の案を生む。それは「第8の習慣」のコミュニケーションであり、個々人のボイスが明確になり、組織のボイスとの一致点が見いだされ、さまざまなチームや部門のボイスが融合して、ハーモニーを奏でるようになる。

六　アカウンタビリティ

「飴《あめ》と鞭《むち》」でモチベーションを引き出し、褒めて、叱って、また褒めるという「サンドイッチ・テクニック」でパフォーマンス評価を行うのが産業時代のアプローチである。知識労働者時代には、全員が理解する最重要目標に対してお互いにアカウンタビリティを果たし、全員が情報を共有する。サッカーや野球の試合に掲示されるスコアボードを見れば、選手も観客も正確な進捗《しんちょく》がすぐにわかるのと同じである。

スイートスポット

ここまでのことをまとめておこう。本書の最初のほうで、人生では誰もが二つの道のどちらかを選ぶという考え方を紹介した。一つは多くの人が通り、凡庸さへと至る道。もう一つは偉大さへと至る道である。凡庸さに通じる道は人間の可能性を抑圧し、偉大さに通じる道は人間の可能性を解き放つことも学んだ。「第8の習慣」は偉大さに通じる道であり、偉大さは、「自分のボイス（内面の声）を発見し、ほかの人たちも自分のボイスを発見できるように奮起させる」ことにある。

ここまでで三つの偉大さを深く掘り下げることができたと思う。三つの偉大さとは、**個人の偉大さ、リーダーシップの偉大さ、組織の偉大さ**であるⅰ。

生まれたときに授かる三つの贈り物（選択する能力、原則、四つのインテリジェンス）を自覚したとき、個人の偉大さが見いだされる。これらの天賦の才を伸ばしていけば、良心に導かれ、ビジョン、自制、情熱にあふれ、勇気と思いやりを併せ持つ素晴らしい人格を培うことができる。このような人は、人類のためになるだけでなく、「一人の存在」に到達する有意義な貢献に突き動かされる。私はこの人格を第一の偉大さと呼んでいる。第二の偉大さは、才能や評判、地位、富、社会的評価などをいう。

リーダーシップの偉大さは、ほかの人たちも自分のボイスを発見できるように奮起させることで得られる。これは組織内での地位にかかわらず、リーダーシップの四つの役割を果たせば、誰にでもできることだ。

組織の偉大さは、リーダーシップの役割と仕事（ミッション、ビジョン、価値観を含む）を実行の六つの原則（明確さ、コミットメント、行動に落とし込む、成果を上げる環境整備、シナジー、アカウンタビリティ）によって具体化するという最後の難関をクリアすることによって得られる。これらは組織にとって自明の原則であり、普遍的で、時代を超えて不変の原則なのである。

図14・3は、個人の偉大さ、リーダーシップの偉大さ、組織の偉大さの関係をまとめたものである。三つの偉大さによって自らを律する組織こそ、**スイートスポット**をとらえることができる。スイートスポットは、三つの偉大さの輪が重なる部分であり、その部分でパワーと可能性が最大限に表出する。テニスのラケットやゴルフクラブの「スイートスポット」に小さなボールがヒットすると、誰でも感触の違いがはっきりわかるものだ。実に気分がよい。「決まった」という感じが体中に伝わる。特に労力をかけているわけではないのに、スイートスポットをとらえると爆発的な力が放たれ、ボールはいつもよりずっと遠くまで飛んでいく。個人、チーム、組織として「ボイスを発見」したときに放たれる力も、これと同じなのである。

実行の4つの規律(4DX:4 Disciplines of Execution)

これから紹介する「実行の4つの規律」を実践すれば、実行のギャップが縮まり、最優先目標にフォーカスし実行するチームや

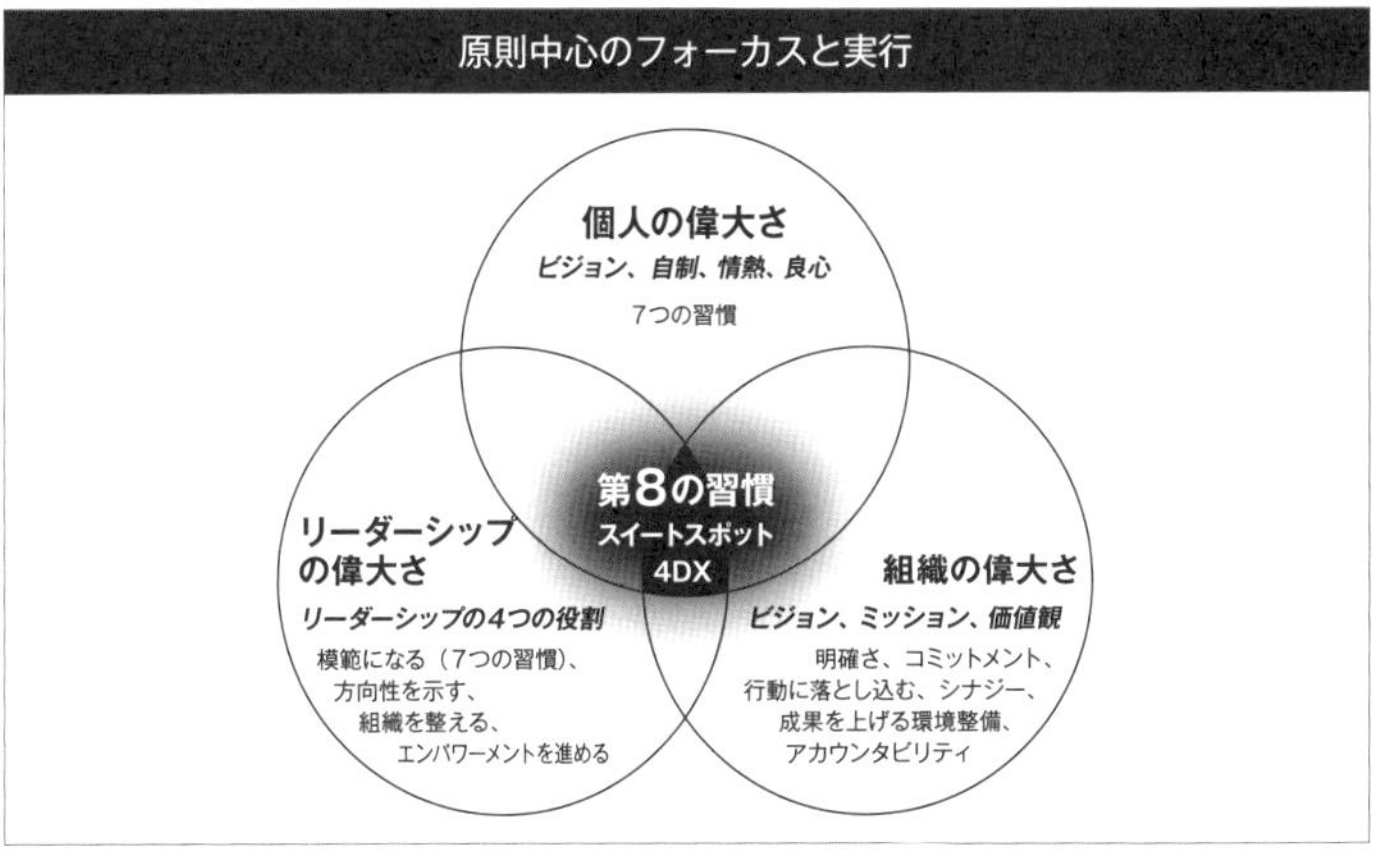

図14·3

組織の能力が大幅に向上する。もちろん、実行力に影響を与える要因はたくさんある。しかし結果の八〇%を生むのは活動全体の二〇%であり、フランクリン・コヴィー社の調査からは、4つの規律は二〇%の活動を表していることがわかる。どの規律も最優先事項を完璧に実行することに直結しているからだ。また、これらの規律は三つの偉大さから出てきていることにも気づくだろう。これらは力を解き放つスイートスポットである(図14・3の中央に4DXとある)。レーザー光線のように焦点を定めた行動であり、チームや組織がコンスタントに結果を出していくための次の一歩になる。

ではこれから4つの規律を一つずつ見ていこう。

第1の規律：最重要目標にフォーカスする[ii]

やることを増やせば増やすほど成果が上がらないのは、ものの道理である。誰もが経験している避けられない明白な原則だ。しかしほとんどのリーダーは、どこかでこの原則を忘れてしまっている。なぜだろう？ 頭が切れ野心的なリーダーは、もう十分知っていることでも、手を出したくなるからだ。

最高には到底及ばないが、そこそこ良いアイデアがあったとする。あなたはそのアイデアをきっぱり無視できるだろうか？ 困ったことに、良いアイデアというのはいつでもたくさんある。あなたとチームが実行できるキャパシティにはとても収まりきらない。したがって最初の課題は、最重要目標を絞り込むことだ。

フォーカスは自然の原理だ。一本一本の太陽光線に火を起こすエネルギーはない。しかし虫眼鏡で一点に集めれば、ものの数秒で紙を燃やしてしまう。同じことが人間にも当てはまる。チームのエネルギーをもっとも重要な目標にフォーカスさせれば、達成できないわけがない。

「第1の規律：最重要目標にフォーカスする」では、あなたはこれまでのセオリーに立ち向かわなければならない。チームがより多くのことを達成するために、リーダーはより少ないことにフォーカスするのだ。何もかもを一度に大幅に改善しようとしても、どだい無理なのである。

第1の規律を導入するときは、本当に重要な目標を一つ（多くて二つ）を選ぶ。これを最重要目標（Wildly Important Goal：ＷＩＧ）と名づけて、何よりも重要な目標であることをチームにはっきりと示す。

その目標を達成できなかったら、ほかのどんな目標を達成したところで、高が知れている。ほとんど何の効果もないといってもよいだろう。

あなたが今、五個、一〇個、あるいは二〇個もの重要な目標を実行しようとしているなら、チームがフォーカスできないのは目に見えている。フォーカスがないと日常業務という竜巻が威力を増し、あなたの努力は露と消えてしまい、成功はまず不可能だ。組織のトップレベルで目標が多すぎるのはなおさら問題で、組織階層が下がるにつれて目標は数十になり、ひいては数百にもなって、複雑な網の目ができてしまう。

しかしチームのフォーカスを一つか二つに絞れば、本当の最優先事項と竜巻（緊急な仕事や日常業務）の見分けがつきやすくなる。

ぼんやりとして正確に伝わりにくい目標の大群を、明確で達成可能ないくつかの目標に絞り込めば、そこに行動をフォーカスできるようになる。第1の規律は、フォーカスの規律である。フォーカスなくして、望む結果は得られない。しかしこれは、第一歩にすぎない。

映像作品『単に重要でなく、最重要なもの』

「限られた最重要のこと」にフォーカスすることがどれほど重要であるか、この映像作品を観るとよくわかるだろう。『単に重要でなく、最重要なもの』は、フランクリン・コヴィー社のクライアントに行ったインタビューをベースにしている。目標が曖昧《あいまい》で、組織の構造やシステムとの整合性も欠いている状況が多くの組織で見られる。映像作品はユーモラスに描かれているが、ほとんどの組織が直面しているフォーカスと実行を巡る問題を辛辣《しんらつ》にとらえている。『第8の習慣』のＷｅｂサイトでさっそく鑑賞してほしい。あなたの組織にも思い当たるふしがあるのではないだろうか。

Webサイトへのアクセス

URLを直接入力

https://fce-publishing.co.jp/8h/

QRコード読み取り

第2の規律：先行指標に基づいて行動する

これはレバレッジ（テコ）の規律である。すべての行動が等しい力を持つわけではないという簡潔明瞭な原則に基づいている。目標達成に直結する活動もあれば、いくら頑張っても効果のない活動もある。

目標に到達したいなら、インパクトの強い活動を特定し、それを実行する必要がある。どのような戦略を推進するのであれ、その進捗《しんちょく》と成功は、二種類の指標で測られる。遅行指標と先行指標である。

遅行指標とは、最重要目標を追跡する測定基準であり、普段あなたがもっとも時間をかけて祈りを捧げている指標だ。売上高、利益、マーケットシェア、顧客満足度はすべて遅行指標だ。これらの指標のデータを手にしたときには、そのデータをたたき出した活動はすでに過去のものとなっている。だから、あなたは祈ることしかできない。

遅行指標が出てきたら、もはや手の施しようはない。それは過去の出来事なのだ。

先行指標は、遅行指標とはまるで異なる。目標を達成するためにチームが実行しなければならないもっともインパクトの強い活動の指標だからだ。先行指標は基本的に、遅行指標を成功に導く新たな活動を測定する。

たとえば、ベーカリーの来店客全員に試供品を提供するというようなごく単純な活動も、ジェットエンジン設計の規格を守るといった複雑な活動も先行指標になる。適切な先行指標には、二つの基本的な特徴がある。目標達成を予測できること、そしてチームのメンバーが影響を及ぼせることである。

これらの特徴を理解するために、減量を例にしてみよう。この場合の遅行指標は減らしたい体重である。先行指標は、一日の具体的なカロリー摂取量、一週間の運動時間である。これらの指標に従って行動すれば、体重計が来週どうなるか（遅行指標）予測がつく。そして、カロリー摂取量も運動量もあなた自身がコントロールでき、影響を及ぼせる。

先行指標に基づいた行動が戦略実行の秘訣《ひけつ》であることは、実はあまり知られていない。ほとんどのリーダーは遅行指標を追いかけるあまり、先行指標を重視するこの規律に拒否反応を起こす。経験豊かなリーダーでさえそうである。

誤解しないでほしい。遅行指標は、あなたが最後に達成しなければならないもっとも重要な指標である。だが、先行指標はその名のとおり、遅行指標に先駆けるものであり、遅行指標へと導いてくれるものだ。先行指標が決まれば、それらは目標を達成するためのテコの作用点になる。

第3の規律：行動を促すスコアボードをつける

スコアをつけるとプレーは変わる。嘘《うそ》だと思うなら、バスケットボールをしている一〇代の子たちを見てみるとよい。スコアをつけ始めると、ゲームはがぜん熱を帯びてくる。しかしここで、冒頭の一文「スコアをつけるとプレーは変わる」に「自分で」を加え、「自分でスコアをつけるとプレーは変わる」にすると、自分たちのパフォーマンスと目標到達の関係がはっきりわかり、プレーのレベルが変化する。自分自身でスコアをつけると、選手はより試合に勝ちたい気持ちになるものなのだ。

第3の規律は、意欲的に取り組むための規律である。気持ちの入っている人は最高のパフォーマンスをするものだ。そしてスコアを知り、勝っているのか負けているのかがわかれば、自然と気持ちは入る。当たり前の話だ。カーテン越しにボウリングをするとしよう。最初は面白がってやるかもしれないが、勢いよく倒れるピンが見えなければ、いくらボウリングの好きな人でもすぐに飽きる。

第1の規律でフォーカスを定め（WIGと遅行指標）、第2の規律で、目標に至る軌道に乗るための重要な先行指標を決める。これで試合に勝つ要素は揃った。次のステップは、選手の積極的な行動を促す簡潔なスコアボードに試合の推移を記録することである。

選手専用につくられ、そして選手自身が考案したスコアボードなら、チームの意欲を最大限に引き出せる。リーダーはコーチ用の複雑なスコアボードを好むものだが、選手専用のスコアボードはそれではだめだ。シンプルでなければならない。試合に勝っているのか負けているのか一目でわかるスコアボードであることが必須条件だ。スコアボードが複雑だと、その試合はほかのさまざまな活動の竜巻に邪魔され、途中棄権となりかねない。試合に勝っているのかどうかわからなければ、選手は試合への興味を失ってしまうだろう。

第4の規律：アカウンタビリティのリズムを生み出す

第4の規律は戦略実行を現実のものにする。第1から第3の規律までは、試合に勝つ態勢を整えるプロセスであり、第4の規律を適用してようやく、試合開始となる。第4の規律は、アカウンタビリティ（報告責任）の原則に基づいている。お互いに報告する責任を負い、その責任を一貫して果たさなければ、目標は竜巻に吹き飛ばされてしまう。

アカウンタビリティのリズムとは、最重要目標に取り組むチームが定期的に、かつ頻繁にミーティングを持つことを意味する。ミーティングは少なくとも週一回、長くても二〇～三〇分程度が理想的だ。メンバーは、竜巻の中でどのような結果を出しているかを短い時間で報告し合う。

アカウンタビリティのリズムがこれほど重要なのはなぜだろう？

我々の同僚の一人の経験を例に挙げよう。彼の一〇代の娘は家族の自家用車を使いたかった。そこで彼は、毎週土曜日の午前中に洗車すれば使ってもよいというコミットメントを交わした。車が奇麗になっているか、毎週土曜日に二人で確かめることにした。

二人は、コミットメントどおり土曜日に洗車の結果を確かめた。そうして問題なく数週間が過ぎた後、彼は二週間出張した。出張から戻ると、車はすっかり汚れていた。なぜ洗車しなかったのかと尋ねると、「まだやるわけ？」という答えが返ってきた。

アカウンタビリティのシステムが崩壊するまで、たった二週間しかかからなかった。一対一の関係でさえこうなのだから、チームや組織全体だったらどうなるか、想像に難くない。だからリズムが重要なのだ。

チームのメンバーはお互いに、リズムよく定期的に報告し合わなくてはならない。毎週、「スコアボードに最大のインパクトを与えるために、竜巻の外で来週できる一つか二つの重要なことは何か」という簡潔明瞭な質問に一人ひとり答える。前週のコミットメントを果たしたかどうか、スコアボード上で先行指標と遅行指標はどう動いたか、来週は何をするのかを、メンバー一人ひとりが数分以内にまとめて報告する。

第4の規律の秘訣《ひけつ》は、定期的なリズムを維持すること、そしてそれぞれのメンバーが自らコミットメントをすることである。チームのメンバーはすべきことを指示されるものと思っている。指示してほしいとさえ思っている。指示待ちが普通なのだ。

しかし、すべきことを自分で決めてコミットメントすれば、責任感は増す。上から命じられるより、自分で考えて決めたことのほうが身を入れて取り組むものである。自分が何をするのか、上司だけでなくチームのメンバー全員の前で述べるのだから、それは個人の信用に関わる問題になる。決められた業務をこなす枠を超え、チームに対してコミットメントをすることなのである。

チームは毎週新たな目標を定めるのだから、年間戦略計画では予測のつかない課題や機会に対して、タイムリーな実行計画を立てられる。ビジネスの変化のスピードに合わせて計画を修正できるのだ。その結果、チームを取り巻く竜巻の向きの変化にも邪魔されずに、最重要目標に最大限のエネルギーを注げる。

そのうち、努力の直接的な結果である遅行指標で目標の全体的な進捗《しんちょく》が見えてくると、自分たちが勝っていることがわかる。勝利ほどチームの士気と意欲を高めるものはない。

ここで顕著な例を挙げよう。顧客定着率九七％の遅行指標をＷＩＧに定めた世界有数の高級ホテルの例である。このホテルは「ここに一度滞在したら次も来たくなる！」をモットーに掲げた。そして見事に目標を達成したのである。

このホテルは、一人ひとりのお客様にパーソナルなサービスを提供するという先行指標を立て、目標を達成することにした。では、どのように行動を変えたのだろうか？ 全スタッフが、この目標の達成に役割を担った。

たとえば清掃係は、宿泊客一人ひとりの好みをコンピューターに詳しく記録し、その顧客がホテルをまた利用したときも同じサービスを提供できるようにした。あるお客様は外出するとき、吸いさしの葉巻は後で吸うから灰皿に残しておいてほしいと清掃係に告げていた。部屋に戻ると、灰皿には同じブランドの新しい葉巻が置いてあった。この宿泊客はもちろん喜んだが、何ヵ月も後、同じチェーンの別のホテルに宿泊したとき、そのブランドの葉巻が置いてあるのを見て心底驚いたそうだ。「葉巻があるかどうか見るためだけでも、また利用したくなる。完全にやられましたよ」と彼は話している。

考えてみれば、清掃係たちの日々の竜巻に新しい仕事がほんのいくつか加わっただけである。お客様の好みをメモし、コンピューターに入力する。特定のお客様の好みを検索し、そのとおりにする。しかし次のことをわかっていなければ、実行できなかったはずである。

- 顧客定着率が最優先事項である。
- 新たに行う活動は、その目標の達成に不可欠である。
- 活動の結果を詳しく追跡する。
- 実際に行ったことを、毎日報告する。

言い換えれば次のようになり、これらが「実行の4つの規律」を実践する組織の特徴である。

- 清掃係は目標を知っていた（第1の規律）。
- 清掃係は目標を達成する方法を知っていた（第2の規律）。
- 清掃係は常にスコアを知っていた（第3の規律）。
- 清掃係は結果を定期的に、頻繁に報告しなければならなかった（第4の規律）。

人は誰でも勝ちたいものである。意味のある貢献をしたいものである。ところが、このような規律、すなわち重要な目標を実行するために必要な一貫性のある意識的な態勢を整えていない組織が多すぎる。実行しないことによる財政的損失は大きいが、それは影響の一つでしかない。最善を尽くし、チームの勝利に貢献したいと思っている人たちにかけているコストも無駄になる。目標を知り、その目標に到達する決意を固めた人たちのチームの一員となることほど、モチベーションを刺激するものはない。

4つの規律が機能するのは、手法ではなく原則に基づいているからである。手法は状況によって異なるし、主観的なものであり、常に変化する。原則は時代を超えた自明の理である。あらゆる物事に当てはまる。重力のような自然の法則である。それを理解していようがいまいが、受け入れていようがいまいが関係ない。法則は、すべてに作用するのである。

人間の行動を支配する原則があるのと同じように、チームがどのように目標を達成するのか、すなわちチームの実行力を支配する原則もある。実行の原則は、フォーカス、レバレッジ、エンゲージメント、アカウンタビリティであると、我々は確信している。実行力を左右する原則はほかにもあるだろうか？　答えはイエスだが、これら四つの原則とその順番には特別な何かがある。これらの原則は我々が考案したわけではないし、これらの原則を理解するのは難しくも何ともなかった。リーダーにとって何が問題なのかといえば、原則を実践する方法を見つけることである。日常業務という竜巻が吹き荒れる中で見つけなければならないのだ。

実行の習慣化

抜群の実行力で高い業績を上げられるのは一握りの人たちであって、彼らの行動は一般化できないと思われている。しかし「実行の4つの規律」は、そのような変動的な要素を誰でも実践でき、人に教えられ、何度でも再現できるようにするアプローチである。私のこれまでの経験やリサーチからも、チームや組織がこれらの規律を取り入れると、最優先事項を実行する能力が大きく向上すると断言できる[iii]。一度だけでなく、それ以降も常に最優先事項を実行できるようになると、実行は習慣として組織に定着し、運に左右されることも、数人のリーダーの影響力に頼ることもなくなる。そして実行の文化を組織に根づかせる秘訣《ひけつ》は、スコアボードで進捗《しんちょく》を定期的に確認することである。

実行指数（xQ）

「フォーカスし実行する」組織としての能力を測定し、明確に表す新しい指標が必要になる。ここまで何度も言及しているとおり、それはxQ（実行指数）だ。IQテストで知力の度合いがわかるように、xQでは実行力の度合いを測定し、目標設定とその達成にどの程度のギャップがあるのかを示す。xQのスコアは、最重要目標を実行する組織の能力を示す先行指標であり、これがわかれば、目標を達成できたかどうかを示す遅行指標を待たずに対策をとることができる。xQサーベイは、厳選された二七個の質問に答える形式になっていて、一五分もあれば回答でき、貴重な先行指標を得られる[iv]。

このｘＱサーベイを組織のすべてのレベルで三ヵ月から六ヵ月おきに実施してみてほしい。組織のフォーカスと実行の度合いを驚くほど正確につかめるだろう。サーベイは組織全体として公式に一斉に実施してもよいし、各職場で適宜取り入れることもできる。どちらのやり方をとっても、組織文化が成熟していくにつれてデータの精度は上がっていく。ｘＱサーベイの結果は職場に刺激を与え、部門間の目標の整合性が現場レベルで意識されるので、戦略的な最優先事項にフォーカスし、実行に移す能力が向上していく。これは知識労働者時代のモデルを知恵の時代へと推し進める原動力にもなる[v]。

「第8の習慣――自分のボイス（内面の声）を発見し、ほかの人たちも自分のボイスを発見できるように奮起させる」とはどのようなことなのか、あなたもきっとわかってきたところだろう。それは「全人格のアプローチで知識労働者をエンパワーメントしよう。7つの習慣（個人の偉大さ）、リーダーシップの四つの役割（リーダーシップの偉大さ）、実行を促進する六つの原則（組織の偉大さ）を全人格型モデルに適用しよう」ということである。

次はいよいよ、「第8の習慣」の到達点「自分のボイスを賢明に生かして他者に奉仕する」に進もう。

Q&A

Q　コヴィー博士がここで教えている「Win-Win実行協定の五つの要素」と「実行の4つの規律」の違いは何でしょうか？

A　基本的な原則は同じです。用語と4つの規律が語られる文脈が違うだけです。少し詳しく説明しましょう。Win-Win実行協定の五つの要素は、次のとおりです。

一．望む結果
二．ガイドライン
三．リソース
四．アカウンタビリティ
五．評価の結果

望む結果とガイドライン、リソースは、「実行の4つの規律」における二つの規律「最重要目標にフォーカスする」と「先行指標に基づいて行動する」に対応します。本書の初めのほうでも述べていますが、目的と手段は切っても切れない関係にありますから、原則中心の方法で進めれば、望む結果を達成するプロセスとWIGを達成するプロセスは重なり合うでしょう。

Win-Win実行協定の三番目と四番目の要素は、第3の規律「行動を促すスコアボードをつける」と、第4の規律「アカウンタビリティのリズムを生み出す」に関係しています。Win-Win実行協定の「評価の結果」は、任されたアカウンタビリティを果たした結果どうなるかということですから、これも第4の規律に関係しているといえます。

「実行の4つの規律」の大きなメリットは、実行のギャップに関する調査に基づいて構築されたアプローチであることです。産業時代モデルがどのようにして実行のギャップを生み、知識労働者時代モデルがそのギャップをどのように埋めるのかという、より広い視野に立ったアプローチによって実行力をつけ、チームにエンパワーメントすることができるのです。

i 三つの偉大さによって組織のパフォーマンスを高め、維持する方法については「付録8：フランクリン・コヴィー社のアプローチ」を参照のこと。

ii 四五四〜四六三ページの内容は『実行の4つの規律—行動を変容し、継続性を徹底する』（クリス・マチェズニー／ショーン・コヴィー・ジム・ヒューリング著、キングベアー出版）より抜粋要約している。

iii 「実行の4つの規律」を制度化し、チームや組織に定着させる方法についてさらに詳しくは、「付録5：『実行の4つの規律』の導入」を参照のこと。

iv 従業員、マネージャー、エグゼクティブら二万三〇〇〇人を対象にしたハリス・インタラクティブ社によるxQサーベイの結果のまとめは「付録6：xQサーベイの結果」を参照のこと。

v https://www.franklincovey.co.jp/training/xq/demo では、あなたのチームや組織についてのxQサーベイを個人的に行うこともできる（無料）。

第一五章　ボイスを賢明に生かし、他者に奉仕する

私はもはや活力と生命力に満ちあふれた若者ではない。私に与えられているのは瞑想《めいそう》と祈りの日々だ。ロッキングチェアに座り、処方薬をのみ、静かな音楽を聴き、宇宙のことに思いを巡らすのも楽しかろう。しかしそうしたことは挑戦でもなんでもなく、なんの貢献にもならない。私は立ち上がって行動したい。決意と目的を持って日々を生きたい。目覚めている時間のすべては、人々を励ますために使いたい。重荷を背負っている人々のために祈り、信仰心の証したる強さを育てたい。素晴らしい人々の存在こそが、私のアドレナリンを刺激する。彼らの目に宿る愛が私に活力を与えるのである。[1]

ゴードン・B・ヒンクレー、九二歳

私は眠り夢見る
生きることがよろこびだったらと
私は目覚め気づく
生きることは義務だと
私は働く

するると、ごらん
義務はよろこびだった

ラビンドラナート・タゴール

有益な奉仕を行うことは人類共通の義務だと私は信じている。犠牲という浄化の炎によってのみ、利己心という無益なものは焼き尽くされ、人間の魂の偉大さが解放されるのだと。[2]

ジョン・D・ロックフェラー

自分のボイス（内面の声）を発見し、ほかの人たちも自分のボイスを発見できるように奮起させる──誰の内面にもあるこの欲求は、一つの崇高な目的によって燃え上がる。それは人々のニーズを満たすことである。そしてこの目的は、「自分のボイスを発見する」ことと「ほかの人たちも自分のボイスを発見できるように奮起させる」ことの両方を達成する手段にもなる。人々のニーズに手を差し伸べ、それを満たす努力をしていなければ、生まれながらにして持っている「選択の自由」の翼を広げ、はばたかせていることにはならない。自分の家族のニーズ、よその家族のニーズ、組織やコミュニティのニーズ、その他さまざまな人間のニーズに対して、ほかの人たちと協力して奉仕するとき、本当の人間関係が築かれ、深まっていく。

最初は、ひとりの学生として、自分のためだけの自由を、夜遅くまで起きて、好きな本を読み、行きたいところへ行ける束の間の自由を追い求めた。それから、ジョハネスバーグでの修行時代には、自分の可能性を実現させる自由や、生活費を稼ぎ、結婚して家族を持つという基本的で良識的な自由、法に守られた生活のなかの、誰にもじゃまされない自由にあこがれた。

しかし、そのあと、わたしは少しずつ、自分が自由ではないこと、それればかりか、兄弟たちや姉妹たちも自由ではないことをさとった。自分の自由だけでなく、自分と同じような姿をしたすべての人達の自由が、制限されているということをさとった。そんなときに、アフリカ民族会議に加わって、自分の自由に対するあこがれが、同胞の自由に対するもっと大きな渇望に変わった。同胞のために、誇りを持って人間らしく生きる自由を勝ち取りたいという願いが、わたしの生活を活気づけ、おびえた青年をずぶとい冒険家に変身させ、法を守る弁護士を犯罪に走らせ、家族を愛する夫を家のない男に転落させ、人生を愛する人間に修行僧のような暮らしを強いた。わたしはひとにくらべて志が高いわけでも、自己犠牲の精神に富むわけでもないが、同胞に自由が与えられていないときに、たとえ制限付きのちっぽけな自由であっても、自分だけがそれを楽しむようなことはできなかった。[3] ネルソン・マンデラ

組織というのは、人間のニーズを満たすためにつくられるのであり、それ以外の存在理由はない。ロバート・グリーンリーフは『サーバント（奉仕者）としての組織』という珠玉のエッセイにおいて、「スチュワード（執事）」の概念を組織に当てはめて論じている。

奉仕とは、私たちがこの世に住むために支払う家賃である[4]。　　**ネイサン・エルドン・タナー**

ワールド・ビジネス・アカデミーの共同創設者であるウィリス・ハーモンは、企業という制度そのものへの強い信念を次のように述べている。

企業はいまや地球上で最強の制度である。この支配的な制度は、いかなる社会においても、全体に対する責任を負わなくてはならない。だが企業はそのような伝統をまだ築いていない。これは企業にとって新しい役割であり、よく理解されておらず、受け入れられてもいないのである。そもそもの初めから、資本主義と自由企業の概念に基づき多くの個々の企業は市場の力に反応し、アダム・スミスの「見えざる手」に導かれていれば、どういうわけか望ましい結果に至るはずだ、という前提でこの制度は築かれてきたのである。だが二〇世紀の最後の十年、「見えざる手」が行き詰っていることは明らかになった。「見えざる手」という概念は基本的な意義や価値観に基づいていたのだが、そうした意義や価値観はもはや存在しないのである。それゆえに企業はいま、資本主義が始まってからこのかた持ったことのない伝統を受け入れなくてはならない。それは全体に対する責任を共有し果たすことである。あらゆる決定、あらゆる行動が、その責任に照らしてみなくてはならないのである。

知恵の時代

二一世紀は「知恵の時代」になると私は確信している。謙虚にならざるえない状況の力によって、あるいは良心の力によって、あるいはその両方によって、「知恵の時代」が到来するだろう。

文明のボイスの「五つの時代」を思い出してほしい。「狩猟採集の時代」のテクノロジーを象徴するものは弓と矢だった。「農耕の時代」は農具、「産業の時代」は工場、「情報・知識労働者の時代」は人間である。そして「知恵の時代」を象徴するものは、コンパスである。コンパスは進む方向や目的を選ぶ私たちの能力を表す。コンパスの針が常に真北を指すように、不変にして普遍的な、自明の理である自然の法則や原則に従う私たちの能力を象徴しているのである。

人間の歴史が始まってから社会基盤の転換が起こるたびに、人口の九〇%以上が「人員削減」の対象になっていることを思い出してほしい。産業時代から情報・知識労働者に移行している今も、まったく同じことが起こっている。人々は今の職を失うか、新しい仕事の新しい要求に従って徐々に変化していくか、どちらかを強いられている。私が見るところ、現在の労働人口の二〇%以上は時代に取り残されるだろう。これから数年以内に自己変革しなければ、さらに二〇%が取り残されることにもなりかねない。

情報時代から知識労働者時代への変化はあまりに急激だから、時代についていくためには、自己啓発に投資し続けるしかない。多くの人は痛い目に遭って学ぶことになるかもしれないが、今まさに起こっていることを理解して、自分を律することのできる人は、新しい時代の現実を直視し、それに適応するための新しいマインドセットとスキルセットを体系的に学び続け、身につけるだろう。できれば、目的と原則を前提として情報と知識が生かされる「知恵の時代」が、こうして少しずつ形成されていってほしいと願う。

知恵はどこに？

情報が知恵ではないことを私たちは知っている。知識が知恵ではないことも知っている。

もう何年も前のことになるが、大学で教えながら博士論文を書こうとしていたころ、私は指導教授でもある友人のところに行き、「博士論文はモチベーションとリーダーシップをテーマにしたい。実証研究ではなく哲学論文のようなものにしたいと思う」と話した。

それに対して彼は「スティーブン、今の君の知識では正しい問いを立てることはできないよ」と答えた。彼が言わんとしていたのは、私の知識はそれなりのレベルに達してはいるものの、哲学的な論文で問うべきことを扱うには、そのレベルを超えた知識が必要だということだ。その指摘に私はショックを受けた。結局は科学的なアプローチで論文を書いたのだが、そのときは哲学的な論文を書くつもりになっていたから、かなり落ち込んだ。学部時代と大学院で学んだ経営学の知識に独学の哲学的知識を組み合わせれば、論文は書けると高をくくっていたのである。彼の指摘が正しかったことに気づいたのは、それからしばらく経ってからだった。今でも身の縮む思いがする。

あのとき身のほどを知り、謙虚になったおかげで、その後多くの貴重な気づきや洞察を得ることができたのだと思う。結局のところ、人は皆、物事を知れば知るほど、自分が何も知らないことに気づかされるのである。このことは図15・1のように表せるだろう。黒い輪はあなたの知識を表していて、その外側にはあなたの知らないことが広がっているのである。

　知識が増えていくと、無知はどうなるだろうか？　明らかに、知らないことが増えていく。少なくとも自分は無知だという自覚は大きくなる（図15・2）。知れば知るほど、自分が無知であることを知るのである。自分の知識の輪を超えた大きな目的のために奉仕しようとするとき、人はどうするだろうか？　知っていることだけでどうにかなる安心領域を出なければならないとき、人は謙虚になり、パートナーやチームなど他者の助けを真摯《しんし》に求めるようになる。こうしてほかの人たちと協力し合えれば、知識と能力が生産的なものになる。そしてやがて相互補完チームができていき、お互いの知識と能力をさらに伸ばし、無知や短所を補い合えるようになる。これが協力のあるべきかたちなのだ。

　無知を自覚することで、他者から教わろうという気持ちが強くなる。個人としての成長や人間関係、リーダーシップなどのよう

「教育とは、われわれ自身の無知を次第に発見していくことである」

ウィル・デュラント（米国の歴史家　1885～1981年）

図15·1

な重要な事柄については特に、自分よりも深い知識を持つ人に教えを乞うようになる。情報と知識に原則と有意義な目的が植えつけられたもの、それを知恵というのだと私は思っている。

> ある意味では、知恵が増せば知識は縮んでいく。細々とした知識は原則にのみ込まれるからだ。細々とした知識でも大切なものは、生活を営む中で自然と身につく。しかし深く理解した原則を積極的に活用する習慣は、最終的には知恵として身につくのである。[5]
>
> アルフレッド・ノーズ・ホワイトヘッド

知恵は誠実さの子どもということもできる。知恵は原則を誠実に果たすことによって身につくものだからだ。そして誠実さは謙虚さと勇気の子どもである。実際、謙虚さはあらゆる美徳の母だともいえる。なぜならば、謙虚な人は、自然の法則すなわち原則が万物を支配していることを認めるからである。支配しているのは原則であって、私たち人間ではない。プライドが強すぎると、

図 15・2

自分が支配していると思い込む。しかし謙虚な人は原則を理解し、原則に忠実に生きる。原則が自分の行為の結果を支配していることを知っているからだ。謙虚さが知恵の母とするなら、勇気は知恵の父である。原則が今の社会の規範や価値観とは真逆を示していたら、原則に従って生きるのは世の中の流れに逆らうことであり、それには途方もない勇気が要るのだ。

勇気は恐怖心のないことではなく、恐怖心よりも重要な何かがほかにあると判断することである。
アンブローズ・レッドムーン

図15・3は、ここまでで述べた三世代の関係を図示したものである。反対概念の三世代にも注目してほしい。誠実さには二人の子どもがいる。知恵と豊かさマインドだ。良心を育て、良心に従う人の下に知恵は訪れる。誠実さが内面を安定させるから、豊かさマインドが培われる。他人の判断や他人との比較に頼らずに自尊心を持てる人は、他人の成功を心から喜べる。しかし他人との比較で自分のアイデンティティを形成している人は、欠乏マインドに縛られているから、他人の成功を喜ぶことができない。知恵と豊かさマインドは、本書で述べているようなパラダイムを生み出す。人を信じ、人の価値と可能性を肯定し、マネジメントするのではなく解き放つという観点から物事を考えられるようにしてくれるパラダイムだ。知恵と豊かさマインドを併せ持つ人は、人間が授かっている選択の能力を尊重する。また、モチベーションは内発的なものであるという事実も理解できるから、他人をうまくコントロールしてモチベーションを引き出そうというようなことはしな

い。知恵と豊かさマインドを併せ持つリーダーは、人に要求するのではなく人を鼓舞する。モノはコントロールし、人は導く（エンパワーメントを進める）。ゼロサムでは考えない。第３の案を探求する。すべての人に対する感謝、敬意、尊重で心は満たされている。人生はリソースの宝庫と見ている。チャンスをもたらし、継続的な成長を可能にする人的リソースは尽きることがないと考えているのだ。

道徳的権威とサーバントリーダーシップ

> あなたは十分に成し遂げていない。価値ある貢献ができる可能性が残っているうちは、十分に成し遂げたことにならない。[6]
>
> ダグ・ハマーショルド

知恵とは、知識を賢明に使うことである。知恵は、より高い目的と原則が植えつけられた情報、知識である。知恵は、あらゆる

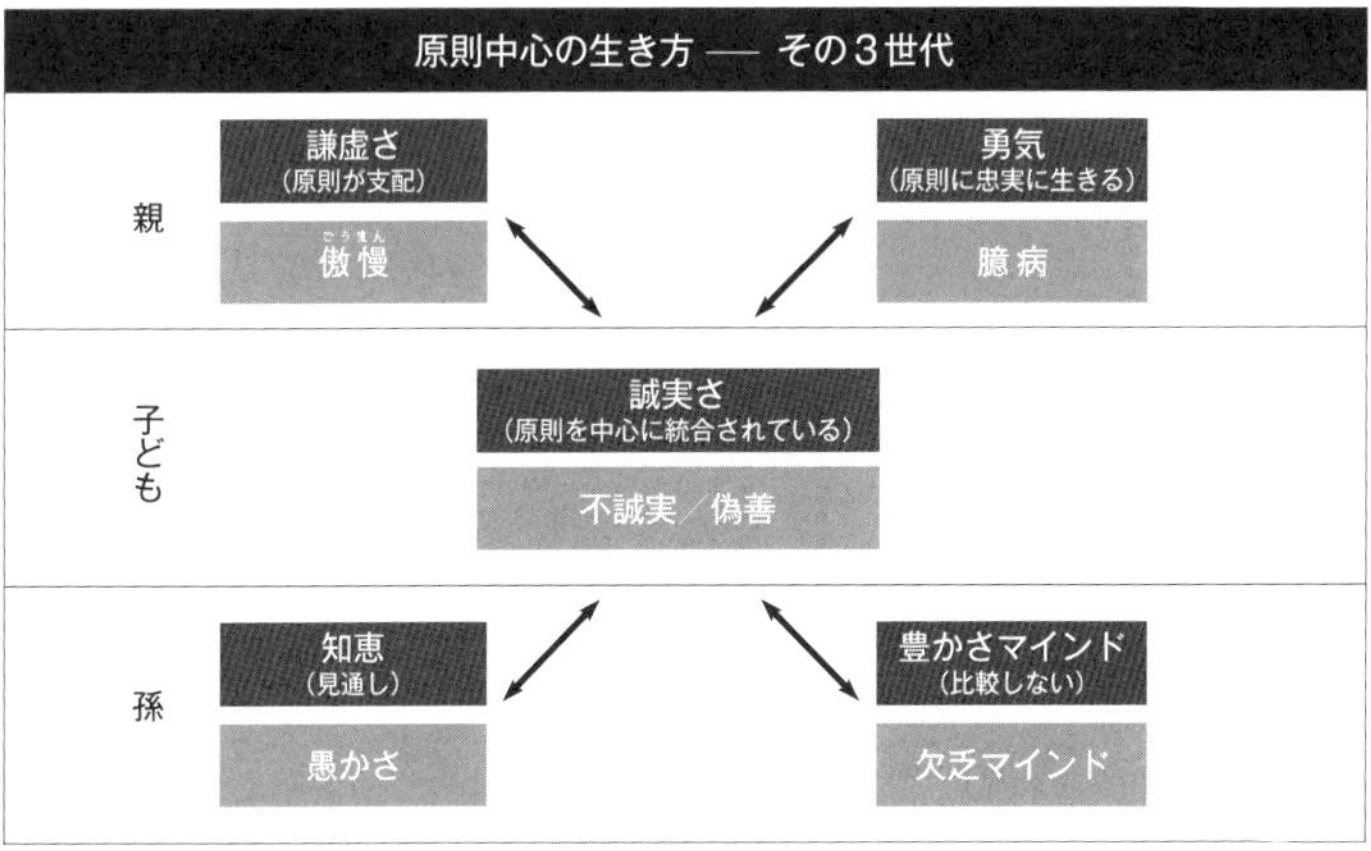

図15·3

人々を尊重し、お互いの違いを喜び、ただ一つの倫理である**超我の奉仕**に導かれて生きることを私たちに教える。道徳的権威は**第一の偉大さ**（人格の強さ）であり、形式的権威は**第二の偉大さ**（地位、富、才能、評判、人気）である。

最近、私はときどき自分の人生を振り返る。そんなときもっとも衝撃的なことは何かといえば、かつては有意義に思えて心そそられたものが、今ではまったく空しく馬鹿げて見えることである。たとえば、さまざまな見かけを装った成功。有名になり称賛されること。表層的な快楽──金を稼ぐ、女性を口説く、旅をする、悪魔のごとく世の中を好き勝手にうろつく。虚栄の市が勧めるあらゆるものを解き明かし、体験すること。振り返ってみれば、こうした自己満足の所業はただの幻想のような気がする。パスカルの言葉を借りれば「土をなめる」ような味気ない生き方に思える。[7]　マルコム・マゲリッジ

道徳的権威の面白いところは、その言葉の矛盾にある。辞書で「権威」を調べると、命令、統制、権力、権限、影響力、規則、優位性、支配、主権、強さといった言葉を使って説明している。権威の反意語は、礼節、服従、弱さ、追随などだ。本書で述べている道徳的権威は、原則に従うことによって影響力を得ることを意味する。道徳的な支配とは、サーバント（従僕）の精神、奉仕、貢献によってなされる。権力と道徳的優越性は謙虚さから生まれ、もっとも偉大な者がすべての人のサーバントになる。道徳的権威は第一の偉大さであり、それは自己犠牲により達成される。サーバントリーダーシップ運動の生みの親、ロバート・K・グリーンリー

フは次のように述べている。

今、新しい道徳的原則が生まれつつある。忠誠を尽くすに値する権威は、導かれる者が導く者に自由に、かつ意図的に与える権威だけであるとする原則である。そしてその権威は、導く者のサーバントとしての明確な態度に応じて付与される。この原則に従うことを選んだ者は、既存の制度の権威を安易に受け入れはしない。サーバントの資質が証明され、サーバントとして信頼されたゆえにリーダーに選ばれた個人しか受け入れようとはしないだろう。この原則が将来支配的なものとなれば、サーバントリーダーに導かれる組織だけが発展を遂げられるのである。[8]

私のこれまでの経験からいえば、本当に優れた企業のトップはおしなべてサーバントリーダーである。実に謙虚で、誰にでも敬意を払い、オープンマインドで思いやりがあり、他者から真摯《しんし》に学ぼうとする。本章の最初のほうでも触れたが、社会に大きな影響を与えたベストセラー『ビジョナリーカンパニー』の共著者であるジム・コリンズは、「優良企業から真に偉大な企業へと発展させる要因は何か？」という問いを立て、約五年にわたる調査を行った。コリンズの結論には奥深い意味がある。リーダーシップに関するあなたの考え方も大きく変わるだろう。彼の言う「第五水準のリーダーシップ」は次のようなものである。

変革を強力に推し進めることのできるエグゼクティブたちは、個人としての謙虚さと職業人としての強い意志を兼ね備えている。実に慎重であると同時に並外れて野心的であり、内気だが怖いもの知らずだ。彼らは類まれな人たちであって、誰にも止めることはできない。「良い」から「偉大」への変化は、第五水準のリーダーが舵《かじ》を握っていなければ起こりようがない。[9]

地位による形式的権威（第二の偉大さ）を持つ人が、その権威や権限はあくまで最後の手段にして、普段は使わずにいたら、その人の道徳的権威は増していく。自分のエゴや地位による力は引っ込めて、思いやりや共感を示し、筋道立てて説得するといったアプローチをとっていることがはっきりとわかるからである。一言で言えば、地位による力ではなく個人の信頼性で物事を進めようとしているのだ。ジム・C・コリンズは著書『Leading Beyond the Walls（壁を越えるリーダーシップ）』の中で、より広い組織の文脈でこの原則をとらえている。

組織の経営層は、第一に、従来のやり方で組織の内と外の境界線を引くのではなく、基本的な価値観と目的によって区別しなければならない。第二に、支配や管理のシステムに頼るのではなく、個々

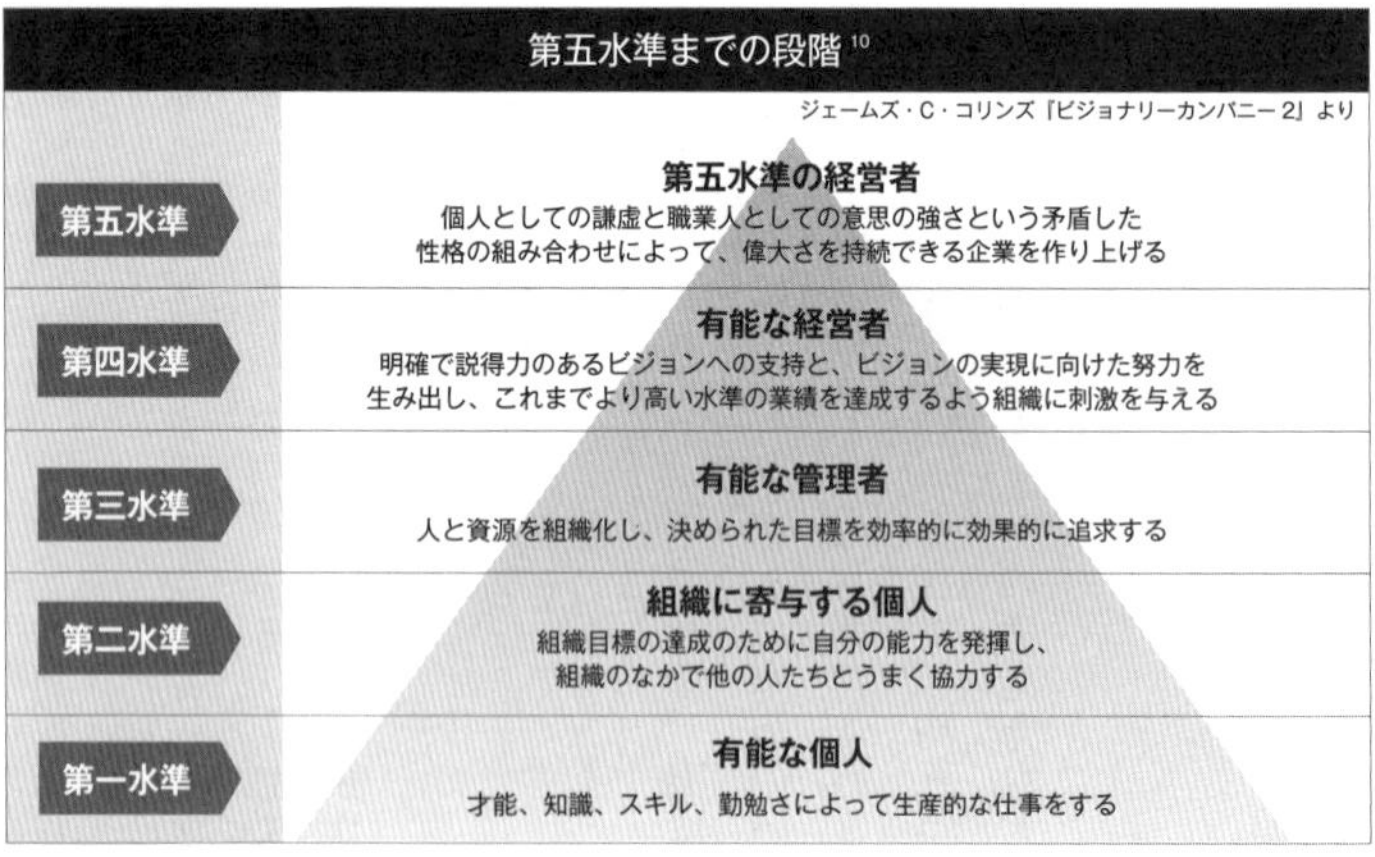

第五水準	**第五水準の経営者** 個人としての謙虚と職業人としての意思の強さという矛盾した性格の組み合わせによって、偉大さを持続できる企業を作り上げる
第四水準	**有能な経営者** 明確で説得力のあるビジョンへの支持と、ビジョンの実現に向けた努力を生み出し、これまでより高い水準の業績を達成するよう組織に刺激を与える
第三水準	**有能な管理者** 人と資源を組織化し、決められた目標を効率的に効果的に追求する
第二水準	**組織に寄与する個人** 組織目標の達成のために自分の能力を発揮し、組織のなかで他の人たちとうまく協力する
第一水準	**有能な個人** 才能、知識、スキル、勤勉さによって生産的な仕事をする

図 15·4

人の選択の自由に根ざしたコミットメントや協力の仕組みを構築しなければならない。第三に、真のリーダーシップは権力の行使とは真逆のものであることを認めなくてはならない。第四に、伝統的な壁は崩れつつあり、その流れは加速していく現実を受け入れなくてはならない。[11]

社会が混沌《こんとん》とし先行きが不透明で、どんな組織も生き残りに必死になっている時代に、物事を本来の軌道に戻して新しい秩序と安定を築き、新しいビジョンを描くためには、形式的権威の強力な手腕が求められることもあるだろう。しかし形式的権威を早いうちから振りかざしていたら、道徳的権威が弱まるのはまず間違いない。地位の力に頼ったら、自分自身、他者、人間関係を弱くしてしまうことを思い出してほしい。形式的権威だけを使い、道徳的権威を培おうとしなければ、自分自身が弱くなる。部下は上司の形式的権威に頼って受け身になり、共依存関係に陥る。そして本当に心を開いた信頼関係が築かれず、人間関係も脆弱《ぜいじゃく》になる。

> 個人の人格は、乗り越えてきた逆境ではなく、他者に力を与えることによって、はっきりと見えてくる。
>
> エイブラハム・リンカーン

高い道徳的権威のある人は最後には形式的権威を得るものである。新生南アフリカ共和国の父、ネルソン・マンデラがそうだ。とはいえ全員がそうとは限らない。新生インドの父、ガンディーは、形式的権威を手にすることは終生なかった。

また、形式的権威を原則中心のアプローチで、つまり道徳的権威を持って使う人は、まず間違いなく自分の影響力を大きく広げることができる。アメリカ合衆国の建国の父、ジョージ・ワシントンはその代表格だろう。

道徳的権威が形式的権威の効果を飛躍的に伸ばすのはなぜだろう？ 依存的な人は、上司の態度にひどく敏感だ。上司が権限を振りかざすようなそぶりをほんの少し見せただけで萎縮する。逆に、親切や優しさ、共感、穏やかな説得、忍耐などの態度を上司が見せれば、とたんに前向きになる。形式的権威に頼らないリーダーの人格の強さは、周りの人たちの良心を動かすのである。こうして人々はリーダーを信頼し、リーダーが掲げる目的や原則に共感する。そうなれば、リーダーが立場上の力（形式的権威）を使っても、人は恐怖心を持たず、リーダーを本心から信じてついていく。これもリーダーシップにおける「第3の案」ということができる。

このことは親としての責任を果たすうえでも重要な鍵になる。

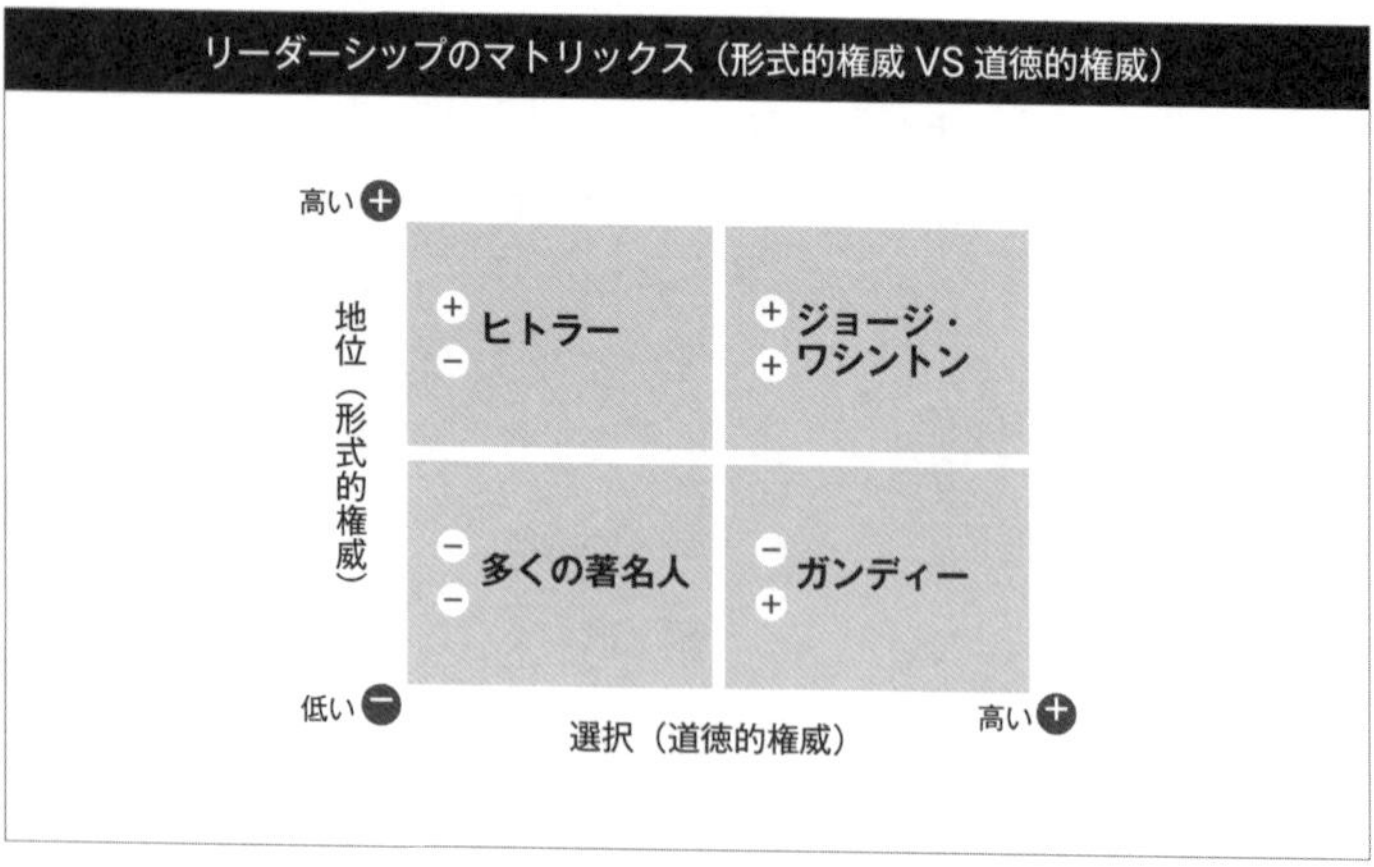

図15・5

親の務めを果たすのはもっとも崇高なボイスである。親はしっかりした行動規範と価値観を持ち、躾《しつけ》の土台にわが子への無条件の愛と深い共感、子育ての喜びがなければならない。だから、親に反抗し困らせようとする子どもにどう接するかが、親としてもっとも試される場面であり、子どもが健全に育つ家庭を築く鍵なのである。

景気が低迷し経済的に厳しい時期には、産業時代の指揮統制モデルに逆戻りする傾向がある。誰でも雇用が守られるかどうか不安を感じるのは当然で、雇用確保には産業時代のモデルのほうが安心できるような気がするからだ。従業員は依存的傾向が強くなり、指揮統制スタイルのリーダーシップに従おうとする。しかし先行き不透明で困難な時代には、より少ないリソースでより多くの成果を上げなくてはならないのだから、むしろ知識労働者時代モデルが絶大な効果を発揮するのである。

「より少ない」リソースで「より多く」を生み出すには、まずは**組織全体で**人間の可能性を解き放たなくてはならない。トップの人間があらゆる決定を下し、あとの者たちは歯車になり、言われたことだけをやればよいという産業時代の悪習に逆戻りしてはいけないのだ。この古いアプローチは今の厳しい時代にはまったく通用しない。

景気が低迷する時期は、人間をロバ扱いし飴《あめ》と鞭《むち》でモチベーションを引き出すやり方でなんとか切り抜けられるかもしれない。しかし、それでサバイバルできたとしても、最善の結果を出せないことはたしかだ。

地位としてのリーダーシップ（形式的権威）と選択としてのリーダーシップ（道徳的権威）の違いに注意してほしい（表7）。

コミュニティや個人が自らのボイス（内面の声）をどのように生かして、人間のニーズを満たすことに奉仕できるか、実例を挙げて見ていくことにしよう。偉大な軍人や国家元首らのエピソードから、形式的権威を持たず道徳的権威だけを持っている場合、両方の権威を持っている場合を考えてみてほしい。

コミュニティの治安

米国各地、そして世界中の多くのコミュニティが、市民社会の力によって犯罪率を引き下げている。中には六〇％も減少したコミュニティもある。それを実現しているのは第3の案である。犯罪を減らすための第1の案は、警察による法執行を強化することであり、第2の案は「社会のモラルの低下」を仕方なく受け入れて生きることだ。そして第3の案は、道徳的権威を働かせて市民を勇気づけエンパワーメントして、犯罪

……としてのリーダーシップ	
地位（形式的権威）	選択（道徳的権威）
力が正しさを生む	正しさが力を生む
誠実さよりも忠誠心を重視する	誠実さが忠誠心である
長いものには巻かれる	断固として拒否する
ばれなければ「不正」ではない	「不正」とは不正を働くことだ
トップの人間はエトス、パトス、ロゴスを信じない	エトス・パトス・ロゴス
トップの人間は模範になろうとしない	批評家ではなく、模範になる
イメージが大事だ	見かけよりも中身が大事だ
「誰からも言われていません」	確かめる／提言する
「言われたとおりにやりましたが、だめでした。次は何をすればよいですか?」	「私はこうしようと思います」
これしかない	十分にあるし、余裕もある

表7

防止と犯罪者の摘発に市民社会が積極的に関わっていくことである。では、そのリーダーシップをとるのは誰か？　現場の警察官である。

リーダーシップをとるべき警察官が「誰もが納得する良い人」（ロサンゼルス郡の保安官は警察官の採用基準をこのように言い表している）でなければ、隣人、親、教師、その他あらゆる普通の市民は、犯罪防止や犯罪者の摘発に警察と協力することはできない。信頼できる「おまわりさん」と気持ちが通じ合えなければ、貧困地区に社会的規範や倫理観を浸透させ、信号無視も含めて法律違反を絶対に許さないというプロジェクトを展開することはできない。社会学者エミール・デュルケームの「社会的道徳観が十分であれば法律は不要である。社会的道徳観が不十分であれば、法律を作っても守られない」という鋭い洞察を思い出してほしい。

法執行分野の研修を担当している私の同僚は、受講者（保安官や警部、警部補など、主にリーダーの立場にある人たち）に向かって「コミュニティの治安で本当のリーダーは誰だと思いますか？」と必ず尋ねることにしている。ディスカッションしていくと、それは現場の警察官であることが明らかになる。現場の警察官たちが住民と信頼関係を築かなくては、犯罪を防ぐことはできないのだ。ギャング、ドラッグの密売人や買い手がそこらじゅうにいて、暴力事件も頻発する地域で、多くの場合は彼ら自身が大きなリスクを負いながら「ホイッスルを鳴らす」役割を担っているのである。このような環境では形式的権威はうまく機能しない。それどころか形式的権威を持ち出したら逆効果以外のなにものでもなく、文化の二極化がいっそう進むだけである。犯罪防止と犯罪を許さない社会的規範を確立できるのは道徳的権威だけなのだ。聖書の羊飼いの例えのように（ヨハネによる福音書第一〇章）、羊飼いは羊をよく知らなければならないし、それと同時に羊からよく知られていなければならない（本当のコミュニケーション）。羊飼いは羊のためなら命も惜しまないほど羊を大切にする。だから羊飼いは羊たちの前を歩き、羊たちはその後をついていくのである。しかし雇われた羊飼いはどうだろう? 羊を大切にすると口は言うものの、「自分の得になる」から羊飼いの仕事をしているにすぎない（賃金のため）。狼が襲ってきたら、羊たちを簡単に見捨てるだろう。だから雇われの羊飼いは羊たちの後ろから飴《あめ》と鞭《むち》で追い立てなくてはならないのだ。

このケースでリーダーの立場にある人たちは、実はリーダーというよりもマネージャー、管理者であって、よくいえばサーバントリーダーである。彼らの役割は、本当のリーダーである現場の警察官たちが犯罪の芽を摘み取れるように、COMSTAT（犯罪統計システム）などのコンピューターテクノロジーを使って潜在的な問題を突き止めることである。

立場がリーダーシップを授けると考えている人にとっては、この考え方に愕然《がくぜん》とするかもしれない。この新しいモデルでは、現場の警察官が道徳的権威を持つ実質的なリーダーであり、上層部の人間は、整えられたシステムのマネージャー、サーバントリーダーとして現場の警察官たちに仕えるのだ。きわめて伝統的かつ権威主義的で、指揮統制の厳しい階級組織である法執行機関において、これ以上のパラダイムシフトがあるだろうか?

警察の基本的な任務は犯罪や混乱を防ぐことである。一般大衆が警察であり、警察も一般大衆である。地域社会の安全には双方が同じ責任を果たさなくてはならない。[12]

サー・ロバート・ピール、近代警察組織の創設者

考えてみれば、警察と市民の協力によるコミュニティの治安はまさにパラダイムシフトの実例であり、人間が活動するあらゆる分野に当てはまる真実である。最前線にいて「地に足の着いた」仕事をする人たちは、取引先にせよ顧客にせよ、仕事で接するあらゆる相手に自分の影響力を及ぼさなくてはならない。現場の人間こそ、信頼関係を築き創造的に問題を解決して、リーダーシップを発揮しなければならないのである。

ジョシュア・ローレンス・チェンバレン

軍事史上、道徳的権威に裏打ちされた人物の感動的な逸話を一つ挙げるとすれば、南北戦争の英雄ジョシュア・ローレンス・チェンバレンをおいてほかにはないだろう。彼は志願兵で編成された北軍第二〇メーン歩兵連隊の司令官だった。深刻な兵員不足に陥っていた北軍は志願兵の追加募集をかけた。ボウディン大学で教鞭《きょうべん》をとっていたチェンバレンは、サバティカル休暇を利用し、北軍最高司令官エイブラハム・リンカーンの呼びかけに応じたのである。チェンバレンは奥深い人格と道徳的な信念の持ち主であり、メーン州知事に宛てた手

紙が受理され、入隊を認められた。軍務は素人同然だったが、入隊してからあっという間に昇進していった。

チェンバレンの名が後世に語り継がれているのは、ゲティスバーグの戦いのリトル・ランド・トップ攻防戦で並外れた勇気とリーダーシップを見せたからである。彼は、北軍の最左翼線を死守し、側面からの南軍の攻撃を防ぐよう部隊に命じた。兵士たちとともに防衛線を死守したが、ついに銃弾が尽きる。しかし彼は退却を拒み、「銃剣をつけよ」と命じた。このときのことをチェンバレンは次のように記録している。

あの危機において、私は「銃剣を」と命じた。その一言で十分だった。その言葉は炎のように戦列を駆け抜け、兵から兵へ伝わった。やがて大きな叫び声が上がり、兵士たちは、三〇ヤード足らずのところまで迫っていた敵軍に突進していった。効果は驚くべきものだった。敵軍の第一列にいた兵士の多くは、武器を捨てて降伏した。片手で剣を差し出しながら、もう一方の手に握っていたピストルで私の頭めがけて撃ってくる将校もいた。わが部隊は右翼を固定して左翼が前進し、大きく「右旋回」した。すると敵軍の第二列も崩れ、後退し始めた。敵兵は木から木へ身を隠しながら後退していったが、多くは捕えられた。ついにわが部隊は谷を一掃し、ほぼ一個旅団に相当する前線を掃討した。[13]

多くの歴史家は、リトル・ラウンド・トップで見せたチェンバレンの荒々しい勇気がゲティスバーグの戦いを勝利に導き、南北戦争の決定的な転機になったとみている。チェンバレンは、アポマトックスで最初に降伏した南軍部隊から武器を受け取る栄誉に浴した。その後も着々と昇進し、少将の地位で終戦を迎えた。後に、リトル・ラウンド・トップ攻防戦の功績により名誉勲章を授与されている。

戦後しばらくして、チェンバレンの働きをたたえ、友人や戦友たちがプレゼントを贈った。白い斑《まだら》の混じった灰色の見事な種馬である。謙虚で控えめな人柄らしく、チェンバレンは丁重にその贈り物を受け、「私の犠牲も奉仕も、自らの義務を果たす者に与えられる良心という報奨で十分であります[14]」と語った。

金大中大統領

私は、元韓国大統領の金大中氏と顧問の方々に大統領官邸の青瓦台《せいがだい》でレクチャーする栄誉を賜ったことがある。レクチャーの終わり近くで、大統領から「コヴィー博士、あなたはご自分が教えていることを本当に信じていますか？」と質問を受けた。私はその質問に意表を突かれ、目を覚まされたような思いがした。少し間をおいて「はい。信じております」と答えた。すると大統領は「なぜそう言えるのですか？」と聞いてきた。「私がここで話したことに従って生きようと心がけているからです。力が及ばず守れないこともたびたびあります。しかし必ず、これらの教えに戻ります。私はこれらの教えを信じています。これらの教えに鼓舞され、いつもそこに戻っていくのです」

それに対して大統領はこう言った。「私の場合、それでは不十分なのです」

私は金氏が何か話したそうにしているのを感じとり、「大統領、あなたのお話をうかがったほうがよろしいようですね」と先を促した。すると金氏は「あなたはそれらの教えのために死ぬ覚悟はありますか？」とまたも質問を投げかけた。たしかに大統領は何かを伝えようとしていた。そして大統領は、ここに至るまでの自分のことを話し始めた。何年にも及ぶ国外追放、投獄、何度かの暗殺未遂。石を入れた袋に詰め込まれ、シナ海に投げ入れられ、あわやというところでＣＩＡのヘリコプターに救出されたこともあった。北の軍事政権に協力するよう圧力をかけられたこともあったという。大統領就任の話を持ちかけられたときは、独裁政権の操り人形になることはわかっていたから、断ったそうである。応じなければ殺すという脅しにも屈せず、「では殺せばよい。殺されれば、私は一度死ぬだけで済む。しかしあなたがたに協力すれば、これから一生、毎日百回も死ぬ思いをすることになる」と言ったという。

> 私は知っています。男は皆、自分が信じるものに命を捧げ、女は皆、自分が信じるものに命を与えるのだということを。しかしときとして、人はほとんど何も信じないか、まったく何も信じないことさえあります。そのようなとき、人は取るに足らないものや無に等しいものに命を捧げることになるのです。[15]
>
> ジャンヌ・ダルク

大統領は、長く苦しい試練の日々を支えてくれた家族のこと、キリスト教改宗者としての信仰心、民衆と民主主義の大きな力に対する強い信念を語ってくれた。大統領の話を聞いていて、あらゆる個人の価値と可能性、そして自己表現の権利を信じていることがひしひしと伝わってきた。私は大統領から、ほとんど人目に触れていない貴重な本をいただいた。かつて獄中で愛する人たちに宛てて書いた手紙をまとめたもので、そこには金大中氏の深い信念と決意がつづられていた。

生態系としての道徳的権威

以前、発展途上の某国大統領と仕事をしたことがある。その国は、長年にわたる汚職や暴力、反乱、内戦ですっかり疲弊していた。新大統領は実に勇気ある人物だった。法律と憲法の支配の重要性を国民に強く訴え、テロリストやテロ組織との交渉には応じないという断固たる姿勢を示していた。新大統領に対する国民の信頼は日に日に増していき、支持率も上がっていった。その新大統領に「あなたは大統領としてどのようなレガシーを残したいですか？　制度としてこの国に定着させたいことは何でしょうか？」と尋ねてみた。二人で話しているうちに、個人の道徳的権威だけでは足りないことがわかってきた。大統領自身もそれに気づいたようだった。ビジョンの道徳的権威だけでなく、道徳的権威を制度にする必要もある。その両方があってはじめて、法の支配による平和の実現、シナジーによるコミュニケーション（第3の案）による繁栄という彼のビジョンに国民は共鳴し、政府機関の構造やシステムに基本的な原則を組み込むことができる。そうすれば市民社会にも文化の道徳的権威が少しずつ培われていく。そのような社会の規範や道徳観が法の支配を支え、犯罪予防の考え方、市民との協力による治安維持を促進し、福祉と教育に対する大衆のニーズに応えることができるのである。「第8の習慣」（自分のボイスを発見し、ほかの人たちも自分のボイスを発見できるように奮起させる）の根本をなすモデルに示される四つの道徳的権威（個人、ビジョン、制度、文化）を新大統領も理解できたようだった。

米国をはじめ世界中のあらゆる国の例を見てもわかるように、文化の道徳的権威はゆっくりとしか育っていかない。とはいえ、四つの道徳的権威がどのような「生態系」をなし、自然界の生態系と同じように、どのように作用し合い、相互依存の関係をつくっているのかを理解しておくことは有益だろう。知恵の本質とは、あらゆる物事のつながりを見抜くことにあるのだ。

天賦の才、文化的な影響、知恵

「自分のボイスを発見し、ほかの人たちも自分のボイスを発見できるように奮起させる」というプロセスに織り込まれている糸をたどっていくと、私たち人間には生まれながらにして授かっている才能があるにもかかわらず、文化の影響が少しずつ刷り込まれていくことがわかる。コンピューターに例えれば、ソフトウェアがインストールされるのだ。桁違いにパワフルなコンピューターでも、インストールされたソフトウェアの能力を超えたオペレーションはできないように、個人、組織、社会も、その文化的な規範、倫理観、信念を超えて機能することはできない。しかしあなたがムハマド・ユヌス（第一章参照）のような人物であれば、その限りではない。ユヌスは良心の声に従って、人間観、自制する力、情熱を形成していき、ついには古いソフトウェアが新しいものに入れ替わった。そして個々人の頭の中だけでなく、家族や組織、社会という集団の頭の中を占めていたかたくなで偏狭な考え方まですっかり入れ替わったのである。ユヌスの生き方には、偏見や予断を乗り越えるとはどういうことかが鮮やかに示されている。ユヌスの謙虚さと勇気が彼の誠実さの父母であり、彼の知恵と豊かさマインドの祖父母であることが感じとれるだろう。

あなたも同じことができる。「自分のボイスを発見し、ほかの人たちも自分のボイスを発見できるように奮起させる」ことを、**知識、意欲、スキル**が融合した習慣として身につけられるのだ。知恵の源泉である良心の声に耳を傾けてみてほしい。次に述べる三つのレベルにおける人間のニーズについて、染みついた文化、つまり瑕疵《かし》のあるソフトウェアを通すとどのように見えるか考えてみてほしい。それはジレンマとなって表れるのである。

個人のレベルでは、人は内面の平和と良い人間関係を求めているけれども、それと同時に自分の習慣やライフスタイルを変えたくないとも思っている。この場合、知恵の宝庫である良心は何と言うだろう？　より高い、より重要な目的、正しいことのために自分が欲しいものを犠牲にして、私的成功を果たしなさいと言うだろうし、その声にあなたはうなずくはずだ。

次は人間関係のレベルで起こるジレンマを考えてみよう。人間関係は相互の信頼に成り立つけれども、ほとんどの人は「私」の視点から考えるものである。私が欲しいもの、私に必要なもの、私の権利、というように。この場合、知恵はどんな指示を出すだろうか？　信頼を築く原則や、「私」を引っ込めて「私たち」を優先することに目を向けなさいと命じるだろう。

次は組織のレベルでの二つのジレンマを考えてみよう。より少ないリソースでより多くの成果を出すことを求めるのは、経営陣の一般的な考えといえるだろう。つまり、コストをかけずに生産性を上げたいわけである。しかし従業員のほうは、より少ない時間と労力で自分の得になることをより多く求めるのが普通だ。この場合、知恵はどんな指示を出すだろうか？ 第3の案を生み出すよう命じるだろう。Win‐Win実行協定を通して、経営陣は従業員をコントロールするのをやめてエンパワーメントすることによって、一人ひとりの可能性を解き放ち、より少ないリソースでより多くの成果を出すという共通の目標を持てるようになる。

組織の典型的なジレンマにはもう一つある。よく考えてみてほしい。企業は市場の経済的ルールに従って営まれる。しかしその一方で、組織は職場の文化的ルールに従って営まれている。言い換えれば、経済的ルールと文化的ルールという二つの異なるルールが同時に働いているのである。この場合、知恵はどんな指示を出すだろうか？ 市場の現実を職場の文化に反映させ、個人もチームも原則中心の基準を用いて、三六〇度フィードバックやバランスト・スコアボードの情報にアクセスできるようにすればよいと言うだろう。その情報を基に基本給と能力給を組み合わせれば、市場における消費者のニーズだけでなく、すべてのステークホルダーのニーズに応えようとするモチベーションが自然に湧いてくるはずだ。

「知恵はどう命じるか？」という問いかけは、社会そのものにも使える。社会の根本的なジレンマに対処するときにも、このように問いかけて考えてみればよいのである。要するに、社会はその支配的な価値観で動いているけれども、侵すことのできない自然の法則や原則の作用がもたらす当然の結果も受け入れなくてはならない。そうであるなら、社会全体の福祉のために特定の利益を犠牲にして、社会の価値観、倫理観、規範を原則に合わせればよいのである。

人間のニーズに応えようとするとき、知恵という広い視野に立って考えれば、こうしたジレンマも解決できることがわかるだろう。また、犠牲を払うことが不可欠であるのもわかると思う。犠牲はより良いもののために良いものを諦めることである。だから、何かのニーズを満たそうという強いビジョンがあれば、たとえ第三者の目には犠牲に映っても、当の本人は犠牲とは思わないはずだ。本心からの犠牲こそ、道徳的権威の本質なのである。

原則中心のモデルで問題を解決する

本書の最初のほうでも述べているが、人間を全人格としてとらえるパラダイムが正確であれば、そのパラダイムによって、組織が直面するもっとも困難な問題を説明し、予測し、診断することができると私は確信している。シンプルな全人格型モデルとシンプルな発展のプロセスは、複雑さの果てにあるシンプルさであると断言できる。

私は長年、世界中の何千、何万もの人たちに、「あなたにとって一番の問題は何ですか？ 夜も眠れなくなるほどの悩みは何でしょうか？」という質問をしてきた。その次に「仕事あるいは組織に関する最大の問題は何ですか？」と聞く。一般的な回答を表8にまとめたので見てほしい。本書の冒頭で紹介した痛みや問題に似ていることがわかると思う。

これらの個人的な問題、仕事や組織の問題のどれをとっても、偉大さの三つのモデルの土台となっている原則のフレームワークに当てはめれば、解決の糸口がつかめることがわかるだろう。あなたが今直面している問題は何だろうか？ 個人の問題なら、ビジョン、自制、情熱、良心、そして「7つの習慣」によって、その問題を解決するために何ができるか考えてみよう。リーダーとしての問題なら、リーダーシップの四つの役割（模範になる、方向性を示す、組織を整える、エンパワーメントを進める）によって何ができるか考える。組織の問題なら、ミッション、ビジョン、価値観に照らして、実行力を促す六つの原則（明確さ、コミットメント、行動に落とし込む、シナジー、成果を上げる環境整備、アカウンタビリティ）によって何ができるか考える。道徳的権威の四つの側面（個人、ビジョン、組織、社会）が生態系のごとく関係し合っているように、偉大さの三つのモデルと、それぞれに含まれる問題解決の諸要素との間にも、一つの生態系と連続性があることがわかるだろう。原則中心のフォーカスと実行のモデルをもう一度確認しておこう（図15・6）。

本書で紹介しているリーダーシップのフレームワークが現実に即していることも再確認しておいてほしい。第二章の映像作品『マックス&マックス』をもう一度観て、トリム・タブになったつもりで考えてみよう。「付録7

個人的な難題	職業（組織）的な難題
1. 家計、お金	1. 仕事量、期限――目標が達成できない
2. ライフ・ワーク・バランス、時間が足りない	2. 時間とリソースが足りない
3. 健康	3. 資金繰り
4. 人間関係――配偶者、子ども／思春期の子ども、友人	4. 信頼関係ができていない
5. 子どもの養育、躾《しつけ》	5. ディスエンパワーメント
6. 自信喪失	6. 変化、先行き不透明
7. 先行き不透明、変化	7. テクノロジーの進歩についていけない
8. スキルや教養の欠如	8. 混乱――共通のビジョンや価値観がない
9. 自分の存在意義を見いだせない	9. 仕事の満足感――仕事を楽しめない
10. 平常心が保てない	10. 上司／経営陣に誠実さが欠けている

表8

マックス＆マックス再び」では、マックスとハロルド氏がリーダーシップの四つの役割のレンズを通して状況を見て、彼らが直面している難題に取り組み、解決していくプロセスがわかる。

全人格型モデル（肉体、知性、情緒、精神）の包括的な力も振り返っておこう。このモデルは、四つのインテリジェンス（IQ、EQ、PQ、SQ）に対応している。人生の四つの基本的なモチベーション／ニーズ（生きること、愛すること、学ぶこと、貢献すること）を表している。個人のリーダーシップの四つの特徴（ビジョン、自制、情熱、それらを導く良心）も表している。さらにこれらの特徴は、組織（家庭も含めて）のレベルではリーダーシップの四つの役割（模範になる、方向性を示す、組織を整える、エンパワーメントを進める）となる（図15・7参照）。

「自分のボイス（内面の声）を発見する」というのは、全体は部分の総和を上回るというシナジーの概念だ。だから、自分の四つの側面（肉体、知性、情緒、精神）を大切にし、伸ばし、調和させることによって、自分の可能性を最大限に解き放ち、本当の充足感を得ることができる。

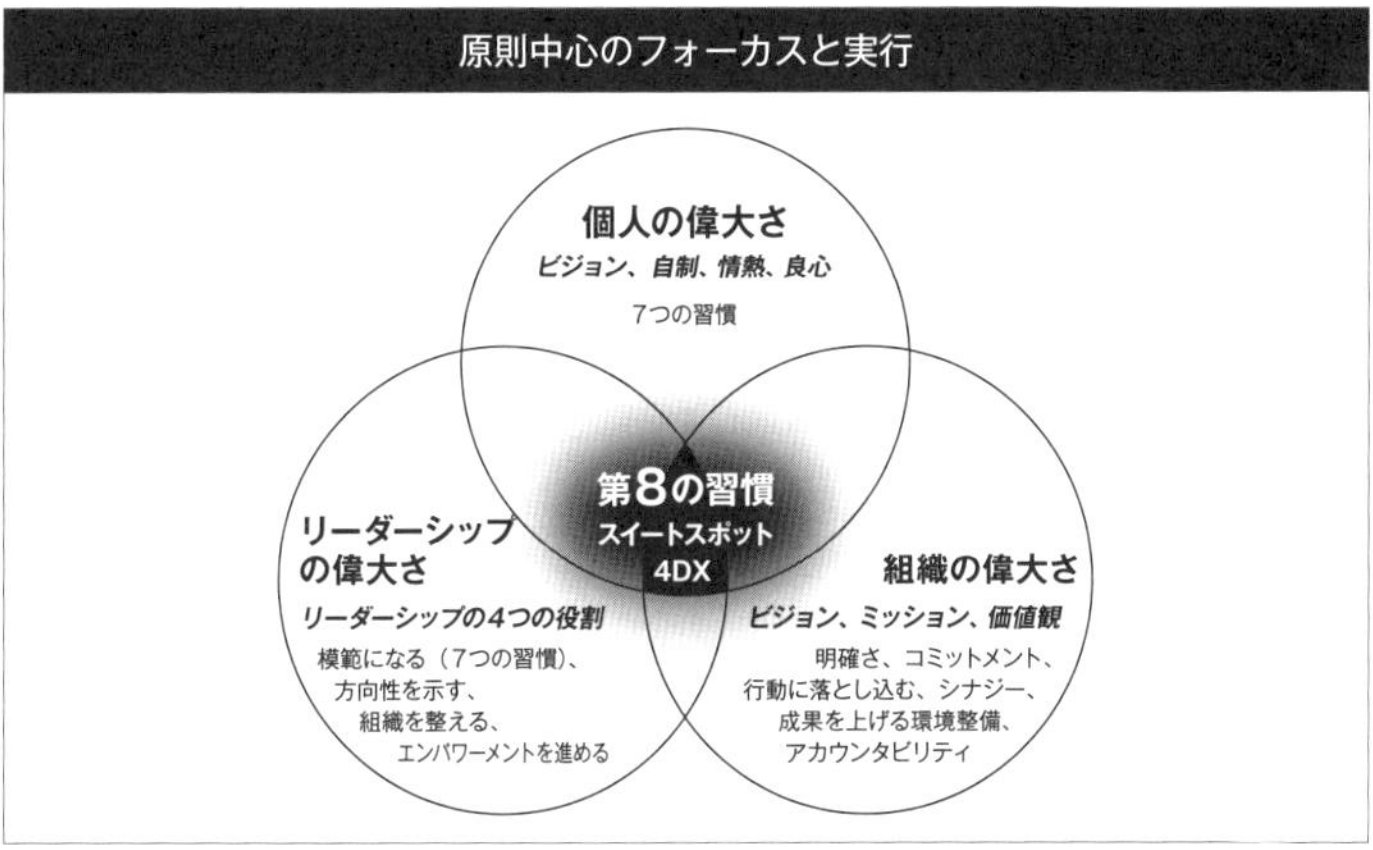

図15·6

心を開こう。全人格（肉体、知性、情緒、精神）のアプローチをとれば、「心を開く」という表現がどれほど力強いものであるか実感できると思う。**肉体的側面**で心を開くとは、血管をきれいにして強く健康な心臓を維持するために、適切な食事と運動を心がけることだ。**情緒的側面**で心を開くとは、理解するつもりで人の話を真剣に聴き、他者を問題解決に関与させ、協力して解決策を見いだすことだ。**知的側面**で心開くとは、常に学び、一人ひとりの個人を全人格としてとらえ、その場しのぎの「応急処置的」な考え方から脱却して、リーダーシップを自分から選びとることだ。**精神的側面**で心を開くとは、より高次の知恵、神聖な良心（他者に尽くすために自己犠牲を払うことで自分自身を見いだすという倫理観）によって人生が導かれるようにし、善きことをして善く生きるようにすることである。

四つのインテリジェンスを総動員して、ウィンストン・チャーチルの精神で物事に立ち向かっていってほしい。「誰の人生にも特別な瞬間が訪れる。その人にしかできず、その人の才能を存分に発揮できる何か、そんな特別な何かをする機会が差し出され、やってみなさいと促されるのだ。しかし人生最高の瞬間になるはずのときに、なんの準備もできておらず、その資格を持っていなかったとしたら、これほどの悲劇はないだろう」

	4つのインテリジェンス	4つの属性	4つの役割	
精神（貢献すること）	精神的インテリジェンス	良心	模範になる	フォーカス
知性（学ぶこと）	知的インテリジェンス	ビジョン	方向性を示す	フォーカス
肉体（生きること）	肉体的インテリジェンス	自制	組織を整える	実行
情緒（愛すること）	情緒的インテリジェンス	情熱	エンパワーメントを進める	実行

図15·7

結び

本書は、一つの基本的なパラダイムを中心に述べてきた。人間は肉体・知性・情緒・精神という四つの側面からなる全人格であるというパラダイムである。「第8の習慣」の連続的なプロセスに取り組んで自分のボイスを発見する。そしてほかの人たちも自分のボイスを発見できるように奮起させ、自分の影響力を広げていく。そうすると選択する能力と自由も大きくなっていき、自分が直面するさまざまな問題を解決し、人間のニーズに応えられるようになっていく。そしてやがて、**リーダーシップは地位ではなく自分が選びとるもの**であることがわかる。このように、組織のあらゆるレベルで、社会のあらゆる場面で、誰もが自分からリーダーシップを選択し、発揮することができるのだ。モノはマネジメントできても、人はマネジメントできない。人は、力を出せるように導いていかなくてはならない（エンパワーメント）。

このパラダイムに関して私たちが学んだのは、すべての個人はかけがえのない存在であり、計り知れない潜在能力と可能性を生まれながらにして授かっているということだ。その可能性を広げる道は、天賦の才を引き出し伸ばす道であることも学んだ。その道を進んでいけば、春に咲く花のように四つの側面の「持って生まれた才能」が開花し、新たな才能も加わって、バランスがとれパワフルで調和した人生を送れるようになる。もちろん、その逆もある。生まれながらに授かった才能や素質をないがしろにしていたら、使われない筋肉のように衰え、退化していくのである。

私たちを取り巻く文化は、「ソフトウェア」として私たちにインストールされていることも学んだ。そのソフトウェアが私たちを凡庸にし、可能性を抑えつけているのである。個人を全人格として見ていないから、モノ扱いする。モノはマネジメントされ、統制される。こうした産業時代の指揮統制ソフトウェアのせいで、富の最大の源泉は資本や設備であって人ではないという考え方が刷り込まれてきた。しかし、このソフトウェアを書き換える力は誰もが生まれながらに授かっていることも学んだ。人は選択する能力を持っていて、モノをマネジメントできるからだ。モノには選択する能力はない。選択する能力を使えば、ソフトウェアを書き換え、人にエンパワーメントし、導いていくことができる。

発展のプロセスに関するパラダイムは、「どのように」と「いつ」の問いに答え、将来欲しいもののために今欲しいものを諦め、まず自己を克服するようにと教えている。このプロセスは私たちの選択する能力を高め、可能性を広げるから、進んでいくほどに刺激的なものになっていく。常に真北を指すコンパスの針に従うように原則を守って生きていれば、徐々に道徳的権威が身についてきて、人から信頼されるようになるのだ。そして他者を心から尊重し、その人の価値と可能性に目を向け、物事を協力して行えるようになれば、共通のビジョンを持てるようになる。道徳的権威（第一の偉大さ）によって形式的権威（地位＝第二の偉大さ）を得れば、この二つの権威によって原則を制度化し、定着させることができる。原則が制度化すれば、肉体と精神が日々育まれ、奉仕の精神と活動を広げ深めていく計り知れない自由と能力が生まれるだろう。一言で言えば、自己よりも奉仕を優先することによってはじめて、人がついていきたくなるリーダーになれるのである。

民間企業であれ公的企業であれ、あらゆる組織は、人間のニーズに応えなければ存続できない。ここでも自己より奉仕が先にくる。これは成功のＤＮＡなのだ。「私にとってどんな得があるのか」ではなく、「私にはどんな貢献ができるのか」と考えなくてはならないのである。

わが神を探し求めたが、わが神は見つからなかった。
わが魂を探し求めたが、わが魂はどこかへ逃れた。
わが兄弟を探し求め、かれの求めに応えて仕えようしたら
すべてが見つかった——わが神、わが魂、そして汝《なんじ》も。

作者不詳

最後の言葉

あなたに断言しよう、あなたには素晴らしい価値と可能性があると。本書で述べた原則があなたに明確に伝わっていてほしいと思う。あなたが自分自身の価値と可能性を自分で見られるようになり、自分のボイスを発見し、ほかの多くの人や組織、コミュニティもボイスを発見できるように奮起させて、偉大な人生を歩んでいくことを心から願っている。

今あなたが悲惨な状況で生きているとしても、そのような状況であればこそ、自分の反応は自分で選びなさいという声を聴きとれるのである。私たちはそのとき、「人生が自分を待っている」ことに気づくのだ。周りの人たちのニーズを知り、そのニーズに応えるために生き始める。こうして、自分の人生における本当のボイスを発見するのである。ヴィクトールとエリー・フランクル夫妻の洞察に満ちた伝記『人生があなたを待って

いる』の中で、著者のハドン・クリングバーグ・ジュニアは、フランクルの人生の中心的なテーマを次のように書いている（この本はクリングバーグが生前取り組んでいた二つのプロジェクトのうちの一つだった）。

フランクルにとって、精神性の本質は自己超越の中にあり、それが人間に自由をもたらす。だがそれは「～の」自由というよりは、「～への」自由である。それが本能であれ、遺伝、脳や身体の機能または機能不全であれ、私たちは自分の生物学的特質から逃れられない。また、社会、発展、環境といったさまざまな影響圏内からも自由になることもできない。しかしこうした影響にどのような態度で臨むか、それに立ち向かっていくかどうかは、私たちの自由である。手持ちのカードでどのように勝負するか、運命を決する事件にどのように対処するのか、どの理由またはどの人に献身するのかは、自由に決められるのだ。

そしてこの「～への自由」は「～への義務」をともなう。私たちは誰でも、何か、あるいはだれかに対して責任を負っているからである。自分たちの自由を、世界の中で責任をもって行動するために用いることにより、私たちは自分の人生における意味を見いだす。意味への意志が欲求不満に陥ると、私たちは個人的な快楽の追求（フロイト）、あるいは経済的・社会的な成功の追求（アドラー）に目を向けるようになる。

精神的な自由を発揮し、責任を果たすと、心の平和、やましくない心、充実感といったたくさんの効果が得られる。しかしこれらは、言うなれば副産物である。フランクルは、この状態を直接的に追い求めても、それを手に入れることはむずかしいと指摘した。心の平安を得ようともがけばもがくほど、私たちはいらいらしてしまう。心のやましさを清算しようと努力すれば、偽善か罪――あるいはその両方に陥ってしまうかもしれない。健康を最高目標に掲げて頑張れば、心気症になるのがおちである。目標のための目標、あるいは自分自身のための目標は、究極の目標ではない。人はもともと、なにかほかのもの、なにかより大きいもののために生きようとするものなのだ。[16]

南北戦争の英雄ジョシュア・ローレンス・チェンバレンの言葉を借りて、あなたの価値と可能性を最大限の確信を持って認めたい。

人間の幅広く遠大な利益に関わる崇高な大義に鼓舞されるとき、それまで自分にできるとは夢にも思わなかったことができるようになる。そしてそれは一人ではできないことだ。自分は自己を超えた何かに属しているという意識、計り知れない時空へと広がっている存在の一部であるという意識が、魂の理想の限界まで心を膨らませ、至高の人格を築き上げるのである。[17]

私の祖父スティーブン・L・リチャーズは、私にもっとも影響を与えた恩師の一人である。祖父に対する愛情と尊敬の念はくめども尽きない。祖父はまさに他者に奉仕する人生を送った。祖父を知る人たちは皆、あれほどまでに賢明な人はいないと認めてくれている。祖父への感謝の気持ちを込めて、祖父から教えられた人生訓を締めくくりの言葉としたい。

人生は使命であり、キャリアではない。私たちが受ける教育と知識の目的は、神の代理をより良く務めるためであり、神の名のもとに、神の御心にかなうよう、その使命を果たすためなのだ。

Q&A

Q　犠牲を払うことが道徳的権威を身につけるうえで重要なのはなぜですか?

A　犠牲の本当の意味は、より良いもののために良いものを諦めることです。ですから、「レベルアップ」と呼んでもいいかもしれません。自己を超越したビジョンを持ち、そのビジョンが本心から打ち込める重要な大義やプロジェクトと結びついているなら、自分よりも奉仕を優先するのは苦痛でもなんでもなく、自然とできるものなのです。目の前にある良いものを手に入れようとしないのですから、はたから見れば犠牲のように思えるでしょう。しかし本人にとっては犠牲でもなんでもありません。幸福とは、将来欲しいもののために今欲しいものを我慢することで得られる副産物です。何かの大義、天の声、あるいは他者への奉仕に対して精神的にも情緒的にも深く結びついている人にとって、犠牲を払うことはいばらの道ではなく、どんな道よりも進みやすい道なのです。自己よりも奉仕を優先させるという倫理観は、時代を超えて生き続けるあらゆる偉大な宗教や哲学、心理学に共通する考え方です。アルベルト・シュバイツァーも次のように言っています。「あなたの運命がどうなるかわからないが、一つだけわかっていることがある。本当に幸福になれるのは、人に奉仕する道を探し求め、ついにそれを見いだした者だけである」

Q　以前は品質のことが盛んに語られ、総合的品質管理（ＴＱＭ）という言葉がはやりました。その後はエンパワーメント、最近はやっているのはイノベーションですね。これからはやりそうなキーワードは何でしょうか？

A　「知恵」だと思います。心や魂の中心に、人間関係や組織文化の中心に原則がなかったなら、強い信頼を築くことはできません。強い信頼がなければ、エンパワーメントはできません。人間の判断力よりもルールが優先されたら、イノベーションやクリエイティビティの環境は育ちません。人にへつらう文化ができてしまいます。信頼関係を築き、豊かさマインドに基づいてシステムと構造を整えなければ、ＴＱＭを導入してもうまくいきません。私の考えでは、情報の時代の次には知恵の時代がやってくるでしょう。そして知恵の時代におけるリーダーシップは、サーバントリーダーになることです。

Q　原則中心の組織という考え方に納得しました。これはコミュニティにも当てはまりますか？

A　もちろんです。教育機関、企業、政府機関、そのほかさまざまな職業でリーダーシップを発揮していて、コミュニティのことに関心を持っている人たちを集めればできます。正式なリーダーの地位にはなくとも、道徳的権威が身についていて、地域のことに強い関心を持っている人なら誰でも歓迎しましょう。こうした人たちと協力して、「７つの習慣」とリーダーシップの四つの役割をコミュニティの組織や家庭に教える活動をするとよいでしょう。驚くほどの結果が得られるはずです。私も同僚たちとともに、世界中の多くのコミュニティで同じことをしてきましたから、効果は約束できます。

よくある二〇の質問

Q1　自分の習慣を変えられるとはとても思えません。習慣を変えるなんて、本当にできるのでしょうか？　こんなふうに思うのは私だけですか？

A　いいえ、あなただけではありません。その理由を説明しましょう。

人類史上初めて月面に着陸したアポロ一一号の映像をビデオか何かで見たことがあると思います。私はその様子をリアルタイムで見ていましたが、テレビの前にくぎづけでした。人間が月面を歩いているなんて、自分の目が信じられないくらいでした。

ところで、あの宇宙への旅でエネルギーとパワーが一番使われたのはどこだと思いますか？　月までの二五万マイルの航行でしょうか、それとも地球に帰還するときでしょうか？　月の軌道を回るとき？　月探査船と指令船を切り離し、再びドッキングさせるとき？　それとも月から離陸するときでしょうか？

どれでもありません。これらに使うエネルギーとパワーを全部合わせても足りません。一番エネルギーを使うのは地球を離れるときです。何日もかけて五〇万マイルを往復するのに使うエネルギーの倍以上が、地上を離れる数分間、距離にしたらほんの数マイルに費やされるのです。

この最初の数マイルにかかる引力はとても強大です。大気圏を抜けて地球の軌道上に出るためには、引力と空気抵抗を合わせた以上の推進力が必要です。しかし宇宙空間に出てしまえば、後は何をするにもほとんど力は要らなくなります。実際、月探査船を指令船から切り離して月面に着陸させるのにどれほどの力が必要だったかと尋ねられて、宇宙飛行士の一人は「赤ん坊の息ほどもかからなかった」と答えています。

古い習慣を断ち切り、新しい習慣を身につけるのにどれくらいの力が必要か、この月旅行を例にして考えることができるでしょう。地球の重力は私たちに深く根づいた習慣に例えることができます。遺伝子や環境、親や影響力のある身近な人からプログラミングされた性向です。地球の大気圏の抵抗力は、私たちが属する社会や組織の文化に例えられるでしょう。この二つの力は途方もない強さです。そこから脱するには、二つの力を足した強さを上回る強い意志が必要なのです。

しかし、その強い影響力を断ち切ってしまえば、後は驚くほど自由になれます。離陸して大気圏を抜けるまで、飛行士たちに使える力や自由はほとんどありません。彼らにできるのはプログラムをこなしていくことだけです。しかし地球の重力を振り切って大気圏を抜けたら、信じられない自由が押し寄せてきます。数えきれない選択肢や可能性が一気に広がるのです。

「自分のボイスを発見し、ほかの人たちも自分のボイスを発見できるように奮起させる」道に歩み出し、道から外れないように一歩ずつ進んでいけば、この新しい習慣の力を身につけることができます。そうすれば、複雑でありながらもチャンスに満ち、チャレンジしがいのある世の中で成長し、変化していくことができるのです。

Q2　あなたが教えていることは、ある意味ではとても刺激的で、興味もそそられます。しかしその一方で、自分には本当にできるのだろうかと思ってしまいます。

A　とても正直な感想です。しかし、できるかできないかを考える前に、二つのことを自問してほしいと思います。まず「私はこれをすべきだろうか?」と自問してください。これは価値に関する問いかけです。次は「私はこれをしたいだろうか?」です。これは自分のモチベーションを問うもので、あなたのボイスと情熱に関わる質問です。この二つの問いへの答えが「イエス」なら、そこで初めて「私にできるだろうか?」と自問してください。これは能力に関わる問いかけで、適切なトレーニングや教育を受けるかどうかを判断します。三つの質問を混同してはいけません。価値に関する問いにトレーニングの答えを出したり、モチベーションに関する問いに価値の答えを出したり、能力の問いにモチベーションの答えを出したりすることのないようにしましょう。三つの問いについて、明確に、慎重に考えてください。これをすべきか? これをしたいか? これをできるか? 三つをきちんと分けて考えれば、どこから始めればよいか見きわめられるでしょう。

Q3　昨今はリーダーシップの話で持ち切りです。なぜこれほど話題に上るのでしょうか?

A　今の新しい経済の土台は知識労働です。つまり、富の源泉が金やモノから人に移ったのです。知的資本も社会資本もそうです。実際、今の最大の投資対象は知識労働者です。知識労働が組織にもたらす貢献の大きさは、算数のレベルから幾何学のレベルへ飛躍的に拡大しました。このタイプの知的・社会資本が、ほかのあらゆる投資から最大限の利益を引き出す鍵を握っています。さらに、産業時代のマネジメント統制型のアプローチャや「人＝経費」と考えるシステムは、競争が激化する市場では時代遅れであり、通用しません。人間的な次元、特に信頼のレベルがあらゆる問題の根本原因であるという認識もできつつあります。人的資源が何よりも重要であり、誰もがそのことに気づき始めています。リーダーシップがあらゆるスキルの最上位にあるのはそのためです。リーダーシップは人の力を引き出す技なのです。

Q４　この本に書いてあることは、私には理想主義的、道徳主義的に思えます。現実を考えると、このようなことができるかどうか疑問なのですが。

A　もっと掘り下げて自問してみてください。刺激と反応の間にはスペースがあるのだろうか、どんな状況でも自分には選択する能力があるのだろうか、と。正直に「イエス」と答えられるなら、理想主義は現実主義であることがわかるでしょう。電子技術がもたらす現代の奇跡を「見る」ことはできません。しかし私たちはそれに頼り、それが現実のものだとわかっています。電子が発見され、電子技術が発明される前は、それは「現実」ではありませんでした。ただの空想でしかなかったのです。本書の内容があまりに道徳的だと思うのは、それは善悪の問題だということです。あなたは心の中では善悪の区別がついていますから、正しいことを選べば、間違ったことを選んだ場合とは違う結果になることもわかっています。ですから、本書で述べている考え方も理想主義的で道徳的であることは確かですが、そのどちらも現実的であるといえるのです。

Q５　文化の道徳的権威がもっとも進歩した道徳的権威のかたちだということですが、どういう意味ですか？

A　アメリカ合衆国の独立宣言を例にとってみましょう。独立宣言に込められた心情は、ビジョンの道徳的権威を表しています。合衆国憲法は、独立宣言に書かれている「すべての人は生まれながらにして平等である」ことや、「すべての人は神より侵されざるべき権利を与えられている、その権利には、生命、自由、そして幸福の追求が含まれている」という価値観を制度化しようとしたものです。

　憲法は独立宣言のビジョンや価値観と整合しています。独立宣言は「すべての人」と言っていますが、女性には何十年も選挙権がありませんでした。また建国の父たちの多くは奴隷を所有していて、奴隷解放宣言が議会を通過したのは独立宣言から八〇年後のことで、今も人種的偏見が根強く残っています。文化の道徳的権威ができていくスピードは、制度やビジョンの道徳的権威よりもゆっくりです。しかし、社会の調和の鍵を握っているのは文化の道徳的権威です。権限や法律を象徴する政府でもなく、自由を象徴する私人や私企業、組織でもありません。本当の意味で自分自身の情緒と知性に結びついている共通の価値観や意義を個人や集団が主体的に取り入れなければなりません。このレベルまで自主性が育てば、市民社会が築かれていきます。三角形の底辺の二点を法律と自由として、頂点に立つのが市民社会であり、市民社会は第3の案なのです。『国富論』を書いたアダム・スミスの思想の根底にも同じ考え方があります。彼はこの古典を書くずっと前に、『道徳感情論』という本を書いています。この著作は『国富論』を含むアダム・スミスの著作の基礎となっているもので、自由企業という経済システムと代表民主制という政治システムの両方の土台となるのが意図的な善意と徳性であるとする思想に基づいています。アダム・スミスは、個人の徳性が廃れれば、自由市場も民主主義も存続できないと認めていたのです。

Q6　コヴィー博士は、知識労働者時代に産業時代のモデルを使うことが根本的な問題の一つだと言っています。とはいえ、この国はまだ産業国ではないですか？　どう見ても産業が主体です。

A　おっしゃるとおりです。しかし、さまざまな産業で付加価値を生む仕事は知識労働者が行うようになっています。ですから、産業をなくそうというのではなく、種々の産業の中でこれまでとは異なるリーダーシップのパラダイムを採用しなければならないということなのです。そもそも、このパラダイムは農耕の時代にさかのぼることができます。今でも都市部以外の多くの地域で農業が営まれています。農家は産業時代と情報時代の強みを活用して、より高い価値を生み出しています。ここで述べているのは、物理的な環境ではなく知的フレームワークのことです。

Q7　権威主義的な文化が共依存を生むのはなぜですか？

A　考えてみてください。何でも支配しコントロールする権威主義的なリーダーだったら、部下はどうするでしょうか？　ほとんどの人は指示に従うだけでしょう。指示されるのを待ち、言われたことだけをするのです。権威主義的なリーダーはそうした受け身の態度を見て、指揮統制のスタイルを続けることが正しいのだという確信を強めます。すると部下のほうも部下のほうで、リーダーがそうなのだから、こっちは指示を待っていればよいのだと、自分の受け身の姿勢を正当化します。自己達成的予言になってしまうわけです。こうして人の可能性や知力は発揮されないまま埋もれ、人はマネジメントされるモノになってしまいます。この共依存のサイクルは結局のところ、政治的な駆け引きやゴマすりの組織文化を助長することになります。そのような組織では、規則の遵守《じゅんしゅ》や忠誠心が正しさとなり、ばれなければ間違ったことをしてもかまわないという考え方が蔓延《まんえん》します。

さらに共依存の力学は、合意を無意味なものにします。口では「イエス」と言っても、内心は「ノー」と言っているわけです。これでは健全な反論ができず、恨み、怒り、悪意ある服従を生み、信頼の低下、品質の低下、業績の低下につながります。表には出さない感情は決して消えることはありません。埋もれたまま生き続け、後になってもっとひどいかたちで噴出するのです。

共依存の関係では権威主義的リーダーが結果に責任を負います。思うような結果が出ないことが多いので、効率性をますます重視するようになり、手段、プロセス、作業のステップを強化するため、個人の判断よりもルールが優先されるようになります。これでは、選択としてのリーダーシップではなく、地位としてのリーダーシップのほうが強くなり、権威主義的なリーダーシップが組織文化のDNAになってしまいます。こうして「権力は腐敗しやすく、絶対的権力は絶対に腐敗する」というアクトン卿《きょう》の言葉どおりの状態が少しずつ組織に浸透していき、誰もが利己主義になり、誠実さよりも上司を喜ばせることを優先し始めるのです。

しかし今の新しい経済において、共依存が根づいた組織が生き残るには、市場が気づかずにいてくれるか、人為的な補助金に頼るか、恐怖で支配するかしかありません。あるいは、その市場での競争自体が共依存であるという理由だけで存続できている根強い伝統に頼るしかありません。

このサイクル全体を根本的に変革できるのは、リーダーシップは選びとるものだと考える人、トリム・タブとなって影響の輪を広げていく人、競争市場の現実を直視して自己達成的予言の悪循環を断ち切れる人です。なにも正式なリーダーの地位にある人とは限らず、道徳的権威によるリーダーシップを発揮する人たちです。道徳的権威は原則に従って生きることを選ぶことから生まれ、ほとんどの場合は何らかの犠牲を伴います。しかし自由市場経済では、このようなリーダーこそトップに上り詰めます。なぜなら、道徳的権威によるリーダーシップは現実に即していて、うまくいくからです。より少ないリソースでより多くの成果を生み出せるのです。

Q8　これらの考え方は、経済状態が悪いときにはどのように使えばいいのでしょうか？　あるいは市場全体の景気は良くても、低迷している業界にはどのように適用できますか？

A　私がこの本で述べていることは、そのような状況にあるときにこそ効果を発揮します。なぜなら、不況時の最大のリソースは人の創造力であり、そこから生まれる「第3の案」だからです。ただし人間の自然な反応として、そうした時期には産業時代の指揮統制的な取引モデルに戻ろうとするものです。しかし長い目で見れば、古いモデルでは生き延びられません。当面の危機的状況なら、生き残りという共通の目的のもとに結束しますから、権威主義的リーダーシップで乗り切ることができるかもしれません。アイゼンハワーはかつて、「塹壕《ざんごう》にこもっている人間に民主主義を説いても無駄だ」と言いました。しかし、大きな変革を起こし持続させるためには、塹壕《ざんごう》にこもっている人も引っ張り出してきて、変革のプロセスに深く関与させなくてはなりません。これには信頼される道徳的権威を持つリーダーシップが必要なのです。

Q9 「7つの習慣」はリーダーシップの四つの役割にどのように結びつくのですか? 当社はこれまで、「7つの習慣」の研修にはかなりの時間とお金を投資してきました。

A 「7つの習慣」は原則に基づいていることを思い出してください。「7つの習慣」は人格の原則であり、「自分は何者なのか」「何を目指しているのか」を明確にするものです。四つの役割は、組織の中でリーダーとしての影響力を及ぼすために「すべきこと」です。四つの役割でいえば、「7つの習慣」を実践することは模範になる役割です。模範になる役割はほかの三つの役割を果たしながら行われるので、この役割で「7つの習慣」を戦略的に用いることができます。「7つの習慣」の基本原則は、例えれば深い井戸のようなもので、ここから地表に近い井戸(総合的品質管理やチームビルディング、エンパワーメント、イノベーションなど)に水を供給するわけです。

Q10 企業の不祥事はたいてい組織文化に問題があり、組織全体が「共犯」といえます。ですから人格というテーマを真剣に考えなくてはいけません。個人の人格、文化の人格をどのように育てればよいのでしょうか? 企業のスキャンダルはどうしたら防げると思いますか?

A 私はこれまで、スリーマイル島の原発事故、警官によるロドニー・キングへの暴行に端を発したロス暴動、エクソン社のタンカー「ヴァルディーズ号」の原油流出事故などの後に、当事者の話を聴くなどして事件の経緯を調査しました。これらの災害は基本的に、組織に深く根ざした文化が急性の症状となって現れたといえます。間違ったことをした者たちが皆口を閉ざし、証拠を隠し、悪いことを見て見ぬふりをし、結局は発覚してメディアで報道されたわけですが、いずれの事件も氷山の一角にすぎません。

これはあらゆる組織にとって貴重な教訓になると思います。あなたの組織にとってもっとも重要なもの、ビジョン、価値観を再確認してください。組織のやり方やプロセス、構造、システムを見直して、それらがビジョンや価値観と整合しているかどうか考えてみましょう。アドバイザーだけでなく、サプライヤーや顧客などバリューチェーン全体の関係者から、正直なフィードバックをもらうことが大切です。自分が関わった問題から逃れることはできません。結局はわが身に跳ね返ってきます。人間としての誠実さよりも組織への忠誠を優先してはいけません。誠実であることが本当の忠誠心なのです。たとえ聞きたくはないことでも、医者からは真実を告げてほしいと思うはずです。医者は自分の職業に忠実であってほしいと、誰もが思うでしょう。それは患者に対して忠実であることにほかなりません。組織についても同じことがいえます。自分を医者と同じ専門家と思ってください。専門家にとって最高の忠誠心とは、倫理と職業上の原則を守ることであって、組織に対して忠実であることではありません。そして実際には、倫理と職業上の原則を守ることが組織に忠実な姿勢でもあるのです。

私が知る限り、組織の中で人格を育てる一番の方法は、チェックリストで従業員の働きぶりを判断するのではなく、バランスト・スコアボードで評価し、その結果に責任を持たせることです。結果に責任を持たせれば、本人が人格を継続的に鍛えていく必要があるからです。責任を与えれば人格の成長を促すことができるのです。上司が部下の人格を判断する必要はありません。

Q11　人員を削減した後で、組織の中で前向きな信頼関係を維持するにはどうしたらいいでしょうか？

A　人員削減を断行すると組織文化が悪化するのはなぜだと思いますか？　従業員を蚊帳の外において何も知らせず、ある日突然解雇するというように、原則を無視したやり方をしていたら、残った従業員も次は自分かもしれないと疑心暗鬼になります。どんな基準で決定が下されるのかわからないからです。経済情勢、あるいは業界や会社に関する経済面の知識が足りない場合もあるでしょう。私はこれまで、厳しい決断を求められる困難な状況の中で、あくまで原則に従ったアプローチをとって切り抜けた組織を少なからず見てきました。立て直しのプロセスに従業員を参加させて真剣に話し合い、一切の隠し事をせずオープンなコミュニケーションを通して真摯《しんし》に話し合い、原則に基づいた価値観を守り、そしてもう一段の努力をすることによって、不安に思っている従業員もその家族も、組織が自分たちのことを真剣に考えてくれているとわかり、むしろお互いの理解が深まったのです。

Q12　社外で行われるリーダーシップ育成のワークショップや特別な研修に参加する機会はよくありますし、外部の講師を組織に招くこともあります。こうした機会はとてもためになります。励みになり、やる気も出てきます。ところが数日もしないうちに、元に戻ってしまいます。どうしたらいいでしょうか？

A　知っていてやらないのは、知らないのと同じです。新しい重要な知識やスキルに一時的に鼓舞され、やる気が湧いてきても、その知識やスキルを使わずにいたら、知っていることにはなりません。組織の構造やシステムのせいで使う機会がないのだとしたら、いつまでたってもその知識やスキルは使えませんし、したがってそれらを知ることはできません。結果的に、ワークショップや研修を受けても無駄に終わり、冷笑的なムードが組織に広がっていきます。改革の努力も、新しい経営陣が唱えるキャッチフレーズも冷めた目で見るようになります。一瞬おいしく感じても、すぐに消えてなくなる綿あめのようなものになるのです。ですから、ワークショップや研修で学んだことを職場の人たちに教え、皆で話し合うことが大切です。そして、日々の仕事の進め方や評価システムなど日常のプロセスに基本原則を組み込み、制度として定着させなくてはなりません。そうすればワークショップや研修は単なる添え物ではなくなり、組織の重要な一部になるでしょう。

Q13　そのやり方がうまくいかなったら、どうすればいいでしょうか?

A　皆が実践しなければ、うまくいきません。特効薬はありません。全員が強い決意で臨み、じっくり腰を据えて粘り強く続けなくてはなりません。新しいマインドセットやスキルセットを一新するときや、大きな変革を進めるときには特に、このような態度が求められます。使えるツールがあればかなり役立ちますが、結局のところは一人ひとりの決意と献身が大きくものをいうのです。

Q14　自分の内面的な変化はできたとして、その変化を組織に反映させていく一番効果的な方法は何でしょうか?

A　ブレーキに足を乗せて車を運転しているとき、前に進むための一番の方法は何でしょうか?　ブレーキを踏むことでしょうか、離すことでしょうか?　言うまでもなくブレーキから足を離すことです。組織の文化についても同じで、推進力と抑止力があるのです。推進力は一般的には論理的、経済的な現実で、これは車でいえばアクセルになります。抑止力は組織文化や人々の感情で、これがブレーキになります。シナジーによって第3の案を生むコミュニケーションを通して、抑止力を推進力に変えることができます。皆が変化のプロセスに参加し、達成を決意することによって、大きく進展するだけでなく、変化が組織文化となり、維持できるようになります。この考え方は、心理学者クルト・レヴィンの「力の場の分析」に示されています。

Q15　この本の内容は新しいものなのでしょうか？　若いころにも聞いたことがあるような気がします。歴史を振り返ってもよく見られるのではないかと。

A　おっしゃるとおりです。あなたの指摘をさらに進めると、アメリカで人々の可能性が解き放たれているのは、原則中心の憲法と自由市場があるからです。世界の人口のわずか四・五％にすぎないアメリカ国民が、世界に流通している物品のほぼ三分の一を生産しています。このような驚異的な成果を生む原動力になっていることが、本書で述べているパラダイムや原則の持つ力の証しです。原則は普遍的であり、時代を超えて不変です。重要な原則を一番身につけているのは、おそらく農家でしょう。経験を積んで獲得してきたと言うべきかもしれません。農家は自然を相手にしています。自然の法則、つまり原則に従わなくてはならないからです。学校などの社会的な組織では、人は詰め込みや一夜漬けでなんとかしようとすることがあります。それでうまくいく場合もあるでしょう。しかし自然相手の農場では、それは通用しません。トップレベルのアスリートもそうです。一夜漬けでは競争に勝てません。競技者として活躍するには、それ相応の努力が必要なのです。

常識とみなされていることが普通に行われているとは限りません。ですから、日頃から再新再生して気持ちを新たにし、人格主義と原則中心のリーダーシップを回復させる必要があるのです。

Q16　この本はリサーチに基づいて書かれているのですか？

A　あなたのいうリサーチが二重盲検法や実証研究のようなものなら、そうではありません。ただしxQサーベイだけは科学的なリサーチです。歴史的な分析、文献調査、詳細な実地調査の引用という意味なら、そのとおりです。

Q17　このような考え方のモデルになるのはどのような組織ですか？

A　努力を要する分野ならば必ずモデルとなる組織があります。あなたの周りにもあるはずです。潜水艦USSサンタフェのような組織は、どこにでもあるということです。見分ける基準は、職場がどのようにエンパワーメントされているか、です。組織の最優先事項にどれくらいフォーカスし、実行しているかを見れば、モデルになる組織かどうかがわかります。ジム・C・コリンズの著書『ビジョナリーカンパニー2』の中でリサーチされていた企業は、謙虚で決断力のあるリーダーがいて、高いレベルでエンパワーメントされている組織ばかりです。もちろん、エンパワーメントがすべての答えではありません。トップの組織のほとんどは、バランスのとれた成績表をすでに採用しているか、採用する方向にあります。組織の構造やシステムを戦略、市場に合わせて整えるには、大きな決断が求められます。過去に大成功した多くの組織が、今は衰退の一途をたどっています。有能な人材を集めて育成し、組織文化のＤＮＡにリーダーシップの人格主義を根づかせ、偉大さに至る道を歩み続けるには、絶えず注意力を働かせて状況に対応しなければなりません。そして何より、個人、ビジョン、制度、文化の道徳的権威が必要なのです。

Q18　この本の根本は宗教的なものなのでしょうか？

A　たしかに、原則は道徳的、精神的なものを土台にしていますが、原則は特定の宗教だけが持つものではありません。私は世界中で原則を教えてきましたが、国によって宗教はさまざまです。いろいろな宗教の経典から引用もしています。原則はまさに普遍的であり、時代を超えて不変です。世界中どの国のどんな組織でも、組織の価値観を築くプロセスに人々が深く関与すると驚くべきことが起こります。それを実際に見聞きして、かつてはひどく衝撃を受けたものですが、今はもう驚きません。真のオープンマインドとシナジーのスピリットがあり、人々にきちんと情報を提供すれば、どんな組織でも構築される価値観はすべて本質的に同じものになるのです。言葉の表現は違っていても、あるいは価値観が反映された行動スタイルは違っていても、根本的な意味は、本書を通して述べている四つの側面（肉体／経済、情緒・社会／人間関係、知性／才能の開発、精神）のことを言っているのであり、存在意義と誠実さに関係しています。個人的に関心があるなら、いくつかの組織のミッション・ステートメントを調べてみてください。組織のメンバーが関わって時間をかけてつくられ、メンバー自身が共感しているミッション・ステートメントであれば、使われている言葉は違っていても、基本的に同じことを言っていることがわかるでしょう。もちろん、そのとおりに実践されていない例もないことはありませんが。

Q19　私はこの本を読んで自信をなくし、焦りを感じています。自分を変えようにも、もう遅すぎるのではないでしょうか？

A　よい質問ですね。実は、この本で紹介している考え方の有効性を疑っている人たちは、考え方そのものを疑っているのではないのです。これらの考え方は、ほとんど誰にとっても明確に理解できることばかりです。実際には、これらの考え方を疑っているのではなく、自分自身を疑っているのです。私にいえるのは、焦らずにゆっくりと始めることです。自分に約束をしてそれを守るというように、小さなことから始めてみてください。何を約束すればいいのかは、良心の導きに従いましょう。いったん約束したら、どんなに小さなことでも必ず守る。すると少しずつ、自尊心が深まっていき、そのときどきの気分に左右されないようになるでしょう。自制心、克己心、安心感、自信が膨らんでいくにつれて、さらに大きな約束をして守れるようになっていきます。自分の安心領域から出て、新たな分野に挑戦し、さらに率先力を発揮できるようになるでしょう。私はよく中国の竹の話をするのですが、ある種類の竹は、植えてから四年間はほとんど育ちません。先っぽがほんの少し地表に出ているだけです。雑草を抜き、水をやり、土を耕し、肥料をやり、できることをすべてやっても、大きくなる気配はまったくありません。しかし五年目に入ると、竹は一気に八メートルもの高さまで伸びます。それまでの四年間は根が地中で成長しているのです。根がしっかりと張ったら、今度は地表で成長していき、成長が目に見えるようになります。何も成果は出ていないとずっと冷ややかに見ていた人たちにも、実は成長の土台を築いていた証拠を示せるわけです。これと同じように、個人のレベルで人格を磨くことが先で、それができてはじめて人間関係の信頼を築くことができ、組織の中で信頼関係が築かれてはじめて、最優先事項を実行する文化が生まれるのです。いつだって遅すぎるということはありません。人生はミッションであって、単なるキャリアではないのです。

Q20 この本に書かれていることがうまくいくかどうか、どうすればわかりますか？

A とにかくやってみましょう。わかっていてやらないのは、本当に知っていることになりません。本書に書いてあることを実践した相手、たとえば顧客、オーナー、従業員、市民などから具体的な成果を聴き取り、同時に組織のチームと文化に関する情報も集めれば、確かな証拠になるでしょう。しかし結局のところ、良心に導かれた判断に観察と測定を組み合わせるほうが、そうした判断力もないまま観察と測定をするよりも信頼できると思います。ほとんどの人は、自分がやるべきこととやるべきではないことの区別は内面の奥深くではできているものです。「内面の奥深く」は英語でintimateといい、in-to-see-me（自分の内面を見つめる）という意味です。そのような知識に基づいて行動に移せば、ほかのいろいろな疑問は学術的なものにすぎなくなります。そして、そうした疑問にもいずれ答えが出るでしょう。答えを教えられるのではなく、自分自身の経験から答えを獲得できるのです。

付録

付録1　四つのインテリジェンスを開発する
――アクションガイド

肉体的インテリジェンス――ＰＱの開発

まず、肉体的インテリジェンス（ＰＱ）から始めよう。ＰＱを最初に取り上げるのは、肉体はほかの三つのインテリジェンス（知性、情緒、精神）の道具となるものだからだ。肉体を精神に従わせることができれば、つまり食欲や気分を良心の導きに従わせられれば、私たちは自分自身の主人になれる。良心よりも食欲や気分に従って生きている人は、貢献する人生は送れない。このような人は刺激と反応の間のスペース（選択の自由の幅）が狭いから、自由に生きていると思っていても、実は自由を失っている。肉体は良き従僕だが、あしき主人なのである。

古代ギリシャには「汝《なんじ》自身を知れ、汝《なんじ》自身を律せよ、汝《なんじ》自身を与えよ」という言葉がある。克己心を得るプロセスを完璧な順番で表現していると思う。私もここで、肉体的インテリジェンスを開発する三つの基本的な方法を提案したい。第一に、**賢明な栄養摂取**。第二に、**バランスのとれた日頃の運動**。第三に、**適切な休養、リラクゼーション、ストレス管理、予防の考え方**である。

これまでの調査研究によって明らかだが、効果的に自己管理できないと早期老化や思考力の減退を招き、生まれ持った知性さえ遮断されるおそれがある。しかしその逆もまた真である。内面の調和が図られれば生理的システム全体が効率よく機能するようになり、創造性、適応性、柔軟性が高まる。[1]

ドック・チルドリー&ブルース・クライアー

文明世界のほとんどの人々は、これら三つをよくわかっているし、受け入れてもいる。すでに常識になっているといってよい。しかし常識が当たり前に実践されているとは限らない。それどころか、三つ全部を実践している人はごくわずかだろう。

ジム・レーヤーとトニー・シュワルツは著書『成功と幸せのための4つのエネルギー管理術――メンタル・タフネス』（青島淑子訳。CCCメディアハウス）の中で、高いパフォーマンスの自己再生の鍵は時間ではなくエネルギーを管理することだと強調してい

PQ	肉体的インテリジェンス（PQ）の3つの要素を開発する
賢明な栄養摂取	
バランスのとれた日頃の運動	
適切な休養、リラクゼーション、ストレス管理、予防の考え方	

図 A1・1

る。時間管理の大切さは認めているものの、もっとも重要なのはエネルギーをどう管理するかだという。著者らは、すべての人間を支配する自然の法則を研究して、活動／パフォーマンスと休息／再生の間を行き来するサイクルがいかに重要であるか説いている。ここでも全人格のアプローチ（肉体、知性、情緒、精神）がとられており、エネルギーとパフォーマンスの潜在能力を高めるうえで、習慣（著者らは「儀式」と呼んでいる）の重要性に着目している。

賢明な栄養摂取

何を食べるべきで、何を食べるべきではないか、たいていの人は知っている。重要なのはバランスである。まずいっておくが、私は栄養学の専門家ではない。しかしほとんどの人と同じように私も、学校教育を通して基本的なことは知っている。免疫系を含めた身体のあらゆる系統は、全粒粉や野菜、果物、低脂肪のたんぱく質を多めに食べると強くなる、肉は脂肪分の少ないものを食べる（できれば食べすぎないこと）、などなど。さらに、魚が身体に良いことは多くの調査研究によって明らかになっている。飽和脂肪酸や糖分を多く含む食べ物（ファストフード、加工食品、スイーツなど）は少なめにするか、極力控える。しかし、くどいようだが、重要なのはやはりバランスと節度である。自分を甘やかして好きなだけ食べるようなまねをせず、食べ終える頃合いを知ることが大切だ。気分が悪くなるほど満腹になってしまう前にやめること。それから、水をたくさん飲む（一日にコップ六〜一〇杯くらい）。水分を十分にとることで身体の機能が最適に働くようになり、ダイエットや定期的な運動による体重管理や健康維持の効果も向上する。

たまに絶食するのも効果的で賢明な方法だと思う。消化器を休ませ、身体の老廃物を出すために、一食か二食抜く。しかし個人的な経験からいえば、絶食の効果は肉体的なものよりも、知性や精神面のほうが大きい。世界の主要宗教のほとんどは、克己心や自制心を養い、人間が相互に依存して生きていることを深く自覚する手段として断食の原則を説いている。

食欲を適切に抑えることができれば、情熱もコントロールして、本当の欲求を見きわめる能力も増すと私は確信している。心から謙虚な気持ちになり、より広い視野に立って、人生において本当に大切なものを考えられるようになるのだ。

食べ過ぎや極端なダイエットのネガティブな影響は、私自身何度も経験している。ジャンクフードに安易に手を出して後悔したこともある。

私が食欲の誘惑に一番負けてしまうのは、出張中、疲れ切った一日の終わりにホテルでルームサービスを頼むときだ。自分を甘やかして食べたいものを端から注文してしまう。そういう所業は、知性や精神だけでなく、睡眠の質にも悪影響を及ぼす。アメリカンフットボールの伝説的なコーチ、ヴィンス・ロンバルディはよく「疲労は人を臆病にする」と言っていた。これはまったくそのとおりだと思う。私自身、精根尽き果てるほど疲れると、たいていは自分を甘やかすパターンに陥る。そうすると一日か二日は頭も心もうまく働かない。肉体を知性と精神に従わせることができれば、自制心や克己心から深い心の平和と自信が得られる。本当の空腹ではなく、甘いものの禁断症状からくる空腹感に襲われたときは、「甘味よりも、すらりとした身体の感覚のほうがいい」と自分に言い聞かせるようにしている。体内に蓄積された脂肪をいわゆる「空腹痛」が食い尽くしている様子をイメージすることもある。味覚を満たすよりも栄養価のほうを考えて食事をとるように心がけていれば、味蕾《みらい》が徐々に再教育されて、やがて身体中の無数の細胞が適切な栄養が欲しいと要求するようになるのだ。

しかし結局のところ、すべては個人の問題なのである。自分にとって賢明な食事はどういうものなのかを一人ひとりが判断しなくてはならない。しかし、肉体の欲求に打ち勝つ私的成功を果たしたときには、誰でも大きなメリットを得られる。そのような私的成功は、人間関係という公的成功を果たす能力も伸ばし、奉仕と貢献の人生に向けて、生き方の軌道修正を図ることにもつながるのである。

バランスのとれた日頃の運動

持久力、筋力、柔軟性のための運動を規則正しく行うことは、生活の質を高めるだけでなく、寿命も大幅に伸ばす。ここでも、バランスが重要である。現代社会では、身体を動かさず、座っている時間が多いライフスタイルが増えている。そうはいっても、規則正しく運動する手立てならいくらでもある。少しずつ、続けられる程度から始めてみよう。毎日、それが無理ならせめて週に三〜五回は何か決まったことをする。楽しめて、自分のニーズや条件に合う運動を選ぶ。必要なら主治医に相談する。何種類かの運動を選べば、身体のいろいろな部分が鍛えられる。一種類の運動だけだと飽きてしまうし、それだけに熱中して燃え尽きてしまうこともある。多くの人はウォーキングを好むが、できれば速いペースで歩くようにしよう。ランニング、水泳、ガーデニング、自転車を好む人もいるだろうし、ジムに通い、トレッドミルやエアロバイク、ステアクライマー、エリプティカルマシン、ローイングマシンなどのトレーニングマシンを利用してエクササイズをしている人も多い。

ウエイトリフティングなどの筋トレは、筋力や体力がつくだけでなく、姿勢がよくなる、骨の老化を遅らせる、カロリーを燃やす機能を高めるなど、あらゆる年齢の人に多くのメリットがある。

バランスのとれた運動を規則正しく行えば、必ず良い効果が出てくる。その効果は私も実感していて、いくら語っても足りないくらいだが、私にとってのメリットは肉体面もさることながら、知的、精神的な面のほうが大きい。とはいえ、規則正しい運動がもたらす肉体的な効果についてはすでに膨大な研究がなされているので、私もそれを参考にして、有酸素運動を中心に運動プログラムを組み立てている。特に脚の大きな筋肉を使うと心臓と循環器系が強くなり、効率的に酸素を摂取できるようになる。

有酸素運動の中ではランニングが一番好きなのだが、いろいろなスポーツをしているうちに膝《ひざ》を痛めてしまい、現在はエアロバイクで我慢するしかない。そうはいっても、このマシンにも利点はある。ペダルをこぎながらほかのことができるのだ。ダース・ベイダーみたいに息が上がりながらも、電話で仕事の指示を出すことができる。テレビで教育番組や娯楽番組を見ながらでもできる。隣で同じようにペダルをこいでいる妻や子どもや友人と励まし合ったり、エクササイズについてアイデアを出し合ったりできる。

筋肉を整える運動や柔軟運動の大切さも実感している。あるとき、ベンチプレスをしていたら、トレーナーが私を見ていて、もう限界だと思ったところでもう一回だけやってみて、というようなことを言った。理由を尋ねると、運動の効果の大半は、筋肉の繊維が消耗して裂ける（痛くなる）ことによって得られるのだという。

筋繊維はそれから四八時間かけて再生され、前よりも強くなる。その話を聞いて、目が開かれるような思いがした。それまでは疲れて苦しくなるとすぐにやめていたからだ。トレーナーは私を見下ろして「あなたが限界までいったら、私がバーを支えますから」と言ってくれた。肉体に関するこの事実は、ほかの三つのインテリジェンス（知性、情緒、精神）にも当てはまる例えになると思う。限界までいくことによって、潜在能力が引き出されるのである。エマーソンの次の言葉が的を射ていると思う。「繰り返し行うことは、たやすくなる。行う作業の質が変わるのではなく、行う能力が増すのである」

私の場合、有酸素運動を週に五、六日、筋肉を調整する運動を週に三日、柔軟性のためのストレッチかヨガを週六日やるようにしている。体幹を鍛えるピラティスもときどきやっている。誰もが自分の状態を把握して、自分にもっとも適した運動を選ぶべきである。いずれにしても、運動は自制心と克己心を高めると私は確信している。自制心と克己心を働かせられるようになれば、刺激と反応の間のスペースが広がり、ひいては人生全体が大きくなっていくのである。

大学で教えていたとき、学期中に達成したい生活目標を設定するよう学生たちに指示した。圧倒的多数の学生が、適切な食事と規則正しい運動を目標の一つにしていた。それは私と学生たちとの「Win-Win実行協定」だった。その目標にお互いが合意したからには、学生自身が責任を負い、アカウンタビリティを果たさなくてはならない。自分で選んだ目標について自己評価し、経験から得た気づきや教訓を授業で発表することも取り決めた。この自己評価は成績の大きな部分を占めていたので、内発的なモチベーションだけでなく、外的な刺激でもモチベーションを引き出されたようだった。肉体的な活動には取り組みたくないという学生もいたが、それはそれでかまわず、肉体的インテリジェンス以外で自分が達成すべきと思う目標を立て、責任を持って実行すればよかった。

甘いものやジャンクフードの中毒を克服する、最低三〇分の運動を週三日実行する、というような目標を達成した学生たちは、驚くほどの成果を上げていた。古い習慣を断ち切って新しい習慣を身につけることには計り知れないインパクトがあり、彼らの人間関係にもプラスの効果をもたらした。活力、思考の明晰《めいせき》さ、学業、克己心にも顕著な影響があった。肉体的インテリジェンスの目標を選ばなかった学生たちは、学期末の報告会で身体を鍛える目標を達成した学生たちの証言を聞き、同じようにすればよかったと後悔していたようだった。

ここで考えてみてほしい。誰にでも平等に一週間は一六八時間ある。そのうち、たとえば二、三時間をバランスのとれた運動に充て、肉体の「刃を研ぐ」としよう。あとの一六六時間は、わずか二、三時間がもたらすポジティブな影響を味わえるのだ。ぐっすりと眠れることもその一つである。このような克己心が人生にどれほどの波及効果を与えるか、あなたも実感できるだろう。

克己心を働かせて、朝はぐずぐずせずにベッドを出よう。

適切な休養、リラクゼーション、ストレス管理、予防の考え方

ストレス研究の偉大な第一人者であるハンス・セリエ博士は、ストレスには二種類あると指摘している。不快ストレス（ディストレス）と快ストレス（ユーストレス）である。仕事が嫌だったり、人生のさまざまなプレッ

シャーを恨んだり、自分は被害者だと思っていたりすると、**ディストレス**を感じる。逆に、自分の現状と目指したい状態とのギャップに対してポジティブな緊張感を持っていれば、**ユーストレス**を感じる。たとえば、情熱をかき立て、才能を発揮できるような有意義な目標やプロジェクト、大義、つまり自分の「ボイス」には、ユーストレスが生まれるのだ。セリエ博士の優れた実証的研究によれば、ユーストレスは免疫系を鍛え、寿命を延ばし、生きる喜びを感じさせる。早い話、正しいストレス（ユーストレス）を避けてはいけないのである。ユーストレスは私たちを強くし、能力を伸ばしてくれる。もちろん、いくらユーストレスとはいっても適切な休養とリラクゼーションは必要だ。「ストレス管理」、もっと正確にいえば「ユーストレス管理」はしなくてはならない。セリエ博士は、女性の平均寿命が男性より七年も長いのは心理的・精神的理由からであって、生理学的なものとは関係ないとしている。「女性の仕事に終わりはない」からである。

あらゆる疾病の三分の二は生活習慣に原因があることは、専門家の間で広く認められている。不適切な食事、喫煙、不十分な休養やリラクゼーション、働きすぎなど、肉体を酷使するライフスタイルを選んでいるために病気になるのだ。遺伝的要因を挙げる人も大勢いるけれども、何度も言っているように、刺激と反応の間には必ずスペースがあるのだから、このスペースを意識し、原則に基づいて反応を選択する能力があることを自覚して行動していれば、遺伝的素因による病気を発症するとは限らない。第一ステージか第二ステージで発見できれば、ほとんどのがんは悪化を食い止め、治癒する可能性が高い。

西洋医学は予防よりも治療に重点を置いていて、治療は一般的に薬か手術のどちらかになる。私としては、医療のパラダイムがもっと広く、もっと深くなり、実証研究で有効性が証明された代替医療との相互補完的なものになってほしいと思っている。

健康診断を定期的に受けるのはとても重要である。せめて年一回でも受ければ、病気になりそうな傾向や兆候が見つかり、賢明な選択ができる。私の場合、予防医と治療医の二人の主治医がいる。自分の健康には自分が責任を持つこと。これが基本中の基本の原則だ。だから疑問があったら質問し、治療のプロセスに前向きに関わる。自分でも調べ、セカンドオピニオンも求め、必要なら代替の治療法も探すべきである。自分の心身の健康を他人や専門家に丸投げしてはいけない。

肉体の発達と健康をおろそかにしたら……

肉体的インテリジェンスをおろそかにしたら、ほかの三つのインテリジェンス（知性、情緒、精神）がどうなるか、考えてみてほしい。肉体の健康を損ねるだけでなく、集中力、創造力、忍耐力、タフさ、勇気、学習能力、記憶力など**知的インテリジェンス**も損なわれる。逆に、日頃から運動し、適切な食事と休養をとっていれば、集中力やタフさだけでなく、学習意欲も維持できる。

食欲に簡単に屈したり、情熱に身を任せて働いたりして不摂生していると、情緒的インテリジェンスはどうなるだろう？　忍耐、愛情、理解力、共感力、人の話を聴こうとする姿勢や慈悲心などは二の次になる。こうした言葉をいくら口にしても血が通わず、人の心を動かすことはない。

ダイエットや運動（ほかのどんなことでも）をやると自分で決めておいて、その決意を守れなかったら、ほかの人たちのニーズや気持ちに鈍感になってしまうことは、私自身何度も経験している。自分に腹を立て、自己嫌悪に陥り、誠実さが薄れていくのもわかる。初心に戻って決意し直し、約束を守ってようやく誠実さを取り戻し、自分のことよりもほかの人たちのことを考えられるようになるのだ。

> 五分もしないうちに誘惑に負ける人が、一時間後にどうなるかわかっていて行動するわけがない。だから ある意味では、悪人は悪行の何たるかをほとんど知らないのである。彼らは常に自分に負け、自分を甘やかす過保護な人生を生きてきたのだ。[2]
>
> C・S・ルイス

では、精神的インテリジェンス、心の平和はどうなるだろう? 奉仕し貢献しようという気持ち、進んで犠牲を払い、より崇高な善を自分のことよりも優先する気持ちが弱くなる。良心の声が聞こえにくくなり、どんな誘惑にも簡単に負けてしまう。私自身、個人としての誠実さに欠けているときには、自己中心的で身勝手な行動をとってしまいがちだ。しかしそんな自分を恥じて、原則と良心に従おうと思い直せば、奉仕と貢献の人生を送るのだという決意が戻ってくる。

このように、肉体的インテリジェンスの発達と克己心は基本中の基本なのである。とても具体的であり、誰でも今すぐ取りかかれる。自分の身体のことなのだから自分の手でどうにかできるのだし、自分でコントロールできる。肉体の欲求をコントロールして、肉体的インテリジェンスが高まっていくにつれ、刺激と反応の間のスペースが広がっていくことに気づくだろう。それによって、知的インテリジェンス、情緒的インテリジェンス、精神的インテリジェンスにもポジティブな効果が波及する。

決意が揺らぎ、軌道から外れることは誰にでもある。しかし、自分の肉体、知性、情緒、精神からのフィードバックに真摯《しんし》に耳を傾け、直すべきところを直せば、元の軌道に戻れる。飛行機のフライトと同じだ。ほとんどの飛行機は、目的地に着くまで何度も所定の飛行ルートからずれるが、パイロットはさまざまな計器から絶えずフィードバックをもらって針路を修正するから、ほぼ全便が飛行プランどおりに到着する。

人間の精神的側面である良心は、耳を傾けさえすれば、肉体、知性、情緒の三つの側面で正しい軌道に導いてくれる。そして従えば従うほど、良心は強くなり、自分自身を与えることができるようになる。賢明な食事と運動、休養とリラクゼーションによって、身体の免疫システムと回復力が強くなり、エネルギーを増やすことができる。何より重要なのは、知性、情緒、精神の三つのインテリジェンスが解き放たれることである。

知的インテリジェンス――IQの開発

次はIQを伸ばす三つの方法である。第一に、**系統だった規律ある学習**。これには自分の専門外の学習も含まれる。第二に、**自分を見つめる力を養う**。これによって、無意識に抱いているパラダイムを明確に意識し、安心領域から出て独創的に思考できるようになる。そして第三は、**人に教え、実践することによる習得**である。

系統だった規律ある学習

　継続的に学んで成長し、自分をより良くしていこうと決意している人は、人生の変わりゆく現実に適応して自分も柔軟に変化できる人であり、人生のどんな場面でも成果を出せる基本的な能力を備えている。私たちにとって、経済的安定を確保する現実的な手段は、人のニーズに応えられる能力しかない。だから、経済情勢が悪く、ニーズが満たされない状況にあるほど、人々が求めているものがはっきり見えてくる。組織や仕事などというものは、どんな時代でもあてにはならない。破壊的テクノロジーが出現すれば、それまでのテクノロジーも何もかも無意味になってしまうからだ。しかし、注意を怠らず活発に働く強靭《きょうじん》な知性、何でも学び、成長しようとする知性があれば、自分の力で切り抜けられるだろう。ＩＱは持って生まれたもので、一生変わらないという考え方は、とうの昔に否定されている。頭脳は使えば使うほど強くなるのだ。そして知性は良心に従わせるほど、賢明になる。

　日々の生活でテレビを見る時間を減らし、その分を読書に充てるべきだと私は思っている。自分にはなじみのない分野や専門外

IQ　知的インテリジェンス（ＩＱ）の３つの要素を開発する

系統だった規律ある学習

自分を見つめる力を養う
（無意識のパラダイムを明確に意識する）

人に教え、実践することによる習得

図 A1･2

の分野に範囲を広げて読むのも大切であるし、テーマを絞って深く掘り下げる読書も必要だ。私の場合、雑誌の中では「サイエンティフィック・アメリカン」「エコノミスト」「サイコロジー・トゥデイ」「ハーバード・ビジネス・レビュー」「フォーチュン」「ビジネス・ウィーク」などを好んで読んでいる。妻は小説や伝記、自叙伝が好きなので、私にもそういうジャンルの本をしょっちゅう勧めている。彼女の助言は賢明で、信頼している。私の元にはたくさんの新刊が送られてくる。書評や推薦の言葉が求められているのだが、全部読むことはできないので、概念的に読む方法を身につけた。まず目次を見て、著者の論述形式を理解し、著者が一番言いたいことがどこに書いてあるか目安をつけて読む。そうすれば、何冊もの本のエッセンスを一日か二日でつかむことができる。

とても効果的な学習法をもう一つ紹介しよう。プレゼンテーションを聴いたり、本を読んだりするとき、四つの部分に分けて考えるのだ。第一に目的、第二に主張、第三に検証（主張の証明）、第四に応用（実例や実話）。このようにして頭の中で整理しながら聴くなり読むなりする訓練をしていくうちに、驚くほどの効果が実感できるだろう。内容を的確にとらえられるようになり、実際より何倍もの時間をかけたかのように深く理解でき、聴いたばかりのプレゼンテーションを自分でもできそうな気がするほどだ。

基本的には、学習を継続する最適な方法は一人ひとりが自分で決めなくてはならない。知識労働者時代にはそれが不可欠である。時間をどのようなことに使っているか詳しく調べ、どのくらい無駄にしているか明確に見きわめて、自制しなくてはならない。読書には大きな見返りがある。ほとんどの人は、忙しくて読書する時間がない、それどころか子どもと接する時間さえないと弁解するけれども、実態はどうかというと、緊急ではあっても重要ではないことに時間の半分を使っているのである。その証拠となるデータは山ほどある。しかし、自制して本当に重要なことにフォーカスすれば、優先すべきことには心の中で燃えるような「イエス」と言い、どうしても目に入ってくる誘惑や優先する必要のないことには、笑顔で明るく朗らかに「ノー」と言えるのである。

自分を見つめる力を養う（無意識のパラダイムを明確に意識する）

自分を見つめる力を働かせるには四つのインテリジェンスのすべてが必要になる。これは人間だけに授けられた能力であり、要するに刺激と反応の間にあるスペースのことである。そのスペースで立ち止まって考え、どのような行動をとるか選択するのである。

私たちは普段、何らかのパラダイムや前提を無意識のうちに抱き、それに従って行動している。しかしそれはたいてい漠然として曖昧《あいまい》なものだ（だから自分でも意識していない）。したがって、自分を見つめる力を養うというのは、その漠然とした前提やパラダイムを明確に意識することであり、自分にできるもっとも波及効果の高い活動の一つであることは間違いない。既成の枠にとらわれずに考えることができるようになり、大きな飛躍につながるのである。

ここで「9ドット・エクササイズ」というものをやってみよう。前にやったことのある人も、無意識に抱いているパラダイムを明確に意識し、枠にとらわれずに考えることがいかに大切か、もう一度実感してみてほしい。

図A1・3で、九つの点の全部を通るように一筆書きで四本の直線を引いてみよう。

難しかっただろうか？　できなかった人は、もう一度挑戦してほしい。今度は「枠にとらわれずに考える」ようにする。あなたはおそらく、直線は九つの点でできている枠の中に納まらなければならないと思い込んでいるのではないだろうか？「枠にとらわれずに考える」というのはまさにそのことだ。そしてあなたは今、自分が考えていることを客観的に見つめている。これは動物にはできないことだ。だから動物には自己変革はできない。あなたや私にはできる。なぜならば、自分の頭の中にある無意識の前提やパラダイムを見つめることができるからである。ではもう一度、「9ドット・エクササイズ」に挑戦してみよう。

「枠にとらわれずに考える」とどうなるか、見ていこう。まず一本目の直線を枠の外に出るように引く（図A1・4）。

次に、図A1・5のように二本目、三本目、四本目の直線を引く。

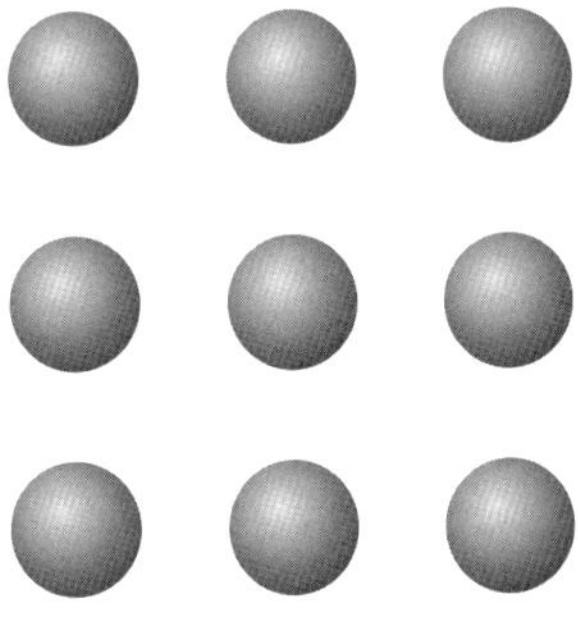

図A1・3

もう一つ問題を出そう。九つの点全部を通る直線を一本引いてほしい。さあ、自分の頭の中を見つめよう。あなたは無意識にどんなパラダイムを持っているだろうか？ どんな枠にとらわれているだろうか？ 九つの点全部を通る一本の直線とはいっても、点を並べ替えることはできない。前と同じように九つの点を全部通らなくてはならない。さて、どうしたらいいだろう？

あなたがとらわれている「枠」は、線の幅である（図A1・6）。

自分を見つめる力は人間だけに授けられた能力であり、四つのインテリジェンス全部に関わるものである。刺激と反応の間のスペースで立ち止まって考え、どう反応するかを選択することなのだ。

自分を見つめる力を養う方法をいくつか紹介しよう。私の娘のコリーンはずっと日記をつけていて、もう七〇冊くらいになる。自分の目で見て考えたことがびっしりと書き込まれている。日記をつけることで、娘は日々の生活における自分の行動を客観的に観察し、その観察に基づいて、自分がとるべき行動を選択できる

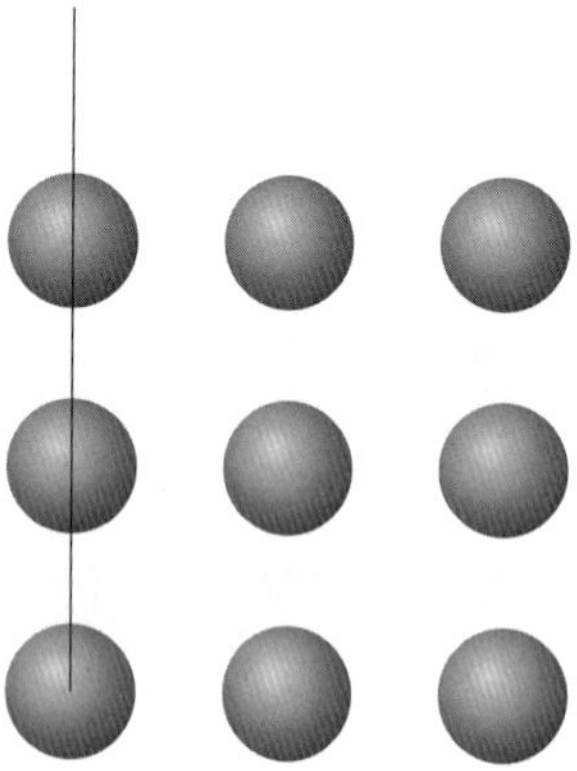

図 A1·4

ようになった。こうして自分を見つめる力が深く強くなったから、自分の考えが枠にとらわれていると気づいた瞬間に枠を取り払えるようになったのである。まずは知的インテリジェンスと情緒的インテリジェンスを抑え、精神的インテリジェンス（良心）の導きに従って重要な決断を下し、そのうえでほかの三つのインテリジェンスを調和させる。娘がこのようなことを実生活でやり遂げているのを私は何度も見ている。

考えを文章にするのは骨の折れる作業だが、漠然と考えていたことが明確になり、それは強い力になる。失敗を客観的に振り返り、教訓を得て、成功に結びつけることもできる。失敗から学んだことを人生に生かせれば、本当の意味での失敗などないのである。

自分を見つめ、無意識のパラダイムや前提を明確に意識する力を養うもう一つの方法は、ほかの人たちからフィードバックをもらうことだ。誰にでも盲点はある。その盲点が文字どおり致命的な結果をもたらすことさえある。しかし何らかの正式なシステムによって、あるいは非公式のかたちで、ほかの人たち（仕事や私

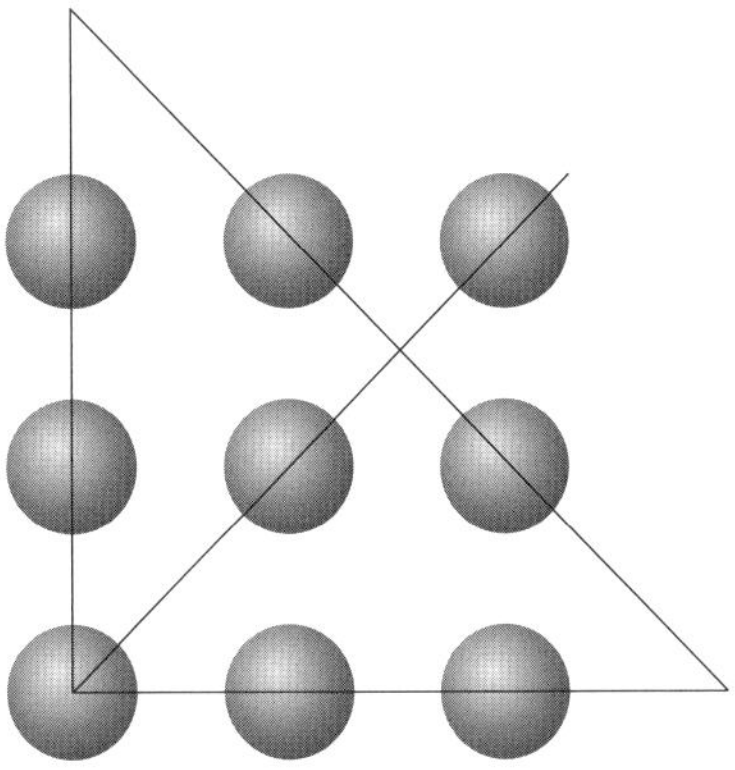

図 A1·5

生活で身近にいる人や大切にしている人）からフィードバックをもらう習慣ができれば、個人としての成長や発達が促進される。市場調査をし、国内や地域のライバル企業ではなくワールドクラスの卓越した企業をベンチマークにして、自社の現状を把握するのと似ている。このようなアプローチをとると、ほかの人たちも見落としている盲点に気づかされることが多い。

私自身も含めて多くの人にとって、祈りは良心の声を感じとり、良心の導きに従う手段になっている。心から祈ることによって、人生を使命と考え、奉仕と貢献の機会を見いだすのである。祈りは、一歩下がって自分を客観的に見つめる強さと勇気も与えてくれる。その強さと勇気があれば、自分の間違いを認めて謝罪し、決意を新たにし、本来の軌道に戻ることができるのだ。

人に教え、実践することによる習得

第三章をもう一度読んでほしい。人に教えることによって学んだことを深く理解でき、そして実践することによってしっかりと身につくというのは、誰でも認めることだろう。知っていてもや

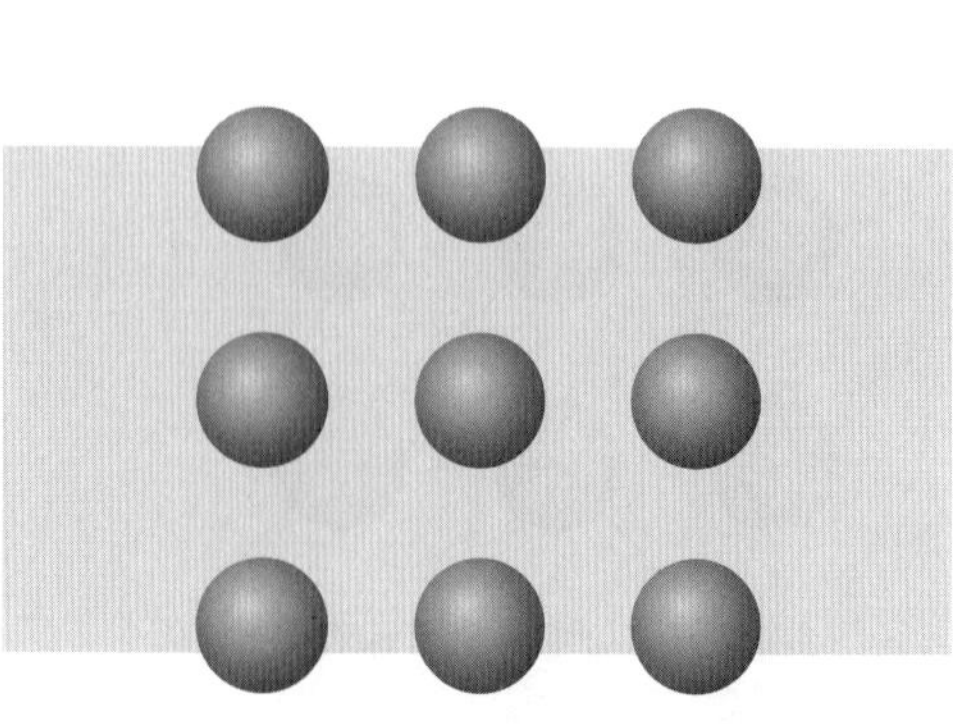

図 A1·6

らないのは、知っていることにはならない。学んだことを実行に移さないなら、学んだことにはならない。言い換えれば、何かを理解しても、その理解を実生活の中で使わないなら、本当に理解したことにならないのだ。行動に移してはじめて、知識や理解は身につくのである。

知性の発達をおろそかにしたら……

私たちが生きる現代社会は、複雑さの度を増し、デジタルのスピードで動いている。市場とテクノロジーはグローバル化の一途をたどっている。世界規模で壊滅的な結果を招きかねない新しいタイプのテロリズムが、人々の心に恐怖を植えつけている。世界中のあらゆるコミュニティが基本的な価値観を見失い、めまいを起こしている。家族はかつてないほどのストレスにさらされている。私たちがこうしたもろもろの難題に立ち向かうためのエンジンは、考える力、知性である。知性をおろそかにしたら、肉体そのものが苦しむことになる。「教育には金がかかると思うなら、無知になってみればいい」と誰かが言っていたが、人間として成長することは道徳的要請であって、「成長するか、さもなくば死か」の二つに一つなのである。数年足らずの絶頂期で後は衰退していく業種が増えている。自分の知的成長の責任を勤め先の組織に委ねてしまったら、組織との共依存関係が深まり、組織ともども時代に取り残されることになりかねない。金を稼ぐ能力が狭まり、最悪の場合は職を失う。そうなれば肉体の衰えが加速し、寿命が縮んでしまう。

知性を開発する努力を怠ると、人間関係（情緒的インテリジェンス）にはどんな影響があるだろう？　無知や偏見、固定観念、レッテルで物事を判断する傾向が強くなる。これでは考え方がひどく偏狭になり、ナルシズムやパラノイアに陥る恐れさえある。人生観が近視眼的になり、物事を自分中心にしか考えられなくなるのだ。

学ぶことをやめてしまうと、精神的インテリジェンスにはどんな影響が及ぶだろう? 学び成長しなさいと常に私たちに呼びかけている良心の声がだんだんと小さくなり、やがて完全に沈黙してしまう。私たちは人生のビジョンを見失い、ボイスを見つけようとする努力もしなくなる。ビジョンもボイスも生きる情熱の源泉であるというのに、二つとも失ってしまうのだ。知恵に満ちた本を読んでも退屈としか思わず、少しも心を動かされない。自分には関係ないとさえ思ってしまうのだ。

情緒的インテリジェンス――ＥＱの開発

情緒的インテリジェンスに関する文献を詳しく調べてみると、どの文献にも共通するのは、まず長期的効果という点でＥＱの圧倒的な重要性を説き、そしてＥＱは開発できると説いていることである。ところが興味深いことに、どのように開発できるかを説

EQ	情緒的インテリジェンス（ＥＱ）の5つの要素
自覚	
個人的なモチベーション	
自己制御	
共感する力	
社会的なコミュニケーションスキル	

図 A1·7

いている文献は比較的少ない。

情緒的インテリジェンスの主要素として一般的に認められているものには五つある。第一に、**自覚**。自分の生き方を振り返り、自己認識を深め、その認識によって自分を向上させ、自分の短所を乗り越え、あるいは補うことのできる能力である。第二に、**個人的なモチベーション**。ビジョンや価値観、目標、希望、欲求、情熱など、本当の意味で気持ちをかき立て、自分にとって最優先事項となるものである。第三に、**自己制御**。自分のビジョンや価値観の達成に向けて、自分をマネジメントする能力である。第四に、**共感する力**。人の身になって考え、感じることのできる能力である。第五に、**社会的なコミュニケーションスキル**。お互いの違いを認めて問題に取り組み、創造的な解決策を見いだし、共通の目的を推し進められる関係を築くスキルである。

EQのこれら五つの要素を伸ばしていくには、「7つの習慣」を体系的に実践することが最善の方法だと断言できる。第八章でも述べたが、本書では「7つの習慣」を詳しく取り上げることはできないので、拙著『7つの習慣 人格主義の回復』を読んでい

「7つの習慣」で表される原則	
習慣	**原則**
❶ 主体的である	責任／率先力
❷ 終わりを思い描くことから始める	ビジョン／価値観
❸ 最優先事項を優先する	誠実さ／実行
❹ Win-Win を考える	相互の尊重／利益
❺ まず理解に徹し、そして理解される	相互理解
❻ シナジーを創り出す	創造的な協力
❼ 刃を研ぐ	再新再生

図 A1·8

ただきたい。とはいえ、ここで各習慣のエッセンス、基本原則だけは挙げておこう。第八章の要約も読み直してほしい。

「7つの習慣」でEQの五つの要素を開発する

では、情緒的インテリジェンスの五つの要素が「7つの習慣」にどのように関係しているのか見ていこう。

自覚

私たち人間には選択する自由と能力があるという自覚を持つことが、「第1の習慣：主体的である」の基本原則である。言い換えれば、刺激と反応の間のスペースを意識することであり、遺伝や生物学的に受け継いでいるもの、育ちの影響、自分が置かれている環境などを客観的に見つめることである。動物と違って、私たちはこれらのことに対して賢明な態度を選択できる。自分が何者であるかを自覚し、自分の人生を自分で創造していくことができる。これは人生の根本をなす決断である。

EQ	「7つの習慣」を通して情緒的インテリジェンス（EQ）の5つの要素を開発する
自覚	❶ 主体的である
個人的なモチベーション	❷ 終わりを思い描くことから始める
自己制御	❸ 最優先事項を優先する ❼ 刃を研ぐ
共感する力	❺ まず理解に徹し、そして理解される
社会的なコミュニケーションスキル	❹ Win-Win を考える ❺ まず理解に徹し、そして理解される ❻ シナジーを創り出す

図 A1・9

個人的なモチベーション

個人的なモチベーションは、自分にとっての最優先事項、目標、価値観を選択するときの土台となるものであり、基本的には「第2の習慣：終わりを思い描くことから始める」に関わっている。自分の人生の方向を決めることは、一番目の決断である。

自己制御

自己制御は、「第3の習慣：最優先事項を優先する」と「第7の習慣：刃を研ぐ」に関係している。言い換えれば、自分にとっての最優先事項を決めたら、それを最優先にして生きるということだ。これは誠実さと克己心を持つ習慣、自分がやろうと決めたことを実行し、自分の価値観に従って生きる習慣である。そして絶えず自分自身を再新再生する習慣でもある。実行のための戦略と戦術を決めることは、二番目の決断である。

共感する力

共感する力は「第5の習慣：まず理解に徹し、そして理解される」の前半部分に当たる。自分の自叙伝を一方的に語るのをやめ、相手の頭と心の中に入っていくことである。自分を理解してもらい、他者に影響を与えようとする前に、あるいは決断や判断を下す前に、まずは社会的な感受性を働かせて、状況を認識する必要がある。

社会的なコミュニケーションスキル

「第4の習慣：Win-Winを考える」、「第5の習慣：まず理解に徹し、そして理解される」、「第6の習慣：シナジーを創り出す」を組み合わせたものが社会的なコミュニケーションスキルである。創造的に協力できるように（第6の習慣）、お互いの違いを尊重してお互いの利益を考え（第4の習慣）、お互いに相手を理解する努力をする（第5の習慣）。

繰り返しになるが、「7つの習慣」と情緒的インテリジェンスの五つの要素の発達の関係性については、ここでは簡単に述べることしかできない。EQを伸ばしたいと真剣に思っているのであれば、『7つの習慣 人格主義の回復』を読み、これらの習慣の土台となっている原則を学び、実践することを勧める。私はなにも自著の宣伝をしたいのではない。『7つの習慣』で紹介している原則は私が考え出したものではなく、全人類の財産であり、長く存続し繁栄を遂げているあらゆる国、社会、宗教、コミュニティに見いだされるものだ。原則は自明にして普遍的、時代を超えて不変であり、その絶大な力を私自身確信しているからこそ、「7つの習慣」を学んでほしいのである。

情緒的インテリジェンスをおろそかにすると……

EQをおろそかにすると身体にどのような影響があるか、ドック・チルドリーとブルース・クライアーは「フラストレーション、不安、心の動揺は知力を弱める。情緒が不安定な状態にあると、心臓の拍動が乱れ、神経系の働きも鈍る。頭の良い人でも愚かなことをしてしまう理由の一つがこれである。しかし内面の調和を心がけて日々生活すれば、時間と労力を節約できる」[3]と書いている。二人はさらに次のように説明している。

「心の奥深くにある価値観や良心に反する行動をとると、我々人間の免疫系は弱くなる。逆に、心からの愛情や思いやりを感じたり、表現したりすると、強くなる。ハートマス財団（訳注：ドック・チルドリー氏が創設した生理心理学やストレスを研究する非営利法人）は、免疫系と感情の関係を個人だけでなく組織のレベルでも科学的に実証した。個人のレベルでは、激しい口論の後や、何ヵ月も頑張ってきた重要な企画が中止になったと知ると病気になる例が多々見られる。組織のレベルでは、ネガティブな感情はウイルスのように組織中に広がり、組織の精神や活力、士気を奪う」

　人間関係を築く公的成功のためには、まず私的成功を果たさなくてはならない。しかし私的成功に必要な自制心を持てず、情緒的インテリジェンスを開発する努力を怠ると、怒りや嫉妬、羨望《せんぼう》、強欲、不合理な罪悪感といったネガティブで破壊的な感情を抱きやすくなり、強いストレスや心的外傷に発展することもある。大切な人間関係がぎくしゃくし、関係が壊れたりすると、免疫系が衰弱し身体にも影響が及ぶ。頭痛など心身症のさまざまな症状に襲われる。気が散って集中できず、物事を熟考できなくなり、抽象的思考や分析的思考、創造的思考も妨げられるなど、知的インテリジェンスにも悪影響を与える。精神的インテリジェンスも悪影響は免れず、憂鬱《ゆううつ》になり、意欲が減退する。希望も救いもないように感じて被害者意識を持つようになり、絶望感が高じて自殺すら考えることもある。だからこそ、ほかの人たちとのつながり、そして自分自身とのつながりを日頃から育て、ＥＱを開発することが重要なのである。

精神的インテリジェンス—SQの開発

> 教育の目的は、能力と良心の両面で人を一人前にすることである。能力だけを育て、その能力の使途を導く良心を育てないのは、あしき教育である。良心から切り離された能力は、最後にはばらばらになってしまう。
>
> ジョン・スローン・ディッキー

精神的インテリジェンスを開発する三つの方法を提案しよう。第一に、**誠実であること**。つまり、良心、そして自分にとって最高の価値観や信念に忠実に生き、「無限なるもの」とつながりを意識していることである。第二に、**意義を感じること**。それは、人々や大義に貢献しているという意識を持つことである。第三に、**ボイス（内面の声）を生かすこと**。つまり、独自の素質や才能、あるいは天命に仕事を結びつけることである。

SQ	精神的インテリジェンス（SQ）の3つの要素を開発する
誠実であること （良心、自分の最高の価値観に忠実に生きる）	
意義を感じること （人や大義に貢献する意識を持つ）	
ボイス（内面の声）を生かすこと （独自の才能や天命に仕事を結びつける）	

図 A1・10

誠実であること——約束をしてそれを守る

誠実さを養うもっとも確実な方法は、約束をしてそれを守ることである。まずは小さな約束から始めよう。周りの人たちには些細《ささい》でつまらないものに見えても、あなたにとっては真剣に努力しなければならないことを約束する。たとえば、毎日一〇分間の運動をする、食後のデザートを我慢する、テレビを見る時間を毎日一時間減らし、その時間を読書に充てる、誰かに感謝の手紙を書く、感謝の気持ちを直接話す、毎日祈りを捧げる、許しを求める、毎日一〇分間は聖書を読む、などだ。

たとえちょっとしたことでも、約束をしてそれを守るようにしていると、次第にもっと大きな約束をして守れるようになる。これを続けていけば自尊心ができていき、そのときどきの気分に左右されなくなる。人間としての誠実さが身につき、それはあなたに力をもたらす源泉になるだろう。小さな火をともすと、やがてあなたの内面で大きな炎になるのである。

誠実さ——良心を育て、それに従う

良心を育て、それに従うようにすれば、自然と精神的インテリジェンスは伸びていく。フランスの小説家スタール夫人は「良心の声はいかにもか細く、もみ消すことは簡単である。しかしその声はあまりにも明解で、聞き間違えることはない」と言っている。あなたの国の伝統や文化に関する文献を読んだり、あなたを鼓舞し、勇気を与えた人物の生涯を調べたりすると、良心の声に導かれているような感じがするだろう。それはまだ小さな声だが、やがて「良心に従えば従うほど、良心があなたに要求するものは大きくなる」というC・

S・ルイスの言葉どおりになる。しかし良心はあなたにただ要求するだけではない。あなたの可能性、インテリジェンス、貢献を広げてくれるのである。こうして自分に与えられたものを賢明に使えば、あなたの才能は何倍にもなっていくのだ。

意義とボイスを発見する

このテーマが本書の主眼であり、本書の内容のすべてに関係していることは言うまでもない。ただ、自分のボイスを発見する簡単な方法を一つ挙げるなら、すでに触れているように、**「私の人生の今の状況は、私に何をせよと命じているか？　現在の責任、義務、役割において、私のすべきことは何か？　私がとるべき賢明な行動は何か？」**と良心に問いかけることである。その答えに忠実に生きれば、刺激と反応の間のスペースが広がり、良心の声も大きくなっていく。

わが人生の目的は
ミッションと仕事を一致させること
二つの目が一つのものを見るように
愛と希求が一つになり
そして仕事が命を賭した勝負となるとき
わが行いは初めて

真に神と将来のためになる[4]　ロバート・フロスト

自分自身を捧げることのできるキャリア、仕事、大義を選ぶときも、あなたのボイス、天命に気づく重要な機会になる。そのときには必ず、四つのインテリジェンス（肉体、知性、情緒、精神）について、「私の得意なことで、本当にやりたいことは何か？　それで生計を立てることができるか？　もっと上達できるか？　学ぶ努力ができるか？」と自分に問いかけよう。ジム・コリンズは、ベストセラーとなった『ビジョナリーカンパニー2』の中で、人にも組織にも「自分が世界一になれることは何か？」と問うよう勧めている。私が思うに、親ならば誰にでも当てはまる答えがある。決意さえすれば、誰でもわが子を育てることでは世界一になれるのだ。親ほど子を思う人間はいないのである。

今から百年後には、私がどんな車に乗っていたか、どんな家に住んでいたかなど、露ほどの意味もなくなる。銀行口座にいくら貯金があったか、どんな服を着ていたか、というようなことも。しかし、私がわが子の人生で重要な存在であったことで、世界はほんの少しだけ良くなっているかもしれない。

作者不詳

精神的インテリジェンスをおろそかにすると……

良心に反する不誠実な行動をとると、私たちの身体はどうなるだろう？ たいていは顔の表情や目の動きに見てとれる。精神的インテリジェンスをおろそかにしている人は、身体もおろそかにしているものなのだ。人生に疲れ、燃え尽きてしまっている人が少なくない。頭の中はへりくつでいっぱいで、いつも自分に嘘《うそ》をついている。自分の良心や誠実さを侵すと、健全な情緒を持つ人間なら罪悪感にさいなまれるだろう。心の安らぎは失われ、判断力も正常に働かなくなる。カリフォルニア大学バークレー校の研究者は、紀要に掲載した研究結果を「善い行いをすることによって善く生きることができる」という言葉に要約していた。

では、情緒的インテリジェンスはどうなるだろう？ 感情をコントロールできなくなり、他者を理解する能力も、他者に共感する能力も損なわれる。人を愛せず、慈悲の心を持つこともできなくなるのである。

人が善人になっていくと、自分の中にまだ残っている邪悪さがはっきりと見えるようになる。悪人になっていくと、自分の邪悪さが見えなくなっていく。ほどほどに悪い人は、自分がそれほど良い人間ではないことをわかっている。完全に悪い人は、自分は正しいと思っている。これはいたって常識的なことだ。人は目覚めているときに眠りの何たるかを理解するのであって、眠っているときではない。頭が正常に働いているときには計算ミスに気づくが、ミスをしている最中には気づかない。善人は善も悪も知っている。悪人はそのどちらも知らない。[5]

C・S・ルイス

付録2　リーダーシップ論の文献調査

二〇世紀には、リーダーシップ論の分野で大きく分けて五つのアプローチが生まれた。素質、行動・態度、権限・影響力、状況、統合のアプローチである。一九〇〇年までは、リーダーシップ論は主に偉大な人物を語るものが主流だったが、ここから素質を中心にしたリーダーシップ論が生まれる。その後、状況、環境的な要因が強調されるようになり、最終的には、個人と状況、精神分析、役割獲得、変化、目標、環境適応などを取り入れた統合的な理論が開発された。一九七〇年以降のリーダーリップ論は、これらの基本的な理論のいずれかを中心にして発展していったものである。

理論	代表的な著者／年	要約
偉人論	ダウド (1936)	歴史や社会的制度は偉大な男女（例：モーゼ、ムハンマド、ジャンヌ・ダルク、ワシントン、ガンディー、チャーチル）によってつくられる。ダウド（1936年）は「大衆によるリーダーシップというようなものはない。どんな社会においても、個人の知力、活力、道徳心の度合いはまちまちであり、受ける影響によって大衆はどの方向にも進んでいくものである。大衆は常に、優れた少数の者によって導かれる」と主張した。
素質理論	L.L. バーナード (1926) ビンガム (1927) キルボーン (1935) カークパトリック & ロック (1991) コーズ&アイル (1920) ページ (1935) ティード (1929)	リーダーとそのフォロワーの違いは、生まれながらに備わっている優れた素質や特質にある。素質理論は、「どのような素質がリーダーとほかの人たちを分けるのか?」「その違いはどの程度か?」という2つ問いについて考察する。
状況理論	ボガルダス (1918) ハーシー & ブランチャード (1972) ホッキング (1924) パーソン (1928) H. スペンサー	リーダーシップは状況の要求に応じて生まれる。誰がリーダーになるかは、個人が受け継いでいるものよりも状況的な要因で決まる。偉大なリーダーの出現は、時代、場所、状況の所産である。
個人・状況理論	バーナード (1938) バス (1960) J.F. ブラウン (1936) ケース (1933) C.A. ギブ (1947,1954) ジェンキンス (1947) ラピエール (1938) マーフィー (1941) ウェストバーグ (1931)	個人・状況理論は、偉大な個人、素質、状況的要因を組み合わせたものである。この理論のリーダーシップ研究には、影響力、知力、行動力の素質、さらには個人を行動に促す具体的な条件も含めなければならない。条件に含まれるのは、①個性、②集団とそのメンバーの特質、③集団が直面している事象、などである。
精神分析的理論	エリクソン (1964) フランク (1939) フロイト (1913,1922) フロム (1941) H. レヴィソン (1970) ウォルマン (1971)	リーダーは父親的な存在であり、愛と恐れの源、超自我が具現化されたもの、フォロワーのフラストレーションや破壊的攻撃の感情的はけ口。

理論	代表的な著者／年	要約
人間的理論	アルギリス (1957,1962,1964) ブレイク & ムートン (1964,1965) ハーシー & ブランチャード (1969,1972) リッカート (1961,1967) マズロー (1965) マクレガー (1960,1966)	人間的理論は、結束し効果性の高い組織における個人の発達を論じる。この理論の視点を支持する人たちは、人間は本質的に動機づけされていて、組織は本質的に構造化され、コントロールされていると考える。彼らのいうリーダーシップとは、組織的な制約を外して個々人に自由を与え、潜在能力を引き出して組織に貢献させることである。
リーダー・役割理論	ホーマンズ (1950) カーン & クイン (1970) カー & ジェレミー (1978) ミンツバーグ (1973) オズボーン & ハント (1975)	個人の人格と状況の要求が作用し合い、1人または何人かの人間がリーダーとして出現する。グループの構造は、メンバー同士の相互作用をベースにして構築されていき、グループはさまざまな役割や地位に応じて構成される。リーダーシップは差別化された役割の一つであり、その地位にある個人は、グループのほかのメンバーとは異なる行動をとることが期待される。リーダーが自分の役割をどう認識し、ほかのメンバーがリーダーに何を期待しているかによって、リーダーの行動が決まる。ミンツバーグは、リーダーシップの役割を10項目（表看板、指導者、連絡役、監視役、周知伝達役、スポークスパーソン、起業家、妨害排除者、資源配分者、交渉者）に分けている。
道筋・目標理論	M.G. エヴァンス (1970) ゲオルゴプロス、マホーニー & ジョーンズ (1957) ハウス (1971) ハウス & デスラー (1974)	リーダーは、報酬が得られる行動（道筋）を示して、フォロワーの変化を促す。リーダーはまた、フォロワーの目標を明確にし、成果を出せるよう励ます。リーダーが道筋・目標を達成するアプローチは、状況的要因によって決まる。
コンティンジェンシー理論	フィードラー (1967) フィードラー、シェマーズ & マハール (1976)	タスク志向または人志向のリーダーは、状況に適応して行動する。この理論に基づいたリーダーシップ研修プログラムは、リーダーが自分の志向性を理解し、好ましい／好ましくない状況に適応するのに役立つ。

理論	代表的な著者／年	要約
認知的リーダーシップ： 20世紀の偉人	H. ガードナー (1995) J. コリンズ (2001)	リーダーは「言葉で伝えるか、または自ら模範となることによって、多くのフォロワーの行動、思考、感情に顕著な影響を与える」。リーダーとフォロワーの人間的性質を理解すれば、リーダーシップの本質を洞察できる。コリンズの研究は、持続的に高業績を達成できる組織とそうでない組織の違いを明確にしている。すなわち、謙虚さと意志の強さを併せ持つ「第五水準」のリーダーによって導かれているかどうかである。
相互作用プロセスの理論とモデル： 並列結合モデル、並列スクリーンモデル、垂直ダイアド結合モデル、交換理論、行動理論、コミュニケーション理論	デイビス & ルーサンス (1979) フィールダー & リースター (1977) ファルク & ウェンドラー (1982) グレーン (1976) グリーン (1975) ユキ (1971)	リーダーシップは相互作用のプロセスとする考え方である。例として、リーダーの率先性の構造、リーダーの知性とグループのパフォーマンスの相関関係、リーダーと各個人の関係（リーダーとグループの関係ではなく）、交換あるいは行動コンティンジェンシーの一形態としての社会的相互作用に関する理論がある。
権限・影響力： 参加型リーダーシップ、理論的根拠・演繹《えき》	コック & フレンチ (1948) J. ガードナー (1990) レヴィン、リピット & ホワイト (1939) ブルーム & イェットン (1974)	権限・影響力のアプローチには、参加型リーダーシップが含まれる。権限・影響力理論に関する研究は、リーダーはどれほどの権力を持ち、それをどのように行使しているかを調べ、考察する。この理論はまた、一定方向の因果関係を前提としている。参加型リーダーシップは、権限の分担とフォロワーへのエンパワーメントを行う。ブルーム&イェットンが提唱する規範的理論は、リーダーは指導的立場にあり、部下は受動的なフォロワーであるとの前提に立っている。しかし部下の知識が増えれば、部下の役割も指導的なものに移行すべきであるとする。ガードナーは、「リーダーシップとは説得のプロセス、または模範を示すプロセスであり、それによって個人（またはリーダーシップチーム）は、リーダーが提示する目標またはリーダーとフォロ

理論	代表的な著者／年	要約
		ワーが共有する目標をグループが達成できるように促す」としている。彼によれば、リーダーシップは果たされなくてはならない役割であり、したがってリーダーは、自分が統括するシステムの中で統合的な役割を果たす。
属性、情報処理、オープンシステム	ブライオン＆ケリー (1978) カッツ＆カーン (1966) ロード (1976,1985) ロード、ビニング、ラッシュ＆トーマス (1978) ミッチェル、ラーセン＆グリーン (1977) ニューウェル＆サイモン (1972) H.M. ウェイス (1977)	リーダーシップは、社会的に構築された現実である。ミッチェルらは「観察者やグループのメンバーが認識するリーダーシップの属性は、個々人の持つ社会的現実によって偏る」としている。さらに、リーダーシップ研究においては、個人的、プロセス的、構造的、環境的な変数が相互に因果関係を持つ現象であり、したがってこれらの変数間の原因と結果を正確に示すことは難しい。
統合的： 変革的、価値観ベース	バス ベニス (1984,1992,1993) バーンズ (1978) ダウントン (1973) フェアホルム (1991) オトゥール (1995) デプリー (1992) ティシー＆デヴァンナ レネシュ	バーンズによれば、変革的リーダーシップは、「リーダーとフォロワーがお互いのモチベーションと士気を高めるように交わるプロセス」である。フォロワーは、グループのために自己の利益を捨てて長期的な目標を考え、何が重要かを自覚するとみなされる。ベニスによれば、有能なリーダーは3つの役割を果たす（整合性をとる、創造する、エンパワーメントする）。リーダーは、人的リソースそのほかのリソースを整え、自由な意見交換を促す組織文化を創造し、組織に貢献できるように他者をエンパワーメントする。ベニスはマネジメントとリーダーシップの区別で知られており、「リーダーは正しいことを行い、マネージャーは正しく行う」という言葉に彼の考えが明確に示されている。
カリスマ的リーダーシップ	コンガー＆カヌング (1987) ハウス (1977) ケッツ・ス・ヴリース (1988)	その一方、カリスマ的リーダーシップの理論は、リーダーは部下から見て非凡な資質を持つとする。リーダーの影響力は、権威や伝統ではなく、フォロワーにどう思われているかによって決まる。カリ

理論	代表的な著者／年	要約
	J. マックスウェル (1999) メインドル (1990) シャミール、ハウス & アーサー (1993) ウェーバー (1947)	スマ的リーダーシップは、属性、客観的観察、自己概念理論、精神分析学、社会的影響力などで説明される。
能力に基づくリーダーシップ	ベニス (1993) ボヤティス、キャメロン クイン	卓越したパフォーマー（リーダー）と平均的なパフォーマーの違いに結びつく最重要の能力を学び、伸ばすことができる。
野心的・ビジョナリーリーダーシップ	バーンズ クーゼス & ポズナー (1995) ピーターズ ウォーターマン (1990) リチャーズ & エングル (1986)	クーゼスとポズナーによれば、リーダーは部下の情熱に「火をつけ」、部下を導く「コンパス」の役割を果たす。彼らによるリーダーシップの定義は「共通の希望を持つ人たちを動員し、それをかなえるための努力を促す技術」である。貢献したいというフォロワーの意欲、他者のモチベーションを引き出し行動させるリーダーの能力が強調されている。リーダーは、顧客に応え、ビジョンを描き、従業員を鼓舞し、混沌《こんとん》として目まぐるしく変化する環境で本領を発揮する。リーダーシップとは、ビジョンを明確にし、価値観を体現し、物事が成し遂げられる環境をつくることである。
管理型・戦略型リーダーシップ	ドラッカー (1999) ジェイコブス & ジャック (1990) ジャック & クレメント (1991) コッター (1998,1999) バッキンガム & コフマン (1999) バッキンガム & クリフトン (2001)	リーダーシップは、組織内外のパートナーシップの統合を表す。ドラッカーは、その統合の3つの要素を強調している（財務、実績、個人）。彼によれば、リーダーは組織の業績だけでなくコミュニティ全体に責任を持つ。リーダーは役割を果たし、特別な資質を持っている。コッターによれば、リーダーはビジョンと方向性を伝え、フォロワーを結束させ、モチベーションを引き出し、鼓舞し、元気づける。さらにリーダーは変化の媒体でもあり、部下にエンパワーメントする。リーダーシップとは、集団の努力に目的（有意義な方向性）を与え、目的達成に向けた自発的な努力を引き出すプロセスである。さらに、効果的なマネジメント型リーダーシップは、効果的な管理業務を生み出す。これ

理論	代表的な著者／年	要約
		らの著者は、時間と場所、個人と状況に応じて必要とされるリーダーシップを特に取り上げている。
結果に基づくリーダーシップ	ウルリッチ、ゼンガー＆スモールウッド (1999) ノーリア、ジョイス＆ロバートソン (2003)	ウルリッチらは、「リーダーによる明らかな結果を描写」し、結果を人格に結びつけるリーダーシップ・ブランドを提起している。リーダーは、専門的な知識や戦略的思考に加え、道徳的な人格や誠実さ、活力も備えている。さらにリーダーは、組織の成功を促進する効果的な態度も示す。そのうえ、リーダーシップの成果は測定可能であるから、リーダーシップを教え、学ばせることもできる。ノーリアらは、エバーグリーン・プロジェクトにおいて10年間で200以上の経営層のプラクティスを調べ、真に卓越した結果を生むプラクティスを判断した。一次的プラクティスと二次的プラクティスがそれぞれ4つずつあり、前者は戦略、実行、文化、構造、後者は才能、イノベーション、リーダーシップ、合併買収である。
教師としてのリーダー	デプリー (1992) ティシー (1998)	リーダーは教師である。リーダーは「教えることのできる視点」を確立する。リーダーシップの目的は、ストーリーを教えることによってやる気を起こさせることである。ティシーは、効果的なリーダーシップと効果的なティーチングは同じであると主張している。
舞台芸術としてのリーダーシップ	デプリー (1992) ミンツバーグ (1998) ヴェイル (1989)	リーダーは外部に対してリーダーシップをとるわけではなく（部下への動機づけやコーチング）、リーダーやマネージャーが行う仕事の全部を含めて表には出ない活動である。その意味でリーダーシップは目立たないものである。舞台芸術としてのリーダーシップは一般的に、オーケストラやジャズアンサンブルの指揮者に例えられる。

理論	代表的な著者／年	要約
文化的・全体論的リーダーシップ	フェアホルム (1994) センゲ (1990) シャイン (1992) ウィートリー (1992)	リーダーシップは、文化の外に踏み出してプロセスを進化的に変革し、より適応力を持たせる能力である。リーダーシップはまた、重要なステークホルダーを巻き込み、追随を促し、他者をエンパワーメントする能力でもある。ウィートリーの全体論的なアプローチは、リーダーシップは状況に応じて体系的に形成されるものである。リーダーは、個人、組織、環境の相乗効果的な関係を創り出す。5つの規律を厳守することにより、組織としての学習を促進する。ゼンゲによれば、リーダーは3つの役割を果たす（デザイナー、執事、教師）。
サーバントリーダーシップ	グリーンリーフ (1996) スピアーズ & フリック (1992)	サーバントリーダーシップは、リーダーは他者（従業員、顧客、コミュニティ）に奉仕することによって他者を導くという考え方である。サーバントリーダーの特徴には、傾聴、共感、癒し、自覚、説得力、概念化、先見の明、執事的な役割、他者の成長に関わること、コミュニティの構築などが挙げられる。
精神的なリーダーシップ	デプリー (1989) エツィオーニ (1993) フェアホルム (1997) グリーンリーフ (1977) ホーリー (1993) キーファー (1992) J. マックスウェル ヴェイル (1989)	リーダーシップとは、人の行為をコントロールするのではなく、人の魂に影響を与えることである。フェアホルムによれば、リーダーシップとは他者とのつながりを築くことでもある。さらに「リーダーが個々人の全人格を思いやると決意するなら、精神を思いやる行動も含まれていなくてはならない……新しい世紀のリーダーは、自分自身をいたわり、そしてフォロワーもそうした精神的つながりを持てるように配慮しなければならない」リーダーの影響力は、組織の文化、慣習、価値観、伝統をよく知ることによって生まれる。

参考文献

Bass, B.M. *Bass and Stogdill's Handbook of Leadership: Theory, Research, and Managerial Applications,* 3d ed. London: Coller Macmillan, 1990.

Bennis, W.G. *An Invented Life: Reflections on Leadership and Change.* Reading, Mass.: Addison-Wesley, 1993.

Buckingham, M., and D. O. Clifton. *Discover Your Strengths.* New York: Free Press, 2001.
マーカス・バッキンガム、ドナルド・O・クリフトン著『さあ、才能《じぶん》に目覚めよう：あなたの5つの強みを見出し、活かす』田口俊樹訳　日本経済新聞社　2001.11

Buckingham, M., and C. Coffman. *First, Break All The Rules: What the World's Greatest Managers Do Differently.* New York: Simon & Schuster, 1999.
マーカス・バッキンガム、カート・コフマン著『まず、ルールを破れ：すぐれたマネージャーはここが違う』宮本喜一訳　日本経済新聞社　2000.10

Collins, J. C. *Good to Great:* Why Some Companies Make the Leap……and Others Don't. New York: HarperCollins Publishers, 2001.
ジェームズ・C・コリンズ著『ビジョナリーカンパニー2：飛躍の法則』山岡洋一訳　日経BP社　2001.12

Fairholm, G.W. *Capturing the Heart of Leadership: Spirituality and Community in the New American Workplace.* Westport, Conn.: Praeger, 1997.

Fairholm, G.W. *Perspectives on Leadership: From the Science of Management to Its Spiritual Heart.* Westport, Conn.: Quorum Books, 1998.

Gardner, H. *Leading Minds: An Anatomy of Leadership.* New York: BasicBooks, 1995.
ハワード・ガードナー著『「リーダー」の肖像：20世紀の光と影：混迷の時代、彼らはなぜ人と国を動かせたのか』山崎康臣／山田仁子訳　青春出版社　2000.3

Gardner, J. W. *On Leadership.* New York: Collier Macmillan, 1990.
ジョン・ウィリアム ガードナー著『リーダーシップの本質：ガードナーのリーダーの条件』加藤幹雄訳　ダイヤモンド社　1993.3

Jaques, E., and S.D. Clement. *Executive Leadership: A Practical Guide to Managing Complexity.* Arlington, Va.: Cason Hall, 1991.

Kouzes, J. M. and B. Z. Posner. *The Leadership Challenge: How to Keep Getting Extraordinary Things Done in Organizations.* San Francisco: Jossey-Bass, 1995.
ジェームズ・M・クーゼス、バリー・Z・ポズナー著『リーダーシップ・チャレンジ』金井壽宏監訳／伊東奈美子訳　海と月社　2010.2

Renesch, J., ed. *Leadership in a New Era: Visionary Approaches to the Biggest Crisis of Our Time.* San Francisco: New Leaders Press, 1994.

Senge, P.M. *The Fifth Discipline: The Art and Practice of the Learning Organization.* New York: Currency Doubleday, 1990.
ピーター・M・センゲ著『最強組織の法則：新時代のチームワークとは何か』守部信之訳　徳間書店　1995.6

Ulrich, D., J. Zenger, and N. Smallwood. *Results-Based Leadership: How Leaders Build the Business and Improve the Bottom Line.* Boston: Harvard Business School Press, 1999.
デイブ・ウルリッチ、ジャック・ゼンガー、ノーム・スモールウッド著『脱コンピテンシーのリーダーシップ：成果志向で組織を動かす』DIAMOND ハバード・ビジネス・レビュー編集部訳　ダイヤモンド社　2003.10

Vaill, P.B. *Managing as a Performing Art: New Ideas for a World of Chaotic Change.* San Fransisco: Jossey-Bass, 1989.

Wheatly, M. J. *Leadership and the New Science: Learning about Organization from an Orderly Universe.* San Francisco: Berrett-Koehler, 1992.
マーガレット・J・ウィートリー著『リーダーシップとニューサイエンス』東出顕子訳　英治出版　2009.2

Wren, J.T. *Leader's Companion: Insights on Leadership through the Ages.* New York: The Free Press, 1995.

Yuki, G. *Leadership in Organizations,* 4th ed. Upper Saddle River, N.J.: Prentice-Hall, 1998.

著者と出典	見解：マネジメント vs. リーダーシップ
ウォレン・ベニス “Leading Change: The Leader as the Chief Translation Officer.”In J. Renesch (Ed.), 1994. Leadership in a New Era: Visionary Approaches to the Biggest Crisis of Our Time (pp.102-110). San Francisco: New Leaders Press.	「マネジメントは、やるべきことをやらせる。リーダーシップはやるべきことをやりたい気持ちにさせる。マネージャーは人を押す。リーダーは人を引きつける。マネージャーは命令する。リーダーはコミュニケートする」
ウォレン・ベニス An Invented Life: Reflections on Leadership and Change. Reading, MA: Addison-Wesley. 1993.	「リーダーは正しいことを行う。マネージャーは正しく行う」
C. カーター・スコット “The Differences Between Management and Leadership.” Manage, 10+. 1994.	「私たちを取り巻いている、曖昧《あいまい》で変わりやすく、不穏な事柄が、次々と私たちを妨害する。そのままにしていれば、私たちは間違いなく窒息してしまうだろう。リーダーはそうした状況を征服するが、マネージャーは降参する。マネージャーは管理運営し、リーダーは刷新する。マネージャーはコピーであり、リーダーはオリジナルである。マネージャーは維持し、リーダーは開発する。マネージャーはシステムと構造にフォーカスし、リーダーは人にフォーカスする。マネージャーはコントロールに頼り、リーダーは信頼を促す。マネージャーは短期的に考え、リーダーは長期的に考える。マネージャーは「どのように」と「いつ」を問い、リーダーは「何が」と「なぜ」を問う。マネージャーは最終的な結果に目を向け、リーダーは未来に目を向ける。マネージャーは模倣し、リーダーは新しいことを始める。マネージャーは現状を受け入れ、リーダーは現

著者と出典	見解：マネジメント vs. リーダーシップ
	現状を変える。マネージャーは典型的な良い兵士であり、リーダーは独立独歩である。マネージャーは正しく行い、リーダーは正しいことを行う」
ジョン・W. ガードナー 『リーダーシップの本質：ガードナーのリーダーの条件』（ダイヤモンド社）	「リーダーとリーダー的マネージャーは、少なくとも6つの点で一般的なマネージャーとは異なる。 1. 長期的視点で思考する。 2. 自分が指揮する集団を考える中で、その集団のより大きな現実との関係性を把握する。 3. 直接管轄する組織や集団の境界線を越えた広がりを持つ。 4. ビジョン、価値観、モチベーションなど具体的には目に見えない要素を重視し、リーダーとメンバーの相互関係に潜む無意識の要素の重要性を直感的に理解する。 5. 多元的な集団母体内の対立的要求に対処できる政治的技術を備えている。 6. 組織や集団を再活性化（リニューアル）の観点から考える」 「マネージャーはリーダーより組織との結びつきが強い。いや、リーダーの場合には組織をまったく持たないといってもいい」
ジェームス・クーゼス、バリー・ポズナー 『リーダーシップ・チャレンジ』（海と月社）	「……“lead”という言葉の本来の意味は、『行く、旅行する、案内する』である。リーダーシップには、体感的なもの、運動の感覚がある……リーダーは新しい秩序を探求し始める。未踏の地に分け入っていき、誰も知らない新しい目的地へと案内する。それに対して“manage”は“hand”を意味する言葉に由来している。マネジメントは本質的に物事を『取り扱う（hand）』ことであり、秩序を維持し、組織化と統制を行う。マネジメントとリーダーシップの重要な違いは、言葉の根本的な意味にある。『物事を取り扱う』という意味と『ある場所に行く』という意味の違いなのだ」
エイブラハム・ザレズニク “Managers and Leaders: Are They Different?”Harvard Business Review, 55(5), 67-78.1977	マネージャーは物事がどのようになされるかに関心があり、リーダーは物事が人々にどのような意味を持つかに関心がある。 「リーダーとマネージャーは考え方が違う。マネージャーは、人とアイデアの相互作用によって戦略を立て、意思決定を可能にするプロセスとして仕事をとらえる傾向がある」 「……マネージャーは選択の幅を限定するのに対して、

著者と出典	見解：マネジメント vs. リーダーシップ
	リーダーはそれとは反対の方向に動く。長く解決されない問題に斬新なアプローチで取り組み、新しい選択肢を試せる課題を提起する……リーダーは仕事に刺激を生み出す」
ジョン・コッター 『リーダーシップ論：いま何をすべきか』（ダイヤモンド社）	「マネジメントは複雑さに対処することである。マネジメントの慣行と手順のほとんどは、大組織の出現（20 世紀のもっとも重要な開発の一つ）に対応するためにある。適切なマネジメントがなされなければ、複雑な企業は混乱をきたし、存続が危うくなる。適切なマネジメントは、ある程度の秩序を組織にもたらし、製品の品質や収益性など組織の重要な領域に一貫性を与える」 「それとは対照的にリーダーシップは、変化に対処することである。近年、リーダーシップが重要視されるようになった理由の一つは、ビジネス界の競争がいっそう激しさを増し、不安定化していることである。テクノロジーの目まぐるしい変化、国際的な競争の激化、市場の規制緩和、資本集約型産業の過剰生産、不安定な石油カルテル、ジャンク債による企業乗っ取り、労働人口動態の変化などが、このようなシフトを助長した多くの要因の一部になっている。その結果、昨日までやっていたことが、あるいは昨日より5％うまくやっても、もはや成功の処方箋とはならない。新しい環境で生き残り、効果的に競争するためには、大規模な変革がますます必要になってくる。変化が増すほどリーダーシップが求められるのである」
ジェームズ・M. バーンズ Leadership. New York: Harper and Row. 1978.	取引（マネジメント）VS 変容（リーダーシップ） 取引的リーダーシップ：このタイプのリーダーシップは、価値のあるものを交換する目的で、ある人が率先してほかの人たちと接触するときに起こる。 変容的リーダーシップ：このタイプのリーダーシップは、一人あるいは複数人のリーダーとほかの人たち（フォロワー）が、お互いにモチベーションと倫理観を高めるように交わるときに起こる。双方の目的は、それぞれに関連性はあっても最初は別個のものだったかもしれないが、変容的リーダーシップのプロセスの中でお互いの目的が変容し融合していく。

著者と出典	見解：マネジメント vs. リーダーシップ
ピーター・ドラッカー P. A. Galagan, Peter Drucker: Training & Development, 52, 22-27.	「リーダーの力が試されるのは、リーダーとして何を達成するかではない。その場を去ったあとに何が起こるかである。成し遂げたことがそのあとも続くかどうかが、試金石なのだ。カリスマ的なリーダーが去ったとたんに企業が潰れるなら、それはリーダーシップではなかった。あからさまに言うなら、まやかしだったのである」 「……リーダーシップは責任だと、私はずっと強調してきた。リーダーシップはアカウンタビリティであり、実行である……」 「……マネジメントとリーダーシップを切り離すのはナンセンスというものである。マネジメントと企業家を切り離すのと同じくらいにナンセンスだ。マネジメントとリーダーシップは同じ仕事の本質的な部分をなす。たしかに違いはあるけれども、右手と左手の違い、鼻と口の違いのようなものでしかない。二つとも同じ身体についている」
リチャード・パスカル In Johnson, M. "Taking the Lid Off Leadership." Management Review, 59-61.	「マネジメントとは、前例のあるレベルと同じレベルの成果を達成するために、権威と影響力を行使することである……リーダーシップは、起こりそうにないことを起こすことである……（それには）限界ぎりぎりのところまで仕事することを伴う」
ジョージ・ウェザーズビー "Leadership versus Management." Management Review, 88, 5+	「マネジメントは、組織の目標、優先順位の設定、作業の設計、結果の達成に照らして、限られたリソースを配分することであり、もっとも重要なのはコントロールである。それに対してリーダーシップは、共通のビジョンをつくることにフォーカスする。人々がビジョンに貢献できるよう動機づけし、人々の利益と組織の利益が一致するように調整する。リーダーシップとは命令ではなく、説得である」
ジョン・マリオッティ "Leadership Matters." Industry Week, 247, 70+.	「『マネジメントされている』人は、成功に必要な努力を惜しむ傾向が見られるが、良いリーダーがいれば別である。偉大なリーダーは、平凡な人々から非凡な結果を引き出す。偉大なマネージャーは、きちんと計画されたとおりの結果、ときには優れた実行力で結果を出せるが、リーダーシップによって鼓舞される情熱や意欲から生まれる大きな成功は得られない。リーダーは建築家であり、マネージャーは建設業者である。どちらも必要だが、建築家がいなければ、特色のある建物にはならない」

著者と出典	見解：マネジメント vs. リーダーシップ
ロザベス・モス・カンター “The New Managerial Work.”Harvard Business Review, 85+	「マネジメント的権威という古い基盤は腐食し、リーダーシップという新しいツールが取って代わろうとしている。職位上の肩書による力によって、限定的な領域を支配することに慣れているマネージャーも、見方を変え、視野を広げることを学べる。定められた責任範囲の外に目を向けて好機を感じとり、それを生かすために、関連分野からメンバーを引っ張ってきてプロジェクトチームを編成するというようなことが、マネージャーたちの新しい仕事になる。これには、職務や部署の垣根を越えたコミュニケーション、さらには活動やリソースが重なる企業間のコミュニケーションや協力が必要になる。地位や肩書、立場上の正式な特権などは、新しいマネージャーでは重要な成功要因ではなくなる。それよりも、人を動員し、やる気にさせて潜在能力を最大限に引き出すための知識、スキル、感性のほうが重要になってくる」
トム・ピーターズ 『経営革命 上・下巻』 （TBS ブリタニカ）	ピーターズは、前掲のベニス、クーゼスとポズナーによるリーダーシップとマネジメントの概念を参考にしている。ピーターズは「ビジョンを持つこと、それ以上に重要なこととしてビジョンを精力的に実践することがリーダーシップの本質的な要素である……ビジョンは、現場監督や中間管理職の領域でも同じように重んじられるものである」と述べている。

このプロジェクトに取り組んでいて、概念は対照的に見るとよく理解できることを思い出した。そこで、リーダーシップとマネジメントの違いを対照的に並べ、図A3・1にまとめた。

リーダーシップ	マネジメント
人	モノ
自発性、セレンディピティ	構造
解放、エンパワーメント	コントロール
効果	効率
プログラマー	プログラム
投資	支出
原則	テクニック
変容	取引
原則中心の権限	有用性
判断	測定
正しい物事を行う	物事を正しく行う
方向	スピード
トップライン	ボトムライン
目的	方法
原則	慣行
システムに働きかける	システムの中で働く
「はしごは正しい壁にかけられているか?」	はしごを速く上る

図A3・1

付録4　低い信頼は高くつく

私の同僚のコンサルタントで、作家でもあるマハン・カルサーは、企業の経営陣を謙虚な気持ちにさせ、変化を起こしたいと思わせる方法を考え出した。組織全体が謙虚になり、従業員自身が変化を起こし、維持できるようにするためには、まずは現実の状況を直視させる必要がある。カルサーは、一連の質問で問題の核心をつかみ、変化を起こすことに気持ちを向けさせることができるとしている。

このプロセスでは、大きく分けて二つのタイプの質問をする。①**証拠を集める質問**（どのように、何が、どこで、どれを、誰が、いつ……）――些細《ささい》なことも含めて、状況に関する事実を確認する。②**インパクトを探る質問**――この質問で問題の核心に迫る。特に効果的なのは「そうするとどうなるのか？」という問いかけだ。

「低い信頼は高くつく」という現実を直視させるために、カルサーが考案した診断ツールをどのように使えばよいのか、あなたと同僚の専門職、マネージャー、あるいは役員との仮想の会話を通して具体的に見ていこう。必要な情報を知ることのできる立場にある人となら、これと同じ要領で会話を進めることができる。

同僚　：うちの会社の人間はお互いを信頼していない。

この時点で、証拠を集める質問を出せる。「たとえば誰と誰が信頼し合っていないのか？」「信頼関係ができていないのは、どんなところからわかるか？」「どのようなことからそう思うのか？」といった質問をして、具体的な証拠を引き出していく。証拠が揃ったら、インパクトを探る質問に移り、組織内の信頼の欠如がもたらす影響を突き止める。

同僚：情報を独り占めして共有しない。

あなた：お互いを信頼していないと、どうなるだろう？

ここでも具体的な証拠を集める質問ができる。「誰が情報を独り占めしているのか？」「どんな情報を共有できていないのか？」「情報を共有できていないことはどうしてわかる？」というように質問してみよう。ここでも、証拠がある程度揃ったら、インパクトをさらに絞り込む質問に移っていく。

あなた：情報を共有できないと、どうなるだろうか？

同僚：プロジェクトや活動が会社の事業目標からずれていくね。

ここでさらに証拠集めの質問ができるだろう。「具体的にどの目標からずれていく？」「具体的にはどのプロジェクト？」「プロジェクトや活動が目標とずれていることはどうしてわかる？」というような質問で証拠を集めたら、再度インパクトを探る質問を出す。

あなた：会社の事業目標とずれていると、どうなるだろう？

同僚　：新製品開発のコストが膨れ上がる。

ここでようやく同僚の口から、低い信頼がもたらすマイナスのインパクトが出てきた。新製品開発のコストがかさむという悪影響だ。測定可能なインパクトが出てきたら、五つの「黄金の質問」をする。

一．どのように測定するのか？
二．現在はどうなのか？
三．どうなればよいのか？
四．その差はいくらになるか？
五．長期的な見通しは（適切な管理日程）？

同僚が「新製品開発のコストが膨れ上がる」と答えたら、この五つの質問をすればよい。

あなた：新製品開発のコストはどのように算出する？

同僚　：新製品の発売までにかかるプロジェクトの総費用で。
あなた：今はいくらくらい？
同僚　：五〇万ドル。
あなた：どのくらいまで切り詰めたい？
同僚　：三五万ドルくらいまで下げるべきかと。
あなた：すると差額は一五万ドルだね。年間いくつの新製品を出している？
同僚　：二〇だ。

ここで、同僚あるいはチームと計算をする。

あなた：新製品一つにつき一五万ドル節約できて、それに二〇製品を掛けると、年間ざっと三〇〇万ドルの削減になる。これで妥当だと思うかい？
同僚　：もう少しカットできるような気もするが。
あなた：コストが増えも減りもしないと仮定して、向こう三年で九〇〇万ドル規模の話になるね。
同僚　：そのようだ。

インパクトを探る質問をすることによって、「低い信頼」がもたらす悪影響の一つがコストであることがわかる。この例でいえば、信頼関係ができていないために、向こう三年間で九〇〇万ドルものコストが余分にかかることになりかねないのだ。もっと詳細に検証する必要はあるだろうが、少なくとも着目すべき点がわかったのだから、より具体的なデータに焦点を絞ることができるだろう。問題点をコストという観点から見られるようになれば、変化を起こす必要性を実感できるはずだ。

証拠を集める質問とインパクトを探る質問を織り交ぜて質問し、やりとりしていくと、問題の核心が見えてくる。核心をつかんだら、そのあとはインパクトを探る質問に絞っていく。この会話のプロセスでは、相手またはチームが重要な情報源であるのだから、あなたはガイド役に徹しよう。あくまでも相手を主役にして会話を進めていけば、相手は威圧感を感じずに現状を直視できるようになる。組織が抱えている問題で、あなた自身深く懸念している問題があれば、例に示したプロセスを試してみてほしい。その問題に関係するコストが個人のレベルでも組織全体のレベルでも見えてくるだろう。

このプロセスがあなたのチームや組織にオープンな文化を根づかせるのはもちろん、何よりも重要なのは信頼という絆を強くすることである。

付録5 「実行の4つの規律」の導入

組織における課題は「戦略」よりもむしろ「実行」

組織やチームで結果を出すためには「戦略」と「実行」のどちらが大切だろうか。おそらく両方とも大事だと答える方々がほとんどのはずだ。

十分な戦略を立てないままで実行したら、目的と手段が見えない状況でただあたふたと動き回ることと変わらない。逆に、いくら素晴らしい戦略があっても、実行が伴わなければ机上の空論だ。組織やチームが結果を出すためには、「戦略」と「実行」の両方が必要となる。

しかし、今日、多くの経営者やリーダーたちが日々問題に直面し、格闘している分野は、「戦略」以上に「実行」だ。いかに戦略を「実行」できるかどうかが継続的に成果を出せる企業と出せない企業との決定的な違いとなる。

なぜ、多くの組織は重要な戦略を「実行」できないのか？

「実行」を妨げる原因にはさまざまなものが考えられるが、中でも、フランクリン・コヴィー社が長年にわたって数百の組織・数千のチームを調査した結果、次の三つがもっとも大きな障害として明らかになった。

- 目標の曖昧《あいまい》さ
- 目標に対するコミットメントの欠如
- アカウンタビリティ（報告責任）の欠如

どの組織においても、実行すべき目標を理解していない人、目標の達成に意欲的でない人が想像以上に多いのが実態だ。この傾向は組織図上のトップからスタッフレベルへ下がっていくほど顕著になっていき、これでは戦略の実行を期待するほうが無理かもしれない。

では、これらの障害を引き起こす本質的な問題とは何だろうか。それは、目標や戦略が重要だとわかっていながらも、日々の竜巻のような目まぐるしい業務によって、あっという間に吹き飛ばされてしまうことだ。

実行文化を定着させる4DX

「実行の4つの規律（4 Disciplines of Execution）」は、その竜巻（日々の多忙な業務）を制御するためのソリューションではなく、どんなに竜巻が吹き荒れる中でも、組織・チームが遂行すべき重要戦略を明確にとらえ、フォーカスし、実行するための4つの規律（ルール）だ。

「実行」に悩んでいるリーダーやマネージャーはもちろん、成果を出し続けたいと願っている経営者の方は、組織に実行文化を定着させる「実行の4つの規律」を導入するために、フランクリン・コヴィー・ジャパン社に是ぜひ問い合わせてほしい。

Webサイトへのアクセス

URLを直接入力
https://www.franklincovey.co.jp/training/#strategy

QRコード読み取り

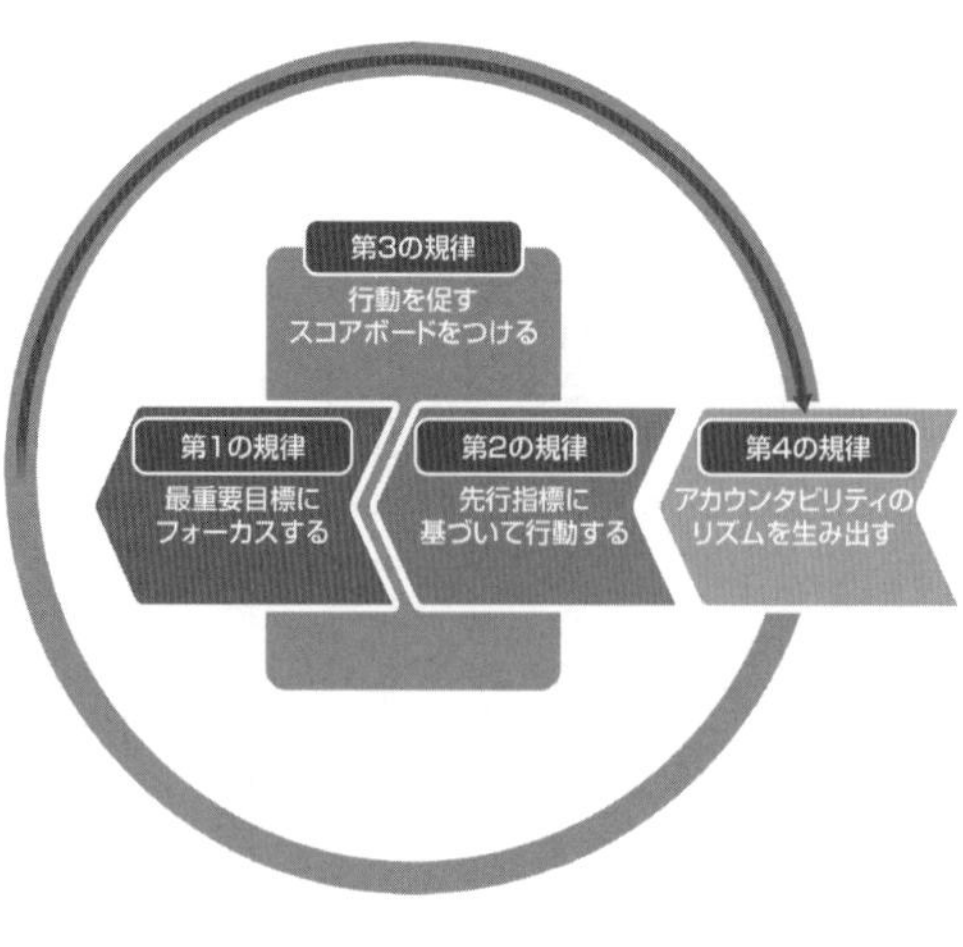

付録6　xQサーベイの結果

xQサーベイは、重要な目標を実行する組織の能力を測定するものである。IQテストが知力のギャップを見るのと同じように「実行ギャップ」（目標設定と目標達成のギャップ）を評価する。「xQ」という用語は「実行指数（Execution Quotation）」の略語である。

フランクリン・コヴィー社は、マネージャーの効果性について約二五〇〇万人を調査したうえで、ハリス世論調査で知られるハリス・インタラクティブ社と共同で実行力の測定方法を開発した。

xQサーベイの結果は実に驚くべきもので、困惑すら覚える。以下に示すように、深刻な実行ギャップが認められる。

実行課題	同意者のパーセンテージ
目標と業務の整合性： 全従業員が組織目標にフォーカスしているか?	22%
チーム目標の質： チームは、測定可能で明確な目標を設定しているか?	9%
チームのプランニング： 目標達成の方法をチームで協力して計画しているか?	16%
チームのコミュニケーション： チームは相互理解を促進する創造的な会話を持っているか?	17%
チームの信頼： チームは、Win-Winを安心して追求できる環境で仕事をしているか?	15%

実行課題	同意者のパーセンテージ
チームへのエンパワーメント： チームは職務遂行に適したリソースと自由裁量を与えられているか？	15%
チームのアカウンタビリティ： チームメンバーはコミットメントの進捗《しんちょく》をお互いに報告しているか？	10%
チームの測定基準―質： 成功の基準は正確かつオープンに測定されているか？	10%
個人の業務目標： 期限が定められ、明確で測定可能な業務目標があるか？	10%
個人のエンゲージメント： 従業員は動機づけされているか？ 自分が尊重されていると感じているか？	22%
個人のプランニング： 従業員は体系的に優先事項の計画を立てているか？	8%
個人の率先力： 従業員は率先して行動し、結果に責任を負っているか？	13%
組織の方向性： 全従業員が組織の戦略と目標を正確に理解しているか？	23%
組織の協力： チーム間の垣根を越えてスムーズに業務を遂行しているか？	13%
組織の信頼性： 組織は独自の価値観と決意を大切にしているか？	20%
組織のパフォーマンスの改善： 一貫性のある体系的なアプローチがあるか？	13%
個人のコミットメント： 従業員は組織の方向性にコミットしているか？	「非常に強くコミットしている」と「強くコミットしている」で 39%
組織のサポート： 上層部はチームの目標を積極的にサポートしているか？	「非常に高いサポート」と「高いサポート」で 45%
チームのフォーカス： 私のチームは最重要目標に全面的かつ勤勉に取り組んでいるか？	14%
個人の時間配分： 従業員は重要な目標にどれくらいの時間を割いているか？	60%

（アメリカの xQ サーベイの結果）

xQサーベイのハイライト

主な所見	回答結果
自社が達成しようとしている目標を明確に理解していると答えたのは全体の3分の1程度である。	「組織の戦略的方向性の根拠を明確に理解している」を選んだのは37%。
最重要目標に集中的に取り組んでいるのは6人に1人程度である。	「最重要目標に集中的に取り組んでいる」を選んだのは14%。
リーダーは最重要目標を伝えているか?	「組織は最重要目標を明確に伝えている」と答えたのは44%。
従業員は、自分の仕事と会社の目標の「つながり」が明確に見えているか?	「自分の仕事と会社の目標のつながりが明確に見えている」と答えたのは22%。
従業員は会社の目標に意欲をかき立てられ、目標達成にコミットしているか? 約10人に1人がそうだと答えている。	「非常に意欲的で、目標にコミットしている」を選んだのは9%。
業務目標を明確に定義しているのはわずか3人に1人。	業務目標が「文書化されている」と答えたのは33%。
従業員は4時間のうち1時間を緊急だが重要ではない仕事に費やしている。	回答者の見積もりでは、重要な目標にはほとんど関係ないが、急を要する仕事に時間の23%を使っている。
従業員は5時間のうち1時間を社内の政治的な駆け引きやお役所的仕事に無駄にしている。	回答者は、お役所的な手続きや部門間の摩擦、根回しなど非生産的な活動に時間の17%を使っていると見積もっている。
自分の持てる力をすべて仕事に発揮できていると感じている従業員は約半分にとどまっている。	48%が次の文に同意している。「私の組織の大多数の従業員は、現在の職務が要求する以上の、あるいは発揮することが許されている以上の才能、知力、創造力を持っている」
職場で自分の意見をオープンに話せると答えたのは5人に3人程度である。	58%が次の文に同意している。「報復を受ける心配がなく、自分の意見を安心してオープンに話すことができる」
Win-Winの環境で働いていると答えたのは5人に2人程度である。	43%が次の文に同意している。「『私の成功はあなたの成功』という原則が生きている職場である」
少なくとも月に1回は上司と面談し、業務目標の達成状況を報告しているのは半分弱である。	48%がそうしていると答えている。
予算を持たされ、報告責任を負っていると答えたのは半分にとどまっている。	50%が次の文に「強く同意」または「同意」と答えている。「予算内に納める責任を負っている」

主な所見	回答結果
過剰な仕事量、リソース不足、不明瞭な優先順位が実行を阻む三大要素である。	「実行を阻んでいる3つの障害は何か」という問いに、31%が「過剰な仕事量」、30%が「リソース不足」、27%が「仕事の優先順位が不明瞭またはよく変わる」を選んでいる。
会社は従業員への約束を守ると信じているのは5人に3人程度である。	「会社は従業員への約束を常に守っている」と答えたのは43%。
チームは垣根をつくって仕事をしている。ほかのチームとの活発な協力はほとんどない。	組織内のほかのグループとの協力について、28%が次の文に同意している。「お互いの目標を達成するために活発に協力している」
目標の明確な達成基準があると答えたのは3分の1程度である。	35%が次の文に同意：達成基準は明確である。

（アメリカのxQサーベイの結果）

https://fce-publishing.co.jp/8h/では、あなた自身、チーム、組織の最優先事項に対する「フォーカス」と「実行」の能力について、個人的にxQサーベイを無料で受けることができます。オンラインの指示に従って進めてください。

Webサイトへのアクセス

URLを直接入力

https://fce-publishing.co.jp/8h/

QRコード読み取り

付録7　『マックス＆マックス』再び

本書で紹介したリーダーシップのフレームワークはきわめて実践的なものである。そのことを改めて説明しておこう。映像作品『マックス＆マックス』を取り上げて、トリム・タブのような存在になることを考えてみたい。ここで「第8の習慣」Webサイトで映像作品をもう一度観て、「リーダーシップの四つの役割」のレンズを通して、問題解決のプロセスをたどってみるとよいだろう。

現実的に考えて、マックスには何ができるだろう？ 彼の上司であるハロルド氏は、なんでも自分でコントロールしないと気がすまない性質《たち》である。欠乏マインドで、自分の上司を恐れてもいる。産業時代の上司中心型モデルでなければ、物事は変えられないと思っている。部下をコントロールし、規則で縛り、飴《あめ》と鞭《むち》でやる気を引き出そうというわけである。

マックスは心が折れてしまった。フラストレーションがたまり、やる気もすっかりそがれている。彼はどうすればよいだろう？ 第1の案は、このまま共依存の状態を続けることだ。第2の案は、社内の抵抗勢力を組織して戦うか、または逃げる（会社を辞める）。しかし、自分の影響の輪の中で賢明に率先力を発揮することもできる。これが第3の案だ。

Webサイトへのアクセス

URLを直接入力

https://fce-publishing.co.jp/8h/

QRコード読み取り

第三の案を実行する方法の一つは、自分がトリム・タブになり、**エトスーパトスーロゴス**のアプローチでハロルド氏に働きかけることだ（提言する――四番目の率先力レベル）。映像の中で、マックスはロゴス（論理）しか用いずに提言していた。しかもハロルド氏自身が上司から厳しく叱責《しっせき》された直後という間の悪さだった。要するに、マックスは自分の影響の輪から大きくはみ出ていたのである。だから、せっかく創造力を発揮して主体的に行動を起こして顧客を「守った」のに、今度は自分がハロルド氏からこっぴどく叱られるはめになった。これでマックスはすっかり落ち込み、受け身の共依存のサイクルに拍車がかかった。

マックスの影響の輪は小さくなってしまったのである（図A7・1）。

では、エトスーパトスーロゴスのアプローチをどのように使えばよいのだろうか？　エトスは、自分の仕事に主体的に、明るい気持ちで取り組んで結果を出し、そしてできる限りほかの人たちの力になることである。たしかに、マックスは不適切な顧客対応ガイドラインに縛られているけれども、できる限り前向きに、創造的に考えて行動することはできるだろう。ハロルド氏の悪口は言わない。与えられた環境でベストを尽くし、ほかの人たちに手を差し伸べる（影響の輪の中で、かつ自分の仕事の

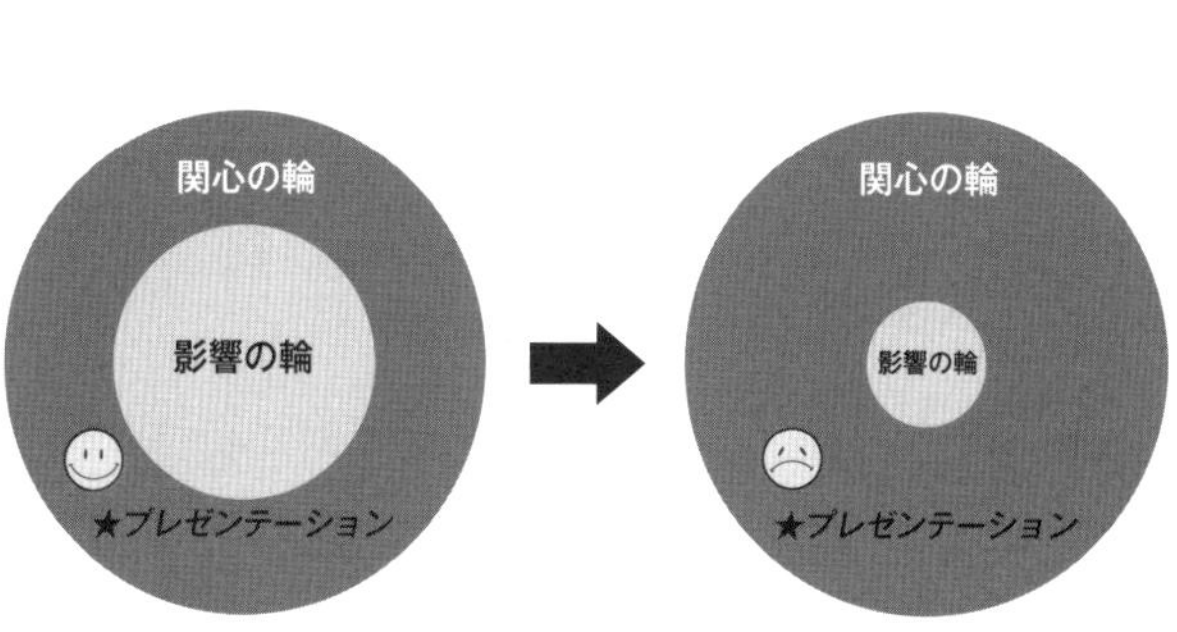

図 A7・1

範囲を超えて行動する)。人を批判せず、褒める。

このようにして自分にできることを実行してから、改めてハロルド氏のところへ行けばよい。そして今度はハロルド氏の話に真剣に耳を傾け、理解したことから影響を受けるようにする。たとえばハロルド氏は、アイデアはいろいろ出すけれども経験の浅い部下や、口先だけで実行が伴わない部下からひどい目に遭わされた経験があるのかもしれない。あるいは部下が顧客に過大な約束をして、結局は守れず、契約不履行で会社が訴えられ、上司のハロルド氏が集中的に批判を浴びていた、というようなことも十分考えられる。そうした危なっかしい部下が馬鹿なことをしないように、厳しい規則を設け、部下全員を事細かくマネジメントし、結果的に従業員のやる気をそぐような組織文化になっていたのかもしれない。

自分は理解してもらえたと感じたら、ハロルド氏の自己防御的でネガティブなエネルギーの大半は消えてなくなるだろう。真剣に話を聴いて理解しようとしている相手に拒絶しようとはしないものである。これがパトスの成果だ(情緒的な一致)。マックスは、ハロルド氏の反論や懸念を自分の言葉で正確に言い直してから、ロゴスを用いて、誰か(マックス)が三ヵ月間のパイロット・プログラムを行うというアイデアを説明すればよい。新しい顧客を獲得し、既存顧客の購入額をアップさせる創造的な方法を試す機会になると話す。ハロルド氏が自分は理解してもらえたと感じ、そしてマックスの協力的な態度や勤勉さ(エトス)、自分に示してくれた共感(パトス)によってマックスへの信頼も増せば、パイロット・プログラムの提案(ロゴス)に前向きに耳を傾けるだろう。マイナス面はほとんどなくプラス面が大きいと判断して、快く応じるはずだ。

マックスは三ヵ月で売上を二五%伸ばしたとしよう。彼はハロルド氏のところに報告に行き、パイロット・

プログラムを延長し、マックスが信頼している同僚三人を参加させてほしいと提案する。ハロルド氏は承諾する。マックスと同僚たちは、さらに売上を二五％伸ばす。今度は四人でハロルド氏に報告し、すべてのセールス・パーソンにパイロット・プログラムの研修を受けさせることを提案する。厳しい認定基準を設ければ、ロ先だけの人物は振るい落とせると説得する。ここまでの目覚ましい売上増に感服していたハロルド氏は、提案を承認する。ハロルド氏の上司も「君のチーム、うまくいっているようじゃないか？」と称賛する。そしてハロルド氏は「そうなんです。というのは……」と誇らしげに報告する。

要するに、エトス―パトス―ロゴスのプロセス（提言する――率先力の第四レベル）によって、マックスは上司のハロルド氏に対してリーダーシップを発揮し、ひいては会社全体に大きな影響を及ぼしたのである。

もちろん、このシナリオはフィクションであるし、ハロルド氏の懸念はまったく違うものかもしれない。しかしそれでも、マックスはその状況に応じた行動をとり、別の方法で売上を伸ばし、影響力を及ぼすことができただろう。

どのようなシナリオであっても、重要なのは、マックスは良心に導かれたビジョンと自制心と情熱によって、仕事に関して自分のボイス（内面の声）を発見したことなのだ。

ほとんどの「悪いボス」は共依存文化の一部になっていて、上司の行動が部下に伝播する悪循環に陥っていることは、私自身至るところで見聞きしてきた。この悪循環を断ち切れるのは、自分の人生を創造的につくっていくことのできる個人なのである。

さて、ハロルド氏（啓発されたハロルド氏と仮定して）のほうは、心が折れているマックスに何ができるだろうか？ 第1の案は「現状維持」である。尻をたたき、おだて、威圧し、飲みに誘って元気づけ、マックスが規則どおりにやっていれば褒める。要は飴《あめ》と鞭《むち》でコントロールするわけである（産業時代のモデル）。

第2の案は「放任」である。産業時代のモデルは捨てて、マックスのやりたいようにやらせる。ところが、これは意図せぬ結果を招くことがある。部下にしかるべき介入をせず、弱腰で頼りないリーダーだとして、自分の上司から叱責《しっせき》され、最悪の場合は解雇される可能性もある。それに、口先だけの従業員は放任をよいことに図に乗り、営業成績を上げたいばかりに非現実的な契約を勝手に結んでしまうかもしれない。

第3の案は、マックスに謝罪することである。顧客との関係を創造的なやり方で守ったマックスを責めたのは間違いだったと認め、心から謝るのだ。マックスはまだ上司との共依存関係にあるから、ハロルド氏の「ソフトな」アプローチを信用せず、相変わらず上司にへつらう態度をとり続けるかもしれない。だからハロルド氏は、自分の事情を包み隠さず打ち明け、誠意を持って説明しなければならない。「マックス、すまなかった。イライラを君にぶつけてしまった。君はあのお客さんによくやってくれた。立派な対応だった。だが私はこのところ、『より少ないリソースで業績を上げる』ことばかり考えていて、ひどくプレッシャーを感じていた。それに、部下がまた勝手なまねをして、とんでもないことになったらと不安だった。私としては規則で縛る以外やりようがなかったんだよ。しかしね、君については私が間違っていた。あのときは私もどうかしていた。あれからよく考えてみたんだが、君の提案を試してみようかと思ってね。またしてもパンドラの箱を開けてしまうようなことにならないのを祈ってはいるが。君の考えをもっと理解したいから、話してくれないか？」

ハロルド氏がこれほどの誠実さを見せ、率直に本心を語ったら、マックスのほうもさすがにハロルド氏を信じるだろう。そうなれば、本当のコミュニケーション（上下関係ではなく、同じ問題に取り組む対等な個人同士のコミュニケーション）によってシナジーが生まれ、第3の案に到達できる。「マックスには何ができるだろう?」のところで述べたようなアイデアが出てくるはずだ。

どちらの場合でも、連続的なプロセス、インサイド・アウトのアプローチ、全人格という土台に注意してほしい。個人と個人が本当に信頼し合える関係を築き、それが組織的な取り組みに発展していることにも気づくだろう（パイロット・プログラムは、信頼と信頼性が高まるにつれて拡大していった）。

これがまさに第3の案である。最初は誰も思ってもいなかった解決策が、創造的なコミュニケーションから生まれたのであり、それは人間関係の絆を強くする。さらに、この先もっと厄介な問題が持ち上がったとき、たとえ突発的であっても対処可能な「免疫システム」もできるのである。

繰り返すが、これらは私がつくったシナリオであり、実際にはまるで異なる展開になるかもしれない。しかし、ここで学んでほしいのは**プラクティス**（何をするか）ではなく、考えられる限りのさまざまなプラクティスの土台となる普遍的な**原則**である。原則中心のプラクティスをわかりやすく解説するために、『マックス＆マックス』を例にとったまでである。

では、具体的な話から一歩下がって、理論的に確認していこう。まずはマックスである。マックスがハロルド氏に対してリーダーシップを発揮するプロセスの中で、リーダーシップの四つの役割を果たしていたことに着目してほしい。この四つの役割は、成功するシナリオには必ず見いだすことができる。第一の役割は、**模範になる**ことである。マックスは主体的になり、率先力を発揮してエトスを達成した。二人は真剣なコミュニケーションによってシナジーを創り出し、第3の案に到達した。このプロセスはハロルド氏のそれまでのWin-Loseのやり方（指揮統制アプローチ）りもはるかに優れているし、意欲をそがれ、上司にへつらってばかりいたマックスの態度とはうって変わって非常に生産的だった。

本書の中で何度も述べているが、個人として、あるいはチームとして模範になることのエッセンスは『7つの習慣 人格主義の回復』を読んでほしい。

第二の役割は、**方向性を示す**ことである。これはマックスが考えたパイロット・プログラムに表れている。マックスとハロルド氏が同じ方向を見て到達したWin-Winの解決策であり、真摯《しんし》な価値観と良識的な判断というガイドラインの枠内で、創造的で親身な顧客サービスを提供して業績を伸ばすことを目指した。信頼性と率直なコミュニケーションの模範を示すことで、方向性を示すために必要な信頼関係ができたのである。こうしてマックスのボイスは組織のボイスと重なり、パイロット・プログラムが実現した。

第三の役割は、**組織を整える**ことである。組織が進むべき道であるパイロット・プログラムが、まずはマックスに正式に認められ、その後三人のセールス・パーソンにも認められ、最終的にセールス部門全体に導入されて、組織を整える役割が果たされた。組織を整えるというのは、合意したガイドラインの範囲で目的を達成するために必要な構造、システム、プロセスを設置することである。こうして個人と組織のボイスが一緒に育っていき、目的に向かって実行力が発揮できるようになる。

ここまで三つの役割（模範になる、方向性を示す、組織を整える）が果たされれば、四番目の**エンパワーメントを進める**役割が生きてくる。最初はマックスが、それからほかのセールス・パーソンもトレーニングを受け、それぞれの判断力と創造力を発揮して、合意されたガイドラインに従って顧客を獲得し、維持するためにできることは何でも自発的にできるようになった。ここまでくれば、規則は奥に引っ込み、個々人の判断力で物事が進む。エンパワーメントによって、**方向性を示されたうえでの自律**が可能になり、一人ひとりのボイスが尊重され、安心して自分のボイスを表現できるようになるのだ。

次は、賢明な知識労働者としての反応をハロルド氏の立場から見てみよう。ハロルド氏もリーダーシップの四つの役割を果たした。現状を維持するのでもなく、放任するのでもなく、第3の案を選んだのである。

ハロルド氏は、模範になる役割ではインサイド・アウトのアプローチをとった。自分が間違っていたことを素直に認め、シナジーを創り出すコミュニケーションを始めた。お互いの理解が深まり、信頼が築かれていくと、方向性を見つけることができた（限定的なパイロット・プログラム）。こうしてハロルド氏は、地位という形式的権威に道徳的権威も加わり、マックスによるパイロット・プログラムを承認し、制度化した。組織を整えることにより、マックスが提案したプログラムは正当なものとして組織文化に組み込まれ、マックスは自律性を獲得し、自分の創造性と柔軟性を発揮して業績を伸ばした。要するに、ハロルド氏はマックスにエンパワーメントしたのである。

物事が順調に進み、結果が出てくると（相互補完チームの模範になる）、ほかの従業員たちも新しい道に導かれ（方向性を示す）、整えられた構造やシステム、プロセス（組織を整える）によって、基準を満たしたすべての従業員がエンパワーメントされたのである。

付録8　フランクリン・コヴィー社のアプローチ

卓越したパフォーマンスの持続

ビジネスやほとんどの組織にとって、この部分が一番難しい。一回か二回の四半期で結果を出すくらいなら、やろうと思えば誰でもできるだろう。しかし本当に難しいのは、結果を毎年一貫して出し続ける組織文化を構築することなのである。

驚くべきことに、それができている組織はほとんどない。ビジネス関係の主要な書籍に次のような統計が出ている。

- 『本業再強化の戦略』（日経ＢＰ社）：一〇年間、利益ある成長を遂げることができたのは八五四社中一一一社（一三％）。
- 『ビジョナリーカンパニー２――飛躍の法則』（日経ＢＰ社）：株式市場平均を上回る株価を一〇年以上維持しているのは一四三五社中一二六社（九％）。さらに、持続的な高業績の調査基準を満たしているのは一四三五社中一一社（一％未満）。

●『Creative Destruction（創造的破壊）』：三〇年以上にわたり調査した一〇〇八社中、現存するのは一六〇社（一六％）。

●『Stall Points（失速点）』：フォーチュン五〇社で成長を維持しているのはわずかに五％。

高業績を上げ、それを何度でも繰り返せる能力を構築できていることが、偉大な組織の定義である。ところが、これができている組織やリーダーはほとんど見当たらない。失敗の根本原因はアプローチなのである。

イソップの寓話《ぐうわ》

貧しい農夫がある日、飼っていたガチョウの巣の中にキラキラと輝く黄金の卵を見つけた。最初は誰かのいたずらに違いないと思い、捨てようとしたが、思い直して市場に持っていくことにした。するとは卵は本物の純金だった。農夫はこの幸運が信じられなかった。翌日も同じことが起き、ますます驚いた。農夫は、来る日も来る日も目を覚ますと巣に走っていき、黄金の卵を見つけた。彼は大金持ちになった。まるで夢のようだった。

しかしそのうち欲が出て、せっかちになっていった。一日一個しか手に入らないのがじれったく、ガチョウを殺して腹の中にある卵を全部一度に手に入れようとした。ところが腹を割いてみると空っぽだった。黄金の卵は一つもなかった。しかも黄金の卵を生むガチョウを殺してしまったのだから、もう二度と卵は手に入ることはなかった。

この寓話《ぐうわ》には、組織の業績に関する重要な原則を見てとることができる。「高業績を持続させること」は、二つの要素で成り立っている。一つは成果（黄金の卵）、二つ目は、その成果を生み出すための資産あるいは能力（ガチョウ）である。

組織が黄金の卵を生むことだけを考え（今日の結果を出す）、ガチョウ（明日の能力を築く）をないがしろにしていたら、黄金の卵を生みだす資産はたちまちなくなるだろう。逆に、ガチョウの世話ばかりして黄金の卵のことなど眼中になければ、ガチョウに餌をやる手だてが尽きてしまう。重要なのはバランスなのである。

あなたの組織は、こんな感じではないだろうか。

> **結果を出さなければならないというプレッシャーに直面すると、総力を挙げて立ち向かおうとする。戦隊を組織し、目先の目標達成に全員を駆り立てるプログラムをつくる。売上高が目標だったかと思うと、次はコスト削減が目標になったりする。その次はまた別の目標だ。「重要目標」や「緊急イニシアチブ」など、次々と出てくる目標に誰もが反応的に行動する。問題は、本当の業績向上に必要な人やプロセス、あるいは設備への投資が足りてないように思えることだ。その結果、一貫して結果を出すリズムに乗れないのである。**

あるいはこんな感じだろうか。

わが社は長年、人と文化に十分投資してきた。才能に恵まれた立派な人材がいて、最高のシステムとテクノロジーが整っていれば、高業績を持続的に上げることができるというのがわが社の持論だった。働きがいのある職場だったが、試練に見舞われた。熾烈《しれつ》な競争や厳しい経済情勢の中で戦い抜ける実行力がなかった。黄金期には惜しみなくやっていた人への投資を全部切り崩さなくてはならなくなった。社員は幻滅し、士気が下がり、有能な社員の多くは去っていった。

フランクリン・コヴィー社も、「成果」と「成果を生み出す能力」の振り子に揺さぶられて、この教訓を学んだ。いわば痛い思いをし、代償を払って得た教訓であり、だからこそ私たちのアプローチは、机上の理論ではなく、血肉となった強い信念に支えられているのである。

フランクリン・コヴィー社は、持続的な高業績という目標に方程式の両側からアプローチする。このアプローチなら、

成果を出す
仕事１　最優先事項の実行 最優先事項を明確にし、実行する決意を固め、それらの優先事項を中心に実行のプロセスを定めることによって、具体的な結果（売上の増加、具体的なイニシアチブの導入、品質の向上など）を出せるようサポートする。
成果を生み出す能力を高める
仕事２　リーダーシップとマネジメントの開発 人格、チームビルディング、優れた結果を出す能力に基づいて、しっかりしたリーダーシップ能力を身につけられるようサポートする。
仕事３　個人の効果性 従業員の知識、スキル、業績を伸ばし、個人としてもチームとしてもより偉大な結果を出せるようにサポートする。このようにして個人の偉大さが築かれる。

組織は具体的な目標にフォーカスし、結果を出せるようになる。リーダーと個々の従業員の能力も強化され、組織としての実行力が新しいレベルに到達する。

二つの領域（成果を出す／成果を生み出す能力を高める）において、フランクリン・コヴィー社はクライアントとともに三つの「なすべき仕事」に取り組む。これらは本書で取り上げている三つの偉大さ（**組織の偉大さ、リーダーシップの偉大さ、個人の偉大さ**）を表している。

ここでしばし考えてみてほしい。あなたなら、優勝できるスポーツチームをどのようにつくるだろうか？　アスリートの資質やコンディションに投資すれば、チームは良くなっていく。選手が良くなるほどチームは良くなるのだ。しかしそれと同時に、個々の選手がどれほど有能でも、具体的な目標に向かってチームが一丸となり、何度も最高のプレーをしなければ、勝つことはできない。

あなたが求めるのは、偉大なプレーヤーと偉大な実行なのであ

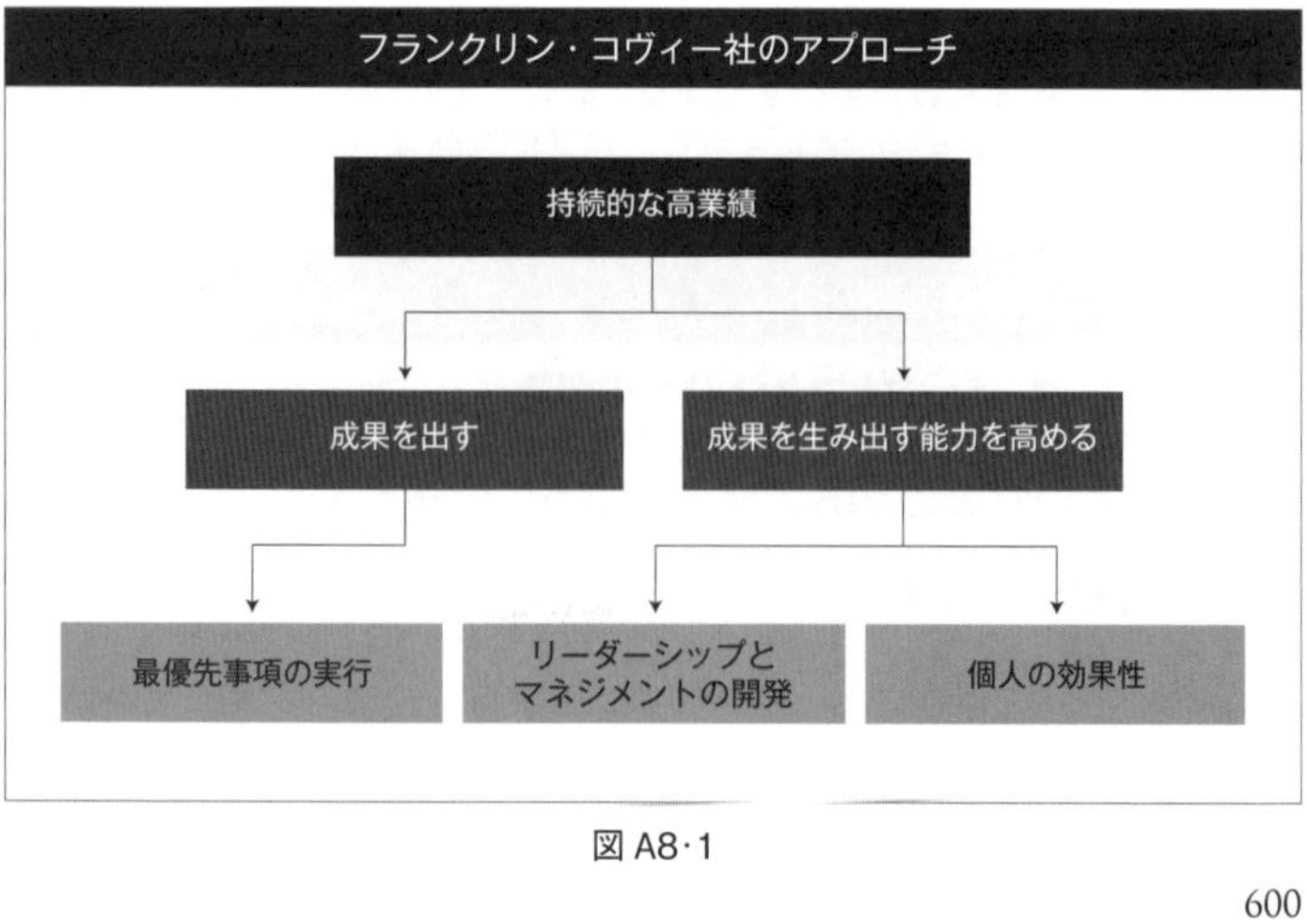

図 A8・1

る。毎シーズン一貫して実力を発揮できることが「常勝チーム」の条件なのだ。組織の能力を繰り返し具体的な結果に転換し、勝利できる組織に育てることが、フランクリン・コヴィー社のアプローチである。

自分のボイスを発見し、
ほかの人たちも自分のボイスを発見できるように奮起させる

❶ 読む	❷ 2人に教える	❸ 原則を実践する	❹ 結果を報告する
□	□ □	□ 30日間	□
□	□ □	□ 30日間	□
□	□ □	□ 30日間	□
□	□ □	□ 30日間	□
□	□ □	□ 30日間	□
□	□ □	□ 30日間	□
□	□ □	□ 30日間	□
□	□ □	□ 30日間	□
□	□ □	□ 30日間	□
□	□ □	□ 30日間	□
□	□ □	□ 30日間	□
□	□ □	□ 30日間	□
□	□ □	□ 30日間	□
□	□ □	□ 30日間	□
□	□ □	□ 30日間	□
□	□ □	□ 30日間	□

「第8の習慣」チャレンジ

1：該当する章を読む。

2：その章の内容を２人以上に教える（職場の同僚、家族、友人など）。

3：その章に含まれている原則を１ヵ月以上、真剣に実践する努力をする。

4：その章の内容を実践してみた結果はどうだったか、どのような教訓を得たかを、信頼のおける同僚や友人、家族に報告する。

1. 苦痛
2. 問題
3. 解決策
4. ボイス（内面の声）を発見する―天賦の才を目覚めさせる
5. ボイス（内面の声）を表現する―ビジョン、自制、情熱、良心
6. ほかの人たちも自分のボイス（内面の声）を発見できるように奮起させる―リーダーシップのチャレンジ
7. 影響力のボイス―トリム・タブになる
8. 信頼性のボイス―人格と能力の模範になる
9. 信頼のボイスとスピード
10. ボイスの融合
11. 一つのボイス―共通のビジョン、価値観、戦略を確立し、方向性を示す
12. 実行力のボイス―結果を出すために目標とシステムの整合性をとる
13. エンパワーメントのボイス―情熱と才能を解き放つ
14. 第8の習慣とスイートスポット
15. ボイスを賢明に生かし、他者に奉仕する
付録 1. 四つのインテリジェンスを開発する―アクションガイド

特別付録 パーソナルワーク「ボイスを発見する」

『第8の習慣　演習ノート』から一部収録

「第8の習慣」は、今日のような先行き不透明な時代にあって、日々の生活で感じる苦痛やフラストレーションから抜け出すことを支援し、自らの実践、社会への適応、社会貢献へのロードマップをあなたに提供します。その出発点となるのが、自分のボイス（内面の声）です。ボイスはあなたの中に必ず存在しているので、自分の内面や考え方をよく見つめ直すことで発見できます。

そこで本書では、『第8の習慣　演習ノート』（キングベアー出版）で紹介しているボイス（内面の声）を発見するための演習を一部収録し、あなたの中にあるボイスの発見をお手伝いします。自分自身のボイスが明確になると、ほかの人たちも自分のボイスを発見できるように人を奮起させたり、人々とシナジーを創り出したり、「第8の習慣」の目的である「偉大さ」の発揮へと発展していくことができます。では、あなたのボイスを発見するための演習を始めましょう。それぞれの質問に対する答えをじっくりと考えてみてください。

苦痛について

● 本書の二六～二七ページに挙げられている苦痛に満ちた声をもう一度読んでください。あなたも身に覚えのあるものがありますか？　あなたの状況にもっとも近いものはどれでしょうか。

● あなたを取り巻く現状や環境に対して、現在どのような苦痛を感じていますか？

ボイス（内面の声）を発見する

図をよく見てください。「第8の習慣」は、今までの「7つの習慣」につけ足すようなものではなく、「7つの習慣」に質的な奥行きをもたらす力を身につけ活用するためのものです。あなたにとってのボイス（内面の声）、つまり個人としてのかけがえのない意義とは何か、分析してみましょう。

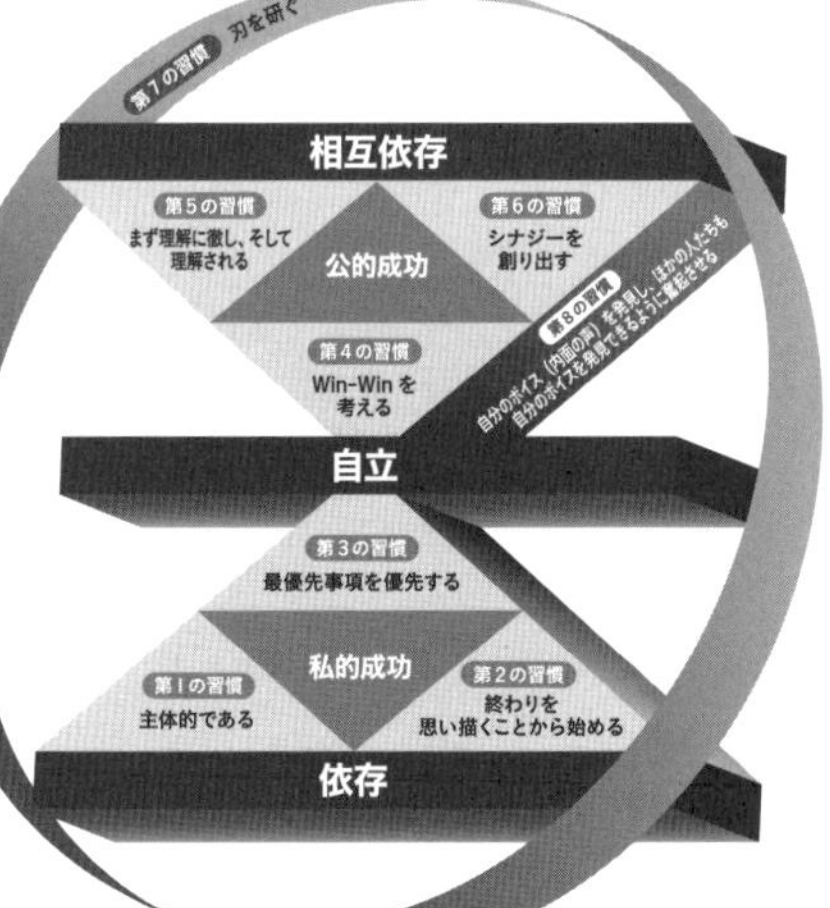

図 AS・1

●才能：あなたが生まれながらに持つ天賦の才、強さはどのようなことだと思いますか？

●情熱：あなたを奮起させ、意欲やモチベーションを自然に引き出すものは何ですか？

●あなたの才能や情熱は、あなたが所属する組織とどのように関連していますか？

●ニーズ：あなたが持っているスキルや才能の中で、社会のニーズがあり、かつ報酬を受けるに値すると思うものは何ですか？

●良心：あなたの内面にある「何か」によって何が正しいかを確信し、そのとおりにあなたが行動したという経験がありますか？　それはどのような経験でしたか？

映像作品『レガシー』を観る

まず、「第8の習慣」のWebサイトで映像作品『レガシー』を観てください。あなた自身は、四つの分野でどのような貢献を果たしたいと思いましたか？

- 生きること
- 愛すること
- 学ぶこと
- 貢献すること

Webサイトへのアクセス

URLを直接入力

https://fce-publishing.co.jp/8h/

QRコード読み取り

産業時代のモノ型マインドセットと情報・知識労働者のマインドセットの違いを理解する

本書の四五〜五一ページを参照しながら次の質問に答えてください。

● 産業時代のマインドセットにとらわれ、必要以上に部下をマネジメントし、高圧的な扱いをする上司の下で働いた経験がありますか？ そのときの状況を思い出してください。

● 過去にモノ型マインドセット、または「飴《あめ》と鞭《むち》」の考え方に基づいた扱いを受けたとき、あなたはどのように感じましたか？

● あなたはこれまで、自分には状況を変える力があると考えたことはありますか？ また、どのようなことを変えられる（あるいは変えられない）と思いましたか？

● そのときに、本書で学んだ、「情報・知識労働者のマインドセット」について知っていたならば、どのような行動をとることができたと思いますか？

●そういった行動をすることにより、状況はどのように変わっていたと思いますか？　どのようなことが起きていたか推測してみてください。

●逆に、あなたが職場や家庭で誰かをモノのように扱い、マネジメントしてしまったとき、相手はよい反応を示しましたか？　あなたにマネジメントされていた人たちはどのように感じていたと思いますか？

●そのようなマインドセットに基づいて他者を扱っていたとき、あなた自身はどのように感じていましたか？

映像作品『マックス&マックス』を観る

まず、「第8の習慣」のWebサイトで映像作品『マックス&マックス』を観て、次の質問に答えてください。

Webサイトへのアクセス

URLを直接入力
https://fce-publishing.co.jp/8h/

QRコード読み取り

●社員のマックスと犬のマックスが最後にたどりついた結末の背後には、ハロルドおよびマックスのどのような考えや行動が関係していたと思いますか?

●もしもあなたが同じような状況に置かれたとしたら、あなたは状況を変化させるために、何を、どのように、行いますか? マックスかハロルドかどちらかの立場で考えてください。

パラダイムの威力を理解する

「パラダイム」という言葉には、知覚の方法、仮定、理論、準拠すべき枠組み、あるいは世界を見るレンズといった意味があります。

●あなたが仕事やプライベートで関わりのある人物を二人挙げてください。その人たちはそれぞれ、あなたに対してどのようなパラダイムを持っていると思いますか?

人物：

パラダイム：

人物：
パラダイム：

●そのパラダイムは、その人たちのあなたに対する接し方や対応にどのような影響を与えていると思いますか？
人物：
接し方への影響：
人物：
接し方への影響：

●その人たちのあなたに対するパラダイムに、あなたは満足していますか？　それともパラダイムを変えてほしいと思いますか？　それはなぜですか？

●世界、異なる文化、所属する会社、部署、チーム、家族に対して、あなたはどのようなパラダイムを持っていますか？ あなたに深く根づいているパラダイムをいくつか挙げてください。

●それらのパラダイムは、あなたの行動にどのような影響を与えていますか？ パラダイムにそれぞれ付随する行動を挙げてください。

パラダイム：

行動：

パラダイム：

行動：

パラダイム：

行動：

●これらのパラダイムによる結果や成果にあなたは満足していますか？ それはなぜですか？

●情報・知識労働者の時代の一員となるには、あなたはどのパラダイムをどのように変える必要がありますか？

●あなたの部署、チーム、家族がこの情報・知識労働者の時代に偉大さを発揮するにあたって、その新しいパラダイムはどのように役立ちますか？

私たちが持つ選択肢について理解する

五八～五九ページを読んで、全人格型パラダイム（人間を肉体、知性、情緒、精神の側面からとらえるパラダイム）についてもう一度思い起こしてください。

意識的にしろ無意識にしろ、人間は、才能、生産性、情熱を仕事にどれだけ捧げるかを自分で選択しています。四つの側面のどれか一つでも欠けていると、「行動の六つの選択肢」のうち、上位三つである「喜んで協力する」、「心からコミットする」、「クリエイティブに躍動する」段階まではなかなか進むことができません。

人間の四つの側面のうち一つでもおろそかにすれば、人間をマネジメントし、操り、飴《あめ》と鞭《むち》でやる気を出させるモノとして見なすようになります。画期的な成果を収めるためには、心からの強い関心を持ち、自分の潜在能力を最大限に投入できる高いレベルにまで選択肢を引き上げることが最善の方法なのです。

	反抗または拒否する	不本意だが従う	自発的に行動する	喜んで協力する	心からコミットする	クリエイティブに躍動する
1. 部署を異動し、新しいポジションに就きました。あなたは公平に扱われません。えこひいきがあったり、当初約束された給与の額が違ったりしました。						
2. 新しい上司に、あなたのチームが取りかかる大きなプロジェクトの方向性について話し合いたいと申し出ました。しかし上司の態度は冷たく、あなたの申し出を拒否します。						
3. チームの会議で、最近完成したプロジェクトの効果測定を算出するように指示されました。あなたはこのチームの仕事を楽しんでいるものの、今後のプロセスを改善するためのアイデアをいくつも持っています。あなたは過去の経験から、マネージャーが望んでいるのは新しいアイデアを提示することではなく、指示されたことをスムーズに進めることだとわかっています。						
4. この職場に来て半年が経ちました。あなたは毎週、業務報告書を作成しています。それほど時間のかかる仕事ではありませんが、マネージャーはこの報告書に目を通したことはありません。						
5. あなたは才能あふれるチームの一員として、仕事を心から楽しんでいます。しかし最近になって、チームがまだ完了していない仕事の請求書を、マネージャーがクライアントに送っていたことに気がつきました。						

ポイント：質問1：肉体へのコミットの欠如、質問2：情緒へのコミットの欠如、質問3：知性へのコミットの欠如、質問4：精神へのコミットの欠如、質問5：精神へのコミットの欠如

● 1～5それぞれの状況に置かれた場合、あなたがとる行動に一番近いと思う項目にチェックマークをつけてください。

● チェックマークの数が一番多かったのはどの項目ですか？

● チェックマークが一つもつかなかったのはどの項目ですか？

● このような結果になったのはどうしてだと思いますか？

学んだことを活用する

「第8の習慣」で学んだことを実際の生活に照らし合わせ、理解を深めてください。

● あなたが今いる環境の中で、産業時代のマインドセットに基づいた行動があるかどうか観察してください。また、情報・知識労働者時代を反映する行動があるかどうかも観察して、それぞれのタイプにどのような行動が見られたか記録してください。

● 周囲の人々を観察してみましょう。上司との関係がマックスと同じような状態になっている人がいますか？ そのような非機能的な関係はどのような事態を巻き起こしていますか？ それはどのような結果を招いていますか？ 観察した結果を記録しましょう。

自分のボイスを発見する

人は皆、偉大な存在になりたい、貢献を果たしたい、何か意味のあることをしたい、何かを変えてみたい、ボイスを持ちたいという欲求を心の奥底に抱いているものです。

● あなたは人生のどのような分野で自分のボイスを発見していると思いますか？

● 今までボイスを探し続けているのは、人生のどのような分野についてですか？

●何かを変えてみたいと思っているのは、どのような分野についてですか？

●どうすれば何かを変えることができたとわかると思いますか？　それは何を知り、感じ、行うことによりますか？

●変化や改革をできるだけ避けて、従来の慣習や伝統どおりに管理職としての役割を果たすだけに甘んじて、凡庸の道を選んでいた経験がありますか？　そのときの状況を思い出してください。

●どのようにしていればよかったと思いますか？　その状況で偉大さへの道を選ぶには、どのような行動をとるべきだったのでしょうか？

映像作品『自らを見いだす』を観る

「第８の習慣」のＷｅｂサイトで映像作品『自らを見いだす』を観て、次の質問の答えを考えてください。

- あなたはこれまでの人生で、作品の冒頭で描かれていたように、仕事によるプレッシャーで燃え尽きて無気力な状態に陥ったことがありますか？ それはどのような状況でしたか？
- あなたのこれまでの人生で、作品の最後に描かれていたような情熱にかられ、全エネルギーを注ぎ込んで仕事に夢中になったことがありましたか？ それはどのような状況でしたか？

Webサイトへのアクセス

URLを直接入力
https://fce-publishing.co.jp/8h/

QRコード読み取り

学んだことを活用する

落ち着いて物事に集中できる静かな場所を見つけてください。その場所で、今あなたは家庭、職場、コミュニティにおいてどのような貢献を果たしているか考えてください。ボイスが見つかれば、貢献の仕方を改善できると思う分野を心に留めておきましょう。

天賦の才を発見する

ボイスを発見するには、選択する自由と能力、普遍的で不変の原則、四つのインテリジェンスの三つの天賦の才を解き放ち活用しなければなりません。そこで八二〜一一四ページを読んで次の質問に答えてください。

●第一の天賦の才（選択する自由）について考えてみましょう。刺激と反応の間にはスペースがあります。その広さは、選択の自由の幅をどれほど持っているかによって決まります。重要なのは、いかに選択の自由というスペースを広げるかということです。あなたは反応との間にどれだけのスペースを持っていますか？　次のような状況に置かれたとき、あなたはどのような反応を示しますか？　a〜cのうち一番近いと思うものはどれですか？　三つの質問に答えたら六二一ページの表に三つの質問に対して選んだa、b、cの数を記入してください。

1 午後五時、同僚の一人があなたのところに来て、明朝のプレゼンテーションのために私の専門分野である流通業界のデータを急いでまとめてほしいと頼んできました。その同僚は、仕事の区切りはどうか、帰るところだったかなど尋ねもしないで、あなたが当然遅くまで残って作業を手伝ってくれると考えているようです。あなたが一番とりそうな反応はどれですか？

a 穏やかに同僚のニーズに耳を傾け、残業する以外の方法を提案する。

b 同情を示して「そうか、それは大変だね。私も同じような経験をしたことがあるから、よくわかるよ。でも申し訳ないが、今日は残業できないんだ」と言い残して、その日は帰る。

c 手伝うにしても帰るにしても、遅くまで残業することを当然のように求めてきたことに、一瞬感情を害し、腹を立てる。

2 高校生の息子が門限について話し合いたいと言ってきました。門限についてはすでに三回も話し合っているので、あなたはこの話にはもううんざりで、平日は夜一〇時までに帰るという指示にただ従ってくれればいいのに、と思っています。あなたはどのような反応を示しますか?

a 息子のニーズや状況の変化があったのかを知るため、どうして門限についてもう一度話をしたいのかと尋ねる。

b 門限の話を蒸し返して時間をこれ以上無駄にしたくないと言い、話し合いを拒む。その代わり、今日だけ一二時までに帰ってくればいいことにする。

c 苛立ってため息をもらし、「もううんざりだ! 言われた時間どおりに帰ってきなさい。これ以上話すことはない!」と言う。

3 上司から勤務評価を受けている席で、あなたとは一緒に働きづらい、もう一緒にやりたくないと何人かの同僚から不満が出ていると、上司から言われました。今までチームの誰かとトラブルを抱えたことはないので、まさに寝耳に水です。あなたはどのような反応を示しますか?

a 上司の話すことに耳を傾けてから、具体的にどのような行動が問題として報告されているのか穏やかに尋ねる。その問題について解決策がないか考えを巡らす。

b 精神的ダメージを受け、愕然《がくぜん》とする。うろたえたところを上司に見せたくないので、勤務評価を受けている間は最後まで黙っているようにする。同僚とは距離を置こうと心の中で誓い、しばらくは一人で仕事をするようにする。

c 「そんなことを言うのは誰ですか？　誰が何と言ったのか教えてください。私はこの部署のほとんどの人より努力をしています。私がどれだけ貢献しているのか本当にわかってくれる人は誰もいません」と自己防衛に走る。

選択する自由と能力に気づくことには大きな意味があります。私たち自身の潜在的な可能性を感じ取ることができるからです。R・D・ラングはこんな言葉を残しています。

「人間の思考と行動の広がりは、未知の領域によって阻まれる。しかも未知であることを知らないでいる。だからこそ、気がつかないでいることがどれだけ自分の考えや行動を制限しているかに気づくまでは、状況はなかなか変化しない」

●選択する自由を持っていること（そして自分の選択に責任を負うこと）に気がつくと、どのような恐怖を感じる場合がありますか？

	a	b	c
○の数			
「選択する自由」のスペース	非常に広い	中間レベル	狭い

● ほかの人の弱さによって感情が左右されてしまうと、自分は力を失う一方、相手の弱点は助長されることになり、その結果、あなたの生活を常に妨害する要因となってしまいます。何か問題を抱えているときに、誰かの弱点のせいで感情的なストレスが増したという経験がありますか？ そのときの状況を思い出してください。

● もし選択の自由のスペースを広げることができていれば、そのような苦しい状況をどのように変えることができたでしょうか？

● 第二の天賦の才：原則（自然の法則）とはどのようなものでしょうか。
自然的権威、道徳的権威、価値観の違いを感じ取るために、九七〜九九ページを読んでください。それぞれの定

	自然的権威	道徳的権威	価値観
1. ジャイアントパンダは絶滅の危機に瀕《ひん》している。			
2. あるCEOは、個々人の目標達成や成長よりも収益性のほうが優先されると信じている。			
3. ある知識労働者は、自分が信頼に足る人間であることを有言実行によって上司に示している。			
4. ある人事マネージャーはまず理解することに努めているので、社内では公正で謙虚な人物とみられている。			
5. 銀行強盗は、金を奪うことは悪ではないと思っている。			
6. 石油タンカーがアラスカ沿岸で油流出事故を起こし、何百羽もの水鳥が死んでいる。			

義がまとめられています。前ページの表の左側に示されている列について、右側の該当する言葉にチェックマークをつけてください。

映像作品『農場の法則』を観る

Webサイトで映像作品『農場の法則』を観て、次の質問に答えてください。

- 農場の法則（自然的な法則）と人間の法則にはどのような共通点がありますか？
- 「農場の法則」は、その場しのぎで他人を責めて責任をなすりつけるという現代にありがちな文化と、どのような違いがありますか？
- 第三の天賦の才：四つのインテリジェンスは、四つの側面（肉体、知性、情緒、精神）から成り立っています。四つのインテリジェンス（肉体的、知的、情緒的、精神的）は、相互にしっかりと結びついています。過去の経験

Webサイトへのアクセス

URLを直接入力
https://fce-publishing.co.jp/8h/

QRコード読み取り

の中から、四つのインテリジェンスのうちどれか一つをひどくないがしろにしたときのことを思い出し、そのときほかの三つの能力にどのような影響を及ぼしたかを振り返ってください。

肉体的インテリジェンス（PQ）を開発する

● 肉体的インテリジェンスの開発に対するあなたの取り組みについて、次ページの表に基づいて自己評価をしてみましょう。

次に、あなたの組織における肉体的インテリジェンスについても考えてみましょう。

● 現在の職場の環境について考えてください。あなたは公正に報酬を受けていると思いますか？

● あなたの偉大さを発揮するには、職場の環境を物理的にどのように改善できるでしょうか？

肉体的インテリジェンス（PQ）チェックリスト

ポイント：1＝まったくしない　2＝ほとんどしない　3＝ときどきする
4＝たいていする　5＝いつもする

理想的な栄養摂取	ポイント
1. 穀物、フルーツ、野菜、低脂肪のタンパク質を含むバランスのとれた食事をしている。	
2. 脂肪と糖分の摂取を控えめにしている。	
3. 満腹になったらそれ以上は食べないようにしている。飲みすぎたり食べすぎたりしない。	
4. 毎日、約 1.5 ～ 2.5 リットルの水を飲む。	
5. 十分なビタミン、または自分の体に必要と思うサプリメントを摂取している。	
バランスのよい運動習慣	**ポイント**
6. 週に 3 日以上は運動している。	
7. ストレッチや柔軟体操を毎週の運動に含めている。	
8. 筋力トレーニングを毎週の運動に含めている。	
9. 有酸素運動を毎週の運動に含めている。	
適切な休養、リラクゼーション、ストレス管理と予防	**ポイント**
10. 毎日 6 ～ 8 時間睡眠をとっている。	
11. 毎週リラックスできる活動に参加している。	
12. ストレスの対処法を積極的に探している。	
13. 年に 1 度は健康診断を受けている。	
14. 遺伝による自分の体質を理解している。	

知的インテリジェンス（IQ）を開発する

● 知的インテリジェンスの開発に対するあなたの取り組みについて、次ページの表に基づいて自己評価を行ってください。そして次の質問に答えてください。

● あなたが本当に得意なことは何ですか？

● あなたの成長や進歩を確認するには、どのような方法や機会がありますか？

知的インテリジェンス（IQ）チェックリスト

ポイント：1＝まったくしない　2＝ほとんどしない　3＝ときどきする
4＝たいていする　5＝いつもする

継続的、系統的で、規律ある学習と教育	ポイント
1. 月に1冊は本を読む。	
2. 新聞または雑誌の記事を定期的に読んでいる。	
3. ただぼんやりテレビを見たり、ネットサーフィンをしたりしない。	
4. 誰かの話を聴いているときや知らないことを学んだときにはメモをとる。	
5. 知識を増やすために何らかの教室に通っている。	
自分を見つめる力を養う	**ポイント**
6. 行動を起こす前に一呼吸おいて、刺激と反応の間のスペースを利用する。	
7. 自分自身を調べ、観察し、変化させるため、思いついたことを書き留める。	
8. 普段の生活でも仕事でも、他人からのフィードバックを積極的に求める。	
9. 定期的に黙想し、熟考している。	
教え、行動することを通じて学ぶ	**ポイント**
10. 親しい人と考えていることや感じたことを共有している。	
11. 学んだことや考えていることについて有意義な会話を毎週している。	
12. 学んだことを実行するために、目標へ向けた計画を立てる習慣が定着している。	

情緒的インテリジェンス（EQ）を開発する

● 情緒的インテリジェンスの開発に対するあなたの取り組みについて、表に基づいて自己評価を行ってください。そして次の質問に答えてください。

● あなたは何をするのが好きですか？

● どのようなことに対して情熱を感じますか？

情緒的インテリジェンス（EQ）チェックリスト

ポイント：1＝まったくしない　2＝ほとんどしない　3＝ときどきする
4＝たいていする　5＝いつもする

自分を見つめる力	ポイント
1. 自分には選択する自由があり、選択したことに責任を持っているという信念がある。	
2. 価値観と原則に基づき、刺激と反応の間のスペースを利用して、ひと呼吸置いてから反応を示す。	
3. 積極的な表現を用いる。（例：「あの人には本当に頭にくる」「それはできない」「～しなければいけない」ではなく、「私は感情をコントロールしている」「私は～を選択する」「私は～のほうがいい」）	
4. 自分にはどうすることもできないことよりも、影響を与えることのできる事柄に時間とエネルギーを傾けている。	

個人的なモチベーション	ポイント
5. 行動を起こす前に、結果を思い描いて計画を立てる。	
6. 自分のミッション・ステートメントに沿って生活している。	
7. 自分のミッションと目標が刺激となって、日々やる気が湧いてくる。	
セルフ・コントロール	**ポイント**
8. 最優先事項にフォーカスしている。それは緊急度の高い優先事項になることもあれば、そうでないときもある。	
9. 重要でない活動は排除するようにしている。	
10. 毎日または毎週、最優先事項を遂行するために計画を立てるシステムができあがっている。	
11. 燃え尽きたり、ストレスをためたりしないように、週ごとにリフレッシュするようにしている。	
共感する力	**ポイント**
12. 話を聴くときは、返事をすることに集中するのではなく、理解することに集中して耳を傾ける。	
13. 物事をほかの人の観点から見るようにしている。	
14. 話を聴くときは、決断を下したり、助言したりすることを避けるようにしている。	
社会的なコミュニケーション・スキル	**ポイント**
15. 自分と相手の相互利益を求める Win-Win の考え方を目指す。	
16. 対外的なやり取りにおいて、勇気を出すことと思いやりを示すことのバランスをとっている。	
17. 他者との相違を歓迎し、価値を認めている。	
18. 最善の解決策を求めて、創造的な協力をしている。	
19. 積極的で生産的な方法で自分を表現するようにしている。	

精神的インテリジェンス（SQ）を開発する

● 精神的インテリジェンスの開発に対するあなたの取り組みについて、次ページの表に基づいて自己評価を行ってください。そして次の質問に答えてください。

● どうすればあなたの日々をより意義深いものにすることができますか？

● 現在の役割の中で、どのような貢献を果たしたいと思っていますか？

● 人生の中で、あなたの親代わりのようになってくれた人たちはいましたか？

● その人たちは、あなたをどのように奮起させてくれましたか？ どのような新しい方向性や考え方を与えてくれましたか？ その人たちはあなたの心にどのようなボイスを呼び起こしましたか？

●ボイスを発見し、再確認するために、どのインテリジェンスを開発する取り組みを強化したいと思いますか？

●またそのような取り組みによって、職場または家庭でほかの人が自分のボイスを発見するのをどのように助けることができますか？

精神的インテリジェンス（SQ）チェックリスト

ポイント：1＝まったくしない　2＝ほとんどしない　3＝ときどきする
4＝たいていする　5＝いつもする

誠実であること	ポイント
1. 自分の価値観を理解している。	
2. 価値観に従って生活している。	
3. 誰かと約束したことは守る。	
4. 自分に対して決めた約束事を守る。	
意義とボイス	**ポイント**
5. 自分を奮起させるミッション・ステートメントがある。	
6. 仕事に対してワクワクした気持ちを持って挑戦している。仕事が好きである。	
7. 仕事をしているとき、全人格を生かすことができる（四つのインテリジェンスをすべて用いている）。	
8. 人生の使命、天命に基づいて日々を生きている。	

学んだことを活用する

次の演習に一ヵ月かけて取り組み、生活や仕事に生かしてください。

●「肉体的インテリジェンス（PQ）を開発する」の演習で行った自己評価をもう一度振り返りましょう。一番低いスコアをつけた項目の中から一つ選び、あなたの手帳に毎週または毎日の目標として記入してください。一ヵ月間その目標を基に肉体の向上を目指します。そして、心臓発作に見舞われたという仮定のもとで、適切な生き方を考え実行してください。

●「知的インテリジェンス（IQ）を開発する」の演習で行った自己評価をもう一度振り返りましょう。一番低いスコアをつけた項目の中から一つ選び、あなたの手帳に毎週または毎日の目標として記入してください。一ヵ月間その分野の目標を基に知性の向上を目指します。そして、仕事の絶頂期は二年しか続かないという仮定のもとで、適切な生き方を考え実行してください。

●「情緒的インテリジェンス（EQ）を開発する」の演習で行った自己評価をもう一度振り返りましょう。一番低いスコアをつけた項目の中から一つ選び、あなたの手帳に毎週または毎日の目標として記入してください。一ヵ月間その分野の目標を基に情緒の向上を目指します。そして、他人についてのあなたの発言は必ず誰かに聞かれているという仮定のもとで、適切な生き方を考え実行してください。

●「精神的インテリジェンス（SQ）を開発する」の演習で行った自己評価をもう一度振り返りましょう。一番低いスコアをつけた項目の中から一つ選び、あなたの手帳に毎週または毎日の目標として記入してください。一ヵ月間その分野の目標を基に精神の向上を目指します。そして、四半期ごとに神様との個人面接があるという仮定のもとで、適切な生き方を考え実行してください。

学ぶために教える

●ここで学んだ主な内容を友人、同僚、家族など二人以上の人に教えてください。

注記（本文中で引用されている文献）

第1章

1 Rogers, C. R., *On Becoming a Person* (Boston: Houghton Mifflin, 1961), p.26.

2 Rick Levine, Christopher Locke, Doc Searls and David Weinberger, *The Cluetrain Manifesto* (Cambridge, MA: Perseus Books Publishing, 2000), pp.36,39. リック・レバイン、クリストファー・ロック、ドク・サールズ、デビッド・ワインバーガー著『これまでのビジネスのやり方は終わりだ―あなたの会社を絶滅恐竜にしない95の法則』（倉骨彰訳。日本経済新聞社）

3 Antony Jay, *The Oxford Dictionary of Political Quotations* (Oxford: Oxford University Press, 1966), p.68.

第2章

1 アジアで開催されたカンファレンスにおけるスタンレー・M・デイビスの発言より

2 Drucker, Peter F., "Managing Knowledge Means Managing Oneself," *Leader to Leader*, 16 (Spring 2000), pp.8-10.

3 Drucker, Peter F., *Management Challenges for the 21st Century* (New York: Harper Business, 1999), p.135. P・F・ドラッカー著『明日を支配するもの――21世紀のマネジメント革命』（上田惇生訳。ダイヤモンド社）

第3章

1 Henry David Thoreau, *Walden* (Boston: Beacon Press, 1997), p.70. ヘンリー・D・ソロー著『森の生活　ウォールデン』（飯田実訳。岩波文庫）、『ウォールデン　森で生きる』（坂本雅之訳。ちくま学芸文庫）など。

2 Robert Frost, Elizabeth Knowles, ed., *The Oxford Dictionary of Quotations*, 5th ed. "The Road Not Taken," (1916) (Oxford: Oxford University Press, 1999).

第4章

1 Daniel Ladinsky, *The Gift:* Poems by Hafiz the Great Sufi Master (New York: Penguin Compass, 1999), pp.67-68.

2 Marianne Williamson, *A Return to Love: Reflections on the Principles of a Course in Miracles* (New York: Harper Collins, 1992), pp.190-191. マリアン・ウイリアムソン著『愛への帰還――光への道「奇跡の学習コース」』（大内博訳。太陽出版）

3 Michael C. Thomsett, speech, Oct. 9, 1956, *in War and Conflict Quotations* (North Carolina: McFarland & Company, 1997), p.50.

4 *Munsey's Magazine* (February 1897), 554. エラ・ウィーラー・ウィルコックス協会のウェブサイトより（2004年5月15日閲覧）。http://www.ellawheelerwilcox.org.

5 C.S. Lewis, *Mere Christianity* (New York: Simon & Schuster, 1980), pp.19-

21．C・S・ルイス著『キリスト教の世界』（鈴木秀夫訳。大明堂）
6 Doc Childre and Bruce Cryer, *From Chaos to Coherence* (Boston: Butterworth-Heinemann, 1999), p.23.
7 同書　p.29
8 Daniel Goleman, *Working with Emotional Intelligence* (New York: Bantam Books, 1998), p.31. ダニエル・ゴールマン著『ビジネスEQ──感情コンピテンスを仕事に生かす』（梅津祐良訳。東洋経済新報社）
9 Richard Wolman, *Thinking with Your Soul* (New York: Harmony Books, 2001), p.26.
10 *The Holy Bible*, King James Version. 『聖書』（日本聖書協会）
11 Donah Zohar and Ian Marshall, *SQ: Connecting with Our Spiritual Intelligence* (New York and London: Bloomsbury, 2000). ダナー・ゾーハー、イアン・マーシャル著『SQ──魂の知能指数』（古賀弥生訳。徳間書店）
12 William Bloom, *The Endorphin Effect* (United Kingdom: Judy Piatkus Publishers Ltd., 2001), p.12.
13 Anwar el-Sadat, *In Search of Identity: An Autobiography* (New York: Harper and Row Publishers, 1978), p.303. アンワル・エル・サダト著『サダト自伝──エジプトの夜明けを』（朝日新聞東京本社外報部訳。朝日イブニングニュース社）
14 "The Speaker's Electronic Reference Collection," AApex Software, 1994.
15 YMCA of the USA, Dartmouth Medical School, The Institute for American Values, *Hardwired to Connect: The New Scientific Case for Authoritative Communities*, A Report to the Nation from the Commission on Children at Risk (2003), p.6.
16 Warren G. Bennis and Robert J. Thomas, *Geeks and Geezers: How Era, Values, and Defining Moments Shape Leaders* (Boston: Harvard Business School Publishing, 2002). ウォレン・ベニス、ロバート・トーマス著『こうしてリーダーはつくられる』（斎藤彰悟監修訳、平野和子訳。ダイヤモンド社）
17 Jim Loehr and Tony Schwartz, *The Power of Full Engagement* (New York: Simon & Schuster, 2003). ジム・レーヤー、トニー・シュワルツ著『成功と幸せのための4つのエネルギー管理術──メンタル・タフネス』（青島淑子訳。阪急コミュニケーションズ）

第5章

1 Philip Massinger, Timoleon, in *The Bondman*, act 1, sc.3 (1624), *Poems of Philip Massinger*, P. Edwards and C. Gibson, eds. (1976).
2 スザーナ・ウェスレーの 1725 年 6 月 8 日付の息子への手紙。ウェスレイアン教会のウェブサイトより（2004 年 5 月 14 日閲覧）。
3 Polly LaBarre, "Do You Have the Will to Lead?," *Fast Company Magazine* 32 (March 2000), p.222. 下記ウェブサイトより（2004 年 5 月 27 日閲覧）。 http://www.fast-company.com/online/32/koestenbaum.html
4 Lucinda Vardey, *A Simple Path, introduction to Mother Teresa*, Lucinda

Vardey, ed.(New York: Ballantine, 1995), p.xxxviii.　ルシンダ・ヴァーディ編『マザー・テレサを語る』（猪熊弘子訳。早川書房）
5 Josef Hell, *Aufzeichnung*, (Institut für Zeitgeschichte, 1922) ZS 640, p.5.
6 Dag Hammarskjöld, *Markings* (New York: Alfred A Knopf, 2001), p.124. ダグ・ハマーショルド著『道しるべ』（鵜飼信成訳。みすず書房）
7 Albert E. N. Gray Essay *"The common denominator of success"* (Philadelphia: NALU annual convention, 1940).
8 Harold B. Lee, *Teaching of Harold B. Lee*, Clyde J. Williams, ed. (Salt Lake City: Bookcraft, 1996), p.606.
9 Charles Moore, introduction to *Washington's School Exercises: Rules of Civility and Decent Behavior in Company and conversation*, Charles Moore, ed. (Boston: Houghton Mifflin Company, 1926), pp.xi-xv.
10 Elizabeth Knowles, ed., *The Oxford Dictionary of Quotations*, 5th ed. (Oxford: Oxford University Press, 1999.), p.396.
11 JoAnn C. Jones, "Brockville," *Ontario-Guide Posts*, January 1996.
12 ウィリアム・シェイクスピア著『シェイクスピアのソネット』（小田島雄志訳。文藝春秋）
13 David O. McKay, *Conference Report*, The Church of Jesus Christ of Latter-day Saints, April 1964, p.5.
14 John G. Whittier, *Maud Muller* (Boston: Revised Press, 1866), p.12.

第6章

1 Peter F. Drucker, *Management Challenges for the 21st Century* (New York: Harper Collins, 1999), p.8.　ピーター・ドラッカー著『明日を支配するもの』（上田惇生訳。ダイヤモンド社）
2 Philip Evans and Thomas S. Wurster, *Blown to Bits* (Boston: Harvard Business School Press), p.13.　フィリップ・エバンス、トーマス・S・ウースター著『ネット資本主義の企業戦略―ついに始まったビジネス・デコンストラクション』（ボストン・コンサルティング・グループ訳。ダイヤモンド社）
3 Dave Ulrich, Jack Zeuger and Norm Smallwood, *Results Based Leadership* (Boston: Harvard Business School Press, 1999) p.7.

第7章

1 Del Jones, "What would Attila the Hun do?" *USA Today* (April 6, 2003). USA Today のウェブサイトより（2004年5月27日閲覧）。http://www.usatoday.com/money/companies/management/2003-04-06-warleaders_x.htm.
2 Tom Peters, *The Project 50* (New York: Alfred A. Knopf, 1999), pp.48-49. トム・ピーターズ著『トム・ピーターズのサラリーマン大逆襲2　セクシープロジェクトで差をつける』（仁平和夫訳。阪急コミュニケーションズ）

第8章

1 American Museum of Natural History, 下記ウェブサイトより（2004年5月14

日閲覧） http://www.amnh.org/common/faq/quotes.html
2 Eknath Easwaran, *Gandhi, the Man*, 2nd ed. (Nilgin Press, 1978), p.145.
3 Lieutenant General Dave R. Palmer '56 (retired) "Competence and Character: Schwarzkopf's Message to the Corps." *Assembly Magazine*, May 1992.

第 9 章

1 Gordon B. Hinckley, "The True Strength of the Church," *Ensign Magazine*, July 1973, p.48.
2 Rick Pitino, *Lead to Succeed* (New York: Broadway Books, 2000), p.64.
3 Elizabeth Knowles, ed., *The Oxford Dictionary of Quotations*, 5th ed. (Oxford: Oxford University Press, 1999), p.503.
4 Dag Hammarskjöld, *Markings* (New York: Alfred A Knopf, 2001), p.197. ダグ・ハマーショルド著『道しるべ』（鵜飼信成訳。みすず書房）
5 C.S. Lewis, *Mere Christianity* (New York: Simon & Schuster, 1980), pp.165-166.　C・S・ルイス著『キリスト教の世界』（鈴木秀夫訳。大明堂）

第 10 章

1 Warren Bennis, *Why Leaders Can't Lead* (San Francisco, Jossey-Bass Publishers, 1989), p.158.　ウォレン・ベニス著『リーダーはなぜリードできないのか』（千尾将訳。産業能率短期大学出版部）
2 Arun Gandhi, "Reflections of Peace," *BYU Magazine*, vol.54, no.1 (Spring 2000) pp.1-6.　下記ウェブサイトより（2004 年 5 月 14 日閲覧）。 http://magazine.byu.edu/bym/2000sp/pages/peace1.shtml1#.
3 Ralph Roughton, M. D., used with permission.

第 11 章

1 J. A. Belasco, *Teaching the Elephant to Dance: The Manager's Guide to Empowering Change* (New York: Plume, 1991), p.11.
2 Clayton M. Christensen, *The Innovators Dilemma* (Boston: Harvard Business School Press, 1997), pp.xviii-xix.　クレイトン・M・クリステンセン著「イノベーションのジレンマ―技術革新が巨大企業を滅ぼすとき」（玉田俊平太監修／伊豆原弓 訳。翔泳社）
3 Jim Collins, *Good to Great* (New York: Harper Collins, 2001), p.96.　ジェームズ・C・コリンズ著『ビジョナリーカンパニー2　飛躍の法則』（山岡洋一訳。日経BP社）

第 12 章

1 Martin H. Manser, *The Westminster Collections of Cristian Quotations* (Louisville: Westminister John Knox Press, 2001), p.76.
2 Randall Rothenberg and Noel M. Tichy; "The Thought Leader Interview," *Strategy + Business Magazine* (Spring 2002), pp.91-92.

第13章

1 Marcus Buckingham and Donald O. Clifton, *Now Discover Your Strengths* (New York: Simon & Shuster, 2001), p.5.　マーカス・バッキンガム、ドナルド・O・クリフトン著『さあ、才能《じぶん》に目覚めよう：あなたの5つの強みを見出し、活かす』（田口俊樹訳。日本経済新聞社）

2 同上

3 Thomas Stewart, *Intellectual Capital: The New Wealth of Organizations* (New York: Doubleday Books, 1997).

4 Stuart Crainer, *The Management Century* (San Francisco: Jossey-Bass Publishers, 2000), p.207.　スチュアート・クレイナー著『マネジメントの世紀 1901 - 2000』（嶋口充輝監訳、岸本義之、黒岩健一郎訳。東洋経済新報社）

5 Peter F. Drucker, *Managing for the Future: The 1990's and Beyond* (New York: Truman Tally Books, Dutton, 1992), p.334.　P・F・ドラッカー著『未来企業—生き残る組織の条件』（上田惇生ほか訳。ダイヤモンド社）

6 Max De Pree, *Leadership Is an Art* (New York: Dell Publishing, 1989), pp.28, 38.　マックス・デプリー著『リーダーシップの真髄：リーダーにとってもっとも大切なこと』（福原義春監訳。経済界）

第14章

1 Larry Bossidy and Ram Charan, *Execution: The Discipline of Getting Things Done* (New York: Crown Business, 2002), pp.19, 34.　ラリー・ボシディ、ラム・チャラン、チャールズ・バーク著『経営は「実行」：明日から結果を出すための鉄則』（高遠裕子訳。日本経済新聞社）

2 Louis V. Gerstner, *Who Says Elephants Can't Dance?* (New York: HarperCollins Publishers, 2002), p.230.　ルイス・V・ガースナー・Jr. 著『巨象も踊る』（山岡洋一、高遠裕子訳。日本経済新聞社）

3 Charles Hummel, *Tyranny of the Urgent* (Downers Grove, IL: Inter Varsity Christian Fellowship of the United States of America, 1967), pp.9-10.

第15章

1 Gordon B. Hinckley, "Testimony," *Ensign Magazine* (May 1998), p.69.

2 ニューヨーク州ニューヨーク市のロックフェラーセンターのモニュメントに刻まれた言葉

3 Nelson Mandela, *Long Walk to Freedom* (Boston: Little, Brown and Company, 1994), pp.543-544.　ネルソン・マンデラ著『ネルソン・マンデラ自伝　自由への長い道』（東江一紀訳。日本放送出版協会）

4 ユタ州プロボ市のブリガム・ヤング大学マリオット・スクールにあるネイサン・エルドン・ターナーのモニュメントに刻まれた言葉

5 Alfred North Whitehead, "The Rhythmic Claims of Freedom and Discipline," *The Aims of Education and Other Essays* (New York: New American Library, 1929), p.46.　アルフレッド・ノース・ホワイトヘッド著『ホ

ワイトヘッド著作集　第9巻　教育の目的』（森口兼二、橋口正夫訳。松籟社）
6 Dag Hammarskjöld, *Markings* (New York: Alfred A Knopf, 2001), p.158. ダグ・ハマーショルド著『道しるべ』（鵜飼信成訳。みすず書房）
7 Muggeridge, Malcom, "A Twentieth Century Testimony," *Malcolm Muggeridge*, Thomas Howard, ed. (London: Collins, 1979).
8 Robert K. Greenleaf, "The Servant as Leader," *Servant Leadership: A Journey into the Nature of Legitimate Power and Greatness*, 25th anniversary ed. (Mahwah, New Jersey: Paulist Press, 2002), pp.23-24.
9 Jim Collins, "Level Five Leadership: The Triumph of Humility and Fierce Resolve," *Harvard Business Review*, vol.79, no. 1 (January 2001), p.67.
10 Jim Collins, *Good to Great* (New York: HarperCollins Publishers, 2001), p.20. 『ビジョナリーカンパニー２　飛躍の法則』（山岡洋一訳。日経 BP 社）
11 Jim Collins, "And the Walls Came Tumbling Down," *Leading Beyond the Walls*, The Peter F. Drucker Foundation for Nonprofit Management; Frances Hesselbein, Marshall Goldsmith and Iain Somerville, ed. (Jossey-Bass Publishers, 1999).
12 *Peel's Principles of Modern Policing*, 1829.
13 Report of Col. Joshua L. Chamberlain, Twentieth Maine Infantry Field Near Emmitsburg – July 6, 1863.
14 Alice Rains Trulock, *In the Hands of Providence: Joshua L. Chamberlain and the American Civil War* (Chapel Hill: The University of North Carolina Press, 1992), p.5.
15 Maxwell Anderson, *Joan of Lorraine*, (Washington D.C.: Anderson House, 1947).
16 Haddon Klingberg Jr., *When Life Calls Out to Us* (New York: Doubleday 2001), p.8.
17 Trulock, p.154. Excerpt from the dedication of the Maine Monuments at Gettysburg on the evening of October 3, 1889.

付録

1 Doc Childre and Bruce Cryer, *From Chaos to Coherence* (Boston: Butterworth-Heinemann, 1999), p.23.
2 C. S. Lewis, *Mere Christianity* (New York: Simon & Schuster, 1980), pp.124-125.　C・S・ルイス著『キリスト教の世界』（鈴木秀夫訳。大明堂）
3 Childre and Cryer, p.69.
4 Robert Frost, "Two Tramps in Mud Time," *The Poetry of Robert Frost,* Edward Connery Lathem, ed. (New York: Henry Holt and Co., 1969).
5 Lewis, p.88.

著者紹介
スティーブン・R・コヴィー

自分の運命を自分で切り開くための奥深いアドバイスをわかりやすく教えることに生涯を捧げ、タイム誌が選ぶ世界でもっとも影響力のあるアメリカ人25人の一人に選ばれている。国際的に高く評価されるリーダーシップ論の権威、家族問題のエキスパート、教育者、組織コンサルタントとして活躍した。著書『7つの習慣』は全世界で販売部数4,000万部を記録し（40ヵ国語に翻訳)、20世紀にもっとも影響を与えたビジネス書の第1位に輝いている。ほかにも、『第3の案』『7つの習慣 原則中心リーダーシップ』『7つの習慣 最優先事項』『7つの習慣 ファミリー』『リーダー・イン・ミー』などベストセラー多数。147の国にサービスを提供する世界屈指のプロフェッショナルサービス企業フランクリン・コヴィー社の共同創設者。ユタ州立大学商経学部終身教授、リーダーシップ学において同大学の名誉職ジョン・M・ハンツマン・プレジデンシャル・チェアに就く。妻、家族とともに米国ユタ州で暮らし、2012年7月、79年の生涯を閉じた。

完訳 第8の習慣
「効果性」から「偉大さ」へ

2017年5月31日　初版第一刷発行
2021年3月16日　初版第三刷発行

著　者　スティーブン・R・コヴィー
訳　者　フランクリン・コヴィー・ジャパン
装　丁　重原 隆
発行者　石川 淳悦
発行所　株式会社 FCE パブリッシング
キングベアー出版
〒163-0810
東京都新宿区西新宿2-4-1 新宿NSビル10階
Tel：03-3264-7403
Url：http://fce-publishing.co.jp

印刷・製本　大日本印刷株式会社
ISBN 978-4-86394-082-6